阳朔三日——寻回令致君·思想录

Yangshuo three days · Thought record — find back LINGZHI

水象 著

Billson International Ltd.

Published by
Billson International Ltd
27 Old Gloucester Street
London
WC1N 3AX
Tel:(852)95619525

Website:www.billson.cn
E-mail address:cs@billson.cn

First published 2024

Produced by Billson International Ltd
CDPF/01

ISBN 978-1-80377-102-1

©Hebei Zhongban Culture Development Co.,Ltd All rights reserved.

The original content within this product remains the property of Hebei Zhongban Culture Development Co.,Ltd, and cannot be reproduced without prior permission. Updates and derivative works of the original content remain the property of Hebei Zhongban. and are provided by Hebei Zhongban Culture Development Co.,Ltd.

The authors and publisher have made every attempt to ensure that the information contained in this book is complete, accurate and true at the time of printing. You are invited to provide feedback of any errors, omissions and suggestions for improvement.

Every attempt has been made to acknowledge copyright. However, should any infringement have occurred, the publisher invites copyright owners to contact the address below.

Hebei Zhongban Culture Development Co.,Ltd
Wanda Office Building B, 215 Jianhua South Street, Yuhua District, Shijiazhuang City, Hebei province, 2207

前言（一）

到阳朔之前，我正处于因自己的"失误"而失去一个朋友——令致君的遗憾中，这在我的生活史上还是前所未有的。

在这之前我放下过许多人与事物，这次也并非不能放下。但这次，是否选择放下则成为了我最深的思考。在我看来，这涉及到一个人关于出世与入世之间的挣扎、思考与抉择，以及在一个社会总体潮流中个体的逆流而上与随波逐流之间的挣扎、思考与抉择，还有在现代社会的节奏背景下关于人类情感、人与人之间情感的思考、抉择和取舍，以及"超越"挫折与痛苦的思考，关于负面情感（孤独，不被理解……）的"自觉的转化与利用"的思考，关于理想主义的意义的思考……这一切已经超越了"寻回令致君"这一个事件本身的个人生活的意义。

这中间也涉及到很多关于人生各方面的感慨与感悟，人生中常见的各个矛盾方面以及内心困惑之处均一一呈现出来：

灵魂与肉体，物质与精神，生存与生活，理想主义与现实主义，淡泊与激情，天真与成熟，理性与感性，执着与放下，驾驭欲望，心安之所，真善美，爱情，孤独，个体，初心，自我价值……

以及关于：

有与无，快与慢，空与实，术与道，本质与表面，物质与意识，价值与意义等哲学客体于人生实践中的阐述。

其中最具原创性的思想，也是最为重要的思想，是以下三个：

（一）理想主义的现实意义。
（二）自觉的转化。
（三）自觉的超越。

我写下这些内容本身，其实也是关于"自觉的超越（挫折与痛苦）"

以及"（负面情感的）自觉的转化与利用"的一个诠释，因为令致君的离去此事于我而言确是遗憾与颇为心痛的，如何抵抗、消解乃至升华、超越此番"痛苦"，这部作品便是我文中所阐述的思想的践行成品。

进而，延伸至如何抵抗、消解乃至超越人生中、生活中类似的事物。

其中亦记述了令致君的一个十分深刻的思想观点，我觉得它极具真理性的智慧，十分有现实价值与意义，因而特意记载与阐述。

这些方面，本来可与令致君作一番思辩，可惜现在未有机会。

我们二人本可就人文、社会、文学、音乐、艺术、内心、道悟……等方面进行切磋、研讨与思辩，并共同达到更高的觉悟，只盼其于茫茫人海之中，看到这部作品，使我们共同再次拥有这个机会。

前言（二）

  我觉得自己也许在写一部比较有特色的作品。我与令致君的交往过程和思想碰撞、对话，以及随后衍生的思想情感，现在变成了一个客观叙述的事物和一个引子，由此引出的对人的内心、人文、社会、道悟等方面的思考才是我真正想表达的。开始，因为我有必要交代认识与交往过程，这个时候，你可以当成一个故事来看，但是往后，就不是故事情节了，"故事"的每个细节都成为了引发某方面思考的引子，这不光是因为我思考深入，也因为我们的碰撞和交谈、交流本身就是有一定思想性的，所以才能触发我进入深层次的思考。所以，我才想寻回他，因为在我接触的人里，只有他才能与我在思想的各方面会意与对话。

前言（三）

　　各章内有一些重复的举例，甚至语句，因很多章为独立阐述一个专题，却又与其他章节有着千丝万缕的联系，若因其他章写过该章就不写，则影响该章专题的阐述独立性与完整性，所以我并不把重复的举例与语句删除，这样每个专题都是可独立的与阐述完整的。

前言（四）

当下，整个社会的风气浮躁、虚浮、浅薄、舍本逐末，无论是为人、行事还是对待情感。追逐术与智巧、外物成功者前赴后继，潜心悟道、向内修行者寥寥无几。

殊不知快即是慢，慢即是快，大巧若拙，无为大有，无用有大用。

人在蒙头追逐半生智巧与外物之后，最终还将发现要回到对底层智慧的思悟与践行上来。

正是：**浮华如云挥易散，道于天地贯远长。**

目 录

引子 ··· 001
一　相识 ······································ 003
二 ·· 014
三 ·· 026
四 ·· 034
五 ·· 045
六 ·· 058
七 ·· 069
八 ·· 077
九 ·· 094
十 ·· 098
十一 ·· 102
十二 ·· 103
十三 ·· 105
十四 ·· 107
十五 ·· 109
分析（一） ··································· 110
分析（二） ··································· 114
分析（三） ··································· 122
分析（四） ··································· 126
分析（五） ··································· 129
分析（六） ··································· 136

分析（七）	144
两种倔强	150
不被理解的	152
"姑娘，打篮球吗？"	155
各种设想	168
我可以很爱你，也可以没有你	171
十六	174
十七	175
十八	177
十九	178
二十	179
二十一	180
二十二	182
阳朔第一日	183
阳朔第二日	191
阳朔第三日	196
简单　简单的快乐	197
美好	200
虚度光阴与发呆	204
率性	206
天真与成熟	213
澄澈透明	231
生活情趣　文士意趣（一）	235
生活情趣　文士意趣（二）	245
真善美	252
浪漫	255
音乐　艺术（一）	259
音乐　艺术（二）	271
音乐　艺术（三）	277
惺惺相惜，珍视思想与绵长情感	280

爱情	285
乡村	292
快与慢	299
人间温情——人类情感的绵长	303
个体	313
土地与大自然	318
意义　人生的意义（一）	328
意义　人生的意义（二）	336
孤独	337
理想主义的现实意义	345
心安之所（一）	358
心安之所（二）	373
火种	375
生存与生活	387
院子情结	393
物质与精神	399
隐居（一）	404
隐居（二）	406
令致君的思想	408
成功	410
本质与表面	416
物质与意识　暂归法	437
出世与入世	446
执着与放下	454
淡泊与激情	464
理性与感性	474
驾驭欲望	479
有与无（一）	485
有与无（二）	492
无题	495

现实的与"不切实际的"	504
青年	507
逆流而上的勇气	510
尽知笃行，修虚行实，悟道不现	512
眼前与长远	513
术与道	514
自觉　自觉的转化（一）	521
自觉　自觉的转化（二）	530
自觉的超越（一）	533
自觉的超越（二）	546
怎么看待失败	550
灵魂与肉体	554
价值感	565
自我价值	570
价值	575
安全感　价值感　归宿感	578
完成自我	581
心怀高远与"活在当下"	583
智慧与简单	584
关于情怀	586
小结	587
无垠	590
后记（一）	591
后记（二）	592
后记（三）	593
尾声	595

天空圣洁而辽阔，恰如我始终如一的不灭向往

引子

这部作品名为"寻回令致君",其实这件事情是一个引子,而作品本身纯粹是人生感悟的表达。

其实一个创作并不一定需要有什么目的,纯粹表达与输出自己的东西,本身就是一种快乐。

这也许也正是一种"理想主义",没有过多的目的性,正如我们文中所阐述的那样。

一　相识

我与令致君的认识颇具戏剧性，我因大学时打过一场极其业余的班与班之间的篮球赛，并且出乎自己意料的表现不错，让我觉得自己颇有这方面天赋，因此多年来一直念念不忘，希望可以再打一场比赛。

但因女生平时这种机会甚少，所以一直未能实现。

怎么样才能实现这个夙愿呢？我想起了一个方法，在QQ群里输入了本市名和"篮球"。

果然一下子出来了很多相关的群，我根据人数、活跃度、男女比例等筛选了一下，选中了一个"飞跃篮球群"，提交了申请。还好很快就通过了申请，但进去之后发现，约打球的很少，很多时候都在发广告，甚至一些不知所云的内容。

这么大一个群，实质性内容也并不多，就放着吧，我一时也未抱什么希望。

没想到过了几天，QQ便跳出一个好友申请"令致：一起打篮球"。

我有点儿小小的惊喜，通过了申请，对方说："姑娘，打篮球吗？"

我长这么大，第一次有人叫我"姑娘"，因为成长的地方、大学和现在生活之处对女孩子都不是使用这个称呼的。此时我已经不是二十出头的年轻女孩了，这时忽然有人这么称呼我，竟然觉得又惊又喜，又觉十分好听。

以前只是在一些民谣一类的歌曲里经常看到这个词，没想到当自己被人这样叫时，是这么的好听。即使只是在文字上"叫"，现实中没叫，也觉得特别好听，还有点像在武侠电视剧里的感觉，这个称呼听起来亲切、有感情，又隽永。

我问："你们平时在哪儿打球呢？"

他说:"在银湖区的 Qpark。"
我们聊了几句,我说:"下回玩提前叫我一下啊!"
他说:"好的!"

这个时代的"下次"、"以后"往往都是烂尾的,说了之后我也并没有抱什么期望。人生往往是希望愈大,失望愈大,不抱任何希望,往往会有惊喜。也许是失望次数多了,所以我习惯了不作太多憧憬。其实我觉得憧憬本身是美好的、让人激动的,如果为了避免失望便不憧憬,跟害怕失败而不去做一件事也似乎没什么区别,这一点确是值得思索的问题:即在过往的经验告诉你人生本身是失望居多的时候,还该不该保持如孩童般的对未来的憧憬与期许?

接下来的时间里,这个城市开始发生疫情,从一个、两个、三个……越来越多,直到最多时每天一百多个,开始地铁、公交停运,居家办公,封闭小区,外卖、快递皆不能进入,只能在小区外取。每户每两天只能出来一个人购置食物和用品,后来变成了每三天只能出来一个人。

本市这波疫情持续了两个月左右,四月的一天,我忽然收到一条微信好友申请:令致,一起打篮球。

我有点儿惊讶,不知他是怎么在我 QQ 里找到我的电话号码的,我极少主动加人微信,也基本不通过陌生人的微信,此时他在某种意义上来说还算是个陌生人,所以我开始并没有打算通过他的微信好友申请。

我回到 QQ 一看,原来他在 QQ 里已经发过一条消息给我:"这周日在这里打篮球!"并发了一个篮球场地点的定位。此时距离第一次联系所发的信息已经两个月了,在这个以人情味淡薄、赚钱至上和快节奏著称的城市,两个月足以让一个人清空掉很多没法给自己带来实际利益的人了,也能让一个人转身就忘掉一个昨天还"卿卿我我"的人,亦足以从认识一个人到遗忘名字。一个朋友总结说:"你们这个城市给我一个印象就是:这人能帮我赚钱吗?不能?下一个!"

我暗忖:两个月了,这人居然还记得找我打球,我自己都忘了这回事儿,说明这人心中尚有些情义,不是那些浮光掠影、浅交漫往之辈。

我这人交朋友很是挑剔，除了同学、同事，平日交友极为苛刻，这种群里发来的好友申请，一般是极少通过的。微信刚出现时，我视微信通讯录里的朋友为真正的"朋友"所在，不是真正能称得上朋友的绝对不加。但后来，由于微信的普及，加之有些事情确实需要发图片、视频，微信还是比较方便，我的这个标准也稍微放松了一些，但比起大多数人还是严苛的，一般来说，能用短信或QQ联络的，就不加微信。因为微信比较经常使用，微信头像也往往会放自己的照片，加了总觉有种隐私受到侵扰的感觉。

虽然觉得这人尚有些记心，但这样还不够，我希望即使是球友，也是一个稍微能有些共同语言的球友，而不只是一个互相陪玩的"陪球工具人"，特别是文化与思想层次上，能够匹配一点，这样打起球的间隙，相处也不至于无味。

于是我看了一下此人的微信朋友圈过往所发的内容，自有微信以来他的内容都是公开的，正好让我全面了解这个人。通过一个人的文字分析一个人，这也是我的兴趣所在，思想层次、文化层次、爱好、性格等，特别是前两者，看所发内容基本就可以判断出来。以及：与跟其真人相处对比，其文字与本人是否有差异，这也是个很有趣的人性课题。

我看了前几条便觉颇为惊喜：这是个难得遇到的对人文、社会等方面有深层次思考的人。也就是说：是个有思想深度的、有较高文化层次的人，这正是我希望可以遇到的人。

是否对一个人公开自己的朋友圈，我也是有一套自己的标准的。如果一个人的朋友圈基本是转发链接，毫无原创，我会对他双向屏蔽，因为这让我觉得这人不是那么真诚，当然，这只是我的"偏见"，实际上并不能以此判断一个人。

仔细看下去，发现他所思索的很多内容也是我思考过的，这让我觉得略微惊喜：没想到此人竟与我有七八分相似之处。这在这个城市还是很难得的。之前说过，我交朋友极为挑剔，在思想层次、文化层次、人品、气质各方面都有所要求，前几个自不必赘述，气质是因觉相由心生，气质猥琐者，内心必不清朗，所以对气质也需要顺眼。

如此一来，我在这个城市定居多年，竟未交到几个除同学、同事之外的朋友。

此外我留意到他的个人签名写的是"fatebreaker-orz",不知是否有什么含义。

看了一下朋友圈的封面,是他的侧面照片,照片上的他坐在草丛中,望着远方的花和建筑,那并不是我们平时所熟知的花儿,不知那是什么地方。虽然只有侧面,但仍然能感受到整个人散发出来的文化气质。也许,一个人读过的书,会渗进血液,然后从每一个细胞里散发出来某种气息,乃至让整个人看上去有什么不一样了吧。

以上这一切加起来,符合我通过一个"陌生者"的微信好友申请的标准,于是我便通过了他的申请。

过了十几分钟,他发来一条信息,问:周日打不打球?并发了一个定位:银湖区Qpark。
我说:周六告诉你。
他说:好。
这次对话就结束了。

这其间,我仔细看了他的朋友圈内容,前面说过,根据一个人的文字估摩与判断一个人的各方面:品性、爱好、文化层次、思想层次等,是我的喜好。

他的朋友圈自有发表以来是完全开放的,并且全是自身的真切感想与感悟。——他是一个坦荡、坦诚的人。

不开放朋友圈的人不代表不坦荡,而完全开放的,又都是自身切身感想、感慨与感悟的,说明此人还是比较真实、坦诚的,内心干净,不玩心眼、心机的,这是我的一个判断。

其中有这么一些文字:

"想做回那个,翘课的少年。"——他向往纯粹的生活。

"世界上难道有不想要一把精美青铜剑的男孩子吗?"——这是他

在博物馆看到一把青铜剑的感慨。虽为女性，但其实我也有像这般"拥有一把精美青铜剑"的情结，看到此句，不免觉得我们内心有一些相近之处。

他发了一个视频，评论是：哈哈，这个人是真喜欢他的工作！
——我由此便判断：他应该是不喜欢自己的工作。

"决定不加班后，我又做回了那个纯良的我。"——又更加证实了"他不喜欢自己的工作"这一点，因为一个喜欢自己工作的人是不会在意加班的。

他分享了一些音乐，但种类比较分散，各种风格都有，无法确定他更喜欢哪个风格，总体来说是偏于恬淡的。

他发了几次关于戏曲的内容，并去看过戏曲方面的名家演出，据此推断他喜欢戏曲。这点让我觉得他有些特别，毕竟这个年龄的人喜欢戏曲的人还是很少的，我认识的人里尚未有过。

他还分享了一些小提琴协奏曲一类的古典音乐。
在一次坐出租车时，觉得车里放的音乐不好听，他便跟司机说放他想听的音乐，是《春之声圆舞曲》等几首，司机问："你是音乐老师吗？"
他说："不，春天就该听听春天的音乐嘛。"
——由此判断他是一个比较坚持自我的人。

他对历史似乎比较感兴趣，有不少文字涉及了历史相关的内容。

他对文物遭到破坏而愤愤——他重视文化的保护与传承，并略有些愤世嫉俗，对破坏文化的行为会不满——这也是"文化人"的特性。

他提到他数学比较好，高中时同学常请教他。
——他应该是理工科生。

他分析《阿甘正传》时，说了一句"他们将上一个普通的大学……"。
——他自己上的应该是比较好的大学，应该是211大学以上。

他大学时经常翘课,"善良的同学劝我莫翘课,理由是……,我说……(他给出了一个逻辑合理、看起来一时无法反驳的理由),高傲如我。"

并说:"大概是当时读了点形式逻辑的缘故,以为自己很理性,思考问题很透彻,于是便不在意同学的好心相劝。

而事实上,同学确实无言以对,同学是按照惯常的价值观来看事物的,而我看了几本闲书就以为可以自立价值观了。"

——他比较固执和骄傲,并且有一套自己的内心秩序。

后面有一句"是不是越倔强的人,内心越悲凉。"的内心感慨,又证实了他的固执与倔强。

以及他对一句"我之所以和你争吵是为了维护我内心的秩序!"颇有感同。

——这说明他对"内心的秩序"是有着较为强烈的认同感的,这也同样说明他自身便是一个内心自成体系的人,自有一套内心秩序,并且很坚持这套秩序。这不仅同样可以说明他的固执,还说明了他与世人的大多数是不一样的。

因为:只有与大多数世人不一样的人,才会自有一套内心秩序。

并且我对此亦能理解与感同身受,因我也是一个有自己的坚固内心秩序的人,也有着许多与众不同的"坚持"。

"我喜欢打篮球是因为,在这个处处受挫的世界,只有在篮球场这几平方米的场地上,我才能获得受人尊敬的感觉。"

——第一:他渴望"受尊敬的感觉",这是马斯洛人性需求的第四层次。

第二:他对平日未能获得这种感觉感到内心的受伤。

第三:他对受挫比较在意。

"蜘蛛仍在辛勤结网,全然不知风雨将至。犹若我踉跄的人生,前路一片洪荒。"

——他对自己挫折的感慨,一定程度上亦证明了前面所说的第三点。

"有关心自己的人的人才会生气呢,没有关心自己的人的人生气给谁看呢?也就不生气了。"

——这一句表面上看起来是一种自我安慰之后的释然,实际上却反映了在内心深层里对"无人关心"的戚戚然。

"如果我做手术,在手术台上可以听歌的话,听什么歌好呢?

一首我想我会听《无爱》,听了之后会觉得人生也就是那些事,我都想明白了,所以在手术台上听了会笑,释然地笑笑。

另一首我想我会听 Sophie Zelmani 的《Going Home》,放这首歌的时候,我也许会哭。因为这首歌让我觉得,我的内心好悲凉,我没有一个可以给予我温暖的家可以回,我连最起码的内心的温暖感都没有,我的出租屋只是个住宿之所,我没有一个想想就温暖的家,所以我可以哭出来。"

——第一:听第一首歌的所想显示了他是一个思想比较透彻的人。

第二:听第二首歌的所想,显示他虽然透彻,但仍是渴望温暖的。

第三:他是一个内心缺乏温暖感的人。

"窗外日落,屋内光暗,屏幕逐渐刺眼,也不愿伸手开灯。你已经习惯了孤单的生活。"

——这是某一日他的感慨。

他思考了关于"现代社会如何做侠"等问题。看到这个问题时我心中略为一"惊",因为我也思考过一模一样的问题。再往下看,他思考的其他问题里,其中不少是我也思考过的。

——第一:他与我有一些相似之处。

第二:他喜欢思考人文方面的问题。

谈到"潇洒、洒脱"的有好几处,如:

"你总想着让人喜欢,就潇洒不起来;你不去想着让人喜欢,自然就会潇洒；而你一旦潇洒了，自然就会有人喜欢。"
——确实很有些道理。并且这样的类似思考也是我常有的。

"一个人之所以看起来总是那么潇洒、淡泊、豁达、不在意，是因为他真正在意的东西在另一个层面，日常从不触及。"
——这其实是在阐述自己。
第一：这其实说明了他多少有些认为自己是潇洒、洒脱的。
第二：我能够理解这种感受，并且我知道他指的是：自己所关注的东西是些精神层面的，因此不太在意肤表的，以及外物一类的东西。
——我为什么知道与理解？因为我自己也大概是这样的人。
第三：他是为自己的这一点而有些骄傲的。

除了这两处，还有几处亦出现了"潇洒、洒脱"，这说明了他对它们所表达的人生状态与境界有较为强烈的追求。他希望自己成为一个潇洒、洒脱的人，并且多少些觉得自己是做到了潇洒、洒脱的。

"思考和看过了太多关于人生的内容，现在的我，唯有病痛和死亡悬在心头未能释怀，别的事情均已看淡。对于当前的时间做什么，只要不涉及病痛，也都没有什么堕落的负罪感和充实的成就感。
关于克服病痛的恐惧，我会继续努力去找方法。

关于亲情、友情，不知是不是我的思想已然很强大，我至今并没有相关的难题未解决。"

——第一：他喜爱进行深刻的、终极性的思考；
第二：他希望通过思考来解决，以及提前解决人生可能遇到的各种困惑，也就是喜爱进行关于如何"自度"的思考。

以上两点可见他是一个具备哲学家基本素质的人。

第三：他意指对大多数事情，包括亲情与友情均已看淡，这与前面所说的他在追求并自觉达到了"洒脱"便达成了统一。

当时是2016年，根据他后来所告诉我的年龄计算，当时他应是26岁左右，思考与思想便已如此深入与深刻，以及"终极"，确实是令我感到颇为惊异与感叹的。

"何时才能坦然时间的流逝。"——他是一个在意时间的人。

他对别人劝一个人"别想太多"的思考是：
社会是一个修罗场，思考得多的人自然就更有竞争力，劝别人"别想太多"则是潜意识里希望削弱他人的竞争力。
——这一点我觉得他想复杂了。关于这一点我在"天真与成熟"一章有所详细讨论。

"几个人一起散漫地打球，我于是去制造话题引大家互动，结果为了营造兴致而虚张声势，引起了口执，我也落得怏怏不快。
平时珍惜时间习惯了，容不得自己脑子空闲，也不见得是好事啊。"
——他是一个珍惜时间的人。并且这一点由他自己亲口说出，这与前面我对他所作出的推断是一致的。

"有人劝我学一些软件，我虽觉得有些用处，但还是想把时间用在我喜欢的人文、社会方面的知识与思考上。"
——可以看出他是一个内心坚持自我，不为外界所动的人。这种人不易受浮华纷扰所影响，也就不易为名利等身外之物所动，因此往往会比较淡泊。

"做一样事情久了，便想从中得到什么。但我现在想明白了：我只是纯粹喜欢思考，至于是否得到什么，便不在我考虑之列。"——他确是一个透彻的人。

他经常去参观博物馆，关于此的记载有好几处。

一次，在参观博物馆时，他写道："来博物馆是要看文字的，你们这些小姐姐走马观花，跟逛衣服店有什么区别？"
——第一：他非常重视文化，以及文化的获取与积累。
第二：他是一个十分尊重文化的人。
第三：这透出了一些轻微的"愤世嫉俗"的感觉。

一次他发了一张满是添加剂的食品的配料表照片，言："我以为大家都像我一样痛恨此类现象（如食品里添加剂过多等不良现象），谁知大家好像都不以为然，我多说了两句人家似乎还有些烦了。"
——这里则显示了他较为明显的"愤世嫉俗"的性情。

他列出了几个版本的关于但丁《神曲》里一段话"我走过我们人生的一半旅程，却又步入一片幽暗的森林，这是因为我迷失了正确的路径。啊！这森林是多么荒野，多么险恶，多么举步维艰！道出这景象又是多么困难！现在想起也仍会毛骨悚然。"的翻译，并写下了自己的翻译，说认为自己的翻译最好。

他的翻译是以楚辞体写的，开始我觉得这人是否过于自负，看了他的翻译之后，觉得确实精准而又有意境，可说是"信达雅"皆备。

他的翻译如下：

——人生半途兮定睛，
置身森林兮迷茫，
正途佚失兮伶俜。
——难状其形兮彷徨，
纷芜幽邃兮黑林，
回首战栗兮神伤。

并言：如是翻译有一好处，就是韵脚全是平声字，这更符合古诗的习惯。

——他的古代文学文化功底比较深厚，并且有一点自负（这里是中性词，只是描述他的内心客观状态的，不带褒贬），当然，他的水平还是对得起他的自负的。

他所发的一个视频里，一个人在谈及意大利的湿壁画，说："欢迎中国的年轻人来了解。"
他评论："我会来的！"

——他对文化非常热爱，到了只为一样文化事物便可奔赴一个地方的程度。

他在听一个文化相关的课，评论说："结结巴巴的，不如我上去说吧。"
——第一：他的文化底蕴确实是比较深厚的。
第二：他不是一个十分内向的人，因为内向的人不大会有主动"演讲"的想法。

一日他与大楼保安谈起历史人物里正副职的"傅郑"姓之错位的例子，即姓傅的正职与姓郑的副职的例子，竟也洋洋洒洒地数了好几对，聊了好一阵。而那人其实对历史一无所知，只能敷衍赞美一下："你们这些文化人啊。"
——他即使面对着一个文化水平相去甚远的人，也会将自己腹中知识"如数家珍"地道来，同样说明了他并不算内向。并且，他乐于传授他所拥有的文化知识。而他这样的人，可以分辨出来：这并不是出于炫耀，而是他的自然乐于而为之，纯粹出于他对文化知识的喜爱。

而我从未与文化水准不一致的人说太多的话，主要是因为基本上毫无共同语言。我是属于"话不投机半句多"的人。而令致，从这里能看出来，他倒不会管对方"投不投机"，似乎只要有人倾听他，便可说下去。这是我与他不一样的地方。

涉及感情的内容几乎没有，看起来自他有此微信以来，即2015年以来似乎都没有明显的感情经历（也可能是他并非是一个喜欢记载这方面情绪与事件的人）。据后来他所告知我他的年龄计算，2015年他应是25岁，也即大学毕业二、三年左右。

二

到了周六,我在一个园子里玩耍。那个地方有一棵桑树,正是结果的季节,树上结满了一串串紫红紫红的桑葚,对我这个好吃之人来说是相当诱人的。其实去年这棵桑树就被我盯上了,那时是园里的工作人员放了一些洗干净了的桑葚在门口,对好吃的我是从来不客气,结果吃着吃着,那一篮子就快被我吃完了。味道跟商店里卖的相比,弥漫着一股清新鲜美的气息。于是我从此便存了念想:明年一定要再次吃上这里的桑葚。但凡在我心里种下了一点念头的,我往往会想办法尽力实现。

现在,正当季节,其实我也是因为到了季节方才过来,可以说是为此而来。

对着一棵满是桑果的桑树边摘边吃是我的人生梦想之一,这个机会可不能放过。大概是没有什么能够阻挡我对实现人生梦想的向往的。那桑树在一座二层小楼旁,要想吃到桑葚便得上到二楼的露台,那通往二楼的楼梯前有一个小门,被锁上了。我去找到园子的园长,极为"真诚坦率"地说:"去年在你们这儿偶然吃到了桑葚,觉得十分好吃,今年很想再吃一次……。"那园长看我对此梦想一片挚诚,热情爽快地递与我钥匙,我拿过钥匙,打开小门,上到二楼,满眼的都是紫红的桑葚,于是便如愿以偿地开始大快朵颐了。

不由想起《世说新语·任诞》中,桓温摆筵席,本来未请罗友,这时罗友一副有事要商量的样子进来了,坐下后一通胡吃海喝,挥箸如飞,吃饱喝足了拍拍肚子就想走,桓温诧异道:你不是有事要商量吗?罗友面不红心不跳地说:听说你席上有白羊肉,一直望享其美味,所以专门过来尝尝。其实没什么事商量,你们慢用,再见!说完便十分坦然地离开了。

忽觉这逸事与我吃桑葚有异曲同工之妙,我则是直接便说:我想吃桑葚。我又想了一想,当时如是我,大概是直接便说:"听说你家的白羊肉很好吃，我想品尝一下。"连作一副假装有事商量的样子亦免了。

边摘边吃得正欢，忽然想起来与令致约打球的事情，答应了今天联系他，差点忘了，我可不想作个没有信用的人，于是马上发了个信息过去问："明天几点打球？"我是一个慢热的人，在没有跟一个人熟悉之前，我总是说话简洁。他说："下午两点如何？"

我说："可以。"

过了一会儿，他说："刚才问了一下，现在疫情刚结束没多久，球场限流，明天先不去了。过几天再约个时间。"

"好的。"
我问："一般都是你组织吗？"

"不是呀，我就自己呀。"
"你以为我是个庞大的组织啊？"
"之前有几个哥们儿一起玩，后来见不到他们了。"

"那怎么打比赛？"

"打比赛就直接到那跟陌生人打呀。"
"自来熟。"
"够六个人或八个人就组队。"

"噢，原来是这样的。"

过了几天，我想起来一个问题：
"你上次发的定位的这个球场是什么地板？室内室外？"

"是在楼顶的，室外。"
"地面就刷了篮球场地的那种胶面。"
"我找找有没有图。"

他发了几张图片。
"经常有小孩子培训班。"
"这里离我住的地方比较近。"

"男的收费20，女的不收费。"

"好像春天湖也有球场？以及市北公园貌似我上次去玩也看见有。"

他发了张地址的图过来。
"你说的春天湖是这里吗？"
"市北公园我就不知道了呀。"
"春天湖离我比较近，我没去过春天湖，下次可以去试试。"
"你呢，你离哪个最近啊？"

"都可以。"
"主要是觉得春天湖这边环境好点儿，
但是不知道能不能找到人打比赛，
这边看起来没什么密集的人。"

"你去过吗？"

"没有。"

"我有空去春天湖看看。"
"我这周末加班，下周二三调休，准备周二下午去银湖区的 QPark 打打。"

"周二打？可以。"

"嗯，周二。"
"还没想好几点去，到时候看睡不睡懒觉。"

我惊讶地说："睡到下午？"

他笑："不能。"

"这个天儿睡到中午也不容易啊。天热了。"

他笑："有时候就赖着，也不是睡着。"
"你几点方便？"

"你要不要一起上去？是我们先在门口会合，我带你上去，还是你自己直接去球场？"
"在宝石广场，有个电梯上六楼。"

"都可以，到时再说。"

"好。"

我说："我规则都不记得了，然后也好久没打了，得提前跟你说一下。"

"嗨！随便玩呗。"
"可以先在角落场地熟悉熟悉。"

"我只是想找个机会跑啊跳啊，抢下球呀，这样而已。"

"嗯，运动嘛。"
"锻炼身体最重要，我也不是奔着练啥技术去的。"

我开了个玩笑："我是啊！"
随即又说："逗你玩的，我也不是。"
于是哈哈大笑了起来。

他也哈哈大笑，竖了个大拇指，又发了个"向高手低头"的表情图片。

我突发奇想："我们到时要不要对个暗号？"

"你说，我听你的。"

"我说的话，就是你来想一个。"

"姑娘，打篮球吗？"
"我就直接问你了。"

"好！"

他回了个"OK"的手势。

到了周一的晚上,到了晚上八点,我看他还没和我联系,心想:怎么这会儿了还没有打算和我商量确切时间的样子。便问:"明天几点?你想好了没有?"

"下午两点如何?"

"露天的球场,两点有点儿晒吧?"
"你们一般玩多久?"

"一般打一两个小时吧。"
"有点晒的话,你想早上早点还是下午晚点?"

"三点半?四点?"

"你怎么过来,坐地铁还是打车?还是自己开车?"

"打车。会不会回来的时候塞车?"

"哈哈,我不知道你的路线塞不塞车。"
"就三点半吧。"
"你打车就定位宝石广场,到时候我在这儿等你。"
他发了个定位。

我想了想问:"非周末你玩吗?"

"只要有空就行呀。
但是我一般要上班。"

"你干什么工作?"

"我是国企电气工程师,上星期刚结束一轮隔离驿站的值守。"

"电气工程师怎么支援防疫？"

"之前不是很紧张嘛，各种缺人，连我们这种技术员都被征用了。"

"那你们去了干什么呢？"

"我就在隔离酒店后勤做点杂事，写写材料什么的。"

"哦哦，你刚从隔离酒店值班出来啊？感觉有点儿害怕，不过我又很想去打球。"
想了想我又接着问："那我好像很容易就成密切接触者？"

他说："你看看吧，考虑考虑。"
"就假如，我们这个篮球场所在的大楼里出现了阳性，我们去过的全都得隔离。"

"我意思是，你现在隔离酒店上班，如果出现一例，你都算是密接（言下之意：相当于我就是次密接），是吗？"

"不是，隔离酒店是两部分完全物理分开的，
客人住的那部分，我工作的那部分，是隔开的。"

"隔离哪里的人呢？"

"最近就在隔离从美国飞回来的人。"

"美国？"我表示"晕"。"最近他们疫情好像比较严重啊。"

他坏笑："怕不怕，就问你怕不怕？"

我开玩笑："我要是隔离了，地球就不转了。"

他说："你就是世界，你闭眼，花也不开了。"

"嗯嗯，我就是这样想的。"

"高手！"他竖了个大拇指。

我又开玩笑："我就是担心地球，没人管了。"

"你要普度众生，就像《三体》里的程心。"

"度好自己就不错了。"

"嗯，自己的幸福最重要。"

其实我的意思是"我的能力连自己尚且未必能度"，他似乎有所误解。

我开玩笑："我倒是想普度众生，但众生未必让我普度。"

"你只管普度，领不领情是他们的事。就像特蕾莎修女的那首诗《不管怎样》。"

"不领情就是他们没眼光，对吧？"

"对，不领情是他们自己吃亏，他们的损失，没处找补。"

我发了个握手的表情："没错！"
我又开玩笑："一切问题都不是我的问题，都是别人眼光有问题。"

"可以。当然可以认为自己的价值观就是最好的。"

"确实没觉得谁比我的更好呀。"我发了个捂嘴笑的表情。

"哈哈，牛。"他竖了个大拇指。

"你是哪个国企，说出来让我仰视一下。"

"就一普通底层员工，不会被你仰视的。"
"无非就是摸爬滚打。"

我说：“那就仰望一下星空吧。”

“可以。”
“以及俯察内心的美德。”

我心想：这人还非要补全整句话，挺有意思的。不禁笑：“你是有接下句，对对联之类的习惯吗？”

“不是，就是拾人牙慧。”
“康德的话。”

“我知道是康德的话，难道你以为我以为是你想出来的？”

“哎呀，我卖弄了！”
“失礼。”

我逗他：“妥妥的卖弄。”

他发了个"向高手低头"的表情图片。

我开玩笑：“这都不知道我怎么小学毕业？”

他大笑。

我想起来一个一直以来的愿望：“看来如果你不是坏人的话，我们可以一起玩曲水流觞。”

“怎么玩呀？”

我发了"曲水流觞"的解释给他看：
“怎么样，觉得好玩不？”
“就是人少了点儿。”

“喝酒＋吟诗吗？”

“适合你吧！”

"喝酒不？"

"我不喝，我胃不好。"
"吟诗可以。"

"那就喝茶？"

"可以。"
"我喝茶，你随意。"

"为什么胃不好？"

"很容易不消化，喝酒胃疼一天，消化能力差。"

我说："可以喝点儿灵芝水。"

"没有灵芝。"

"买呀。人工种植的也不贵，效果没那么好而已。"

"好的，我先记着，好意领了。"
"你普度了我。"

我说："无所谓，领不领都可以。"
"我尽我所能罢了。"

他又补充发了一个"渡"。

我说："'普度'与'普渡'似乎都有使用的。不过具体的含义似乎略有不同。"
又开玩笑道："我才小学毕业，也不太清楚。"

"那我岂非才幼儿园大班？"

我说："没事儿的，天真一点好。"
"最终还是追求幼儿园都没上的状态。"

他发了一个有趣的表情图片。

我又补充:"人啊,费了半天劲,还得活回去才好。"

"不忘初心嘛。"

"初心是什么?我不知道初心。"

他发了个思索状的小人,他知我肯定知道何为初心,但不明白我说此话之意。

"可能我连初心都没有。"

他说:"没关系。"

"因为菩提本无树。"我微笑。

他明白了,竖了个大拇指,说:"高手。"

"理论是清晰的,实践是另一回事儿。"
"只能尽量靠近这个境界。"

"你可以的!"

我说:"一起努力吧。"

"好!"

我问:"你说我们玩曲水流觞上哪儿找一条小溪呢?"

"荷花山公园里可能有。"

"这么近尘嚣吗?"
"不过也没事儿,心远地自偏。"

"这个城市哪里不近尘嚣?"

"桐山似乎还可以。"

"我看一个社交平台的视频上桐山人多得都走不动了,哈哈。"他说了一个社交平台的名字。

我说:"以前一些人在那儿隐居。"
"后来房租太贵了,不少人只好走了。"
"没钱连隐居都隐不了,哈哈。"

"应该去农村隐居。"

"你说的这个社交平台我平时不看。"
"你这种人也看这个平台?"

他说:"我这种人……俗人一个。"

"你这种文化人,咳咳。"

"爱卖弄的人。"

"自然而然而已。"
我又补充:"是说你只是自然而然的表达,不是说你自然而然的卖弄,哈哈。"

他"苦笑":"那就是矫揉造作的卖弄。"

我逗他:"对,我心里确实是这样想的。"
"只是用我仅有的一点情商掩饰了一下。"

他发了个"流泪"的表情。

我问:"你是河北人?"
这是基于我之前问他"睡到下午?"时,他回答"不能"。这颇像是华北一带的人的回答方式,大多数地方的人则一般是说"不会"。并且他的文字里提到过小时候住在院子里，令我想起华北平原，大概亦是那一带附近罢。

我忽然又想起来：他的侧脸的偏方的下颌，轮廓倒更像是山东人，于是马上又补充："山东人？"

但他与此同时已经先发了"山东"。

我说："这是我本来就想写的，不是跟着你的话附和的。"
"你先说了，这样就好像显得不是我猜出来的了，没劲，哈哈。"

他笑："谁叫你第一下没猜出来。"

"能在两个里面就不错了。"
"估计你都猜不出我。"

"猜不出。"
"明天听听你口音再猜。"

"没事儿，不用猜，不想知道就不用猜。"
我笑道："反正知道了也不会对你涨工资有啥帮助。"
"这属于是'无用的知识'。"
"按现在的价值观。"
"一切能赚钱的才是有用的，其他的都是无用的，一边去就行了，不管人还是事物。"

"所以你要引导大家，让大家树立更好的价值观。"

"这是我的一个追求吧。"
"乌托邦。"

三

第二天上午 10 点，令致君发来一个信息：

准备好下午三点半 🏀。

我点点头，看了看外面的天空，感觉有点阴沉，便说："貌似可能会下雨？"

令致说："天气预报没有雨呀。"
我心想：这个人，怎么这么相信天气预报呢？
觉得有点好笑。

我又说："管它有雨没雨，不管了！能出发就出发！除非是倾盆大雨。"
"我在这个世界上至今唯一发现的能和我对话的人不能不见！"

令致笑："我这么优秀么？"

"这只能说明你和我差不多，并不能说明你多优秀，说明你优秀的前提还得有一个'我优秀'。"
"而按世俗的价值观，我现在不成功也不优秀。"

"你肯定优秀呀！"

"别人觉得我优不优秀不重要，最重要的是自己觉得自己的人生价值是否实现了，倘若觉得实现了，到那时我才可能会自己夸自己一句'优秀'。"

"你的'人生价值'具体有哪些？"

我半开玩笑："希望能给人类的文化发展进程作出一点贡献。"

"了不起。"

"先不说远大愿景，至少向身边的人传递微光。"
"比如，让我觉得值得交往的朋友活得开心点呀，传递一些人与人之间的温暖……之类的。"
"从这些小的方面做起。"

我又坦言："不过你确实是真诚的觉得我优秀，我还是很开心的。"

此时我忽然想起一句有趣的诗句混搭：
"仰天大笑出门去，无人知是荔枝来。"
发给他之后问："好玩不？这个诗句混搭。"

令致："可是把韵脚改变了呀，原来是'人'，现在是'来'。"

他的反应既出乎我意料，又在我意料之中。出乎我意料是因为大多数人见之均会哈哈会心大笑，而他却只着眼于其格律韵脚不符之失，未得其天然不拘的趣味之乐，让我稍有些"未有灵犀"的感觉。
"又在我意料之中"是因为我根据之前所研读的他的文字，以及前面与我的对话，大致也能判断出此人的性情脾况，所以他这样的反应，也是很符合他这个人可能有的反应的。

因此我说："我就知道你会拗这个，感觉到位就好，其实它也只是为了一乐，会意便可，不必拘泥太多。"
"我是不记格律的人，平日若自己兴致上来了写几句诗，只求尽兴，别说格律，有时韵脚也可以不管。"

"音乐的和弦发展史上，从讲究极度和谐到现在喜欢经常加入一些不和谐的感觉，从只使用协和和弦到现在经常使用些不协和和弦，有这么一个过程。所以我觉得格律韵脚也可以打破，大概也是为自己懒得研究和讲究找个借口吧。"我笑。
"当然了，作为知识，我觉得有空的时候还是可以学习一下，只是作为一个了解,实际应用时并不需拘泥于此。"我又补充。
"这是我的看法。"

"我也不是很懂,古代韵跟今天韵也不一样。"

"所以这些东西都是可以变化的。规则不都是人定吗?兴至便可,何必过于拘泥形式?因此你看见那个混搭,觉得好玩就行了,它也只是为了一乐。"
"这也就是得意忘'言'、得意忘'形'。"

"有空我和你对对联吧。"

"好啊!"

我想起他常发一些小提琴协奏曲之类的音乐:
"我看你也挺喜欢音乐的?"
"感觉我们很多地方很相似,同样是理工科背景,却又同样对人文文化感兴趣,而且竟然还都喜欢音乐。"

他补充说:"还都爱打篮球。"

"还真是!怎么这么多的相似之处呢?!实在是太难得了!"
我想了想问:"你有什么想学的乐器吗?"

"我想学吉他,可是刚到 G 和弦就放弃了,
觉得好难练。"

"G?不至于吧?"我发了一个"破涕为笑"的表情:
"今天打完球详细跟你聊一下。"

"好呢。"

我说:"手指基本功要先练好。不要急于求成。"
"记住:慢即是快。"

我又想了想:"你应该是手指舒展不开,不灵活。否则不会 G 和弦都

不好按,大多数人都不会卡在这里。"

"正好我之前买了系列网课,到时你输入我手机号,问我要动态验证码,就可以不用另外付钱了。"

他说:"可是我还没有继续开始学的勇气。"

"没事儿的,遇到了瓶颈很正常。"
"比如说:电吉他的噪音一开始简直让人崩溃,太容易出现各种噪音。手指基本功练上去,手指灵活了,就好多了。"
我又笑说:"鼓励身边的人,让身边的人对学一样东西有信心,让他们更有奋斗与追求的激情,也是我的人生价值之一。"

"可是学乐器要花很多很多时间呀。"

"没有这么多可是,你知道我可以一边打鼓一边弹吉他来演奏一首作品吗?这都是逼出来的,你的微信个人签名是 fatebreaker,就不要有这么多'可是'。"
"一天五分钟也比因为这个原因不开始好。"

"惭愧。"

他又问:"个人签名都被你发现啦?"

"个人签名有时可以局部体现一个人的内心,也许他是这种人,也许他希望成为这种人。"

"我当时就是觉得,生活一次次地把信念击碎。"他发了一个"皱眉"的表情。

我想安慰他一下,却又觉得这个一下子无法细说,需得知其来龙去脉,决定还是见面再作鼓励。

我想了想,又说:"你也有很多可以教我的:篮球,历史知识,诗词的格律,电气知识……"

"我末学肤受,教你不敢当,共同学习吧!"

我准备妥当，便告诉他：
"我出发啦，同学。"
"一会儿聊。"

"好的呢。"

"你在楼下等我？"

"我在宝石广场一楼，里面有凳子，先在里边坐着等你。"
"你到了我出来迎接你。"

我一边安慰他："这个社会很多时候是劣币驱逐良币的，像我们这样的有一些文人情怀的人，底线太多，遇到不那么纯净的现实，是容易有信念受挫的感觉。"
"所以学点乐器，即使不是专门玩音乐，日常也可以遣怀。"

他问："电子琴是不是更容易学呀？"

"键盘乐器是的，钢琴、电子琴，我个人感受：比弦乐器好学。"

"那你会好几种乐器呀？"

"嗯。"

"你有人一起玩吗？"

"没有，就我一个，到时音乐作品的录音准备全部乐器自己来。"
"我交友很挑剔。"
"很难找到觉得适合一起玩的人，所以就自己都学了。"
"不是说技术方面，主要是价值观和文化水平、思想层次。"
"需要别人又会乐器，价值观和文化水平、思想层次又一致，这太难了，与其向外寻求，不如向内挖掘和寻求。"

"优秀！"

二十分钟左右，我到了约定的地点，问："你穿什么衣服？"

"我穿绿色半袖，背个包。"

我绕着这个广场转了一个圈，又转了半个圈，也没见符合他描述的形象的人。

好不容易发现一个，那人正在打电话，穿着一件绿色短袖，背着一个背包，这两个特征倒是有点符合，但气质看着又不太像个有文化底蕴之人，但除此之外也没有别人了，我勉强地走了上去问："请问你是令致吗？"那人一脸疑惑地转过头来，我想他可能没听清，便又重复了一遍。那人摇摇头。我想：确实也不符合他的谈话与文字给我的印象。俗话说："相由心生。"看来我开始便觉得不像是对的。同时又觉得颇为高兴：幸亏不是。

"我到了，绕了一圈，从哪找你？"我说。

他发了一个定位。

"等我出来。"
"你穿什么衣服？"
"你看到'宝石广场'四个大字吗？宝石广场美食城？"

"就看见'宝石广场'。"

这时他又打了一个电话过来，说："我正在向'宝石广场'这几个大字走过来。"我说："我也在这附近，但没看见你呀。"正说完，一抬头，远远地看见一个有些瘦高的男生，即使戴着口罩，浑身散发的气质看着也像一个"电气工程师"一类的技术人员，穿着一件浅绿色的短袖T恤，背着一个黑色背包，一边打着电话，向着我的方向走过来，我想：这个应该是了。便迎着他走过去，挥了挥手说："你好。"

他比我想象的要瘦一点，个子跟我想象的差不多，大约1米77左右。既然爱打篮球，一般来说不会太矮，所以这方面比较吻合。但我原以为他爱打篮球，应该比他现在的身材要壮一点，整个人应该更有精神劲儿一点，而他与我想象中的相比，显得更清瘦文弱一些。

我们的"暗号"没有派上用场。因为那得是一个这样的场景：我站在一个地方东张西望，左顾右盼，而这时一个清瘦的男生走过来，看了看我，揣摩了一下，判断了之后稍带点犹豫地说出："姑娘，打篮球吗？"

　　显然我们这样的会合方式怎么也没法硬塞进这么一句话，我想象中的一个好玩的情节并没有实现，正如我们有过的许许多多幻想一样，落到现实中会有这样那样的掣肘。

　　我说："上去吧。"他带着我进入了一个电梯，上到六楼，他付了20元，我不想显得像个逃票的，于是又再确认了一下："我是不用付费吗？"他说："很多女孩子只是来看人打球的，所以女生就都不用了。"我一想也是。这时经过几个穿着裙子，打扮时髦的女孩子，一看就不是来打球的，进场了以后，就各自找她们的男朋友去了。

　　因为不是周末，人比较少，场地很空旷，我心下略喜。我们选了其中一个球场的一边篮球架，他从背包里拿出一个篮球，我说："我不太会打，只是特别想打而已。"他说："感觉你应该是很厉害的呀。"我说："没有没有。"一边想：这是从哪儿得出来的感觉呢？
　　他摘下口罩，开始投篮，我从侧面看着他，觉得跟朋友圈封面的照片不是太像，那张照片也只有一个侧面，并看不出人长什么样，只是那张照片整个人的通身气质显得比他本人更成熟一些，脸部轮廓与肤色还是相似的，同样是方的下颌，白皙的皮肤。他本人的气质稍显更文质彬彬一些，而照片上的人则显出一种坚毅的气场，这个区别，让我甚至觉得那张照片上的人不是他。

　　说是打球，其实我根本不会真正的打法，只是一个劲儿的投篮。后来学了一些教程，才知道连手上的运球动作都不正确。就如我自嘲的那样"除了一腔热情，其他什么都没有"。

　　投了几个篮，虽说感觉有点单调，但我也尚未打算跟令致说话。因为我本身不是一个爱主动开口的人，坐火车卧铺时，甚至可以望着对面一天不主动交谈，只管自己发呆，直到对面的人忍不住开始与我说话。

　　这样两个人各自投了五分钟左右之后，令致走过来对我说："你投篮的时候这样持球比较好。"接着他示范了一下，我跟着试了一下，果然是顺手一些。

我便问："为什么我投的球到了篮框时总是往前冲，不往下掉呢？"他说："那你就投得比篮框高多一点儿。"我便多给了球一点向上的力，让它即将到达篮框时比之前高出更多，果然，到了篮框上方，它便往下落，而不是像之前那样往前冲了，命中率也大大提高了。

我说："这个球场还不错，就是周边都是大楼，环境比较一般，不够优美。"

令致说："听说有的球场环境特别好，还能听见鸟叫。"

我说："我提过的春天湖公园的球场环境就很好，它就在公园里面，旁边都是树，鸟叫自然也就有了。"

令致说："下回我们可以到你说的春天湖公园玩。"

我这时对令致说："能找到你一起玩还是很开心的。感觉在这个城市，人与人的交往总是充满目的性，有一种能赚钱的就在一起，不能就'走开，下一个'的感觉。我不喜欢这样的目的性与功利性的交友，所以我在这个城市几乎没有任何交际。"

"我一直特别向往纯粹的友情，能交一个这样毫无目的与功利性的、纯粹出于共同爱好而在一起的朋友真是太好了。而且，我们还有很多共同话题。"

令致笑着说："是啊，真是缘分啊！"

四

就这样,我们练了一会儿原地投篮。我向他请教三步上篮,我连哪步算第三步也不太清楚,虽说大学时打过"班际业余赛",但早已忘了,令致仔细示范了几次,又看我练了一阵,手脚还不是那么协调。

这时我觉得有些口渴,说:"休息一会儿,我想喝点水。"令致说:"我去买两瓶。"

他买了水回来以后,我们便边喝边聊了起来。

我说:"你说G和弦难弹,是怎么回事呢?弹吉他没听说过有人说G和弦难弹的呢,都是觉得F和弦难,因为有大横按。"

他说:"不知道是不是因为我之前买的琴太便宜了,所以不太好用。"

我说:"有可能,太便宜的琴也许有这样那样的不足,会影响弹琴的体验。但很多人一开始也是用便宜的琴,反映这个和弦难按的却不多,也许跟你手关节的柔韧性也有关系。"

我提议:"你可以买把稍微好一点的琴。"

我说起来以前我买过一套架子鼓放家里,他说:"这岂不是要有两个房间?你租了一套两居室?"

我不想骗他,毕竟从他的文字里以及我们的交谈里,包括他的工作,我已经比较了解这个人了:他是一个纯粹的技术人员,并且有比较深厚的文化底蕴。便告诉他:"我买的房子。"

然后我又说:"不过我住出租屋的时候,觉得也挺开心快乐的,并没有什么影响。"

他说:"是吗?"

我肯定地点了点头:"买了房子只是放东西方便了一些,于心情没有什么关联。当时住在出租屋里,我甚至觉得一直这样也挺好的。只要人本身开心,住哪都一样。"

他若有所思地点了点头。

我想:"他这样一个人,居然体会不到这种感觉——人自身的快乐与喜悦与房子并无关系——吗?也许他尚处于觉得出租屋只是借宿之处的阶段吧,将来他自然就会明白了。"

于是也不多解释,继续玩了起来。

我一边玩一边问:"你是哪个学校毕业的?"他笑了笑,说:"哪个学校啊……"似乎没想到我会问这个问题,他又接着回答:"华北电力大学。"我恭维了一下:"嚆,名校啊!"他笑着"嗨"了一声:"没有没有。"

我问:"你是不是不喜欢现在这份工作?"
他说:"你怎么知道的?"
我:"根据你朋友圈发的文字判断的。"
他:"确实是。"
我问:"你们每天都干些什么呢?"
他:"都是些很无聊的活儿,人也得不到什么进步。"

我看着他打球,大多数时候只是一个侧面,感觉这是我从未深入打过交道的一种类型的人。他看起来气质斯文,书生气比较重。我这个人有点不羁,虽然性格偏于内向安静,却又有着豪迈奔放的、激情万丈的一面,可以说是既有点文人气又有点"江湖草莽气",并希望能找到与自己相似的人一起玩耍。可惜这世上的人,总感觉要么偏于斯文要么偏于鲁莽,与己相似的实在太少,所以大多数时候便只是自己与自己玩耍,自得其乐。

我也已习惯了自得其乐,并甘之如饴。忽然冒出了一个人,我一下子甚至有些不太习惯。并且他看上去"文气"大于"质",甚至似乎还感觉少了一种"人气",也就是整个人给我一种少了一点热度与温度的感觉,我也不知道这感觉是从何而来,虽然后来明白了,但当时只是他的气质给我的直接感受,可以说是直觉,也可以说是"相由心生",这让我感觉与他有一些距离。

事实上,我与这世上大多数人均有一些距离感。我的理想伙伴,是一个与我差不多的人,既有深邃的人文思考与思想文化层次,又最好可以稍微有一些豪迈不羁。其实大多数人一辈子寻找的,无非就是另一个自己。我知道找爱人找性格互补的倒无妨,甚至可能比较好,朋友却最好志同道合、脾性相似。

孔子言：质胜文则野，文胜质则史，文质彬彬，然后君子。

即：质朴多于文饰就难免显得粗野，文饰超过了质朴又难免流于虚浮，文饰和质朴完美地结合在一起，这才能成为君子。

因此，古语中"文质彬彬"，实为文质各半之意，即文质双修，方为合格的君子。

而现代的"文质彬彬"的语义，其实已经偏于"文"了，几乎就是斯文的意思，关于"质"，几乎已经被彻底忽略了。

我觉得自己是比较符合古义的"文质彬彬"的，即既有文人墨客的"文"的一面，又有率性豪迈奔放的"质"的一面，有点讲"江湖义气"的意思，大概比较符合古代的侠客或侠女的感觉，并且是读了一点书的侠客或侠女。

其实我无非就是想找到一个如我一般"文质彬彬"的、文质各半的人，无奈一直不可得。所遇之人，不是过文，就是过质，竟无一人似我者。久而久之，也就不作此想了，并自嘲"猛兽都是独行"。

因此我人既宽容，又极为挑剔。宽容的在于我对他人几乎毫无要求，只对自己有要求。挑剔的也在于对他人的要求。这不是互相矛盾吗？其实我对他人毫无要求的方面，大多在于我认为无需在意的东西。而我对他人有要求的方面，则是价值观、人品、思想层次、文化层次以及是否重感情、讲义气、是否把我真正的当朋友、是否真诚等等。我反思过：其实我就是用自己所能做到的来要求他人，或者以此为标准来寻找朋友。

这么一来，能交友者便极少，因见过不少损友害人的例子，我也就秉着"宁缺毋滥"的想法，所以在这个城市里几乎毫无交际。

就如管仲割席这种事，我也是干得出来的。

管仲是发现华歆似易受名利外物之诱，我亦不相上下，价值观这个标准我已然放在第一位了，如果价值观不近似，连成为朋友的可能性都没有。二是对方是否重情重义之人，如在交往过程中，我若觉得对方不把我当朋友，我也会行"割席"之举。

只不过管仲是当面割席，我是悄然断交而已，即再也不会主动联系。

所以有时我亦想，我是否"水至清则无鱼，人至察则无友"，但又想想"友贵精不贵多"，我的挚友也足够了，虽然少，但互相足够真诚，所以我人生路上也未觉友情欠缺。

只是新朋友确实难以交上了。现有的朋友大多散落各地，而且有的是同学情谊而来的友谊，几乎没有与我喜好相近的，要讨论起人文思考方面的问题，竟无一人。现在好不容易遇到一个同样喜欢进行人文思考的，又同样是理工科生出身，便觉十分之幸运难得。虽说凭气质感受，他偏于"文"之气多些，"质"之气少一些，但也是十分不易。尤其在我们这个城市，总体气氛是"钻到钱眼里"的，对于文化、人文的深刻思考甚少，因此更是十分又十分的不易。

因此，他从隔离酒店工作出来方才七天，本应过个双倍时间见面才更为合适与"保险"的，但如今遇到一个思想以及所思考的东西与自己竟有七八分相似之人，我当下便也放弃了"标准"，凭一腔快意奔赴前往，想一起好好地就思想交流一番。

但直觉的东西总是准确却又难以表述，他虽耐心地教我打篮球，但我在他身上总感觉少了一点热度，当时我只是这么纯粹的想，但没有想过要去思考这个"少了一点热度"是来自何方，毕竟，从表面上看，他既周到，我们又挺聊得来。

我向来不太喜欢在他人面前暴露自己的脆弱，以及女性化的一面，并不是我有意掩饰，而是我感觉这样会让我的内心变得更羸弱。如果我呈现出来精神状态比较向上，我的内心状态也会随之向上。

这让我在很多男性朋友面前，甚至让我觉得自己比他们更强大，他们确实也有此感受，觉得我是一个内心强大的人。其实他们大多比我更现实更"冷酷"，不那么重感情，但一方面又显得斗志不足，容易泄气，容易对现实失望和苦闷，容易为挫败感所困扰与打击，前行的勇气不足。

所以我并不知道到底谁更强大。我也经常处于挫败中，但对我影响并不大，不影响我继续前行的勇气与对理想的信念与激情。但我对感情并不能像他们一样，说不要就可以马上放弃了，他们的这种对情感可以轻易弃下的"能力"，到底是一种强大还是一种自我保护，亦或甚至是一种怯懦或退缩呢？

因此这是我思考的问题之一：我勇于前进，信念坚定，并充满激情，但对感情往往做不到说放就放，如果对方不离开，我可能会把一段感情延续一辈子。但对方离开了，我却又往往不算太想念，甚至过后会想到其离开的好处,再往后,还会觉得对方为什么不早点离开?好让我早点将其离开带来的"不好"转化为自身的进步。

在令致面前也一样,他似乎对过往的挫败有些"耿耿于怀",又言"一次次地被生活击碎了信念",这让我感觉他显得"没那么强大",感觉自己在他面前显得斗志昂扬。

过后的思考中,我发现这种"不惮于暴露自己的脆弱",也许也是一种强大,这不啻为一种可能。

这时他说:"我们来作一个这样的练习吧。"他演示了一下:他把球从我左后方抛过来,以模仿队友传球,我一边往前方跑动,一边接过他递来的球,然后三步上篮。

这个动作对我来说尚有些不容易,不是没接到球,就是接到球后手忙脚乱,或是三步上篮时因怕超出步数而手脚不协调,来回了十几次之后便有些累了。

又练了十几次这个动作,我说:"今天就到这儿吧。"

我们便一起出去,到了楼下,令致说:"我请你喝杯饮料吧?"我说:"好。"

于是便找了家饮料店,一人一杯的喝了起来。

令致说:"你喜欢音乐,你说,为什么有的歌,我们听着很无聊,就是不停的'动次打次',却很多人爱听呢?我是不能理解。"

我笑说:"看你的朋友圈发的,你那天坐出租车,还让司机换成你爱听的音乐了。"

他笑:"对,他一直放一些'网络神曲',我实在是无法忍受了,就让他放几首春之声圆舞曲一类的音乐。"

我心想:他这样问与说,由此可见这个人的心里是以自己的思想层次为骄傲的,而且他直接表达了出来,这是我没有想到的。也许是因为他觉得与我于思想文化方面是基本一致之人,于是在我面前便直言了。

我说:"一个人的思想与文化层次决定了他是更容易受简单直接的刺激所吸引,还是受有内涵的内容与事物所吸引。思想与文化层次越低,越容易受简单直接的刺激所吸引;思想与文化层次越高,越注重事物的内涵与内在的韵味。

就好像只有不敏锐的味觉的人,只会觉得入口即感到刺激的味道

'过瘾',而无法体味更细腻的、含蓄的、深层次的味道。若你跟他们说让他们去体味食材的本味,他们是决计体味不到的,更遑论多层次的味道了。

而越高级的食材,又往往是以回味取胜,所以有的人并不能感受到它的好吃与'高级'在哪,因其未能从中得到直接的刺激。"

令致赞同地点点头,说:"音乐里是不是存在着什么'鄙视链'一类的?"

我说:"这个确实是客观存在的,主要是以音乐性、文化高度、思想高度、音乐态度,以及乐器的掌握难易程度来划分的。倒不是说越简单的越被鄙视,真诚、淳朴的作品,再简单也一样打动人心,关键是一个作品体现出来的态度,是庸俗的、肤浅的、追风的还是真诚的、有内涵的、发自内心的,甚至你可以没有太深的内涵,但只是真诚的,就足以成为一个好作品。是否真诚,是一种只可意会的感觉,它会从歌词、旋律、编曲、演唱者的演绎中透露出来,真诚或不真诚,都是能让人感受到的。正如粗布荆钗不掩天香,我们这里如果把天香说成'天然的香气',也就是'自然的香气',用以形容'真诚的气息',那么即使一个作品因客观条件原因未能'精雕细琢'或是放弃'精雕细琢'而质朴以现,它内在的真诚依然能够穿透表面的不够精致而让人感受到,也一样能打动人。其实它的'精雕细琢'都在内在里了。与之相反,一些看起来装饰'精致'的作品,其实它的歌词、旋律、编曲、器乐、演唱者的演绎却透露出来的是肤浅的内涵,这也是属于一种'低端'的作品。"

令致问:"乐器里,古琴应该是属于这种'链'的顶端的了吧?"

我说:"古琴因其冲淡,不能给人直接的刺激,一般人可能觉其枯燥乏味,只有心境与古琴声音气质相似的,也就是同样的淡泊宁静、澹远的人,才能容易产生共鸣,而这样的人,思想与文化层次都是相对较高的,所以,客观地说,他们的思想文化层次是在较为'顶端'的,也就是我们通常说的'境界'比较高。于是,自然地就处于了这种'链'的顶端。

所以这些'链'的高下,也不是人为划分的,可以说是由其所包含的客观内容的难易度等,以及其所反映的各种客观标准的高低而自然而然地形成的。"

我问:"昨天我在朋友圈分享了一首纯古琴曲,而且是双古琴的,很好听,你有看到我发的这首曲子吗?"

他脸上显出一阵茫然,说:"没有。"

我心想:这应该是个不太关注别人发些什么的人。也许,只是不关注我发些什么。

他说:"我喜欢听戏曲,有时还学唱几句。"

我说:"嗯,看你朋友圈有发戏曲的内容。不过目前我对戏曲还不太了解,以后有空可以也研究一下。"

我问:"你会去听音乐会吗?"

他说:"听得比较少。"

"我看你似乎对小提琴也感兴趣?分享了一些小提琴的曲子。"

"只是平时听听,但音乐会没有去过。"

"那我们以后可以一起去听听音乐会。"

我说出这句话其实只是出于内心非常单纯的想法:只是想和一个同好去听音乐会,之后可以一起讨论。就像希望和他一起探讨思想、文化上的问题一样。

但又怕他误会,于是我的眼睛虽然看着他眼睛的方向,但并没有直接看他的眼睛,以免显得过于热情而被他误会为男女之间的类似"看电影"一类的邀请。

喝完饮料,他问:"你要不要吃个饭?"我心想:不管你是不是客套,反正我是饿了。便说:"我确实是挺饿了,那就吃个饭吧?"

他说:"我们上去找个吃饭的地儿。"

我发现了一家广西菜,我说:"就这家吧,在这边广西菜比较少见,也许会有些比较特别的没吃过的东西。"

他说:"好的。"

我们坐下开始点菜,我说:"我每到一个餐馆,都喜欢点一些新奇的菜。"我点了一个热菜,两个凉菜,都是没吃过的菜式,让他点,他说:"我胃不好,运动之后就不想吃东西了,吃不下。"我说:"咦,你跟我正好相反。我运动后肚子就特别饿,能吃很多。"又说:"那我就不管你了,我自己吃了。"

等菜的时候,令致问:"你说像我这样,如果不干现在这份工作,干什么好呢?"

我略有些惊讶,他本身是一个思想深刻而又独立,有一套自己的内心秩序的人,居然向我一个交往时间极短的人询问他的人生方向,想来已是为此困惑良久。

我说:"你有什么擅长的方面?或者,你喜欢什么呢?最好干你自己喜欢的、热爱的事情。"

他说:"我没有热爱的事情。"

我说:"嗯,我也经历了一小段时间,就是寻找自己的奋斗目标的时间。我明白那种找不到奋斗目标的时候的痛苦,就像是飘浮在黑暗的、茫茫无际的大海上,你的身边没有一样可抓住之物,那种感觉是相当痛苦与无助的,那是一种空空的、什么也抓不住的、也没有方向的无力感。但我一直在寻找。开始我想学室内设计,但后来发现它不是单纯的只要做设计就行,还需要和人谈合同,我不太喜欢跟人打交道,喜欢纯粹的学问与技术、技艺,所以因为这个环节,就没有选择这个方向。

我这个时间段维持的时间比较短,大概是一两年左右,后来我就找到了我喜欢的事情,就是音乐。它几乎不需要跟人打交道,只需要磨练好技术就行,这比较适合我。

至于我原来的工作,虽然稳定,但我刚上班就发现自己不喜欢了,觉得不适合我,对我而言,它既没有前途又没有自由,还学不到什么东西,只是一些事务性的工作,干多少年下来也是个没有实际技术的人,所以我一进去便就想离开了。

而且我是一个喜欢自由的人,不喜欢受约束,再又一想:我的命运居然掌握在别人手里,而且还是一群不如自己的人手里,我就觉得完全无法忍受。所以我必须给自己找一个目标、一个理想,总有一天我要离开这里。

后来,我终于离开了。因为我想到,当我临死的时候,如果没有迈出这一步,我将是非常遗憾的。一辈子干着自己不喜欢的工作,即使稳定,又怎么样呢?我每天都在这种所谓的'稳定'中内心挣扎与不甘,又谈何真正的安宁与稳定?如不再有内心挣扎,又便是成了麻木的行尸走肉,生命的质量与深度、广度又安在?如此干下去感觉这辈子都要毁了,我的人生价值将丝毫得不到体现,我从未为自己的理想而奋斗过,我岂不是白活了吗?!我不想要这种一眼就能望到头的生活,我渴望生命的未知与多种可能性,这样我的生命才是有深度与宽度的,才是有灵魂的,才能称为鲜活的,也才能称之为真正的生命,否则只能称为一具肉体,一具没有灵魂的肉体。所以我现在每个月虽然能使用的钱不多,只有原来的工作时的三分之一,但是我很快乐,内心也十分安宁与满足,因为虽然我的钱财少了,但我的灵魂不再挣扎了,所以我反而比拿着稳定而丰裕的收入却灵魂挣扎时快乐了。我的灵魂现在自由、安宁而又笃定。一句话概括我的抉择就是：我只想在保证了温饱的基础上尽量的理想主义。"

令致赞同地点了点头。

这时他说："我觉得如果我辞职了，可能会选择去送外卖作为一种谋生方式。"
我有些惊讶，问："为什么呢？"
他说："我觉得它基本上是在走路与骑车，而这些活动是生活的本身，属于生活的一部分，我通过它来赚钱，就是一件自然的事，无所谓喜欢，也无所谓不喜欢，因为它就是生活本身。而我不喜欢我的工作——电气工程师，它本身不是生活本身，而且我又不喜欢，所以我觉得这是在浪费时间。"

我说："你这个思想属于一种究至'终极'的想法，听起来似乎还挺有你的道理的。但我认为，你应该选择一个能够充分实现自我价值的方向，你应该找到更好的实现自我价值的方式。"

他说："我希望能在我三十三岁之前，能找到自己想干的事情。"
我问："你今年多少岁了？"
他说："三十二。"
我说："那你这么多年还没找到自己的方向？
我那时大概是一两年吧。"
他叹了口气："是啊！"
我说："你积累了什么人脉吗？我看你的工作比较单纯，应该也没什么人脉。"
我心里同时想：他也不像左右逢源、擅于交际和积累人脉的人。他其实在这点上跟我相似，不是什么喜欢交际的，也不会刻意去积累什么人脉的人。而且他的工作性质决定了他积累不了多少"有用"的人脉。
他说："对啊，没有什么人脉。"
我说："再说，做生意这种事情，也不适合你。"
令致点点头："对。"

我很难想象这样一个人，一个喜爱且擅长于进行深刻的人文与哲学性思考的人，去与人推杯换盏，觥筹交错，虚与委蛇，腾挪寒暄，在一顿顿的客套、不得已与皮笑肉不笑间丢失自我、湮没灵魂，只为了拉扯那钱财之事。他本该生在一个思想者与哲学家的时代与世界，与众多思索生命本原、人生真谛、终极真理的哲人们一起，为人类奉献出他们的智慧，和思考出人们应行的道路。他应该在一个纯净的世界，进行深刻而终极的思考，而不是混入人群中，以群体的浑噩与低于个体的智商来混乱了他的心灵，降低了他的价值。

而且，说得通俗一点，很明显，我们都不属于那种"钻到钱眼里的人"，也不属于善于呼朋唤友的人，因此无法做一个精明的、左右逢源的生意人。

他这时提起为何家在北方却来到这个远在南边的城市，说："小时我父母去求人办事，他们自己不好意思拎着礼品，都是让我提着，其实我当时虽小，却十分不喜，却又只能硬着头皮。因此长大以后，我便想着离家里越远越好。"

我理解地笑了笑，说："也幸好你来了，遇到你这么一个跟我这么聊得来的，价值观又相似的人，在这个城市里太不容易了。"

令致感慨说："是啊，缘分啊！"

其实我很怕说出来"缘分"二字，也许总怕有些东西说出来，便会失去了。起码能稳定下来一段时间，我才敢放心地作此明确的"缘分"的感慨。这不知是否出于一种害怕美好稍纵即逝的隐约担心。如果已经进行了一段时间再说，那这缘分也维持了一阵子了，也就算不上稍纵即逝，那么才可大方地肯定这确确实实是缘分吧。否则，若是过一小阵便消失了，在我看来，也就够不上称之为"缘分"了。

我们又聊了许许多多，确实，我们可以有很多可交流的，而且一时半会也是聊不完聊不够的，我们便相约下回在春天湖公园里的球场，可以更自由地交谈。

我看吃得差不多了，又觉都是我吃，他一点也没吃，便打算自己买单。我叫了一声："买单。"这时令致说："我来买吧。"我本想坚持自己买，又一想他既有此意，我也就懒得拉扯了，我本就不喜虚假的拉扯，反正钱也不多，便说："那就你买吧，我这个人比较直率，也不喜欢客气和客套来客套去的。"我本意是说既然你要买，我也就欣然接受你的好意，不作推辞了。他这时说："好吧，我也就客气一下。"便收起了正欲付款的手机。我愣了一下，意识到他应该是听错了，把我说的"那就你买吧"听成了"那就我买吧"或是"就我买吧"，而后面那句"我这个人也不喜欢客气",我本意是"我说我买,你又说你买,那我就懒得推来推去了,那我就不客气了,就你买了。"而他应是理解成了"你就别客气来买这个单了",因此他就不买单了。

虽然有此误会,但至少说明他是一个知道表一下态的人,该有的表示与态度还是有的。他并不是那种完全脱离了社会,情商为零的人。

事实上,他并不是一个十分内向的人,前章提过,从他朋友圈发的内容里可知,一日与大楼保安谈起历史人物里正副职的"傅郑"姓之错位的例子,竟也洋洋洒洒地数了好几对,聊了好一阵,而那人其实对历史一无所知,只能敷衍赞美一下:"你们这些文化人啊。"而我从未与文化水准不一致的人说太多的话,主要是因为基本上毫无共同语言。我是属于"话不投机半句多"的人,而令致,从这里能看出来,他倒不会管对方"投不投机",似乎只要有人倾听他,便可说下去。

这也是我们二人的一个重要区别,我更内向,看起来比较孤僻少言,尤其是于不熟悉的人看来,但其实内心充满热诚。他外向一些,看起来比较温和,但其实内心却是淡淡的。

五

过了两个星期,一个星期六的上午 11 点多左右,令致忽然发来一个信息:
"下午去春天湖打篮球吧?"

我当天已经出门了,下午未必能有空,便说:
"今天有安排了,可能去不了了,下次提前说啊。"

他说:"好的吧,哈哈,我也不提前计划主要是。"
为了弥补一下,好让他不那么失望,我又问:"这周你有非周末的轮休吗?"

他说:"我一般只休法定假日。"

"那就下周六日找一天,到时周五定?"

"好的,不过天气预报说下周末可能下雨。"

我不太喜欢让自己提前过于受未发生的负面因素影响,觉得既然尚未发生,便无必要提前为此忧虑,便问:"你看天气预报说今天下不下雨?"

"不下雨。"

"可是现在正在下雨。"我笑说:"别管什么下周的天气预报,一切到时再说!"

我说:"万一下雨,我们也可以室内打打羽毛球乒乓球什么的。"

令致说："我没有拍子。"

我心想：这算什么困难，没有就买一个呗。要我肯定说"好的"，然后马上就买一对。

不过没有这样说出来，而是说："我看我家有没有多的。"

我又想了一下：既然他邀请了，还是尽量找个时间去。便问："你非周末几点下班？如果下班早，也可以玩。"

"非周末不方便出来玩，经常加班。"

下午五点左右，我把事情办完了，觉得晚上应该可以去打球，便问："今天晚上打球吗？"

"晚上看不见啊，怎么玩？"

"到室内？室外也应该有灯吧？"

"室内篮球场一般都被包场训练了。"

"室外的没灯吗？怎么感觉一般都有灯？"

我这时忽然感觉本来是他邀请我玩，现在似乎变成了"我非要和他玩，而他不太想和我玩"的感觉，而我只是出于不想让他的邀请失落才这样"尽力而去"的。

"嗯……有吧，但是我不想晚上去了。"
"路上人来车往，光线不足，比较耗费精力，晚上我非必要不出门。"

"为什么会受光线影响精力？你自己开车？"

"不，就走路坐地铁。"

"哈哈哈，第一次听说这个原因呢。"
"你来南方几年了？"

"八年了。"

我想了想："你会不会是脾胃比较虚弱，所以导致精气神容易受这些影响？我看我在老家的同学整天晚上约大排档烧烤什么的，一个个比白天还精神。"

"不同人性格不同吧，我从来不去大排档。"

"有的地方就是这样的文化，我们这个城市其实比较少这种情况，毕竟是移民城市。"

晚上回去后，我忽然想起他说 G 和弦不好按的事情，便拿起吉他，一个个手指慢慢按了个 G 和弦的指型，演示出来，拍了个视频，发了给他。

平时自己弹琴，我都嫌拍视频麻烦，从来没拍过自己弹琴的视频。与令致相遇相谈甚欢，又觉是灵魂相投之人，因此我便"不厌其烦"地作了个演示。

到了星期五，上午 11 点左右，我想起后天有事情，便对令致说："可能后天有事，如果打球的话就明天吧。你时间怎么样？"

晚上 10 点多，他回："打什么球？"

"地上干的话就篮球，不干就羽毛球或乒乓球。"

"好的。"

"你知道哪里有羽毛球或乒乓球馆吗？"

"羽毛球有很多球馆，很容易找，乒乓球我就不知道了。"
"你有羽毛球拍吗？"

"刚找到了一个，我再找一下。"
"以前感觉有好几个，要用的时候又不见了。"
"楼下小卖部可能有，明天看看。"

"好的。有拍子明天就去打吧！"
"我明天上午去办点事，下午呗。"

"好！"
想了想我又说："你找几个球馆发我，我自己也搜一下，咱们一起找找。"

由于我们不太熟悉"行情"，第二天就是星期六了，星期五晚上才开始找场馆稍微便没那么容易找，附近的不是满员了就是时间不太合适，找了十几个，才筛选出三个时间比较合适的又空出来的场地。

第二天早上七点多，我把三个场馆的信息发给他，说："就这几个有下午合适的时间了，一个是3点~4点，两个是5点~6点。选哪个？"

"这个吧。"他选了其中一个："这个是几点的时间？"

"5点。"
"我们还可以提前去打打篮球，这是个羽篮馆。"

"一个小时羽毛球运动量已经够啦，下次再专门打篮球。"

我心想：这人可真是有点儿一板一眼的，打一个小时羽毛球就是一个小时羽毛球，怎么跟每星期掐表定量运动一样？

我告诉他："一小时羽毛球是136元，可以的话我订了？"

"订吧！"他作了个"抱拳"的手势。

我订好了之后，发订单信息给他看："订了。九点以后告诉我们是否预订成功。成功了再转我费用。"

"好的。"

我又问："你周六也这么早起床呀？一般人周一至五上班，周末多少会睡点懒觉吧？"

"大多数时候我不管周几都一样的睡觉、起床。"

下午三点半左右,他发来信息:"我现在出发吧?"

"嗯。"

随即他发了个红包,把一半的费用转了过来。

我坐车到了羽毛球馆前,下车后便给他发了个信息:"我到了,你呢?"

一回头,我看见在我的右后方,令致笑着向我打招呼,他摇晃着左手,说:"嗨!"

我该如何形容那一刻他留给我的美好:他的笑容真诚又灿烂,仿佛见到我他非常高兴。

在这个人情浅淡的城市里,我居住了多年,却没有见过几次这样的笑容。其他人的笑容都是淡淡的,似乎纯粹只是一个招呼,而不带任何情感,而令致向我打招呼时,他的笑容与眼神,却充满了美好的情感:真诚,以及真诚的高兴。他的充分上弯的嘴角显示着这是一个从内心的喜悦里发出的招呼,他的眼睛里也充满了笑意,这一切让他的笑容显得如此真诚。他的笑容让他看起来比第一天更有精气神,也更好看了。

我一下子被他的热情感染了,觉得他头顶上的那片天空也变得格外灿烂起来,格外明亮又美好,他的周围似乎也被这个笑容晕染了一圈光芒,那个下午因为有他真诚的笑容而以极其美好的感受留在了我的记忆里,总希望可以再重复一次。

他的笑容里的热情是我没有想到的,我原只是想和他微笑一下,挥个手示意一下,没想到竟遇见这在大城市的成年人脸上难得见到的真诚又灿烂的笑容,那一刻他仿佛一个身在大学校园里的单纯又淳朴的、未谙世事的大学生,我一边心想:他笑起来真好看。一边又想:咦,看见我有这么高兴么?

我正想停下来，转过身去，正面地对着他，好好地、静静地欣赏这份美好，以及想在这份美好中稍作沉浸与停留，这时一辆车开出来，让我意识到这是车辆出入口，首先要注意安全，便只好在挥了一下手回应之后，马上回过头来留意进出的车辆了。

这甚至让我觉得有点对不起他的热情，相对于他的灿烂的笑容与洋溢出来的分明的喜悦，我甚至觉得我有点表现得稍嫌"冷淡"了。当然我的内心是很重视他这个人的，只是受当时环境所限，只能先考虑安全，无法以同等程度的灿烂笑容回应，更无法好好地沉浸于这难得的美好瞬间中。

这个城市格外缺少这种纯粹的热情，在这里，但凡对你稍微热情点的，莫不是盯着你的钱袋子。我又极其厌恶这种有目的的"热情"，许是我内心对人与人之间的单纯情感极为向往，我不喜欢他人的好带有任何目的性，只希望是出于人们内心的纯粹善意。

这也是我与社会以及时代格格不入的其中一个方面。我与社会、时代一直有点"背道而驰"。社会在高速变化、快速转动，而我跟二十年前没什么两样，内心一直是极为安静的，未被外界所扰、所影响、所改变的状态。社会一切在"快餐化"，包括情感，而我却仍抱持着以"一辈子"为计量单位的对待情感的态度与向往，同样，也包括了对人与人之间情感的纯净的坚持与在意。

我有时笑言："不是时代抛弃了我，是我主动抛弃了时代。"

我不喜欢求人，除非万不得已决不求人办事，至今为止求人办事的次数的的确确称得上是"屈指可数"，而且是一只手的屈指可数，但别人让我帮忙，我都会尽全力帮忙。这也成为我衡量一个人是否值得交往、值得做朋友的标准。一句话，就是我总希望我能做到的，别人也能做到，而我又往往尽力而为，因此我能做到的会比较多，相形之下，很多人并不能与我一般，因此，我便会觉得他们不够朋友。这也是我的一个交友标准，好的方面是能筛选出真正的挚友，不太好的方面便是有点"水至清则无鱼"了。

走进球馆，我们的场是在最里面的一个小馆里，只有我们的一个场，比较安静，也不会受旁边打球的人的干扰，我们皆觉不错。

我对规则一无所知，令致便教我。打了一会儿，我们就打起了比赛。我比较长时间未作如此的运动了，大约打了二十分钟，便说休息一下。

我在场内来回走动以舒展手脚，一边与令致说话：
"最近看些什么书？"

"还是历史方面的。"

"有些什么感悟吗？"

他笑笑："一时也不知道怎么说。"

"那你以后有什么心得可以和我交流一下。"

"好的。"

我又问起乐器："你以前学过什么乐器吗？"

他说："我买过一支笛子学吹，但没怎么学会。"

我问："你真的不练一下吉他？"

他说："练吉他要很多时间。"

"每天练个五分钟也比不练好呀。"

"可是一练起来就不会只练五分钟了吧。"

我笑他："你都有时间在社交平台看视频，把看它们的时间拿来练琴不就行了？"

我又说："我还指望你练了，我们可以玩双吉他合奏呢。"其实我本意只是单纯地想有个共同爱好的"队友"，又觉此话说出来似乎有点暧昧，便似看非看他。

他说:"我还是动力不足,不像你是真正热爱。我想学主要是因为希望有人说:你吉他弹得好好啊。就是出于一个功利性特别强的目的。"

我笑:"这样的想法似乎是属于高中阶段才有的吧?上了大学之后我感觉便不会有这样的想法了。没想到你居然也有这么幼稚的想法。"

我又尽力相劝:"学吧,有的东西开始不一定喜欢,学着学着就喜欢了。"

他笑:"我还是先看看书。"

我便不再劝了,心想:他应是那种固执己见的人。他这样的人,应是他人怎么说都没用,需得等他自己想学。有一日他自己想学了,自然就会学的。

第二次休息时,我问他:"你平时也没人一起玩吗?你的同事呢?"

他说:"他们都陪老婆孩子了。"

我本想笑说:"你为什么不找个老婆?"后来又觉聊起来甚为复杂,便没有问。

我忽然突发奇想,说:"我们下周去爬山吧!"

令致说:"爬山啊,到时看看情况。"

我们又打了一会儿比赛,他的技术还是略胜我一些,所以三局皆是他赢了。用的是我带的球,此时掉了半根羽毛,他说换个好的球,便在一旁找了一个好球,我问:"刚才那只我带来的球呢?"

"扔了吧。"令致说:"还要吗?"

"扔了?"我惊讶地说:"不是还能打吗?"

他说:"多的是好球。"

我说:"可是这个还能用,我舍不得扔。我这个人有点恋旧,不太舍得一下子把东西扔掉。家里的东西也是一样。"

一边说着,我心想:此人对尚能使用的东西如此毫无留恋,说扔就扔了,对情感大约应该也是如此。

只想到这,也没再多想,我执意要找回那只球。从几个球里分辨了一会儿,问:"这是我带的那只吗?"令致说:"嗯,是这只。"于是我便把那只掉了半根羽毛的球拾起来放回了自己的包里。

过了一会儿，有个人因没有场地了，想和我们一起玩，我便让令致与他打。

他俩一连打了十几个回合，都是客客气气的，我这人有点容不得这"假惺惺的客套"，便忍不住了，笑他们："能不能直接开打了？你俩就像两个人见面寒暄了半天也没到正题，真是太虚伪了，哈哈。"

令致呵呵笑："是像这意思。"

于是他们才开始正式发挥实力。

我俩又打了一会儿，到时间了，这时，一群小学生的队伍来到我们的场地，我与令致站着看他们打，并一边聊起来。

聊了几句，谈到人生与生活上的话题，令致说："我这个人，就是'淡泊名利'。"虽然从未有人在我面前直接说出自己"淡泊名利"之言语，但他说出来，我又觉得理所当然，并且令人信服。因为不需要听他自己说出，根据他以往发表的文字内容，我也能判断出来。

我们走出球场后门，此时刚下过雨，空气非常清新，旁边是一座山，绿树葱郁，新雨之后，更显山色青翠葱茏，我们二人均忍不住深深地吸了一口气，陶醉在这世外桃源般的景象中。

令致一脸憧憬地看着山的方向，笑着："看，这里多好啊！我就想住在这样一个地方，每天对着草花树木，过隐居的生活。"

我点点头："是啊，确实很好。"

又说："然而大隐隐于市，隐居更多的是在于心态，而不是地点。如要靠地点给予自己辅助，内心只怕还不够真正隐逸。

我自觉在乡村与在这个城市里，内心状态并无二致。只要自己的内心不受外界影响，也一样可'结庐在人境，而无车马喧'，皆因'心远地自偏'。"

令致点点头表示赞同。

我夸他："我看了你对但丁《神曲》里一段话的楚辞体翻译，翻译得特别好，精准、简练又有意境。"

他很高兴，笑逐颜开地说："是吧？翻译得不错吧？"

"嗯，确实很不错。"

他听到我的夸赞的高兴，超出了我对他听到夸赞之后的高兴程度的想象，这个时候的他，甚至让我觉得"不像一个成年人"。

他说："我这个人平时有点咬文嚼字，说得不好听的就叫酸腐，哈哈。有人可能会觉得是装腔作势。"

我说："这个情况我是理解的，其实就是你的文化水平到那儿了你的自然而为之，并非刻意。我有时也会说话喜欢用书面语，比如'吵闹'会说'喧嚣'，所以我理解你的这种情况。第二你这种人也不是刻意装腔之人。"

他说："我平时还喜欢用成语，一次在单位写材料，描述一个情况我用了这样一个成语。"他描述了那个情况，并说了一个成语，比较生僻，是我没有学过与听说过的，我问他是哪几个字，什么意思，他解释了，我赞道："这个情况以这个成语来描述听起来是再好不过了，真是甚得言简意赅之妙。"

他一下子兴致高涨，欢喜道："我再教你几个成语吧！"我对此也很有兴趣，说："好啊！"

于是他教道："我们不是谈到隐居嘛，就说一个'抱瓮灌园'。"

"就是安于简陋淳朴的生活的意思。"

我说："这个词我很喜欢，哈哈。"

他又教了几个，皆与描述隐逸生活有关，均是我从未学过与听过、见过的，我一时记不住，便嘱咐他："回头用手机发给我啊。"

他说："好。"

但后因各人日常之事甚多，竟一时我忘了问、他忘了发。后来他又离开。将来若有机会，希望还可向他学习。

向令致君学了几个成语之后，我们便往球场出口处走，我谈及他的一些思考性的文字，他一边走，一边回头向我慨叹："现在的人，一个个都心思浮躁，谁还愿意进行深刻的思考？"

走出球场，他要去坐地铁，我便与他一起沿路而行，一路上，他谈起现在的一些措辞用语，说："全然不如从前的一些用法有韵味与文化感。"

并且分析了几个例子与我。

我谈及他对他人劝他别想太多时，他觉得他人潜意识里是希望弱化对方竞争力的思考，

我说："我觉得你在这点上有点想复杂了。"

接着他又谈了一些人生的看法，听了以后我说："你有的时候似乎处于'看山不是山，看水不是水'的阶段。"

我对他颇为重视，因此想知道他的本名，便问："你的真名是什么。"
他说了他的真名，听了后我笑说："跟王阳明很是接近啊。"
他一听笑了："是的啊。我倒希望当初父母能给我起名'王阳明'。"
我又问，那么令致这个网名又是从何而来？
他说："这个相当于我给自己起的字。"并说了所据的典故。
但他并未随之问我的本名，这让我略有些失落，毕竟一个人重视对方，也不免希望得到同等的重视。

行至地铁口，我们觉聊得意犹未尽，便在地铁口旁的一个小花圃处停下，继续酣谈。

我感慨："没想到在篮球群里，能遇到你这么一个各方面都谈得来的人，无论是价值观，还是思想层次、文化层次都接近，在这个城市真是太难得了。因为这个城市的人，以至当下社会很多人，都是只顾赚钱，注重向外的成功，而在思想文化与内心境界方面的向内的修行则不屑一顾，觉得'无用'，所以我们的遇见真是难得之至。"

他点点头："这就是缘分。"

他问："你写歌词时，会否考虑每句押韵？"
我说："我不会刻意押韵，遣词造句还是要以表情达意为重，形式不必特别讲究，如刻意每句押韵，反而落于下乘了。就像我们弹琴，最终

的境界是以情带声一般，因此表达意境与情感才是最重要的，形式则不必拘泥。"

他若有所思地点点头。

我们又聊了一下《三体》，忽然我想起一本我觉得很好的书，问："你看过《量子物理史话》吗？"
他说："看过。我觉得，最有意思的就是理论物理、数学一类的研究了，像我学的这种工程一类的技术性的东西，我觉得都没什么意思。"
我笑："哈哈，你就好像是搞理论的歧视搞应用的一般。"
他笑："差不多。"
我说："你觉得没意思，但有人是喜欢的。你觉得它们没意思，不是因为它们本身真的没意思，而是因为你不喜欢。对于喜欢它们的人来说，它们就变成'很有意思'了。"
"就像我们练琴，作一些基础练习时，外人看起来是很枯燥的，但由于我们热爱，其实是享受其中的。所以热爱的事物其实不需要刻意'坚持'，而是一天不做也觉得不舒服的。"
我又说："我也觉得我若是从事科学，比较适合搞理论方面的研究。"

他这时说："我有一个发现：人的最终追求终将归结到文化上。"

我停下来仔细斟酌这句话，品完后大觉赞叹："真的是这样！这个观点总结得非常好！真的十分精辟！我也有同感，但没有在思想上将它归纳总结出来。"

我又问："所以你跨过了追逐金钱名利的阶段，直接来到追求文化的积累与获取了？"

他笑："对！"
"你看很多人，得到了大量财富之后，没有足够文化的支撑，内心仍然是空虚的，最后不少人就会迷失甚至走入歧途，归根结底就是文化底蕴的不足啊。"

我极为赞同，并惊叹于他此观点的深刻，以及他竟然能思考出如此深刻的、闪耀着终极性真理与智慧的光芒的道理。

我说:"你是一个全然淡泊的人,而我是两个极端,一端是淡泊宁静,一端是极为炽烈、充满激情,可谓一端陶渊明,一端梵高,哈哈!"

他问:"你之前提到的你希望实现的人生价值,说是希望能于文化上作出一点贡献,也就是通过音乐或文字?"

我说:"是的,这是我的理想,感觉就像找到了自己的人生使命。"
他本来坐在花圃的边上,此时拍了一下腿一下子站了起来,很是替我高兴的样子笑着说:"找到了自己的人生使命,好啊!"

我能看出他非常真诚地为我而高兴,于是这个瞬间他的笑容与眼神便深深地定格在了我的脑海里。我从他的眼神里,看到了替我高兴,还看到了对我找到了自己的人生使命的一丝艳羡,以及对"明确了自己的人生使命"的向往。

六

到了星期一,我忽然想玩弹弓,便买了个弹弓,然后把图片发给令致:"看,我买了个弹弓,爬山的时候可以玩。"

令致说:"那儿可能不允许吧。"

我以为他也会觉得有趣,没想他毫无共鸣,还泼了点冷水,有点儿扫兴,说:"只是想找块石头打一下,也不行?"

又说:"先带上,又不是打鸟,打动物。"

想了想我又说:"你好像是个担心的东西比较多的人?"

他说:"可能是吧。"

我说:"人生里几乎百分之九十五的担心都是没必要的。"

我这个人一直觉得车到山前必有路,船到桥头自然直。什么事几乎都是想做就做,率性而为,除了要做的事情本身,不会考虑太多别的东西,对可能遇到的阻碍亦不会去想,一切都是遇山开山,遇水架桥,一心的只知道"我要做这件事"。

星期三,我告诉他:"爬山的话暂定周六。"

又不由感慨:"今天天气真好啊。"

"要是那天也是今天这样的天气就好了。"

令致说:"天气预报要下雨。"

我哭笑不得:他为何总说一些有点儿"扫兴"的话。

我说:"又来了。"

"别管什么天气预报了,估计有也是小雨,出发的时候没雨就行。"

星期五晚上,他一直没与我联系,我发信息问:"明天几点呀?"

他说:"这周末我有事情,不去了。"

我一听有些不快,我已经为此约把别的事情推了,他却改变计划也不告诉我,心想:怎么不去也不跟我说一下?为什么改变计划一点交代也没有?

忽然就这样被放鸽子,我有生以来还从来没有遇到过,不免在心中吐槽:你以为别人的时间都是围着你转的吗?

便说:"以后去不了提前说一下。"

"及时告知,不然我很被动。"

又觉一种极为被人轻视之感,一想到此,几种想法在一起,便觉如不直抒胸臆,实在不快,又觉应当让他知道这样忽然地、毫无交代地放人鸽子不太好,便直言:

"不去了也不告诉我一下,我问了才说不去,这样是不是不太好。"
"有种被人轻视,别人不把你当回事儿的感觉,直接说就是。"

他沉默。

第二日上午,我觉得尚未说透,便又直言:

"我必须指出来的是:你连人和人之间交往的基本的尊重都没有。"

"当然,也有另一种可能:你只是觉得尊不尊重我无所谓,而对其他一些人却未必如此。"

"作为我来说,我从来没有遇到过一个人,改变计划之后不告知我的,哪怕是再浅的关系。你是我遇到的第一个这样让我深深地感到对方的不尊重,感到自己的尊严和友谊被无视的。"

我这个人有些"快意恩仇",有时抱着"宁为玉碎,不为瓦全"的一股意气，心想：就是你因此离开我，我也得说清楚这样做的不好。

又因我视其为交心之友，真诚以对，甚为重视，觉得可为其两肋插刀，忽然察觉对方似乎只把我当作一个"陪玩工具人"，并未当作真正重视的朋友，我一向对当下社会的只互相利用，毫无真情实意的关系愤然，这时忽觉对方对我似乎亦不过是与"互相利用"相似的关系，并未打算以挚友相交，不免失落与气愤。

加之又觉其语气生硬，毫无歉意，竟似我为一可有可无之人，仿佛我们只是有一点利用价值的维系而感觉不到丝毫情感的存在，而这点利用价值亦是大可用过即弃，随手扔之。

我寄以深情厚意，对方仿佛只视我为可一起玩耍的工具人，并未让我有把我真正当作朋友的感觉。

这种关系与我所厌恶的这个城市乃至当下社会普遍充斥着的"只有互相利用的关系"有何二致？

我若与一个我觉如此难得的惺惺相惜之人只存在这种浅浅淡淡、可有可无的关系，又与我所不喜的那些肤浅薄淡的、毫无人间温暖与热情的关系有何区别？

于是我说：
"其实我并不想失去你，但我也没法忍着不指出来你的问题。"

"本来你是我遇到的第一个可以深入探讨文化、社会，以及内心等深层次问题的人，原本期待可以是伯牙钟子期的高山流水一样的关系。"

"现在看来，似乎你没有真正把我当朋友，只不过是想找一个人与你打球。"

"你要是觉得仍然想找我玩，你可以找，不找也没关系。我告诉你，一个平台里有拼场功能，如你只是临时找个人玩，而非真正的成为朋友，你可以在那里找人拼场。"

我发了一张图，将拼场功能处用红线圈了起来，发给他：
"如图红线处，在平台先搜索一个你想去的球场，进去这个球场的界面后就可以看到这个功能了。"

他没有回复。

过了十几天，我经过一番仔细思索，觉得令致的思想与价值观确是当下难得难遇，甚为珍贵，若仅以是否给予了我如我对他般的同等情感而衡量，而因此弃之，似乎失之于格局太小，对于这么个人，我应以其思想之珍贵性为重，我个人是否受到重视为轻。如此想罢，我便下定决心，对他说：

　　"我想过了，我不想在乎你是不是把我当朋友了，我只知道你对我来说是挺珍贵的，这就够了。
　　第二，我觉得还是要多想对方的好处。
　　所以呢，我想和你打球，你打吗？"

　　他依然未回复。

　　我想我此番话一片挚诚，一般人不至于毫无触动，便想他是否没看到。

　　于是为了让他看见我的真诚言语，晚上又发了一句半开玩笑的逗趣之语：
　　"哈哈，你这个人还真是一点儿也不好玩呢！"

　　想想又说："一点儿也不快意！"

　　索性把内心所想一并说出，也不想管他是否看到了：

　　"你既不删我，那我就不管了，就想到什么说什么了，管你回不回应呢，反正我就是这么一个人，我也告诉过你，我有什么不快就会直接说出，如此而已，也并不会生气多少时间，至于你没缓过来那就是你自己的问题，我也管不了。"

　　我常只求恣意，不在意对方如何看我，我想：如你为真正关心我之人，自会明白我；如你是不关心我之人，我又何必在意你怎么看我呢？

　　因此，据此逻辑，我便随心随性地，想到什么便给他发什么了。

　　反正如他烦我，自会删我；既不删我，我便"恣意妄为，大闹天宫"了。

我给他发了一张清幽竹林的照片，那日行至这片竹林，我顿生如苏东坡般"一蓑烟雨任平生"之感，觉得东坡先生亦大约是看到似这般景象，才生发出的千古一叹。

"看这片竹林多好啊，以后我们到这里对诗吧，以及吹笛子……多有古时文人士大夫的风雅意趣啊。"

"就是你不喝酒，又有点儿学究，不够肆意飞扬，这点跟竹林七贤就不太像。"

又发了一张我最喜爱与向往的场景的图片：
江面一片空旷寥廓，左边一人站立，着青色长衫，头挽发髻，手持绿竹长笛吹之。右边一人坐而抚琴，须发与长衫皆白，又衣裾与须发齐飞。
二人身姿神色皆飘逸出尘，超凡脱俗，得道之态，仙人之姿。

此图存放已久，我不时会取出来品赏其味，沉浸于此出尘意境中，这实在是我心中理想之境象，正好令致君说他想过学吹笛子，而我又喜古琴之音，竟觉天造地设，不与他分享，"撺掇"他一下便可惜了。

"看这张图，这就是我理想中的生活。"

我说："你要不要把笛子学会，我来弄个古琴？"

"然后我们找一个山间湖边，吹笛弄琴如何？
如有房子，便一起隐居吧。"

其实我只是出于高山流水般的知音情感作此隐居的邀约，并非出于男女之情。

"以前也没有人适合说这些，不管怎样，在淡泊的这一点上，我们还是相似的。"

"好啦，我也不指望你回答。"

"也许你连看也不看，反正我发我的，我也不想管你看不看。"

忽又想起他的好处，便又说：
"其实你还是不错的，有几个男生有耐心教一个毫无技术的女生打篮球呢？"

"淡泊，这一点在当今社会也是很难得。"

"我已经表达了自己的意愿，你和不和我玩就是你自己的事情了，我只是告诉你我想和你玩。"

"对我来说，反正我可以发我想说的，我也不管你理不理我。"

"好了，今天先到这里，明天如果你还没删我，没准儿就继续有什么说什么了。"

"晚安。"

就这么任性地发了一通之后，我也有点诧异：他怎么还不删我？
这时近晚上11点了，我一想：估计他睡觉了吧，也许明早上起来就删了。

我又感觉不少言语不吐不快，心想：如果他睡着了，反正发了对他也没影响了；如果没睡，而他又不删我，说明他已可无视我了，既已无视我，我岂不是一样可以想发就发？

觉得自己这一通逻辑实在是十分自洽，我就又来了一番"想发就发"：

"其实我还不想睡觉，你看到的那两幅图，是我的乌托邦，我一直都没有合适的人可以分享，竹林吟诗吹笛，江边抚琴弄箫，这从文化、音乐到价值观，都得有一个跟我差不多的人才能一起如此啊！"

"至少你文化和价值观方面都具备了，音乐嘛，乐器方面可以再学的，反正你对音乐也很感兴趣。"

"我也搞不懂你为什么不删我，可能是你已经做到把我当空气了，哈哈哈哈哈。"

"这就像一场演出，台下没有观众，反正就当练习呗，我说我想说的就行了，至于对方有没有回应和感触，我也管不着，反正你给我这个舞台，我就尽情尽兴了！"

我不知道他为何不删了我，便猜想了一下：
"我猜，要么是你有些东西没理清楚，不知道该不该继续和我玩。要么是你不想和我玩，但又懒得删我。"

"也有可能是你没看到我发了这么多，明早一看：怎么发了这么多！然后就删了。"

其实我内心猜想的是：他是个书生文人性格，一个斯文之人，又是他先找我的，他大概是一时半会做不出立刻删我的意气之举，但又不欲理我，因此想让我自觉无趣时，慢慢便离开了。

偏偏我个性特异，不似常人，又自有一套逻辑，却竟从这"恣意妄为"中寻得乐趣，宛若自说自话，却又自得其乐，只当他这里是个无人的、尽可纵情倾诉的树洞一般。

我又继续说了一些心中所想：

"不管怎样，和你玩球的两个下午，还是很开心的。"

"然后你第一次向我打招呼的时候，用的是'姑娘'，我长这么大，第一次有人叫我'姑娘'，我觉得这个称呼真的很好听，你知道的，南方这边都不叫'姑娘'，以前只是在民谣歌曲里经常看到这个词，没想到被人这样叫这么好听，即使只是在文字上'叫'，现实中没叫，也觉得特别好听，还有点儿像在武侠电视剧里的感觉，这个称呼听起来亲切、有感情，又隽永。"

"虽然我知道是你们北方常用的称呼，但是给我的感受就是特别好听。"

偶尔又觉有些生气：

"主要还是我对这份友情的期待太高了吧，但是我不觉得这是一个随便放人鸽子的理由，毕竟即使是够不上朋友的关系的人，我也是会在改变计划时及时、提前告知对方的，这是一个人与人之间的基本的尊重，跟我重不重视这个人没有一点关系。"

"我跟你说过，我非常讨厌现在这种人与人之间目的性很强的交友关系，我以为我们可以是出于三观基本一致交往的真正的朋友，没想到其实你跟这个城市的其他人差不多，不过是以相互利用为基础的肤浅交往，区别的只是其他人是为了赚钱，你是为了找人陪打球。"

"所以因为这个思想基础，你才会随便对我放鸽子。"

"也因为我是另一个跟你相反的思想基础，才会在被放鸽子的时候感到十分失望与不快。"

"你似乎不会辨别也不会感受真诚，因为你是用大脑跟人交往的，不是用心跟人交往的。"

"你是一个很理性的人，并且以此为骄傲，觉得自己掌握了终极的道理和哲学。是的，你确实思想有足够的深度，亦有纯净的价值观，唯独你少了一些人性，所以你捕捉不到真正的真诚和美好，一切都是从理性出发。"

"这也就是我第一次见你时，感觉你的气质里少了一样什么东西，现在想来，就是一种属于人的激情。"

"既为青年，为何提前暮年？"

第二天早上，发现他仍并未将我删除，须知即使是设为"免打扰"模式，有新信息时也是一样的会跳到最前方的，难道他的定力如此了得？把人视为空气的视而不见的本领如此了得？
我不禁暗暗称奇。

为何我相信他是做到了无视我而不是认为他是舍不得删除我呢？这是基于对他的人格的分析与了解：

　　第一：他的文字。他的文字说明了：他的很多思考是致力于"看淡、放下"的。

　　第二：他是自认潇洒、洒脱之人，但凡一个人自认潇洒、洒脱，多少还是有些沾边的。

　　第三：从他对一个尚能使用的羽毛球说不要就不要的这份"断舍离"的能力来看，他对人应也能做到如此。

　　虽然我从心底里自然是希望对方亦对我尚有情义，但因以上的原由，所以我又从未"自作多情"地觉得他是因不舍才不删我的。我只觉得要么他拥有强大的无视一个人的能力，即使这个人每日发东西给他，信息又每次都会跳到前面来，他也能视而不见；要么就是他觉得马上删我太不给我面子，他一个斯文之人做不出来，因此便等我自行退却。

　　哪知我这人又与别人不同，具有自说自话、没有观众无人喝彩亦自得其乐的能力，又有善于从无味无趣甚至"逆境"中发掘乐趣的能力，竟发掘出来了他这里可作为一个"树洞"看待并使用的用处与乐趣。

　　并且，我又是个疏狂任真之人，喜随心率性而为，你既不走，我便任情尽兴了。

　　正是：心无桎梏，来去自如。

　　我也不会管他如何看我，只觉他若觉得我好，我即使"任性而为"，他也仍会觉得我好。他若觉得我不好，那我更无需在意他如何看我。

　　总之我一顿任性恣意之"胡作非为"，觉得自己理由甚是充分，逻辑甚是通顺。

　　我逻辑又与常人不同，常人见对方不理，也便不再发了，只得暗自神伤去了。我却想：你既不理，我岂不是更可以想发就发？

　　因此想到什么便发什么，毫无桎梏。

　　在我看来，令致君断舍离能力比较了得，但一些方面颇受小规小则约束，如对诗词格律之讲究，对景区小规则的顾忌，凡事先看天气预报等。

而我是讲求快意及兴之所至，狂放不羁，随心从欲，随性流转，天马行空，不落窠臼，无拘无束，无边无际，率性任真之人。

另一方面，却又情深义长，断舍离能力不如令致君。

尝作一诗，格律不究，颇体现我的性情：

忘尘歌

青峰挂剑驭川行，
长刀垂笑任酒倾。
风急欲晚舟不住，
且纵云乡也纵情！

并注：
巍巍青山，挂剑行川；
长刀在手，谈笑翩然。
酒倾无数，醉人无度；
风急天晚，舟行不驻。
行之所往，天地不束；
纵云深处，忘尘忘俗。

忽而恣性而为，忽而我又觉得有些伤心遗憾。
毕竟令致君不同于他人，颇有知音之感，失去他还是遗憾的，于是便坦言：
"你的离去我是伤心遗憾的，毕竟我把你当知音以待，是一种惺惺相惜的情感。"

"也许我们各自都有点问题，你约好的时间不打算去了，也不告诉我，这个确实是不应该的；我呢，将这个不快告诉你，可能处理得也比较激烈了，仔细想想，确实也不应该这么激烈，人和人总是有点差异的，只要大体上是不错的，也没必要心里不快就这么激烈的处理。"

"我知道，也许你对我没有任何不舍，但这并不妨碍我表达我的不舍。"

有时候我觉得释然了，觉得"反正这人也不在乎我，我也就不在乎了"，但有时候想起来又还是有些惆怅，毕竟与令致君既价值观相似，又有许多共同语言，而他的离开又是因我言语而去。

"我也只是想倾诉，至于你回不回来继续和我玩，那就看缘分吧。"

其实我认为，以他的性情见识，未必是生气，而是觉得这种人与人之间的磨合消耗了他的精力，是一种"内耗"，根据我对他的了解，基本会是这个原因。

如觉得他为此而生气良久，未免太小看他了，瞬间的生气可能会有，但他应是不欲为此而过多的投入自己。

这点可从他的很多文字与言语来多方面共同论证：
一、在他的文字里，出现过对"夫妻内耗"的讨论，并且对此是持排斥与"尽可能地避免"的态度的。他一个尚未走入过婚姻的人，未见其憧憬过爱情的甜蜜，却先有对其可能产生的负面情况的担心，说明他对人际间的消耗极为在意。

二、"几个人一起散漫地打球，我于是去制造话题引大家互动，结果为了营造兴致而虚张声势，引起了口执，我也落得怏怏不快。
平时珍惜时间习惯了，容不得自己脑子空闲，也不见得是好事啊。"
——他是一个珍惜时间的人，不希望将时间耗费在稍微"多余"一点的事情上，可以说：他在时间的使用方面是目的性很强的。

三、上次我提议晚上打球，他觉得晚上出门"人来车往与光线不足耗费精力"，让我觉得有点"匪夷所思"。可见他是个极为珍惜自己精力的人，这种珍惜到了一种常人无法理解的地步。

所以，他是个珍惜时间与精力的人，进而极其珍惜自己，他大约只是觉得这种人与人之间的磨合耗费时间精力，也消耗自己，所以他转身走了。即使我一片拳拳之辞诚恳挽留，而他只希望自在不受牵挂。

七

但我就不太明白：一个人平时也是要和人交往的，难道就没有一点"消耗"？为什么就单纯在我这里要求没有"消耗"呢？这是不是对我有点太不公平了呢？在我看来，归根结底应无非是觉得我无关紧要，平日工作里必需交往的人，又怎会一点"消耗"便扬长而去？而且被人不打招呼直接放鸽子，是个人都会不高兴的，别人只是憋着不说或不好意思说而已。

他有他所固执的，我有我的个性，所以，这大概就是我们虽然价值观相似，思想与文化层次也相匹，又诸多共同语言，却未能好好在一起的原因。

也许是：我们都太骄傲了。

本质上，我们两个人现在就是分别构筑了一个自己的乌托邦，他的是纯理性的，尽量避免一切消耗，无论是时间、精力还是情感。我的就是由真诚、真心、真情与纯粹而组成。

一个走的是大脑，一个走的是心，遇见了之后，碰撞是早晚的事情。

他的思想和他的行为是基本可以互相解释的：他没有热爱的事物，也就没有热情；没有热情，也就没有热的心。所以我第一次见他的时候，就觉得少了一点"温度"、"热量"，但当时我尚未知道，也未想过去思考这种感觉从何而来。

其实准确地说这个逻辑是倒过来的：正是因为他没有热的心，才没有足够的热情，也就没有热爱的事物。但我们又可以从一个人没有热爱的事物这个"表象"，推出"他没有热的内心"来。当然，这也不是绝对的，只是有这种可能性。

"相由心生"在大多数时候还是适用的。

他具有强大的透过现象抓住本质的思考能力，由他能发现"人的最终追求终将归结到文化上"这一具备了真理光芒的道理便可看出。

但同时又因追求纯粹的理性和终极，忽略了作为一个人的鲜活。例如他说世界上只有数学和物理最有意思，其他技术都没意思，其实就是一种追求纯粹理性与终极的思想的体现。

而我却觉得：纯粹理性，这不是作为人的追求的终极，这是刻意泯消人性。作为人的追求的终极，应是赤子的澄澈透明与天真，即在经历了岁月沧桑之后仍然拥有一颗透明赤诚的心。

正如我与他第一次交流时所说的："人活了半天，还是活回去的好。"其实正是此观点的口语化表述。

其实当我在说他的翻译翻译得很精准的时候，他是很高兴的，以及他在教我成语的时候，是乐于为之的，这说明他的"需要人尊敬"的这一层次的需求还是很需要满足的，这也是他的人性凸显的部分，所以既然他仍然为有人欣赏而表现出明显的高兴，那就说明没有完全进入"无我"之境，既然如此，为何又要追求极度理性呢？

当然了，这只是我的看法。

对他而言，现在的最好状态就是"自己怎么舒服怎么来"吧。

又过了几天，我想是不是他经过了一些时间会释然了，便说：

"别纠结过去啦，我以后也改变一下自己的说话方式，我们和好吧！"同时发了个"握手"。

又说："和人一起玩耍确实是需要双方互相作出一些妥协，但只要实际相处中大多数时候是愉快的，我想我们不应该轻易指责对方（指我的行为）或放弃对方（指他的行为），你说呢？"

"其实我根本不知道你有没有看，但我得做我要做的。"

又过了几日，我对他说：
"真的感觉就像伯牙失去了子期，盼归有日。"又发了个"抱拳"。

并写下一诗予他：

一时意气言未敛，
三省吾身方觉过。
吟诗弄联约犹在，
高山流水却失君。

莫嫌辞拙格律远，
只会情挚心意真。
信得一朝月明日，
云过风清人亦还。

他亦无音。

想起他与我相约吟诗对联，如此雅事，当下难得，如今竟两相错过，不免深觉遗憾痛惜。

我们俩都各有个性，即使他如此仍不理会我，忽有一天，我听到了一首优美的吉他曲，又仍然分享给他：
"这首曲子好优美，一起听听！"

我向来有着"但行好事，莫问前程"的心态，也有着"知其不可而为之"的信念。
便是：做我该做的，其他的管它呢！

发我自己的光，你爱接收不接收。

我把唐伯虎的"世人笑我太疯癫，我笑他人看不穿"改了一改，曰：
世人笑我太疯癫，我笑他人不疯癫。

即是：纵情恣意，无拘无束。

世人笑我疯癫无度，我却笑世人太多桎梏。

并作诗自得：

世人笑我太疯癫，
我笑他人不疯癫。
明日清风竹溪处，
听花烹雪一梦间。

又言：
三山五岳藉梦过，
千川万水任兴游。

我只是此时此刻想分享，便分享了，并不欲管令致君怎么看，更不会管别人怎么看。

正是"活得大胆一点，你并没有那么多观众"。

活得恣意一点，反正爱你的人自会爱你，不喜你的人你做得再好也不喜，因此，为何不"随心所欲"呢？

有时兴之所至，我便发一句：

"下周六下午三点半春天湖公园打球去！"

还说："你！记！得！带！球！啊！"

情知他不会回，只求快意而已。

忽而又突发奇想：
"要不今天下午就去打羽毛球？"

我并不知令致君是看未看，如果看了，想来他是啼笑皆非的：天下竟有如此不羁不束之人。

我笑言自己：

嬉笑怒骂，痴癫无度，不问西东，不羁明暗，无拘无束，无形无相，无边无涯

并常说：我才不在乎什么形象，反正本来就没形象。

其实形象是有的，但我未把其放于心上而已。形象对我来说就是空空。

一日我写下：
人生慷慨千古越，大闹一场，悄然离去；
嬉笑怒骂随兴来，疏狂任真，不留痕迹。

这便是我。

倪匡仙去时，我看他平生事迹，不禁写：

当年黄霑一走，世上仿佛少了一半的性情中人，连这个词都愈发少出现了；
倪匡走了以后，世上的性情中人又少了一分；

我死了以后，世界上就再也没有性情中人了。

并有感而发：

鹤楼槌碎等闲过，鹦洲倒乱一笑远。
太白高唤且行慢，问是谁家有狂仙。

其中，多少又有些我自己的影子。

有时我想来觉得仍是为令致君的离去有些伤心惆怅，一日又写：

高山泱泱水潺潺，
栖鸟惊飞鱼空涧。
伯牙弦断声漫转，
不见子期听琴归。

高山泱泱水澹澹，
凤入长林鹤空鸣。
伯牙弦断声漫转，
不见子期听琴还。

栖鸟与凤喻令致君，鹤与鱼喻我，凤不用凰而用鹤以对，只因凤与凰为偶，而我们是"友"，因而用鹤。

我觉得坦诚表达自己的想念亦是没什么大不了的，我的欢乐与想念都极纯粹，总之一切发乎于自然。

忽而又感觉生气，便发一句：

"一点风度和气度都没有！自恋又狭隘！"

这不是"激将法"，我从未想过他会回我，一切都是我当时想发什么便发了。

从我的角度，总觉得本身这是小事一桩，似乎没什么过不去的，且我又主动和好，似乎完全可以将前嫌尽弃，如灰飞烟灭。我又数次换位思考，将我们二人互换位置，又觉如我是他，他是我，他若主动和好，我完全可以哈哈哈一笑了之，说：算了算了。

因此想到这里，我忽然就觉得他怎么就不能"前嫌尽弃"、视若无物？又兼觉得他多少有点自负，便有了此句"气话"。

其实，他毕竟不是我，我也毕竟不是他，他这个人，又很难以一般人的心思来揣度，同样的结果，他的思想起因应与大多数人不一样。

我也是一时恣意，想想他若毫无风度气度，又不会任我如是"为所欲为"。

一日雨后空气清新之至，我又大发感慨：
"刚下完雨空气好好，到那个羽毛球馆的山边走走站站，一定很舒服！"

"要不咱们骑车兜风去？"

忽然又觉得爬山也不错，虽然我们正是因相约爬山之时而生"断交"，我便故意"哪壶不开提哪壶"的逗他：
"今天爬山的话可天气太好了，和我一起玩儿去！"

"不爬山可真浪费这个天气呀！"

他这人尤其珍惜时间，我又有意：

"来一起浪费时间吧！"

此话并非纯粹为了开他玩笑，实质上，是因我觉他"太过于珍惜时间"，大脑思考不断，有时以至于"过于复杂"了，意在让他放空，体会一下"空之妙用"；二者，"把时间浪费在美好的事情上"，也是一种提高对世间的细微美好的感受力的方法，而对美好的感受力的强弱，则是决定我们是处于"生存"还是"生活"的状态的根本。

一个人是处于"生存"还是"生活"，归根结底是由其心态所决定的。粗布淡饭仍可细嗅蔷薇，而成之为"生活"；纸醉金迷亦会粗鄙空虚，只可称"生存"。

因此一个人是在生存还是生活，经济情况是影响因素之一，但其根本又并非由经济情况而决定，而是在乎于一个人对生活中的美好的感受能力。

所以我对令致君说的许多话，看起来是即兴而发，或是"恣意妄为"，甚至有人会觉"疯疯癫癫"，实质蕴含了诸多哲思。

人生不能只为了埋头前赶，只盯着终点而忽略了沿途的风景。事实上，人生最重要的正是在其过程，而非结果。

我细细思量了我与他的区别，既是价值观如此相似，又有如此多共同话题与爱好，让我一开始竟觉跟自己有七八分相似，但后来相处，又觉与他有一处根本的不同，在此处可以说是大相径庭，"相背而驰"，到底是于哪点上如此呢？一日终于悟了，便发与他：

嗯，你就是少了一点儿率性。

又觉此悟于他甚为重要，便又多发一遍：

嗯，你就是少了一点儿率性。

这很重要，再发一遍。

他也许丝毫不看，也许看了也毫不在意，没准儿他也认为我"疯疯癫癫"。

此因令致君虽较善断舍离，实则心中桎梏良多，所以外在体现为"重格律，轻境意"、行事顾忌思虑较多等，无法纵情恣意、不顾一切、穿山过海、大开大合，所以我觉他若可拥有"率性"一项，便可得更广阔之天地，因此便与他点出。

如有一日，他亦悟得"人的前半生想努力成为一个大人，后半生却努力望做回一个孩子"，

亦即我与他第一次交流时所言：人还是活回去的好。

他应就会明白"率性"之可贵。

至于他是否会回想起我的话，从而领会我的用心，则是领会不领会也无所谓。

毕竟于我心中，一切皆是"但行好事，莫问前程"。

有时我想想：他如是天性凉薄之人，我的真诚岂不是落于空处？但又一想：他是什么样的人不重要，重要的是我想干什么。

八

我还精心写了一首诗,准备隔的时间比较长,比如一年之后,发与他:

古路无行客,
寒山独见君。
一朝生芥蒂,
终日无交鸿。
忖罢白驹过,
倏极日阴飞。
云来云自去,
尘生待相拂。
欲将前隙了,
肯与一会无?

前二句引用自刘长卿的《碧涧别墅喜皇甫侍御相访》,在此以发长久以来未能有人如他一般与我对话之感慨。

此诗意思是时间已过去一阵了,我们不如将心上尘埃拂去,将前隙了了吧?

有时我并不想直接给他发信息,便在自己的微信朋友圈里写下一些内容与感慨,也并不知道他会看否,不管他看不看,总之我是要表达我自己的。

而且在自己的"地盘"发,感觉自由自在许多,虽然我有时候也会即兴直接给他微信发一两句话,但感觉还是没那么自由。

有些时候我会在内容的前面写上 @ 令致，其实这个"@"只是个文字符号，并不是个真正的链接符号，因此其实是 @ 不到他的。

因此他未必会看。管他呢，反正我发我的。

@ 令致：

我们可以交流的东西那么多：文学、音乐、哲学、运动、人文、社会、内心、道悟……你怎么就这么轻易地离开？？？

他问我的问题：你觉得我能干什么？其实我一直有在思考，但当日对他了解并不深，后来了解深入后，又经过一段时间的思考，我给他写了这么一段话：

@ 令致：

那天你问我觉得你可以干什么，我觉得一个人应该最大限度的实现自我的人生价值。

若如你所说的送外卖，虽说只要认真劳动皆是光荣，但对于你这样一个人来说，如此的重复、无创造性的劳动是浪费了自己的自身价值。

我觉得对于你这样一个形成了一个自洽的思想体系的人，又看了许多书，且擅长写作，就应该有所输出，适合在文化领域的方向做点什么，可以：

一、建立自己的思想体系和哲学观、哲学体系（这个比较宏大但是不是很有使命感？而且也为以下的两项奠定基础）；

二、专注研究某一段历史，写一本与历史有关的书，可以单纯地有趣地讲历史，也可以与其他的方式相结合，比如分析历史各时期中的人的思想特点以及变化发展等……也可以开创一种新的形式；

三、写一部科幻小说，融入自己的世界观、哲学观、历史观等。

这是我目前想到的适合你做的事情。

附：我们二人本应碰撞出更多的思想火花，不应为一件大可随风飘去的小事而互相放弃。

也不知道他是否看到了这一段话，我为此思索多日，以求全面以及准确，只希望可尽己之诚，至于对方是否看见或是领受，便不在我的把握范围内了。而在我能做的范围之内的，我便尽自己最大的认真与诚挚吧。

不管他是看或未看，又或许看了不当一回事，那又如何呢？我只做好自己当做的便是。

6月30日 17：30

@令致：

一时意气言未敛，
三省吾身方觉过。
吟诗弄联约犹在，
高山流水却失君。

莫嫌辞拙格律远，
只会情挚心意真。
信得一朝月明日，
云过风清人亦还。

我虽于格律未作研学因而不了解，但情挚意真，并再三修改斟酌，只求情至意尽，我想：此时不究格律又何妨？

7月1日 10：57

@令致：

也许你并不看重这份友谊，但我现在觉得这对我来说并不重要，重要的是：我觉得你是一个思想值得我珍惜的人，你对我是否有相等的珍惜这个相比之下好像就并不那么重要了，虽然相等是更好的，但这个可以超越普通的情感的原则。

但是你确实又让我感觉少了一点"人味"，不知道感觉得对不对，如果你的思想可以录入电脑并可以迭代，我可能就会选择那台电脑而不是你这个人了。不过，这个我也没有思考得十分清楚，比如说，你在教我打篮球的时候，还是让我感觉有人情味的，相反在这点上，我可能根本不想和一个没技术的人打球，这仿佛又是你比较温暖的一面。

哈哈，说到上面这点，你还真是个很好的人了，其实我也没想明白，你为何会愿和我这个没技术的人打篮球。

7月2日 13：00

@令致：

下周六下午三点半春天湖公园打球去！

你！记！得！带！球！啊！

要是有好吃的顺便给我带点儿，哈哈！

情知他不会去，更不会给我带好吃的，那又如何，兴之所至便发了。

15：13

@令致：

我们为什么就不能坦诚地好好聊一下，而后一笑泯之呢？

你对身边的人也是性格稍微有点儿不合就彻底不打交道的吗？我觉得不太可能。

19：17

@令致：

那天你在羽毛球馆门口向我打招呼，我转过头去，发现你向我打招呼的时候笑起来很好看，真诚又灿烂，看得出来是发自内心的高兴。我在这个城市都没怎么见过人们打招呼时有这样的笑容了，可惜当时为了看路，没能好好停下来好好地看一看。

我希望还有那样的一天，你还是穿那身衣服，笑着向我打招呼，我想停下来站在那里，静静地看着、享受着这一刻人间的美好瞬间。

23：05

@令致：

发信息你不回，而且也很久没见你发朋友圈了，我都有点儿担心你是不是出什么事儿了，但又不好意思打语音电话，感觉这很唐突……你要是没事儿就在这回我一下吧，或者你发个朋友圈证明一下你安好？
真打电话我完全不知道说什么好，我更喜爱以文字表达。

其实我知道他真有什么事的概率极小，不过只是不想回应我而已。但他从前亦很少这么长时间不在朋友圈发文字，现在距其上次发的文字有大约一个月了，从前大抵是相隔十来天，因此我确实也有些担心。

出乎我意料的是，他于当日晚上居然真的发了一篇文字，是一篇小说体裁的文章。

但我却不觉得他真的是因为我此段话而发的。
第一，根据我对他的了解，他可不是什么浪漫的人，大抵只不过是他碰巧写好想发罢了。
第二，我自觉我在他心目中无此重要性。
第三，他若是因我的言语而发，便不至于无视我的诸多诚恳之语了。

但他起码有了"消息"，我不免在文章下面评论了句：幸好，你还是活着的。

他发的这篇文字倒是有些意思，是他从前从未写过的体裁。他的朋友圈所写内容，自有此微信号即2015年以来这七年间，一直只作些分析式或感想式的文字，这一次不知为何竟写起小说来了。

小说中间使用了许多生僻成语，我不由开玩笑评论道：我是一介江湖草莽之人，你用的这些成语，我竟有许多不会，想来你是因为我懂的成语太少，才决意离我而去的吧？哈哈哈！

虽然我时而可对此开玩笑，时而又仍觉是遗憾的：

7月3日 01：50

@令致：

你的离开确是让我极为遗憾的。

我希望你能够回来，不管是什么原因，这一切都是并没什么大不了的，都是可以以好一点的方式解决和互相改进的。

其实我们现在这种方式，对双方来说都是激烈的，本来玩得很好的、价值观又相似、又如此多共同话题的两个人，现今一言不合就一走了之，为什么不能各退一步协商包容解决呢？

你一沉默，简单的东西都变复杂了。

10：36

@令致：

我猜，你不太适应一种比较深沉的关系，你总想看淡一切以让自己超脱和洒脱，所以你的潜意识里回避一种热烈和深沉的关系，即使是友情，你也不敢投入太多。现在很多人都是这样，有的人是个人经历所致，有的是受追逐利益的大环境影响，而你，主要是由你的追求所致，你就想一切都是淡淡的就好了，什么都没有开始，什么都不投入太深，当然也就什么都可以淡淡的，这不算是一种真正的洒脱。这看起来似乎像"出世"，其实是一种放逐和逃避。你要做到既能不束缚自己的自然的人类情感，既能飞蛾扑火不顾一切地行入世之事，又能在付出热情之后意态超脱风轻云淡，才是最厉害的，这才是真正的洒脱。当然还有一种情况，有的人是天性凉薄的，我不知道你是哪一种，我感觉你不是天性凉薄。

我希望你可以回来和我讨论这些深层次的话题。本身在这个浮躁的社会里，两个价值观都如此纯净的人遇到就十分不容易，并且文化与思想层次、爱好也能匹配，很多东西的立场和看法也都基本一致，就更是万中无一。知音难得，这一次，我没有包容你的习性，你也没有包容我的性情，我想我们都应该彼此改进和彼此包容一下。

忽然我又想到了：之前总觉我二人之间虽价值观相近，亦有许多共同语言与爱好，却似乎有一个很大的不同，是什么我一时未能想到，现在一下子终于想到了是什么：

13：01

@令致：

嗯，你就是少了一点儿率性。

对，就是这个词儿。

觉得这个发现很重要，于是我又发了一遍。

当然了，他看到了也未必当回事，他这样的人，一定是认为自己的状态是最好的。而且，一个人也不是说率性就能率性的。

7月5日 15：19

@令致：

我知道我们彼此都各有个性，但这并不表示我们没有各退一步以及为对方而改进的空间，而我的真诚我想你应该是能感知的，却仍一走了之，我不太理解。

后来我想：我自觉真诚，又以为如此显明，对方一定能感知，其实却未必。如一方真诚另一方便一定能感知与接收到，世间又何来如此多的"吾付出一片真心挚诚却未能有相应的回应"的感慨呢？

21：53

@令致：

我们约个时间好好聊一次吧。
有什么心里深处的东西说出来就是了，说出来有什么大不了的呢？
其实我们二人本身几乎是一见如故，讨论的东西也涉及了内心的深层，完全可以敞开了沟通和解决的。

在我看来，我俩第一次交流沟通便很深入透彻，此事亦可通过坦诚沟通而得以解决，一释前嫌。在我想来：既有真诚作底，似乎并非一件难以跨越之事。而对方所想却似乎与我所想大不相同。

7月6日 22：26

@令致：

我这几天才想到，你不会是怕我对你有别的意思吧？我说一下：
我对你是纯粹的知音的惺惺相惜，是希望和你作思想上的交流。

我忽想到：他见我如此"殷切热烈"、"情真意笃"，该不会疑为我对他有男女之情？如他对我并无男女间的喜爱，如此岂不是愈挽留愈起反作用？便如此声明了一番。

第二日晚,想到二人本可高山流水,如伯牙子期,未想竟轻易失之,惆怅之意袭来,写下一诗:

7月7日 22:23

@ 令致:

高山泱泱水潺潺,
栖鸟惊飞鱼空洄。
伯牙弦断声漫转,
不见子期听琴归。

高山泱泱水潺潺,
凤入长林鹤空鸣。
伯牙弦断声漫转,
不见子期听琴还。

栖鸟、凤是令致,鱼、鹤是我,我二人为友非偶,凰为凤之偶,故我不能以凰自称,思虑了一下,鹤为凤之友,自是以"鹤"喻己最为恰当了。

随即又接着感慨道:

希望有一天你还会对我说一声:"一起打篮球。"

23:56

@ 令致:

遇到一个思想有深度的人不容易,因此放弃了你就如同放弃了通往更深刻的思想的一个可能性,所以我不想放弃。

7月8日 03:53

@ 令致：

午夜梦回，竟然也会想起此事，一下子又颇为伤感。

不管怎么说，此事都是因我的言语而起，都是我的一个遗憾，如有让你觉得受伤，实非我本意与所愿。

21：25

@ 令致：

咱们一起到 livehouse 看演出，吟诗，爬山，喝酒……干一切你能干不能干的，想干不想干的，干过的没干过的事儿！

正是：忽而惆怅，忽而快意。然一切皆出于当下即时的真情实意。

7月9日 00：37

@ 令致：

我猜换别的男生，要么直接删了，要么现在已经和好了。不过现在这样也挺符合你，我感觉你就是"纯粹无视"，不知这种感觉对不对，但我却相信你是做得到的，虽然有点儿无情，但却是符合我的印象里的你的性情的。我还记得你打羽毛球时一只球还可以用就说不要了，当时我就心想：这是不是显示了你是一个可以很容易丢弃事物和感情的人？其实还是可见一斑的。

把我马上删了确实也不符合你，现在这样最是符合我对你的认知了，不过激也不理会。

这是我的猜测，到底是如何便就只有他自己知晓了。

10：21

@令致：

你不是感觉迟钝的人，不然你连走都不会走。至于为什么你只对我之前的话产生反应，对后来的真切呼唤毫无反应，那我也无从得知你的想法。

在我看来，你这种不理会，反而是一种比较过激的反应。因一般人见对方如此诚恳真切的主动和好，大多也就将前事一笑泯之了。你现在体现为"过于不在乎"，其实也便是一种在乎。当然了，你不是在乎我，你是在乎你自己，这是一种自我保护。

你是潜意识里为了避免自己受到伤害，因而如此远离。

我猜想，依我所了解的他的为人与性子，并不会为此事本身生气太久，而是觉得双方的磨合对他来说是一种"消耗"，他一贯的思想便是害怕对己的"消耗"的，我认为这个猜想是较为符合他的思想的。

后来，在他发的小说体裁的文章的后面的章节里，一段话亦证实了这个猜想：

"看看自己的一些哥们儿，有结婚的有同居的，大多都是小心翼翼地伺候着女朋友，自己能做到吗？能做很久吗？女朋友不高兴的时候连坐个沙发都要蹑手蹑脚，早晨恂恂而起，轻拿轻放玻璃杯，有什么快乐的呢？"

虽借文中人物之口，事实上这便是他自己的观点。

13：57

想想第一日时令致君便向我坦陈他"被生活一次次地击碎了信念"的脆弱一面，我俩当日是如此的坦诚相对，现下却因一时各自的处事疏忽而致于此，不免惋惜：

@令致：

之前的那个与我坦诚沟通的你，甚至坦陈自己的脆弱的你，不知哪去了，忽然就坚如磐石，我这缕流水纵然柔韧绵长未能化之，许是时候未到，许是我不能参之微妙，你前后变化如此之大，应是心上有尘未及掸清罢，我仅只能待时间回答。

你我二人遇见之缘甚为稀巧，望莫轻易放弃。

这一日，看到了一篇文章感慨如今十多年过去了，再未出现如《明朝那些事儿》般的既有趣又厚重的历史文学作品，想起令致君对历史亦甚为感兴趣，又喜爱写作，不由分享予他，并说：

18：06

@令致：

你来写一部，可能时代在召唤你。

也许这正是使命召唤啊！

你也许还可以超越它，你还可以挖掘更深刻的东西。

附：我只想放下火种，能不能点燃就看你了，但不管能不能点燃，我都要放下火种。

我觉得他思想文化积蕴深厚，如不最大限度的实现自我价值，实在是太可惜了，因此即便他无声无息，我亦行吾之所往，即使是一片静寂荒野，我也要扔下火种。

21：33

@令致：

我每日在此自语，对面无声宛如夜空。
即使真的只是夜空，我也一样与之对话。

23：19

@ 令致：

忽然发现如现在这样只在自己的朋友圈叙述的妙处：想到啥就说啥，也挺有意思的。

7月10日 10：03

@ 令致：

我觉得你那句"姑娘，打篮球吗？"特别美好，特别适合以此为引子构思一部纯爱小说。

其实我特别希望你再对我说一遍，但跟"纯爱"无关系，纯粹是因为：实在是太好听了。

这日我突发奇想：觉得是否可以这一句招呼为灵感，构思出一个爱情故事来，却始终无此火焰，对着令致君如此淡泊之人，实在无法"捏造"爱情。

15：33

@ 令致：

咱们来玩个游戏吧！

要是你打算以后还会跟我和好，你就今天，也就是7月10号星期天，发一个朋友圈，随便写点儿什么，怎么样？！

我觉得这有一种含蓄的浪漫，属于文人的浪漫。

将近傍晚时，大约下午 7 点左右，他居然真的发了一篇文章，是上次那小说的第二回，我不免在其文下评论说：这也太巧了。

确实是极为巧合。但若真觉得他是应我的言语而发，那似乎便是太过于"自作多情"了。在我看来，只不过碰巧是周末，他有空作文而已。他若真有如此的"浪漫"，便不会到现在都无视我的诚恳了。

7 月 11 日 02：01

@ 令致：

你能无视我的诸多拳拳之辞，为何却不能无视那几句话，这是我不太明白的。

13：30

@ 令致：

我只是想着你这么一个各方面都能和我对上话的人就这样走了，无论怎么说都是遗憾的，现在弄得给我感觉有点儿像是女儿国国王非要和你结婚。

当我写下这个形容之后，自己回看，觉得甚是准确与有趣，自己都呵呵一笑起来。

21：17

@ 令致：

来和我一起去阳朔玩吧!

7月13日 10∶35

@ 令致:

我想到了一句:烹松煮雪待成诗。这个适合下联,如果你是还算在意我这个人的,你就对好了上联,这几天发在你的朋友圈,如果是不在意的,那就别对了。
如果是很在意,那就在这周五7月15日晚上10点半~11点半之间发在你朋友圈。

关于这个"很在意",我觉得真是有点儿异想天开。其实我心里是认为他是丝毫不在意我的。不过,我觉得这样甚是有趣,便想试试。

他自然是毫无反应,未与我对联,这也在我意料之中。毕竟我一来是快意而为,二来是知其不可而为之,只是尽己意便可。他若真对了这联,就不至于对我的真诚和好不为所动了。

7月16日 13∶39

@ 令致:

对了,你昨天晚上忘了对联了。别忘了,你说过要和我对联的,可不要"背信弃义"哦。

联是不会与我对的,只为逗上一逗。

16∶17

@令致：

我要去阳朔"过暑假"了！你要不要和我一起去？那儿可是个适合隐居的好地方。

21号，你要订票吗？

21：33

@令致：

我觉得我们两个都很有意思，你呢，又不想理我，却又任由我在你微信里、朋友圈文章里恣意而言。我呢，天天对着空气也可以照样说话，我们两个真就都是天赋异禀，不玩到一块儿都有点儿可惜了。

7月17日 21：19

@令致：

很有趣的是：对别人，是感性让我执着，理性让我放下；而对你，是感性让我放下，理性让我执着。

23：46

@令致：

现在的场景快弄得有点儿像是我"拥有时不知珍惜，失去了才觉遗憾"了。
其实并非如此，正好相反，因我拥有时当你是可深交之人，而欲真挚往来，才会在发现对方恐只将我作浅淡之交时发出那失望之语。

7月18日 11：33

@令致：

前些日子每日起床想到此事，都仍会心痛，直到今天才好些，我想是带了一些愧疚，所以才会心痛。我们相遇于时间与人世的荒野，如此不易，转身你又将我掷于荒野之中，当然起因不在你，在荒野也并无紧要因一直在荒野，只是此等美好缘分竟如此轻易丢失，才是心中之痛所在罢。

17：06

忽然想起一件乐器很是适合他，便说：

@令致：

你可以买个排箫来吹，易学易吹又好听，还适合抒怀。
它比较好掌握，而且每天花个十几分钟练练就可以了，你不是没太多空吗，而这个不需要花太多时间。

21：22

@令致：

你休假一般去哪里玩呀？要不要去阳朔？

23：33

@令致：

对联还没想出来吗？记得想啊，这个对联之约我可是一直惦记着的，君子一言，驷马难追；君子之约，十年一日。

九

7月19日 00：33

@令致：

我给你写了这么多话，外人看起来估计不明白或容易误会，不知道你能不能理解我的情怀，这是一种纯粹的知己之交的情怀。

我对你是纯粹的知音的惺惺相惜，就如伯牙子期的高山流水的情感一般。

类似古代文士或侠士之间互相赏识的情怀。

纯粹、真挚、坦荡、热诚的。

这种情怀在现代社会来说是十分理想主义的，其他人可能不理解，你应该能理解。

你若不理解也就不理解吧，也很正常，但凡多人理解了，那便不是我了。

10：19

@令致：

一个轻易离我而去的人，本来是不值得留恋的，不过因为这种伤痛并非是你主动先给的，所以我就觉得没必要想值不值得。

二者，我也没有什么后不后悔的，因为我很少后悔，毕竟后悔既没什么用，又没有时间机器可以倒流回去，只不过这件事本身来说确是一个遗憾吧。

7月20日 11∶11

@令致：

你不理我，我也不理"你不理我"，这真的很有意思。

19∶10

@令致：

君子互伤，尤为痛心。

7月21日 00∶26

@令致：

啊，今天忘了跟你打个招呼，不管你在不在，就像我们向星星招手，向大麦哲伦星云发射电波一样。

仰望星空的人们好像也没有想过外星人会不会回复。

7月22日 13∶16

@令致：

现在并非我不能放下，而是不想放下，难道现代社会就真的容不下绵长的情感了？

21：17

@令致：

你只有两个选择，一是删了我，二是和我玩，哈哈！

7月23日 12：56

@令致：

你这个人怎么这么不好玩啊、不可爱啊，哈哈哈。

7月25日 02：53

@令致：

我发现你的微信变成了一个奇妙的树洞，反正也没人看，似乎我可以往里面装任何东西。

7月27日 15：13

@令致：

在这个时代，换个人打球，认识个新朋友，把你忘记，不是很容易的事情吗？我并非做不到，不过我的内心就是"不想"，尽管那样更简单。

虽然在我自己的朋友圈写下这些言语，偶尔又即兴给他微信发一两句"走，今天天气好，打球去！"，但我从未想过要给他打电话。

只因真的打电话，我却又不知说什么好了。

口语毕竟直白，总不能直勾勾地说："你回来吧。"又不能如文字般诗意，时而可作诗一首，时而邀其对联，倘若在电话里忽然吟诗一首，又或是念出一段抒情言语，想想便觉一来好笑，二来无法出口。

因此我一直都是文字叙写，也不知对方在不在看，兀自写下了便是，如同自娱自乐一般。

一日我发了如下的感慨，但并未写@令致。因我觉得此话直接@他，未免太过直白肉麻了。其次，这既是对他说的，也不全是，还有一部分是我纯粹的个人的感慨，是一份对人与人之间绵长情感的向往，这不只是对他而言，而其中还有的是对在这个浮躁时代里的绵长情感的一份期待，因此我并没有在前面写上@令致：

7月30日

21：06

在这个浮躁的世间，我希望你可以一直在我的生命里。

23：30

总会有人相信纯粹，哪怕只有我一个。

十

一日，我兴致大发，突有各种奇想，给令致发了几句：

你觉得有没有外星人呢？如果有，为什么觉得有？如果没有，又是为什么觉得没有？

说来其实也并不是我有意捣乱，我一直期盼着有生之年能见到个外星人什么的，也是真想与人讨论。其实令致君本来的确是个可好好认真地从"科学的角度"讨论此问的人，因此我虽亦知他肯定不会回我，也照样把问题发出。

忽而，我又问：

你说：你是不是有点儿自恋，自我感觉良好？

这句也并非异想天开，空穴来风，确是我内心的真实想法。二者此一说也并非出于贬意，只是一个客观的剖析。

又欢喜道：

这里忽然变成了个树洞，这也太好玩了！

像我这样的人，可是要大闹天宫的！

还没等我大闹天宫，施拳展腿，第二天早上，就发现令致君把我删了。

之前他一直没删我，又不理会我的诚恳和好，我心想还不如删了我，免我牵挂。如今一删，既觉心中什么终于落下，却亦觉多少有一些失落。

晚上，向友人诉说此事，我问："为什么他之前一直不删，任我'胡闹'，到今天才删？"

友人说："大约是在纠结吧。"

我听后心中一下略感惊讶，我从未往"他会纠结"这方面想过，心想：那只是一般人可能如此。一般的人，要么马上删了，如不删，则可能是仍略有纠结不舍。

而在我的看来，令致君之所以不马上删，是因他终究是个斯文之人，不欲作此立即撕破脸之举。而且，以他那立即能丢弃一个尚可用的羽毛球的"断舍离"之能力，以及他对"看淡放下"和"洒脱"的追求，我认为他不太会对我有何纠结不舍。最可能的便是：他欲以沉默告示我让我自行离开，孰知我是个恣意任性之人，即便是自言自语亦玩得甚欢，他见我居然良久不走甚或打算"大闹天宫"，加之"时辰已到"，留我已无用了，也就删了。甚至与我是否大闹天宫也无多少关系，不过只是：既已过了一阵，"你既不走，留着无用，便就删了"。

我又问："为何我如此诚恳和好，他仍是走了呢？"

友人言："大约是有了裂痕，一时半会觉无法弥补吧。"

我想确有些道理。

其实我有一点仍不太明白：令致君在我们"决裂"期间，发过两篇文章，我在文章下嘻嘻哈哈地评论了一番，他当时居然可以做到不立即将我删除。

若要是一般人，我必定会认为是尚有不舍。而对令致君，我却认定他是具备了"视而不见"之"无视神功"。当时我想的是：一个人的视而不见之"无视"能力竟能如此强大，不由叹服。

但他既能如此"无视"，为何不就这么一直放着我算了？我想了想：大抵是过了这么一段时间了，觉得留着甚为"浪费内存"，索性删了吧。

一

虽说此前我有些希望他干脆先删了我,但真的删了之时,又觉说不出的滋味。总之删与不删,都有些难受。未删时,总有些牵挂,有什么又总想分享予他。删了之后,虽觉无从牵挂了,却又不想此生再不相识。

大概就是难受的角度有所不同吧。

其实我一直以为他可以无视我了,否则为何我常常即兴言语,又在他文章下嬉笑怒骂,他却任我"胡作非为"。以我对他的印象与了解,从来未觉得他是对我有何留恋,只觉得他应是可潇洒到将我的"胡言乱语"视若无物了。

估计又是本想等我自行离开,谁想我性情特异,一等几月,我依然自顾自的任性"胡言乱语",根本不理会他的"沉默示意",还打算大闹天宫,当成玩乐之地,不管不顾,随心所欲,无法无天,他便忍无可忍了。

又或是如上所说:他一个斯文之人,不欲当即撕脸删人,便等我自行离开,时日一到,不管我是静默无言还是恣意玩闹,他觉此人反正已留着无用,便自然地删了。

二

但根据他的言语及文字,他是一个骄傲又有些愤世嫉俗的人,这样的人,即使因饱读诗书而拥有的书卷气让他看起来气质斯文,但一定是"有些脾气"的。他既然可以坐出租车时因无法忍受他认为过于庸俗的歌曲而让司机改放自己的音乐,那么我那几句直言,他见之便将我一删了之也不是没有可能,甚至这应该更符合他的个性。但他竟可"容忍"了我两个多月,甚至我其间一生气说他"自恋又狭隘",竟也未将我删除,这又是让我觉得甚为不解的。

其实这其中的关键便在于:我并不认为他喜欢我。如我感觉他喜欢我，这一切便十分好理解了。而在我看来，他在我问及他本名之时并未同样问及我本名，此举是让我觉得他对我并不是那么重视的，这让我觉得他甚至并未打算将我当作一个长期的朋友，更遑论男女之间的喜欢。

由于我既不认为他喜欢我，因此，便愈是对此间种种矛盾之处甚觉不解。

以上种种猜想。想来，因我亦是"此山中"人，无法作一个旁观者，所以便难以得"清"。

三

有时我仔细想来：我与令致君二人的相似度，相较于我与其他人而言，可以说是比较高的，如缘起时所感：感觉与他有七八分相似。因而不顾他从隔离酒店工作出来方几日便急于一见。因此，我们二人的脾气，实质上也是有相似之处的——都有些骄傲执拗。

但我最终超越了个人的骄傲，选择了把握更重要的事物。

十一

  我想了想，此遗憾失落之情无处可遣，不如以文字表叙下来，用以寄托。又想到那日于阳朔，去到一个渡口未坐成竹筏，只得转到另一个渡口，未想竟然享受到了乘三轮车一路兜风看风景的欢乐，这真是坏事变好事。因此，我不如自觉主动地对令致君离去这一憾事进行"坏—好"的转化，将我二人之交往作为引子，写下一部作品来，可以此为契机融入与阐述自己的人生之悟，由此，便是对此本遗憾伤心之事进行了主动的超越，岂不妙哉？！

  于是这部作品便诞生了。

十二

其实我们如今这样最根本的原因，就是我们都是不愿为他人改变自己的人。

我可以很爱一个人，如同爱自己一般，但是说要为对方改变自己，又不可能。

而令致君只怕连很爱一个人都不太可能，因为他就没有特别"热爱"的东西，也就是说，他就没有一种叫"热爱"的情感。

这与他的追求有关系，但他在还未投入之前便就已经看淡了，我觉得这便有点无趣了。

本来人生于世，应该尽享属于人的情感才是，为了避免痛苦便不纵情投入了，感觉像是一种"逃避"和"害怕"。
当然这只是我的认为，令致君也许认为这是洒脱与得道了吧。

于我看来，欢乐来临时当尽情享受享用，真有爱情来临，也是一样，当尽情投入，尽情享受其甜蜜，也不惧其酸苦辣。当然了，爱得越深越投入，可能将来会受到的伤害也就越深。但是因为可能的伤害就不热烈投入地去爱了，这在我看来是一种懦弱。

令致君想方设法地去看淡一切，包括爱情，除了因为他确实喜欢思考这些底层的内容，还有没有别的触发机制，我便不得而知。比如，爱情上是否有过失败、伤痛的经历。

其实我对其是否有过爱情经历本身并不感兴趣，爱情经历对他的人格塑造是否产生了影响，产生了什么影响，才是我真正感兴趣的。

也就是说，我是从"学术研究角度"来希望了解此事的。

如他所发的：

思考和看过了太多关于人生的内容，现在的我，唯有病痛和死亡悬在心头未能释怀，别的事情均已看淡。对于当前的时间做什么，只要不涉及病痛，也都没有什么堕落的负罪感和充实的成就感。
关于克服病痛的恐惧，我会继续努力去找方法。

关于亲情、友情，不知是不是我的思想已然很强大，我至今并没有相关的难题未解决。
……

其实他思考这些方面的解决办法，无非就是为了避免当这些情况出现时对自己所可能造成的伤害。
佛祖思考这些，是为了帮助众生避免受"苦"之伤害，令致君思考这些，则是为了避免自己受"苦"之伤害。

而他最终体现在行为上，却又跟"不爱这么多，只爱一点点"之流的表现似乎有些相似了。

而且他婚都没结过，就先担心夫妻内耗了。
对我来说，一定是结了再说。

目前我们的情况其实跟"夫妻内耗"也有些类似，所以他全然不顾对方的真诚和好而"毅然离开"，因为这是他早就十分想避免的情况。

综合而言，他是希望在事情发生之前先避免或躲避伤害。

而在我看来，真诚地纵情投入之后，又能看淡结果，这才叫真正的洒脱。

尚未真正拿起过，又如何能称之为"放下"呢？
尚未挚诚投入过，又如何有资格说"看淡"呢？

十三

其实我们最初联系时是用QQ，我进QQ看了一下，发现还能进入他的QQ空间，也就是没有删我，我想他兴许是忘了。

又过了不少日，我发现他仍未删我QQ，不免有些奇怪：以令致君思维之缜密细致，不至于忘了这边还有"一窟"，也不知他到底作何想法。

到了中秋节，我想给他发个问候，又有些怕发了之后被他发现了还有QQ未删，一下子便又把QQ也删了，岂不是完全失去了与他的联系方式？但又觉确实想与他发去问候，便心一横，也不管了，发了一句"中秋快乐"。

过了几日，发现他竟未删我，我知他QQ虽不如微信常看，但也会一两天看那么一回，几日未删，那便是不会删了，便觉好生奇怪：既是不想再与我有联系，为何不连QQ一起删了呢？这是我不得其解的地方。

到了国庆，我又发了一句"假日愉快"，他也并未删我，便觉有些摸不清他的想法：

因若是我的话，既已打算断交，便是会所有联系方式都删了，之前如是忘了QQ仍可联系，现在发现了也就一起删了。所以于此举上，是我从自己的角度所不能明白的。

如按我的猜想，想来是因他这人性情较为文淡，开始既不欲再与我玩，却又不马上删我，而是任我恣意尽兴胡言一番之后，过了好一段时间才删，现在给他发去问候，他大约是不欲在他人发来问候时仍删掉对方，又或是一种"彻底无视"。这大约是一种典型的斯文书生作派，既不狠心当即撕脸，却又不作理会；既不来往，又不"铁血"全然断了联系。你说他无情又非全然无情，你说他有情也不见得有情。在我的心中看来，我是并不认为他对我有何不舍的，否则便不会屡唤不回，只是不到情非得已便不欲撕脸，这是斯文之人的风格罢了——在我的想来，应是如此。当然，这也只是我的其中一个猜想。

前章所述，此人性情亦有骄傲又愤世嫉俗的一面，即使外在表观十分书卷气，内在的"脾气"是一定有的，并且从其言语，文字以及行迹事例确实亦均有体现。而如此一个"有脾气"的人，并未在我的直言之后马上删我，而是让我"肆意妄为"、"恣意胡言"了两个多月，也令我有些迷惑。

"难道他真的有些舍不得我？"此想一出，又觉似乎有些"自作多情"，并不太想做此揣测。

如此种种，我既为此间中人，对此也无法做到十分客观明晰的分析。因此，一切便都只能是猜想罢了。

此人虽于情感方面看得较为淡些，但价值观与思想综合而言，是一个可交之人，因此我也将会每逢节日便与他发去问候，不论他回应与不回。

不管他的内心何种起因何种机制何种想法，他现时的状态便是一个：不想理我。

我的状态也是一个：管他理不理我。

十四

在此过程中,我的内心各种起伏与思忖,竟然就不知不觉地涉及了很多方面的思索。如前所述,我在自己的朋友圈写了很多感想,有的前面@令致,然后设为只有他与我能看,有的是公开的状态,我不知道他是否能看到,看到了又是否有所感触。但现在他是否有所感触已经不重要,重要的是我从中的收获:就是由此而获得了许多思索,然后写下了这些内容,完成了这部作品。

一开始,也就是我们的最后一次联系(或者说是"断交")刚过去二十多天的时候,我在某一天忽然实在是忍不住,把自己的所思所想一下子喷薄而出,发了给他,主要是倾诉我的所想,并未对他进行确切的挽留,半夜想起来了什么也照发不误。我行事自有一套自洽的逻辑,心想反正他也不理我,我又何需在意他怎么想,想发什么发便是了。奇怪的是他第二天并没有因此而删了我,我也一直未得而知他的内心活动。

从我的角度看来,我从未因此而觉得他是尚未舍得删我,我只当他是无视我了,因为从他所发表的文字内容分析,他一直追求一个潇洒、洒脱的状态,追求放下一切。

其中有一段,说的是:
思考和看过了太多关于人生的内容,现在的我,唯有病痛和死亡悬在心头未能释怀,别的事情均已看淡。关于亲情、友情,不知是不是我的思想已然很强大,我至今并没有相关的难题未解决。

当时是2016年,他大概是26岁左右,思想便已如此深入和成熟,居然已经看淡了亲情和友情。在这个年龄,我仍然会为还称不上朋友的同事的来来去去而惆怅,更不要说看淡亲情了。所以,我对于他来说,我想他是完全有能力把我当成一个过客的吧。

所以，也许，他根本就不在意我这么个人，我是这样想的。但是，我此刻也已不在意他是否在意我了，人的内心也不是一成不变的，就像我从前觉得希望一辈子拥有爱情，现在却觉得人生有过一次真爱就好了，其他随缘即可。

现在我不想在意他在不在意，我只知道我想珍惜这个人，又毕竟不是他一开始就不愿意和我玩耍，而是后来因为我的言辞而远离的，所以在这份友情里，我也不算单方面的主动与勉强，只是在做一个尽力而为的挽回。

十五

自我逐渐地完成这部作品，
我甚至渐渐开始觉得：

我们的相识不是偶然，而是必然。

一日发予他：

"我们的相遇是来互度的，你没有感觉吗？"

分析（一）

在我的认为里：令致君是一个有深刻思想，没有深厚情感的人。

大多数人无深厚情感的原因有二：一是天性如此，二是被生活现实或经历所改变。而他则主要是由于自己的主动思考而导致的。经历兴许也有一些，但更多的是来自于他的主动思考。如他文字自述：

思考和看过了太多关于人生的内容，现在的我，唯有病痛和死亡悬在心头未能释怀，别的事情均已看淡。对于当前的时间做什么，只要不涉及病痛，也都没有什么堕落的负罪感和充实的成就感。
关于克服病痛的恐惧，我会继续努力去找方法。

关于亲情、友情，不知是不是我的思想已然很强大，我至今并没有相关的难题未解决。

从里面可以看出，他的"看淡"主要是通过"思考和看过了"所致，只字未提"经历"，因此经历自然多少会有，但却并非主导，主导的是"思考"与"观察、观看"。并且又说"关于克服病痛的恐惧，我会继续努力去找方法。"可见他对于这些事物在思考上的主动性。

由此亦可见，他并非天性凉薄，否则也就丝毫不需要思考了，他现在的"没有深厚情感"正是来源于他后天所进行的"深刻的思考"。

他之所以进行这样的思考，除了他的智商能够到达，以及个人喜好之外，还有一个原因是：他想活得更轻松、潇洒。
而摒弃"深厚的情感"，便是其中一个途径。
因此他是"尽力地让自己尽量少地进入和持具深厚情感"。

希望自己活得轻松、潇洒是人之所往，自然是无可厚非的，但以我看来，他其实尚未投入过多少深厚情感，却便欲通过摒弃"深厚情感"的方式来达到"轻松、潇洒"的目的，我对此则持保留意见。

在我看来，来人世一遭，未深情与全情投入过，未"大闹一场"，就相当于来到一片满是风景之地，只在门外徘徊，蜻蜓点水地扫了几眼，却未进入风景之中深入沉浸地体验感受；又像是为了避免可能的苦，把甜也先一并倒了；亦又如因为害怕结束，便干脆避免开始……不免有些遗憾。

当然，这是我的看法。

这是在情感上，他尚且可以按此路子"恬淡自适"，而在人生方向上，似乎依此而行便出现了一个"副作用"：

他主动思考而致"看淡一切"之后，呈现出来的是"找不到热爱的事物"，也就是"找不到人生方向"了，这相当于是另一种迷茫和迷失。跟大多数人不一样，他们多是基于欲望过多过盛，被欲望驾驭而导致的迷茫和迷失，而令致君却是基于欲望过少过低，无欲望牵引而导致的迷茫和迷失。

其实这种类似的迷茫我也有过，即出于"无方向牵引"的迷茫。在一小段时间里，我丝毫找不到自己的方向，也即是人生的奋斗方向。那种感觉并不好受，可以说是十分的不好受：内心空落且虚无，如同飘浮在黑暗的、茫茫的、一眼望不到边的大海上，周围连一小块可抓的浮板也没有，那种感觉我觉得是极其无助的。其实就是陷入了虚无。

但我与令致君的情况还是有所区别的，区别在于我的是"无方向牵引"而非"无欲望牵引"，我是有强烈的实现自我价值的愿望的。而令致君则是根源出于"无欲望牵引"，进而导致的"无方向"。

现在其实令致君就是这种情况：陷入了虚无。这是因他的主动走向另一个极端所导致的，以致于他没有了热爱的事物，也没有了奋斗目标。其实他对于能够拥有热爱的事物和奋斗目标、人生使命是很羡慕的，比如他真切地咨询我："你觉得我干什么好？"的时候（这个时候他甚至流露出来一些"稚气"与无助）。比如他在听我说找到了自己的人生使命的时候，眼睛里流露出的艳羡，笑容里流露出的真心为我高兴，言语里的由衷赞美："好啊！"，这都说明了他对此是十分向往的。

他一方面依然存在向往，一方面又欲望很低，这不是非常矛盾吗？是矛盾却又并非矛盾，因为前者是他作为一个正常人的潜意识，那是他无法压抑的，或是说他并未能在潜意识处亦做到泯消了这些欲望，而后者则是他在意识层面通过努力做到了的。因此这再一次证明：他并非天性如此，而是后天出于对降低对自身伤害的需要与追求。

但现在他已经不愿听我说话，我也无法把自己的分析传达予他。我是衷心地希望他能够找到自己的人生追求方向和热爱，找到自己愿意为之奋斗的事物与目标，迸发出自己的热情与激情，将他的知识与文化以及思想里的强大储备发挥出来，充分实现自己的人生价值的，否则，我会为他备感可惜。

这是我唯一最想留住的一个人，反而很快地失去了，但这也许不完全是一件坏事。现在催生了这部作品，我应用了自己在作品里所阐述的"自觉的转化"，将它——这件本来"不太好的事"——自觉转化成为了一件称得上比较好的事。同时，这也是一种"超越"，如同我在"自觉的超越"一章所阐释的那样，而且是一种"自觉的超越"，超越了失去令致君的遗憾与痛苦，也超越了自我，获得了一个有价值的成果。

令致君如此聪慧透彻，却尚未发现自己之所以"找不到热爱"的原因：如前文所言，这也是一种迷失。大多数人迷失在了混沌与浑浑噩噩里，而他"迷失"在了过分清醒里。
跟大多数人的迷失不一样，呈现在大多数人身上的迷失是贬义的，而呈现于他身上的这种"迷失"是中性的。

所以从某种意义上说，他其实也掷于了虚空之中。这么一个知识充沛丰富，文化层次有高度，思想层次有深度的人，照理说应当是心灵极为充实，方向极为明确，意志极为坚定的，为何他却呈现出找不到自己的方向，并且并无坚定的信念的状态呢？原因就在于他的"淡泊、无为、透彻"走向了一个极端。

所以他着实是一个非常有研究价值的个体，正好让我得到了一个可贵的与泱泱众人所对比的"研究样本"。

因此我有时候疑心他是个上天送来的礼物，与他的交流中的思想碰撞，与他的交往里的遗憾与内心挣扎，甚至他的离我而去，如今都成了宝贵的财富。

我这么想，也是来自于我的"自觉的转化"思想的以自身的思想作出的阐释了，而我写下这部作品的这个行为，则是"自觉的超越"思想以自身的行动作出的阐释。

分析（二）

没想到我们这样两个人的情感，也如此稍纵即逝。

我原以为我们可以一辈子在一起做知己，我们价值观相近，又在如此多方面有共同话题和共同语言。

有时候，我觉得没有他也没什么；有时候，我又觉得挺想念他的。

有时候，我想马上和他再见见面；有时候，我又觉得以后再说。

有时候，我觉得这辈子不见他了也没什么；有时候，我又觉得失去这个人还是颇为遗憾。

我不知道他心里有没有什么波动，但在我的想来也许是没有。我对此并未抱过希望，一来我觉得他是一个没什么深沉、深厚情感的人（或者说是他尽力地让自己尽量少地进入和持具深厚情感），二来这个社会也越来越少情深义长了。我已经习惯了这些稍纵即逝的关系，只是我没想到我们也会这样，甚至比其他肤浅的关系维持的时间更短暂。

我对他心里关于我的波动的存在未抱想象，但却偶尔会想象他会不会有一天忽然想明白了，忽然又回来找我打球，就像当初毫无征兆的那样，在我平静如水的生活里出现，投下一句石子般的话"姑娘，打篮球吗？"，在我的生命里泛起涟漪。

这样的想象跟上面说的关于他对我的内心波动的想象不一样，有点类似于对外星人光临地球的想象，似乎是为了给自己的生活加入一点传奇的小说般的色彩，而不是真的抱有什么希望。

这就是为什么我会想象他重新出现，却不会想象他对我有所依恋。只因二者不是同一种"想象"。想象前者，纯属一种趣味，而对后者不作想象，是因为基于我自己对他的了解所得出的推断，也许未必准确，但我也便不作此自作多情了。

其实像这样离我而去的人，我从来是觉得他们永远不会回来的，这个世界很多时候并没有小说人物和情节，百分之九十九点九的时候，都是极为现实的。而且社会与人总体也是在变得越来越现实。

还剩几个像我这样爱做梦的人呢？依然幻想天长地久、高山流水、源远流长？但我并不觉得自己幼稚或可笑，我觉得我并不需要改变，难道一份长久的深情不是十分值得拥有和追求的美好吗？我从未因为这些落后于速食快餐时代的想法而质疑过自己，而是觉得时代走得太浮躁了，我们最终还是需要一些能够沉淀下来的东西的，无论是在人的感情方面，还是在别的什么方面。

有一些绵长的东西总会贯穿在我们的生命脉络，与社会脉络里。它们也许有时候被断流、被破坏，但总有一天它们还会重新生长、连接起来。说不清它们具体包括了哪些内容，就像《道德经》里描述"道"一样，只能通过一番旁敲侧击，然后意会。总之它们代表了人类社会的美好的、积极的、具推动作用的一面，不是推动技术，而是让人类绵延。

它们是什么？我的语言变得贫瘠起来。那不是我贫瘠的语言可以描述的，也不是大多数人可以描述的。你不能用"爱"来具象它，它明显超出和大于了"爱"的范畴，应该说"爱"是它的子集。或许"真善美"能说明它的大部分，但不是全部。

我一直生活在一个象牙塔里，这个象牙塔是我自己建筑的，说不清有意还是无意，准确地说应该是二者皆有。我幻想的许多事情，有实现的，有没实现的，有正在努力的。如果没实现，我也不会受什么影响，之所以不受影响，我想是因为我自己知道有的幻想仅仅只是为了给自己添点乐子，比如想象令致君忽然有一天重新来找我，而且对我说出那句简单却意味隽永的台词："姑娘，打篮球吗？"。

而有的幻想我是真真切切要去实现的，准确地说叫做梦想或者理想。

所以说我是个理想主义者，对与令致君的关系，我作的是"高山流水"的理想，"伯牙与子期"的理想，这在当今社会里，尤其是在我们这个以速度、效率，以及人情味匮乏而著称的城市，着实是十分的乌托邦，十分的理想主义了。

但我并未因过于理想主义而经常受打击而改变，我依然每次都投入挚诚，也许是因为我是一个内心秩序不容易被改变的人，就像令致君，其实他也是一样，是一个有自己的独立内心秩序的人。也许是我觉得改变了就不是我自己了，我得坚持自我，我为什么要因为受一点打击就变得不是自己呢？这在我来说是不可思议的与不可容忍、不可接受的。我不能容忍自己因为外界或他人的影响便失去了自己的初心与坚持、失去了自我。我知道有很多人会因此而改变，因为外界的影响或生活的挫败与失意而改变，从此变成了一个忘却了初心、甚或与自己的初心相反的人，这其实是一种对自身的勇气的不自信与羞辱，这在我看来是一种耻辱，是一种被外界或社会改变了自我与初心的耻辱。如果我变成了这样，我会看不起我自己。

因此无论怎样，我都依然"倾出挚诚不会悔"。

但令致是这样一个人，在他发表的一篇文章里，我找到了一些端倪：

看看自己的一些哥们儿，有结婚的有同居的，大多都是小心翼翼地伺候着女朋友，自己能做到吗？能做很久吗？女朋友不高兴的时候连坐个沙发都要蹑手蹑脚，早晨恂恂而起，轻拿轻放玻璃杯，有什么快乐的呢？

虽然那是一篇小说的一部分，但小说也是会体现作者的内心的。显然，这是他自己的想法，他是不会"伺候"任何人的脾性的，即使他很喜欢一个女生，估计也就能忍个一两下，再多了他就不担待了。很显然他是这样一种人，这跟我对他的印象以及对他的文字分析之所得是相吻合的，而且也与他的行为相吻合。在他感觉到我的略微不快时，他并没有解释，很可能并不是像我一个朋友所推想的那样：正在想怎么解释。而是他根本就没打算解释。小心翼翼地"伺候"一个人的脾气，对他来说是不存在、不可能的事情，这一切的其中一部分源于他的自傲，另一部分来源于他对生活的认识与思考：他觉得这样便不快乐、影响他的洒脱了。

他是一个骄傲的人，这是毋庸置疑的。我也是一个骄傲的人，一般人走了我也就不会挽回了。但是我的理性告诉我：这是个价值观纯净，思想有深度、有价值的人，在当下社会是十分稀少的，我得放下一些以往的执着去挽回他。这不是出于对他个人的珍惜，而是出于对纯净的价值观与深刻思想的珍惜，近似于一种纯粹的，对"真理"性事物的珍惜。所以我告诉他：对你，是理性让我执着。

他之所以没有回头，一是因为他毕竟是被"批评"的一方，在我直言直语的语气下，他这样的一个有些骄傲的人大约多少有点感觉"骄傲"受损。（即使起因是他做得有些不妥，但我的直言确实也是让对方不容易接受的）。二是因为他并没有意识到我的价值。在格局上，他还陷于维护自己的"骄傲"里，其实也是"赌气"的一种表现形式。如果他有一天能意识到：思想与人格的价值高于自己的那一点小小的骄傲，他才会明白：为什么只会比他更骄傲的我，选择了主动和好。

这是我从来没有做过的事。事实上，对其他人，只要我感觉到一点怠慢，或有一点"没有把我当朋友"的举动，我以后便会比较远离对方了，像他这样的情况——毫无交代忽然放鸽子的，我是决计不会再把对方当朋友了。

而对他我为什么有此一例外，正是因为我意识到这样一个价值观纯净、思想深刻的人是十分难得的，所以我最终选择无视了他对我的一点"怠慢"，而想争取回这个人。

单就感情来说，其实我们之间的仅仅相处两次的感情，对一个"久经沙场"的成年人而言，真要放下也并没有什么放下的困难；第二，单就他的人来说，由于他少了一种"热量"，让我感觉他有点"凉薄"，这也不是我觉得特别值得留恋的一类人。

我也对他表明了这个观点，我说："你似乎是一个用大脑跟人交往，而不是用心跟人交往的人。"

又说："我甚至觉得，我只需要把你的大脑（带着你原有的文化和思考）放进硬盘，给它灌输新的文化与知识，让它自行迭代，而我只需要跟这个大脑对话就行了。"

正如我对他所说的：对别人，是感性让我执着，理性让我放下；而对你，是感性让我放下，理性让我执着。

怎么理解呢？对别人，我可能是在感情上放不下，而理智会让我断舍离。而对他，我在感情上原本是可以放下的，是什么让我想挽回或寻回他呢？那就是如前所说：我认为他是一个价值观纯净，又思想深刻的人，并且他的思想确实是比较有智慧有价值的，我在客观上看到了这一点，我不想放弃和丢失掉这个价值观纯净的人和这个有深刻思想的大脑，所以对他的"不放下"是基于对他的人格与思想的珍惜，所以说对他，是理性让我执着的，又或者说这份执着大部分是来自于理性。

而感性让我放下，是因为我知道他是一个对人并无过多深厚情感的人（或者说是他尽力地让自己尽量少地进入和持具深厚情感），所以剖去他的价值观与大脑的思想之后，单就这个人本身而言，我因情感上的"舍不得"而"不放下"的成分甚少。

但"甚少"不表示没有，毕竟不能真的把一个人与他的思想剥离，除了对其思想的珍惜之外，我对他的确存在着一种惺惺相惜的情感。

这就是为何这个人值得我用一部作品来分析，因为他的独特性，适合作为引子展开来分析人性的各个方面，并与常人有所对比。也就是说，在他身上可以展现出大多数人的特性的另一面，正好满足了对人性的辩证性的思考与阐述。如果没有他，常人人性的"矛盾对立面"便没有了活生生的例子，他的很多特性正好是与当下大多数人的特性几乎相反的。

而为什么他会相反，就是因为他把一切看得很透，甚至"过透"了，而大多数人则是处于眼蒙心蔽的状态，所以他正好形成了一个活生生的对立面。

绝大多数人都迷失于欲望太多太盛，而令致君正好相反，他则是欲望太少太淡，甚至在我看来，有点"迷失于"欲望太少太淡了。别人大多是迷失于"混浊"，而他却是"迷失于""太清"。

为什么说他"迷失于""太清"呢？人们会觉得：于混浊与蒙蔽中才会迷失，既然一切清透，为什么还有"迷失"这个形容？只因为：他变得没有了热爱了。因为一切看得太透彻而找不到自己的热爱，所以我称之为"迷失于"。

这一点，是连他自己也很迷茫的。

事实上，正如绝对的光明亦相当于黑暗，同样会让人看不清事物，因而"太清"也会让人"迷茫"与"迷失"。

当然，他也有跟大多数人相像之处，就是喜欢被夸赞。之前说了，在这一点上，他是比一般的成年人都表现明显的。

所以我觉得：这是他唯一体现了"人性"的地方。至少在我的了解范围里，这几乎就是唯一的一处，或者说是最显著的一处。

诚然，他的确是一个思想足够深刻与有价值的人，但在格局上，他仍然囿于他对自己的小骄傲里，囿于一个"独善其身"或者说是"让自己开心"的目标里。而对我来说，思想的交流与碰撞以及"真理"本身比自己的一点小骄傲更重要，我可以放下以往的一些执拗，来追求思想的进步与收获，或者说是追求"真理"。

思想深刻，并不一定格局就大，这确实是某一类人所存在的问题。

他对自己的思想确实也是骄傲和自豪的，从我与他接触的方方面面均可感觉到，那日在羽毛球馆，他说了一句：当下社会大家都心思浮躁，有几个人还进行深刻的思考？言下之意即指：如他一般进行深刻思考的人很少了。

以及其他许多细节，如他在阐述他的"人的最终追求终将归结到文化上"的观点时，当我表示夸赞与赞同时，他的高兴是溢于言表的，并且笑容里带着自豪。

他对他的知识也是十分自豪的，他在教我生僻成语的时候，以及我夸他对但丁《神曲》里的一段话翻译得很精准又有意境的时候，他脸上露出了满意和自足的笑容，这一刻给我的印象是很深刻的。怎么个深刻法？当时我就觉得他十分高兴，甚至超出了我对他听了这些夸赞的话后的反应的想象，也就是说：我没想到他听到这个赞美会这么高兴。这种高兴的程度，往往只出现在小学生被表扬之后的脸上。在成年人的脸上，我几乎没有见过。

这里就非常有意思了。令致君是一个思想非常成熟的人，他在二十六岁时所写的内容，就已经很深刻了。被人夸赞，我本以为他只会淡然一笑，没想到他会呈现出令我如此印象深刻的高兴，可见他的内心需要人尊重与尊敬的欲望是很强烈的。

所以我当时是很有些惊讶的，没想到他会高兴如斯，也就是因此，给我留下了深刻的印象，也让我捕捉到了他的一个没有"看淡"的地方。

我的思想自忖并不比他深度不如，但我仔细想了一下，似乎自己从来没有自觉的、有意识的为自己的思想所"骄傲"过。我与人群比较有距离，只是因为：第一，天性使然，比较清高，很多事情看不太惯；第二，性格偏于内向，喜欢自己安静地做事情；第三，有一小部分比例是刻意地与人群保持距离以保持思想的独立性。我的"高傲"主要来自于清高，不愿混入浊流，而他的"骄傲"很大一部分来自于对自己思想深度的自得。

从这一点上来说，我从来没有对自己的思想或知识有所自得或"炫耀"过，客观地来说，我在这方面，以我的标准来看，我比他"谦虚"一点，或者说更"知道自己不知道"一点。我对自己并未有觉得自己哪方面特别优秀的感觉。

所以我很多时候是在倾听他说话。

也因此，我捕捉到了他的一个小小的"不足"。在我看来，相对于他的思想深度而言，这种明显的自傲是不应该出现的。具备这个思想深度的人，往往反而会体现出一种谦逊（至少是表面的，不少也是真正的）。

但这个小小的"缺点"，却又展现出了他"人性"的一部分，那就是他在追求看淡放下的过程中，他没有看淡过他自己。

——这就与我在另一章通过别的例子分析出来的结论殊途同归了。所以，我想，这应该更证明了这个结论具有一定的正确性。

那一章是通过他的几次感慨，略微有点"自怨自艾"的腔调（具体看有关章节），最终也是得出了"他没有看淡过他自己"的结论。

所以一个人的思想，大多会有一个总的"要点"或称"指导思想"，很多行为或言语，都是在这个"指导思想"的引领下作出的。反过来，从一个人不同的行为或言语，都会推论出这个"要点"和"指导思想"。

这也就解释了为什么第一次交流时，他会在我说"度好自己就不错了"之时，说了一句"自己的幸福最重要"。

当时他说出这句话时，我是稍微"愣"了一下的，我的本义其实是"我的能力连自己尚且未必能度"，因此他的话与我的本义并不相符，并且与上文逻辑也不那么契合，所以我当时听了感觉略微突兀。现在分析之后便好理解了，因为他心里的"我"十分重，因此稍有"开关"便会触发，生出相关的感慨。

他的"自怜自伤",他的"喜为人师",他的自得,都是明显的。

这里出现了一个与惯常现象相悖的情况:一般思想、文化层次到了这个深度的人,反而会表现出比较谦逊,为何他却表现出了明显的自得呢?

这也是我之前比较不明白的一点,但又不能因此反过来推论说:他的思想文化层次还不够。因为他的各种思想观点,客观上来说确实都是足够深刻的,有足够深度与高度的,他的思想文化层次的确是毋庸置疑的。

而现在我已经分析明白了,他正是因为追求对事物与他人的"断舍离"、"放下"的能力,而让"自己"高度凸现了。

所以,令致君是一个思想有深度的,格局却囿于"自己"里的一个人,或者说是目前格局尚囿于"自己"里的。

分析（三）

令致君追求看淡一切，但他的看淡是在事前就发生了，也就是说，他首先让自己成为了一个什么都淡然的人，即使情感或痛苦还没有发生。这种情况，其实是害怕投入后带给自己的伤害。

他想通过思考来跨越这些可能发生的痛苦，比如病痛、死亡……这是一个爱思考的人喜欢干的事，这是可以理解的。

但是他现在走了一个极端，很多东西他事先看淡了，便没有了投入和追求的热情。反映在爱好上，他自己说了：他没有热爱的事情。
其实我能看出来，他也为此感到苦恼。

一个人没有热爱的事情，会怎样呢？
一个反应在对人上，他也就没有了深情，他不可能太投入什么感情。二个反应在人生动力上，什么都是可有可无了，也就没有了奋斗的激情。也就是一无深情，二无激情了。
古语言："人无癖而无深情"，无癖亦无激情。

所以他找不到奋斗目标和方向，在这一点上他颇有些迷茫。他这样一个文化底蕴充厚、并且思想深刻的人，向我这样一个认识时间仍短的人询问觉得他可以做什么，说明他也为此感到了虚掷和苦恼，甚至可能是一直感到苦恼。当时我对他并不足够十分了解，包括才能与内心，一下子也不知道如何帮他寻找。

后来经过分析与思考，才发现他的根本问题所在：

岂不知他的问题就在于一切都看得太透、太淡，导致对一切都失去了热情与激情。没有什么是他特别想要得到的，这如何能产生热爱？

我想成为一个演奏技术很厉害的人，我才会拼命地练习演奏，每天早起，只为了抓住多一点时间让自己进步，进步了，我就会感到喜悦。

而当你只是想随便玩玩，能不能做一个演奏技术很厉害的人完全无所谓、可有可无，你何处来动力让你每天早起，又何处来动力让你乐此不疲？更无法产生动力和足够的勇气让你得以去克服一路上的困难。对于一个足够热爱，进而因热爱产生强大内驱力的人，他只要有空就会拿起琴，他人眼中的枯燥却是他心中的喜悦，甚至克服困难本身也甘之如饴。对于一个对此可有可无的人，同样的时间他可能会去做这个、做那个，看电影、运动、看书……，只是偶尔想起来，就弹弹琴。因为他的潜意识在告诉他：能不能技术很好，这不重要，我不"强求"。所以精神上就松弛了，行动也就跟着松懈了。

这二者的区别，其实就是"欲望"上的区别。

所以说欲望不是洪水猛兽，关键在于：
第一：是什么样的欲望。
第二：是驾驭了欲望还是被欲望驾驭了？

一味地降低欲望是走向了另一个极端。

现在有很多文章，都劝人减少或减小欲望，几乎把欲望说得像个大恶的事物、人人喊打的东西。那是因为在现在的社会环境下，人们过于追求物质，导致了一系列问题：底线丢失，道德沦落，世风日下，内心浮躁、焦灼不安……，所以应此景象，会出现很多劝人清淡其心、降低欲望的文章。

这些劝导对很多人还是适用的，因为很多人在追逐欲望的过程中迷失了本心，他们因此而迷失、迷茫，甚至走向堕落……出现了各种各样的问题，把他们往回拉一拉，是大有裨益。

但是在令致君这里，却又出现了另一个极端，他因为"自觉的"将欲望降到了极低，同样也出现了迷茫：我到底想干什么？
其实归根结底就是：我什么也不热爱，什么也不想过于投入，所以我完全没有了奋斗目标。

如果我还有机会告诉他，我会对他说：这个时候，就应该"自觉地抬高某一个欲望"。

他这样的人，完全不用担心抬高欲望后走向另一个极端。
他现在其实处于了一个矫枉过正的阶段，却并未自知，甚至可以说还有点儿沾沾自喜。

如果他不给我这个告诉他的机会，也许终有一天他自己会发现这一点并调整过来，希望如此。
因为我希望他能更好地、充分地实现他的自我价值。

因此，对于令致君，我觉得他对放下、看淡的追求失之于偏颇了，以至于少了热情与激情，也就没有了热爱的事物，从而难以充分地实现自我、完成自我。

那天我对他说：
"你是一个全然淡泊的人，而我是两个极端，一端是淡泊宁静，一端是极为热烈、充满激情。"
我为什么充满激情？
因为我还有欲望啊！

但我没有因为欲望而丢失了自我和本心，也就是说，我驾驭住了欲望。

如可住别墅、开法拉利，我也会很开心，开起来轰轰地响我也觉得拉风快意，这些都是人的自然反应，没有必要特意压抑或讳言。
一日在一个橱窗里看见一辆黄金做的小火车，上面载满了钻石，在一条黄金做的圆形轨道上跑着，我亦觉其精致非常，喜赏乐见。

有朋友说我"淡泊清雅"，我会告诉他"我也想赚钱"。

但我选择了做自己最想做的事，把物质追求放到了后面。

这是我选择了坚持本心，并不是我没有物质的欲望，只是在二者之间，我选择了前者。

所以有欲望并不可耻，也无需羞于说出。

一定程度与范围内的对名利的期待，是可以形成一定的动力与内驱力的，只要你没有在追逐它们的过程中采取了不道德的手段，迷失了方向，丢失了自我和初心，被名利的欲望所驾驭，成为了名利的奴隶，这时候"欲望"主要起到的便是正向的引导前行的动力的作用。

如果你觉得追求名利会很容易让自己丢失自我，觉得自己可能会把握不住，那你就把保持初心放在第一位吧！因为只有这样，当你回顾人生之时才会无怨无悔。

分析（四）

令致君的个人签名是 fatebreaker-orz，开始我不知道什么是 orz，后来想想此人的签名不可能随便乱写几个字母，一定有什么含义，于是便去搜索了一下，原来是一个网络用语，表示的是"向命运低头"之类的情绪。

这让我有些惊讶，没想到他竟会将当时的气馁如此明显地写在微信的签名里，这说明其实他不是一个会隐藏自己情绪的人。事实上，他确实坦诚地暴露过自己的脆弱，不管是对我，还是在朋友圈的文字里。

甚至出现过"哭出来"、"也许会哭"这样的字眼。如他说：如他要做手术，该听什么歌好，可能会听《Going Home》，因为"放这首歌的时候，我也许会哭"，会想到"我的内心好悲凉，我没有一个可以给予我温暖的家可以回，我连最起码的内心的温暖感都没有，我的出租屋只是个住宿之所。"

还有一天发了一句感慨：到底要听什么歌，才能让你哭出来。
然后转发了一首歌。

显然这句话里的"你"就是他自己，这是他自己的自言自语。

这在我来看是有点不可思议的，因为即使是女生发朋友圈，也很少直接提到"哭"这个字，很多时候可能会用表情符号代替。他这样直接提及，说明他是一个坦诚的人，也不惮于暴露自己的脆弱，这个举动虽然呈现了他的脆弱的时刻，却又反而说明了这是另一种强大。

而我这个人虽然比较率真，但却有一点：不喜欢暴露自己的脆弱。无论是跟他人交往，还是文字，极少让自己显得很"孱弱"。

其实我也并非刻意，只是性格如此。

他能坦诚地将这样的文字与感慨发出来，暴露自己的脆弱和悲凉感，我觉得这点上我是比较佩服他的。

他上面的这段文字揭示了：他觉得自己内心是悲凉的，体现出了渴望温暖的愿望。但有些时候他又觉得自得其乐是最好的，甚至死的时候，也觉得"一个人静静地死去不好吗？为什么非要在亲朋好友不舍的哭声中离去呢？"

所以，他又并非一个全然不想拥有家庭的温暖的人，准确地说，他也是希望有人关心的。

他有这样一句：有关心自己的人的人才会生气呢，没有关心自己的人的人生气给谁看呢？也就不生气了。

这是一句类似于描述自己现状的话，潜意识里，是对"无人关心"有所戚戚然的，所以他其实是不排斥他人的温暖和关心的。

可是问题就在于，他既对温暖与关心怀抱渴望，又不愿对一份情感特别投入，别说付出一份赴汤蹈火的爱情，就是一份全心投入的友情，他也很难做到，因为他要保住自己的自在和快乐。而全心投入一份情感，无论是友情还是爱情，注定自我要有所牺牲。特别是爱情，一份炽烈的爱情，在爱情中，男女之间哪有不生龃龉的时候，而他却是想避免这些不快的。

问题就来了，在爱情里，若非热恋，谁会对你真正付出足够的温暖和关心？而关系一旦亲密，又注定要有摩擦，所以他将如何取舍呢？

他对婚姻是不太看好的，可以说是比较悲观的，比如，他在某篇文章里，提到了"夫妻内耗"，觉得是一种对人生精力的浪费。又有一次，他发了一句：夫妻俩从不吵架，丈夫喜欢看《断背山》，妻子喜欢看《廊桥遗梦》。

真是"吵也不是，不吵也不是"。

其实他尚未结过婚，何以就先想到这些负面的一面呢？

他对爱情和婚姻从未体现出热切的向往，以及提及它们美好的一面，提起时基本上是负面的一面。

所以他对爱情和婚姻并不是那么热切向往的，他所向往的只是有人对他付出温暖和关心。

因而我觉得他是一个比较以自我为中心的人，甚至比较二字都可以去掉。其实这也可以解释为什么他不打算去爬山了也不提前主动告知我。那日我心中不快时，心里想的就是：你以为别人的时间都是围着你转的吗？

我不知道他有没有意识到自己那样确实是欠妥的，在大多数的人际交往中，这样都不会让对方感觉愉快。也许他意识到了，但又不想作出道歉的姿态，我想他应该是感觉到了我的不满，因为我让他"下次及时提前告知"时没有附带任何表情符号来中和冲淡这句话本身的"生硬"。而这样一个人，一个有一些自傲和骄矜的人，会觉得在我这个比较不满的时候作出道歉的姿态会显得"低三下四"，所以他也就没有任何表示，我看他毫无道歉之意，又越觉其"态度不佳"，就说了后面的那些话。

很明显了，我估计得八九不离十，他在后来发表的文章里就出现了这么一段"看看自己的一些哥们儿，有结婚的有同居的，大多都是小心翼翼地伺候着女朋友，自己能做到吗？能做很久吗？女朋友不高兴的时候连坐个沙发都要蹑手蹑脚，早晨悄悄而起，轻拿轻放玻璃杯，有什么快乐的呢？"，那就是他自己的想法。

跟任何人交往，都是以自己的快乐为第一原则，都要保住自己的快乐，这是他。

这个原则也没有什么不对，但我觉得缺少了一份入世的勇气，一份敢于受伤的勇气。

也许他觉得我并不值得他付出受伤的代价吧，更有可能的是：面对任何人，他都不会舍得让自己受伤的。

分析（五）

前面的章节说到令致君是一个致力于对一切淡然与放下的人。

所以，他是没法去深爱一个人的，我第一次跟他相处时，直觉也是感受到了，但我意识上没有认识到。

所以，我对着一句浪漫的开场白"姑娘，打篮球吗？"，无论如何也编不出一个爱情故事来。

我亦期望自己具有可以轻松看淡、放下的能力，但我追求的是真诚投入之后的看淡的能力，而非未经投入之前的看淡，因此我可以深爱一个人，我有这样的能力和勇气，以及热情。

不知为何起源，也许仅仅是由于思想过于深透，也并未一定受过什么伤害，他就成为了一个失去了爱一个人的勇气和热情的人。这里的爱，不仅指爱情之爱，亦包括亲情之爱、友情之爱，即爱人之爱，对人的爱。

从他所发表的文字的思路历程来看，这大部分原因是由于深透的思考所至。

他有一句话：我就是想要什么都没经历，又拥有一个什么都经历过了的心态。

而我的期望与追求是：希望经历了岁月人生之后，仍拥有一颗什么都没经历过的心。

思考如何让自己更淡然、更能放下一切，是人对人生智慧的追求，也就是思考如何"自度"，但在未全身心投入人生与生活、感情之前便着意淡然，归根结底则是害怕自己受伤。

他自己也许也意识不到他有多爱自己。

他是一个表面温和，内心却拒人千里之外的人。
是一个思想有深度，却囿于"自己"的人。

如果我现在在 QQ 告诉他，他一定会认为我是一句气话，而无视之。他不知道这是我对他的客观分析后的结论。当局者迷，即使是清醒深透如令致君者，亦未能意识到自己的最大问题。

这个结论能解释他的一切行为。

当然，爱自己是一件天经地义的事情，但是他：第一，只爱他自己。第二，极爱他自己。

我也爱自己，但我也可以如同爱自己一般很爱一个人，全身心地投入一份爱情，而他不能。但凡在爱的路上遇到一点困难或消耗，他就会觉得影响自己的快乐而退却了。

我与他在这方面的根本区别就在于：他很爱自己，但不敢或不肯付出爱；我也很爱自己，但我可以及愿意付出爱。

所以他为什么呈现出来一种明显的"自伤"，甚至比我一个女性对自己的"伤怀"还要多些，看他的"自怨自艾"，你会觉得他有点脆弱，甚至会觉得：怎么好像比我一个女生还脆弱？

其实那未必是脆弱，只是因为他太爱自己，所以遇到挫折、不得志时的感怀尤甚。除此之外，你看不到其他的感怀，对他人的、对苍生的、对大自然的……都没有，他把他的感性全留给了对自己的怜惜。

所以他的自得与自伤都如此明显，只因他"爱自己"又囿于了"爱自己"。

由此可见：
一个人的耐挫力很微妙，如果你不爱自己，显然不行，太爱自己，也不行，耐挫力也会下降，你得爱自己、有自我，但又不能太把自己当回事，困在自我里。

其实付出情感必然有酸有甜，为了逃避酸，连甜也放弃了，在我看来，未免有点因噎废食。

所以我某一天想起来有点儿生气，便发了这么一句：你真是既没风度又没气度，自恋又狭隘。虽说是意气而发，如今看来却是非常精准的一句描述：自恋又狭隘，其含义便是：很爱自己，而格局又囿于了"自己"。无非前者是带了一丝贬义，其实质与后面的表达是一样的。

其实他也是期盼温情的，这一点在他的文字多处可见端倪：

我的内心好悲凉，我没有一个可以给予我温暖的家可以回，我连最起码的内心的温暖感都没有，我的出租屋只是个住宿之所。

是不是越倔强的人，内心越悲凉。

有关心自己的人的人才会生气呢，没有关心自己的人的人生气给谁看呢？也就不生气了。

我喜欢打篮球是因为：在这个处处受挫的世界，只有在篮球场这几平方米的场地上，我才能获得受人尊敬的感觉。

他期望尊敬、渴望温情，但他不想付出，而且几乎是一点也不想付出。

"将欲歙之，必固张之；
将欲取之，必固与之。"

要想得到，就要有所给予。

或：要想得到，必先给予。

有一个著名的故事：

一个人在沙漠中迷失了方向。他饥渴难忍，茫然四顾，不知所措。

濒临死亡之境，求生的本能给了他一丝力量，让他拖着沉重的脚步，一步一步向前走。

突然，他看到前面有一间废弃的小屋，急忙走过去。原来，这是一间久无人住的破房子，风吹日晒已久，摇摇欲坠。

在屋前，他发现有一个汲水器，于是使尽全身力气抽水，可滴水全无。他力气用完，也绝望了，心想，这条命就丢在这里了。

忽然，他发现旁边有一个水壶，壶口被木塞塞着，壶上有一张纸条，写着："你要先把这壶水灌到汲水器中，然后才能打水。但是，在你走之前一定要把这壶水装满。"

他小心翼翼地打开壶塞，里面果然有一壶水。

这时，他犯难了：如果按纸条上说的，把这壶水倒进汲水器里，但是倒进去之后汲水器抽不出水，岂不是白白浪费了这救命之水？相反，要是把这壶水喝下去就能暂保自己的性命。怎么办呢？

他深思片刻，忽然领悟，于是他选择按照纸条上说的做。他把水倒进汲水器……

结果，汲水器中抽出了泉水，他痛痛快快地喝了个够。

他感慨万端，然后，他把水壶装满，封上木塞，又在小纸条上加了几句话："请相信我，纸条上的话是真的，你只有先有所付出，才能尝到甘美的泉水。"

由此可见，与"将欲歙之，必固张之"的道理一样，要想得到，一定要先有所给予。

汉语中是有这么一个成语的：将取固予。

不知精通成语的、对生僻成语信手拈来的他，是否有注意过这个词呢？

当然，这已经是从"实用"的角度出发了，不免落为下乘。但并不是让他以智巧的、计谋的方式，即"技、术"的方式来用此道理的，而是在"道"上领悟这个人生道理。

而我这个人，却又是另一种，我的给予，纯粹是内心自发的想给予，没有过为了得到什么而给予的"自觉"和目的性，我是一个一切从内心、从心出发的人，从大脑出发（也就是基于目的性出发）的时候很少。如果我做一件事，那只是因为"我想做"，而不是因为什么目的而去做。

如果我给予，那就是因为我想给予，而不是基于"将取固予"的思路。
所以我又是另一种人。

"倾出挚诚不会悔"，我正是这样一种人，我倾出挚诚，乃是我内心的自发，而非要"取"什么。没有想过因此而获得什么回报。而如果倾出挚诚却毫无回应，也不会影响我下次继续倾出挚诚。

真诚对我来说，已经成为了一种本能。

我不会像很多人那样，付出一次两次受挫了，便不敢再倾出真诚，甚至有的反过来变成了一个嘲笑真诚的人，甚至还变成了"不真诚"的那一方，还以此以为自己变"成熟"了、"聪明"了。
这样其实是非常遗憾的，这不是一种"成熟"，而是一种懦弱，也是一种放逐与逃避，我们称为"失去了初心"，其实就是被社会、被现实、被外界、被他人改变了自己。

我们常听人说的一句话"变成了自己讨厌的人"，其实也就是这种情况。

"屠龙少年终成恶龙"，也就是这种情况。

如果我变成了这样，我会看不起我自己。我会对自己说：你不是很骄傲的吗？却怎么就这样被改变了？

在浊世洪流中，坚持自我，坚持赤诚的灵魂，坚持真诚的初心，那才是最强大的、最值得追求的。

所以我不惮于付出，也并不抱着得到什么的目的来付出。

再者，于我看来，人又何必过于囿限与较计于得失，一切不过是终湮之相，终流之水，挥洒恣肆尽情尽兴便可，人生如大江东去，又能留下什么，不如尽情投入，纵情恣意，慷慨而赴，无问西东。

而令致君其实并不排斥来自他人的温情，甚至是渴望的，但他没有意识到：你既不敢付出也不愿付出，又如何获得呢？

他说他没有勇气开始学乐器，其实我想对他说：你有什么是有勇气开始的呢？你没有什么是有勇气开始的。

他的问题就在于一切看得太透，反而失之于一切看得太透。

如果我还有机会和他对话，我会拍拍他的肩，说："别把一切看得太透。

这样便少了很多为人之乐趣。

你看，你都找不到自己热爱的东西了。"

他是一个思想深刻的人，但少了悲悯之心。

也许有一天他会生长出来，也许不会。

让一个崇尚独善其身的人出现悲悯之心，是需要一些际遇的，他在某一天，经过某一件或一些事，方会意识到：他的困惑与挣扎需要悲悯的心怀来救赎。

他现在自觉通透豁达，那是因为他没有经历过真正的生活的苦难。他的很多东西是思考出来的，而不是经历出来的。

他写的一句话：我就是想要什么都没经历，又拥有一个什么都经历过了的心态。而我的想法是：我想要经历了岁月人生之后，仍然拥有一颗什么都没经历过的心——也就是澄澈透明的赤子之心。这两句话看起来既有相反之处，又有相近之处。事实上，他的"什么都经历过了的心态"大多是期望通过思考来完成的，因为他情感经历谈不上充分，又未经过结婚成家，相对而言，其实关于人生的经历可以说谈不上"十分丰富"。而他的整句话而言，看起来则像出自于没有经历过大的磨难的人。因为一个经历过"磨难"而非只是"挫折"级别的人，是会感觉到人生之累的，而这累主要在于内心之累与艰苦，体力上的累其实并不会让人痛苦与崩溃。一旦经历过内心之艰辛的人，只会希望拥有一个什么都没经历过的内心状态，以得轻松。

所以，从各方面而言，其实他只是受过一些挫折，谈不上受过"苦难"。

他看起来"洒脱又豁达"，也自觉"洒脱又豁达"，还自得于自己的"洒脱又豁达"，但他有一个最大的桎梏，就是他自己。

这一点妨碍了他成为一个心境更高远的人。他是一个淡泊名利的人，这是毋庸置疑的，这也是他的优点，但格局未能从"自己"中跳出来。

所以即使如他这般聪慧又透彻，仍然有一个很大的困惑：我热爱的事情是什么？为什么我没有热爱的事物？

因为他没有深情，也没有激情。

他的"洒脱"来自于将事物未开始之前便拒之于门外。在我看来，真正的洒脱应该是有勇气全情投入一样事物，也能在该放下的时候放下，才能称得上是真正的洒脱。

有的人追求潇洒、洒脱，于是一切情感都是浅浅的、淡淡的，放下也很快，就觉得自己洒脱。你都没投入当然抽身快，这叫什么洒脱？这叫冷漠、凉薄。真正的洒脱是真诚、诚挚的投入之后，该放下时又能放下，才能配得上叫"洒脱"。

也就是：先有纵情投入之后，又能看淡结果。

这才是我们真正所要追求的。

分析（六）

一

我在自己的朋友圈，发过一些只有他一个人能看到的内容，并会在开头写上"@令致"，虽然实际上并不能真正"@"到。

一天，我想起他问过我的觉得他能干什么，便认真地好好替他想了一想。然后写道：

@令致：

那天你问我觉得你可以干什么，我觉得一个人应该最大限度的实现自我的人生价值。

若如你所说的送外卖，虽说只要认真劳动皆是光荣，但对于你这样一个人来说，如此重复、无创造性的劳动是浪费了自己的自身价值。

我觉得对于你这样一个形成了一个自洽的思想体系的人，又看了许多书，且擅长写作，就应该有所输出，适合在文化领域的方向做点什么，可以：

一、建立自己的思想体系和哲学观、哲学体系（这个比较宏大但是不是很有使命感？而且也为以下两项奠定基础）；

二、专注研究某一段历史，写一本与历史有关的书，可以单纯地有趣地讲历史，也可以与其他的方式相结合，比如分析历史各时期中的人的思想特点以及变化发展等……也可以开创一种新的形式；

三、写一部科幻小说，融入自己的世界观、哲学观、历史观等。

这是我目前想到的适合你做的事情。

我也不知道他有没有看到，看到了有没有一点感触，或是触动，或是启发，我想是没有的，但凡他能有一点感受到我的真诚，他也便不会把我删了。

但我不在乎，我这个人一向是秉持着一种"倾出挚诚不会悔"的人生态度。

就如我在"火种"一章里阐述的：我只想扔下火种，而不管它点不点燃。即使知道它也许不会点燃，我也要扔下火种。

也就是"倾出挚诚不会悔"与"知其不可而为之"。

我出的主意，他大概是不会以为然的，一来他比较自恋（这是个中性词，只是客观的阐述），二来我又不是什么他心目中"值得当回事儿"的人物，三来没准儿他当我是个疯子呢。

倾出挚诚也不必后悔，毕竟挚诚之人倾出挚诚本非为了什么回报，而是出于本能，也是为了追随自己的内心。

但可以根据实际情况，如品性不值得你的挚诚的人，可如"以直报怨"一般，"看着办"，此为从对象的品性来判断的值不值得，并非从自身回报角度来判断的值不值得，所以并不违反"不会悔"。

以令致君的品性，还是值得我"倾出挚诚"且"不会悔"的。

就算是"不值得"，也就当是认清了一个人的真面目，收获也不小，也一样的不必后悔。

再说了，我又何必为"不值得"的人去浪费时间后悔呢。

二

尽管被令致君删除了微信，今年中秋节，我还是在 QQ 给他发去了"中秋快乐"。

其实于发之前我有些犹豫，此时与被删时才相隔一个多月，并未处于完全"对过往消弥"的时间，（感觉应该是一年左右方才能够），若给他发些什么，没准儿他一下子便又把我删了。若被删了，就连唯一的联系方式也失去了。到时便只看这书能不能出版，能不能流传，他又是否有缘得以看到吧——这真是一个有点传奇，而又隽永而浪漫的故事，如果真的发生了，我想值得在"史书"上记上一笔了。

后来藉着一股冲动，便发去了。

我想的是若未被删，我便打算每年的元旦、春节、中秋……都对他发以问候，并未期待他会回复，我只是做我内心想做的事罢了。

人做事有时便得藉着一股冲动。

没有冲动，新事物便难以诞生，新世界亦建立不起来。如纯粹理性，便会各种权衡、各种分析而不行动，所以我认为人要保持一定的冲动。

纯粹理性的人便如塑料、纸张一般，没有人味，跟机器也就没什么区别。难道这个世界上还缺你一台计算机吗？但一个有独特人性的人却是令世界多姿多彩的。

令致君的身上让我看到淡泊一切也未必是一件好事，因为他在看透看彻之余却又很迷茫：他找不到自己的热爱的事物。

其实他并不明白：这与他过于淡泊有关。

过犹不及，过于淡泊了，一切便都是"可有可无"，人生哪还有动力和激情，当然也就没有了热爱，更不会为热爱不顾一切。但是他目前仍处于一个极度为自己的思想满意和自恋的阶段，我想是听不进我的建议的。

他虽然喜欢打篮球，但他有这么一句话：我喜欢打篮球是因为，在这个处处受挫的世界，只有在篮球场这几平方米的场地上，我才能获得受人尊敬的感觉。

可见，他喜欢打篮球，不是因为篮球本身，而是因为它能给他带来"受人尊敬的感觉"。

而我喜欢打，只是纯粹因为我喜欢打。

所以篮球也不是他"真正热爱的事物"。

这里面还能挖掘出三个问题：
第一：他喜欢受人尊敬的感觉；
第二：这句话体现出一种"自怜自伤"的情绪；
第三：他会有意识地、有目的地去寻找并获得让自己感觉"受人尊敬"的方式。或者说是去寻找一种方式，或去做一些事情，以让自己获得"受人尊敬"的感觉。

我将分开来阐述：
第一点：他喜欢受人尊敬的感觉。
这一点其实是有很多方面作背书的，比如：我在夸赞他的翻译精准优美时，他是可以"喜不自胜"来形容的。
所以我说：这是他唯一有"人味"的地方，尽管只是对自己的。
为什么如此能看淡一切的人，还会在乎受不受人尊敬呢？这自然是因为他对自己是并未"看淡"，且是"自视甚高"的。
如这一段话：
这两天感觉十分喜欢现状的自己，感觉自己丑了也没什么，衣服穿得随意也没什么，因为一个人的档次高低时间久了自会看出来。

所以能看出：他对自己的"档次"是相当满意的。
确实，这个自信他是配得上拥有的。

第二点：这句话体现出一种"自怜自伤"的情绪。
他的"处处受挫"的感受，其实不止这一次提到，我在这方面本来亦是略为困惑：照理说，如果一个人自觉潇洒洒脱，遇到挫折应该是不当回事的，为什么他出现了不止一次这样的感慨呢？回观我自己朋友圈写下过的文字，基本上没有过对挫折的感伤，即使我并非没有挫折。这不一定是因为他的内心真的没有我强大，而是我并不那么在意受挫感，他对受挫感的反应，比我心目中他应该有的反应要强烈。可能是因为每个人在意的东西不一样，他再洒脱也是有命门和软肋的，而他的软肋就是他自己。

他能放下亲情和友情（如他自述，在这方面已没有什么未解决的难题，结合上下文就是能不能看淡与放下的意思），但他放不下他自己。就像一般的人的软肋可能是父母、爱人、孩子一样，一个人特别爱哪个人，哪个人就是这个人的软肋。他的比我更多的自伤自怜，说明他的软肋就是他自己，因为他十分爱他自己。

所以他不允许自己受到一点点"伤害",因为他害怕自己受到或再次受到伤害。现在我不禁想,我对他说的那几句直言,不知是否他会感觉受到了"伤害"。

所以他自述的觉得自己的思想已经非常强大,关于亲情和友情没有什么未解决的了,他确实是有他强大的一面,但那是对放下他人,而对自己,他就显出了略微脆弱的一面。

这就是为什么我感觉他既看淡放下很多事物,有时候却显得有点"脆弱"的原因。

我想他毕竟确实是有丰富深厚的文化积累,又有深刻的思想的一个人,这样的人多少有一些自矜自傲,遇到挫折、挫败,才不得其用、不得志,或其他等等没那么让他感觉"受尊敬"的情况,内心难免不舒服。

这不是只凭关于打篮球这一句话的判断,而是一个综合的判断。

这方面我似乎比他好些,虽然我没法像他那样可以干脆地舍弃一个尚且能用的羽毛球,但我并不太在乎别人对我的看法,你甚至可以觉得我一无是处,无所谓,我只要自己知道自己就好了。所以我做的一切,都是为了向自己证明自己,而不会想向任何人证明自己。

我在其他章节提到过,他对他人对他的文化积累的欣赏,以及才华的欣赏,是高兴溢于言表的。他很有兴致地教给我几个生僻成语,说明他很乐于对他的才识进行输出,并从"教他人自己会的东西"中能得到很大的快乐和满足。

这跟我也是有一些不一样的,我对"教他人自己会的东西"并没有多少兴趣。事实上,我确实也没有过如他教我生僻成语这般,以一种非常专门的态度去教别人一些自己的库存知识。我想这可能说明他的潜意识还是希望收到关于"尊敬"或是在知识储备方面受"仰视"的反馈,而我更多的希望自己有一天能对自己满意。

现在可以看出来,我们的区别在于:
一、他对自己很满意,而我对自己还不够满意或尚未满意。

二、我需要的是自己对自己满意，而他更多需要的是他人对他的尊敬。

他对自己的满意也是有"物质基础"的，即足够的知识储备，以及实力基础的。我对自己的不够满意则有多方面的原因，如：
一、我看过的比较完整的系统的讲述思想的书比较少。而他必定是将古今中外不少著名的书籍都看过了，特别是思想性的书籍。
二、我目前取得的"肉眼可见"的成绩让我觉得我尚未能实现自己的人生价值。
三、我觉得自己没有一门特别精的技艺。
四、性格使然。我设想了一下：即使自己真的做到了以上几点，我仍是会认为"学无止境"，而不会对自己达到"十分"的满意的。

所以我对自己是不太满意的，有时候甚至可以称得上是"非常不满意"。一因为我尚未能达到自己对自己的要求。二是性格如此。

令致君一日感慨"怀宝迷邦，何日出山"，即是自觉为"怀宝之人"。而这方面我对自己是并未达到这个自信的。

但我并未因为对自己不够满意而影响过自己的情绪，这又是因为什么样的深层原因呢？

不少人会因为对自己不太满意而导致情绪受影响，而我不会，我想是因为我较为具备奋斗的激情，以及对失败与挫折的辩证性看待，并且具备自觉转化与自觉超越的思想。

第三点：他会有意识地、有目的地去寻找并获得让自己感觉"受人尊敬"的方式。或者说是去寻找一种方式，或去做一些事情，以让自己获得"受人尊敬"的感觉。

这一点很重要，却又不易被发掘出来，我发掘到了这一点之后，之前关于他的思想的一个困惑忽然就解了：

为什么他这样一个淡泊又透彻的人，说自己学吉他只是为了给大家看，让大家称赞"啊，你弹吉他弹得真好"。

他自己也说：这是一种功利性的想法。

当时我便对此十分困惑：照理说，他这样一个淡泊名利的人，学习一样东西的目的应该是极为纯粹的，为何会有如此"功利"的目的和思想呢？

当时我笑他：这怎么像是高中时候才会有的想法？

又劝他：先练吧，没准儿练着练着就变成热爱了。

为何这成为我一件对他"极为不解"的事呢？

首先：以他的淡泊，不应该有此"功利"的想法，因为那是一种"虚荣"，他怎么会是喜欢虚荣的人呢？

第二：以他的成熟，不会有此"幼稚"的想法和目的。

所以，这种想法"想让大家夸奖而学"是与他的思想的多个方面以及他的思想层次、思想深度相悖的。

那么他为什么会有这个"幼稚又虚荣"的想法呢？根据由他的那句话发掘出来的第三点，就很清晰了：

他是想藉此获得受人尊敬的感觉。

所以也说明了，他真正的热爱并不在于此。

他当时说自己"没有勇气开始学"，其实还包含了另一层担忧：他怕自己"坚持"不了。

而真正的热爱，是不需要刻意"坚持"的，你只知道一天不做或不练，就会不舒服。

有的人甚至去到哪里，都要背着琴去，或是寄到旅行目的地。我笑说：吉他就是他们的主要行李。

比如外人看来极为枯燥的乐器基础练习，吉他的爬格子，声乐里的"a-i-u-e-o""吊嗓子"，在喜爱的人眼里都是一种乐趣，甚至享受。

事实上，他的上一次开始学习吉他，便是因为一个和弦按不好而没坚持下来，便放弃了的。而那个和弦还不是普遍公认难按的F和弦（需要食指大横按，按不好便很多音弹不出来，而且没找到方法的时候，按起来很疼），而是几乎没什么人觉得难按的G和弦。

他之所以没有坚持，轻易放弃了，自然是因为内驱力不足，因为他的内驱力不是纯粹的来自"热爱这门乐器"，而是来自"希望通过此获得受人尊敬的感觉"的时候,他遇到了一点困难,自然就会转向别的目标,以从别的目标上获得这样的感觉,毕竟其他很多事物都能让他获得这种感觉,他便不会"在一棵树上吊死",而是"天涯何处无芳草"去了。

而内驱力来自"真正热爱这门乐器"的人,遇到困难自然会千方百计地想办法克服,攻破这一"难关",再苦、再累、希望再渺茫,也不会成为障碍,绝不会动摇他的信念,也就绝不会如此轻易地放弃。

分析（七）

"看看自己的一些哥们儿，有结婚的有同居的，大多都是小心翼翼地伺候着女朋友，自己能做到吗？能做很久吗？女朋友不高兴的时候连坐个沙发都要蹑手蹑脚，早晨恂恂而起，轻拿轻放玻璃杯，有什么快乐的呢？"这段话，在前面引用过。这其实便是令致君自己的人生态度。

其实别人在爱情中是有甜蜜的，我不知道他有没有谈过恋爱，从QQ到微信，从2015年到2022年，没有哪一处是有恋爱的痕迹的。如果有过恋爱，那应该也是大学期间谈的吧。当然，也有可能他并不喜欢记载这方面的情绪与事件。

他理解的快乐，其实只是快乐的一种，就是自由自在的快乐，"只需要顾好自己"的快乐。其实爱情的快乐就在于牵牵绊绊中，他一个追求"洒脱"的人，自是不会以此为乐了。但因此而否定他人在其中之乐，未免是以己度人了。真正比较客观的态度，应是自己理解不了的，也不去轻易否定。正如一句"甲之蜜糖，乙之砒霜"，不能因为自己觉得不快乐，就认为所有的人都应该觉得不快乐。正如很多人对于他人爱好的态度，亦常见此以己度人的思想。某个人喜欢一样事物，总有人会说：那有什么好玩的？正是"子非鱼，安知鱼之乐"，我们对他人的爱好应有更包容的态度。

所以他有一个问题，就是希望别人都能和他一样，如果不一样，他其实是希望说服别人的。他的一些文章的措辞语气，都带着一点"异己则低"的感觉。以及他的一些观点，他在我面前多次提及，带了一点点"企图说服"的意味，这些都是微妙却又明显的，一旦合起来看，就更明显了：他与我不一样之处是，我尊重各人不同的选择与喜好，觉得他人自己觉得好就好。而他以自己的选择与喜好为骄傲，对于与他的思想不一样的，则带了一种俯视的意味。

我们常说，人的认知有四层境界：第一，不知道自己不知道。第二，知道自己不知道。第三，知道自己知道。第四，不知道自己知道。

对于令致君，我竟然觉得第一、二、三层他都有所体现。本来他这样的人应该是完全跳出了第一层的，但是有趣的是，这一层的特点他也有。他对自己的思想的沾沾自喜，让他仿佛有一种在认知第一层的意味。但他一定没有这么肤浅，也许这么说比较准确：在某些方面，他不知道自己不知道，而大多数方面他都是处于第二层和第三层的，第四层他自然是尚未达到的。

他不知道自己不知道的是什么呢？那就是他自己，他最没有看清的就是他自己。正因为他自以为看清，反而没有看清；又或者说是他看得太清，反而失之于太清。

怎么理解呢？我不知道他是否知道他自己的自恋，而且是明显的自恋。其实很多人，哪怕是再普通的人，也会多少有点自恋。但对于一个文化积累程度比较高的人，或者说是积累到一定程度的人来说，尤其是积累到了他这个程度的人，即使自恋，也一般是内敛不显露的，但他却很明显，并且出现一种"好为人师"的迹象。这不禁让我觉得这与他的思想文化层次似乎不太匹配，或者说是出现了一个落差。

所以这是一个有趣的现象，是什么让他出现了这个有趣的、少见的落差？

我想：他其实是急于输出自己的积累的。在这一点上，他似乎没有我那么不在乎。我不太在乎对别人输出我自己的知识或积累，一来没有这个习惯，二来我认为我自己知道就好，三来我确实觉得我没有太多可输出的成形的知识。我对令致君说：我觉得我所获得的东西已经溶化在我的血液里了。这不是一句自我炫耀或夸赞，这只是我的对自己的一个认知：因为我没有太多具体的知识可以传授给他人的，但我能感觉到我所读过的东西影响了我，形成了现在的我，包括形成与筑就了我的内心与思想体系、思想层次、文化层次，以及价值观、为人处世……等等，也就是筑就了我的内在骨骼与灵魂。但要让我像令致君那样随手撷来几个生僻的成语，像他那样用楚辞的风格翻译外文……这些我都做不到。

我想象了一下，如果我拥有了这些知识和能力，我会急于输出吗？

我想似乎也不会，一可能是在于我是一个对自己要求比较高的人，第二也与我的性格有关。

难道我已经"不知道自己知道"了吗？哈哈，当然不是。只能打趣地想一想。我想我还是处于第二阶段：知道自己不知道。

事实上我于文、史、艺术、科学里，没有哪项是精通的。在写下这部作品以前，我没有系统地学习过什么著作，也没有储存多少平常所用的之外的词汇，再细致一点的方面，如：于诗词歌赋的格律亦不了解。

而令致君其实是喜欢输出的，不仅在我这里表现明显。而且从他的文字里亦有此迹象：

一日，他在工作的大楼里找保安队长，姓傅，如此，他便与保安数起了历史上的姓傅的正职与姓郑的副职来，而对方只能应付着恭维说：你们这些文化人……

这个现象便很有趣，因为我是不会有类似行为的，我不会与一个对某方面知识一无所知的人谈及此方面。这说明他还是比较喜欢"掉书袋"。但这里并无贬义。因为我虽然与他相处时间只有两次，但还是比较了解他了，他是不会有意炫耀什么的，这不是一种炫耀，而是喜欢输出自己，甚至不管对方是不是适合输出的对象。

就如同他在自己朋友圈发表的小说里，一段一千多字的文章会用到五、六个生僻成语。我开玩笑地在心里说：这些成语连我都不会，又有几个人能懂的。我也在他的文章下半开玩笑地说：这是你等文人墨客的孤芳自赏。

客观地说，从我的角度看来，这些生僻成语略有些影响阅读的顺畅性，甚至让文章显得有点"聱牙佶屈"，似乎只是为了让自己的知识库存得以施展。当然，其实他在文中所用的成语都是适合语境的、精准的，并不牵强，并非是为了"掉书袋"而掉，我也借机学了几个，觉得甚有收获。不过我的看法是：这只是在自己朋友圈发表的东西，权当他自己的自娱自乐就好，可以完全不必考虑他人的阅读体验。如果是一部拿出来发行的作品，恐怕需要考虑一下"大象无形"这一点。毕竟他的一篇一千多字的文章，我需要查五、六次词典，恐怕众人阅读起来大多是难以流畅的。当然了，创作一部作品纯粹为了释放自我，也是无可厚非，我也只是作客观的评述。

所以这里说明了：他的"自我"非常凸显，他是不会考虑对方的，包括向一个没法共同讨论的对象输出知识这样的行为，以及他改变计划并不告知我，让我生出一种"你以为别人的时间都是围着你转的吗？"这样的感慨的行为，都说明了：他是一个以自我为中心的人，这很明显。

是的，他确实饱读群书，知识丰富，思想深刻，价值观纯净，要不然我也不会极力挽回。他唯一没有逾越的，就是他自己。

当然，我不能苛求他，他已经足够好了。在这部作品里，他只是一个我用以分析的客体，所以对他未能拥有的特质，我也不是以批评的态度来看待的，而只是以客观分析的态度。

我当然是希望我们能成为好朋友，建立天长地久的友谊的。有一种人的时间单位常常是"一辈子"，我就是这样的人。而他恐怕没有这种情怀，因为他只对自己深情，对他人没有深情，或者说是避免对他人深情。

我猜想他大学的时候可能谈过恋爱，后来的恋爱应是"即使有也未能很好的维持较长的时间"，只因随着他的"看淡一切"的功力、修为日益精进，以及日益的"透彻"，他的荷尔蒙便很难真正地强烈又持久地燃烧起来——从而足以让他克服恋爱中种种可能的艰难。在如此的阶段，即使他想恋爱，也大抵更多的是出于对孤单的排解和对自身的慰藉的需要，以及对温情的渴望，而难以达到真正的"爱情"。

我猜想：无论与什么样的女孩恋爱，他大抵都是主要以自我为先的。他就是不可能顺着谁，特别是一直顺着谁。只要他感受到对方的一点"脾气"，他就难以适应。毕竟他的宗旨是"让自己快乐"。

这一点自然是无可厚非的，谁都想让自己快乐，区别只在于：他只想让自己快乐。而我除了让自己快乐，心里是可以装下与容纳另一个人的。

所以，从这一个方向看，他不太可能想和谁拥有什么天长地久的关系。第一，理性又透彻的他明白这世界上没有多少感情关系是可以天长地久的；第二，他除了生存所需的"磨合"，会避免其他所有"磨合"，因为这些"磨合"必然是影响他的自在与快乐的。

磨合里少不了互相迁就，如他这般爱自己的人去迁就他人，对他来说是一种"不快乐"的事，相对于双方磨合中和磨合好之后的甜蜜，他更倾向于喜爱尽可能少的磨合的怡然自得。

所以，因他的透彻，他没有了"梦"，也就没有了热情与激情。而我，是明明知道（天长地久的情感关系）这是一个梦，也会去做这个梦，因为我想给自己多一点人生的"生而为人"的趣味与向往的热情，以及为梦想而奋斗的激情。

所以，一个人过于透彻，一切看得太透，也未必是一件很好的事，虽然它有很好的一面。

令致君做到了很多人做不到的事情，或者说是现在很多人向往且做不到的境界，大多数人都是被欲望所牵引迷乱，甚至迷失，他正好相反，欲望极低，对利对名、对人对事、对未来对现在，也许甚至对成就，他都没有太多的憧憬和追求。所以如此，他又变成了另一个极端，这就是他值得我以之来详尽分析、剖析的原因。因其与世人的大多数是截然相反的，这是一个非常好的人性分析的典型。

我在某些方面跟他的价值观还是相似的，但又不全然相同。比如对金钱，我不排斥金钱丰裕，也享受"享受"，但我亦可以过清淡的生活。我可以享受背一个昂贵的包包因其质感而得的快乐，也可以享受一个几十元的布包的自在的快乐。也即如我在《物质与精神》一章所说的"山珍海味犹可也，粗茶淡饭亦相宜"。金钱于我而言是锦上添花，并不会让我迷乱心性地去追求它。在我经济拮据的时候，我仍然能找到内心的快乐，这些快乐来自于我的积累、我的发现、我的挖掘，来自我的每一天的小小进步，来自大自然，来自用不多的金钱所创造的小小乐趣与喜悦……正如我在《生活情趣 文士意趣》一章里所描述的那样，经济不宽裕时，内心依然可以是丰裕的，你依然可以制造出和感受到种种快乐和愉悦。或者说，只要内心丰裕，金钱的多少就只是锦上添花了。

我不像令致君那样，对金钱的丰裕较为排斥，我觉得它某些时候确实也是衡量一个人努力的、奋斗的收获的标杆。金钱本身无好无坏，至于它对一个人来说是好是坏，一切在于一个人获得它的途径和使用方式，以及在追求它的过程中是否迷失了自我和本心。

所以金钱和欲望不是洪水猛兽，一切在于我们如何把握和掌控它们，有欲望或欲望强烈，不应一味贬损，是否具有把握和掌控、驾驭欲望的能力，这才是最关键的。

现今很多文章劝人淡泊欲望，是因为在当今社会很多人因为在追逐欲望的过程中，被欲望驾驭和控制了，成为了欲望的奴隶，导致了心灵的蒙蔽和自我的迷失、价值观的沦落，所以这样的文章应时而生，又的确是有必要的。

而在令致君这里，我又看到了另一个极端，他是泱泱众人的对立面，让我看见了一个"几乎完全出世"的人的思想与行为，并感受到他的存在意义。本来在他出现之前我的大多数文字，也喜爱"弘扬""宁静淡泊"，认识他以及他的内心之后，我发现了一味的淡泊会走向另一个极端，呈现出来的是：找不到奋斗的方向和热爱的事物，缺乏热情与激情。

很有意思的是，他走了这一头，竟然呈现出来的也是"找不到方向"了，这是另一种迷茫和迷失。跟大多数人不一样，他们多是基于欲望过多过盛，被欲望驾驭而导致的迷茫和迷失，而令致君却是基于欲望过少过低，无欲望牵引而导致的迷茫和迷失。

粗看之下，他跟我是有相似之处的，我们都有淡泊的一面，细细深入了解下来，又有很大的不同：

我对实现个人价值有强烈的愿望。所以我有梦想，这就有了为之奋斗的强大内驱力，也就是热爱与激情。

但我自忖没有被欲望所牵引、驾驭而迷乱、迷失，可以说是驾驭住了欲望，所以我无论在经济宽裕或拮据之时，都没有迷失自我与本心。

而令致君他其实心底是希望实现自我价值的，却被两个问题绊住了：
第一是他的过于淡然、透彻而导致的激情缺失。
第二是他的"囿于自我"导致的反而不能更好的实现自我价值。

两种倔强

我想:

我与令致君都是倔强的人,并且似乎是属于两种倔强:

如我这样,是:对一样事物除非自己失去兴趣,否则是百折不挠,不管不顾的。

如令致君这样,是:对一样事物除非是自己开始感兴趣,否则是怎么也不为所动的。

又或是通俗的带点半开玩笑的性质而言:
(于大多数时候来说)我是怎么也要做一件事;他是怎么也不愿做一件事。

我是:我非要……
他是:我非不……

这大约是我对我们二人的一个认识。

所以,我们俩人是一个"我非要……"的人遇上了一个"我非不……"的人。
一日想来,不由莞尔。

一

　　但我在与令致君的交往中，只是在自己发光发热，并未对"融化他"作何想象。

　　太阳发光发热，并非期待融化冰山，而是本身自己就想发光发热。

　　因此，在与他的交往中，如说"我非要"的环节，则是在于我非要发光发热，却并非在于"非要将其融化"。

　　我亦大概有些了解他，应是他人怎么说都没用，只有等他自己想做一件事了，他才会做的。

　　因此，我也就只管说我自己想说的做我自己想做的，也不想理会他如何。

　　——这便是一日我对他说的"你不理我，我也不理'你不理我'"。

　　总之，我们二人就像是两条颇为奇特的"相交的平行线"，所干之事，仿佛与对方紧密相关，又似乎毫无关联；其间似乎有什么牵引，却又全然"各干各的"。

　　因而我笑言：我们二人都有些"天赋异禀"。

不被理解的

一

@令致：

那天你在羽毛球馆门口向我打招呼，我转过头去，发现你向我打招呼的时候笑起来很好看，真诚又灿烂，看得出来是发自内心的高兴。我在这个城市都怎么没见过人们打招呼时有这样的笑容了，可惜当时为了看路，没能好好停下来好好地看一看。

我希望还有那样的一天，你还是穿那身衣服，笑着向我打招呼，我想停下来站在那里，静静地看着、享受着这一刻人间的美好瞬间。

日记：

我下了车，回过头，看见他就站在路边向我微笑着打招呼，发现他其实挺好看的，他笑起来很好看，我想。
但出入口的车很多，我看了一眼便转过头去注意看车了。
后来就再也没有那个一瞬间的美好了。

我忽然发现如果男孩子看见你发自内心的高兴，打招呼的时候的笑容是很好看的，真诚又灿烂。

在这个城市一贯看到的都是淡淡的招呼,所以这样的笑容一旦出现便十分的印象深刻。

也不知道令致君看到我这一番饱含深情的话是作如何想,他是否理解我这一番情怀,向往美好的情怀?
我的每一句表达,都是饱含深情,很难不被人误解为有异性之间的爱恋。其实我仅仅是赞美他(他们)身上(可能是某个瞬间)表现出来的美好,我是对"美好"饱含深情。

别人不能理解,令致能理解吗?
我不知道,恐怕我们尚未能如我想象的那般心意相通。
否则也不会一件小事便至此境地。

我对他说:你不理解也很正常,但凡多人理解了,那便不是我了。

二

他自己也写到过:如果所有人都理解你,那你得普通成什么样?
这是一句所有特立独行者、寂寞前行者、孤独者用以自我安慰的话。
我也常用。
以至于越无人理解我就越"骄傲"。
还有那句:只有牛羊才成群结队,猛兽都是独行。
我亦常用以"自嘲"。

这两句话都非常有用,甚至有如此的效果:
让人越不被理解就越高兴,越不被人理解就越"自我感觉良好"。

我也有过希望被人理解的阶段,期盼有个人可以洞悉我的一切玄微幽妙。而现在,变成了"不想被人理解"了,这也是我的心灵进化史的一部分:

从前,是"寻求这个世界有人理解我"。
现在我却认为:寻求世界的理解岂不是寻求平庸吗?

不知令致君是否也会如我这般：为"不被人理解"而开心呢？

三

《道德经》里有一句"下士闻道，大笑之。不笑不足以为道。"

如此看来，竟与现在所说的"不被嘲笑的梦想不是好梦想"以及"如果所有人都理解你，你该有多平庸"如出一辙。

因此，当一个人感觉不被人理解的时候，不必遗憾，不必伤怀，也不必失落，在自己有足够内在实力的基础上，尽情地为他人的不理解而欢喜吧！

"姑娘，打篮球吗？"

这句话真是一个好的故事的开端。

我在自己的朋友圈@令致君对他说：这句话可以想象和发展为一部纯爱小说了。我们短短的交往里，又已经具备了偶然、缘分、知音、交流、交往、矛盾、纠结、离去等一切冲突要素，还有这句简单质朴又隽永深长的话语作楔子，何愁发展不出一场叫人叹咏的纯爱故事？

但我个人更喜爱一些思索性的东西，至少现在是如此，他日如果兴之所至，也不排除作出一部爱情作品呢。

如果是爱情作品，实在就是全是想象出来的了，跟我们本身的实际情感其实已全无关系。此刻，我更醉心于以我们二人的交往为线索，挖掘或引发出其中的人文和社会思考并阐述之，在目前的我的认为里，这是一件更有意义的事情。

但纯爱也是一件美好的事情，不能说阐述思想就比纯粹爱情故事更高一筹。美好的爱情与深刻的思想，以同样的程度吸引我，如果摆在我面前只能选一个，我还真说不准选谁。我现在是以理性的方式来分析我们，这只是一个选择。

如果能写出一部动人的爱情故事，而使人们得到善与美的感染，也是一个非常好的选择。

想想看，如果是爱情，我会怎么发展呢？我觉得可能写不了这么多字，不知由令致来写会怎样？我想他没有这么浪漫的情怀。

不如我来展开一下想象吧，总之这是一本不设限的书，何况我并未觉得我们在阐述人类情感时可以把爱情拒之门外。

如果我们以爱情的方式在一起,我觉得有点儿无法想象,两个倔强的人必然打架,别看令致君表面是个温和的人,一派书生文人的气质与举止,实际上内心自成一套体系,要他委屈自己迁就别人,只怕要爱得不行了,才会这样。可是他这种人,在追求"看淡、放下"的路上不可自拔,又怎么可能付出深爱?

一个人有意地追求"看淡、放下",在事情没有发生之前,便想通过思考来解决这个问题,无非是害怕可能受到的伤害,更简单地说就是害怕"伤心"。

须知在爱情里,除非特别圆满的爱情,总是会有伤心的时候的,他既然预先预防自己会伤心,便不太可能全心全力地投入付出,所以让他牺牲自己的原则、破坏自己的内心秩序来对人作出一些迁就和退让,便不是那么容易的事。

再者他的一切皆由理性指引的多,特别是对他人时。只见过他在感慨自我命运时流露出一些感性,其余时候还是偏于理性的。男性本身就偏于理性,而且他是个工科生,理性思维至少占一半以上,并且他现在又是致力于"透彻"、"看淡",让他全力"为爱奔赴",似乎是难以想象的。

我不知道他为什么追求在一切未发生之前要把所有的人生可能遇到的难题都先想明白,也许这只是他的一个爱好,我是能理解的,因为我也有类似的爱好,但没有像他这样各个可能涉及到的方面都去特意思考了。

他其中的一些思考成果我并未能得知,因为他只写了结果,也就是我只知道"他想明白了",但不知道他是怎么想的。如果我能找回他,我想咨询他一下,因为他写道:"关于亲情和友情,不知是否我的思想已然很强大,我至今并没有相关的难题未解决。"

现在,只剩下病痛和死亡他未能解决了,也就是说:他还不知如何坦然地面对病痛和死亡。他说:思考和看过了太多关于人生的内容,现在的我,唯有病痛和死亡悬在心头未能释怀,别的事情均已看淡。

但那是2016年，当时他年仅26岁，大学刚毕业三年，就已经如此有意识地去思考和试图解决人生中的可能遇到的种种难题，思想就已经如此成熟，甚至从言语中看来已经可以做到看淡放下亲情与友情，还是令我十分感慨的！

现在，距他写这些内容又过去六年了，他把这些问题都解决了吗？从他所写的内容里，我并没有得到很明确的答案，对于这些问题，我也想知道一下他的答案。我想如果是一个有价值的答案的话，也许很多人听了，也就对这二者释然了。

我只知道他的表象最终是变成了跟我们这个城市的大多数人一样，对情感比较淡薄了。我想他既然刻意要思考明白，可能说明了本身不是情感淡薄的人，如果天生就是，那又何需思考？我是这样想的。但他原来是个什么样的人，我不得而知，我对于一个本来重感情的人，后来因为各种原因变得情感淡薄了这种情况，是深怀惋惜的，因为我内心所期待的是一个人与人之间具有深长久远温情的社会。

所以我对天性凉薄之人很是深恶痛绝，如果在日常遇到让我觉得破坏了人间温情的事情，我常会痛斥一番。这也许也是我对他不打招呼便放我鸽子反应如此显明的原因之一。我当时内心大抵是觉得他如此不重视这份情感，我视之如珍稀玉石般的情感，而不重视"我"这一点来说，反而是第二位的了。

我当时并未清晰认识到这里面有这二者的区别，也就是"不重视这份情感"与"不重视我"的区别。也就是说，当时我只是笼统地觉得自己是因为他不重视"我"而不快。

有些文章会劝人"不要把自己看得太重要"，为此我清空了一下大脑，特意反思了一下：我在这段关系中其实并未把自己看得太重要。我并没有期待他对我多好或多看重我。这些思绪还真是没有。

所以，现在我写起来，思路愈发地清晰了：我是期待一份彼此真诚投入的人间温情，却蓦然发现对方并不像我那样在意这份温情的存在。甚至，他是否有这份温情我也无法确定。所以我在发现的那瞬间一下子颇为气愤。我其实是气愤于我对人间温情的期盼又一次落空了，不是对我个人的，准确地说，是我对这个世界的人间温情的期待。

这听起来有点儿不可思议，似乎我已经超越了自身的情感需要，到了一个为整个社会的人间温情喜与忧的地步，他人可能很难理解与体会，而在这一点上，我偏偏就是这样的人。这也许就是一种"情怀"。"情怀"这个词用在这里非常精确。

其实这样一想就很好理解了：若非我有此情怀，也就没有这部作品；若非我有此情怀，便不会特意有一章专门写我随家人探访旧日足迹之地的人事感怀。我实在是希望在这个人情日益淡薄的社会，人与人之间的情感，无论是友情、爱情，以及其他方面的温情，可以更长久、更得到珍视一些。

所以我希望我与令致君的友情可以长久，哪怕一时失误丢了，也尽可能地寻回。虽然我的确有此找回他的个人内心需求，但我能感受到，这更多的是一种超越我个人需求的情怀在我的头顶前上方指引着我、召唤着我，让我把他寻回来，而不像当今社会的主要"潮流"一般，轻易地就把一段情感丢弃。

对，我不再是出于我的个人需要，而是出于一个这样的情怀：我不能再坐视着人与人之间的情感再轻轻易易地被放弃。这么一来，人们就会越来越不重视感情，这个社会就会越来越淡漠凉薄，越来越失去热情。这是我所不愿意看到的。至于我一个人的努力能改变什么？我没有想过，我从来不会因一件事极为渺茫就不去做了，从来不会，我只知道我想做这件事，那就去做，其余的任何东西都不在我考虑之列，我只全身心的想着怎么去实现它。

对，也许我的努力在现今的社会洪流中是螳臂当车，可是那又怎么样呢？我倒是佩服螳螂的勇气，而不会嘲笑它"不自量力"。我从来不会嘲笑一个人不自量力，而是对一个表面看起来"不自量力"的人的勇气表示佩服。当今社会恰恰是瞻前顾后量这度那的人太多了，"不自量力"的人太少了，多一点"不自量力"的人，这个社会才有激情与热情，才有发展与进步。多少发明创造做出来之前，多少看起来不切实际的梦想实现之前，都被嘲笑过"不自量力"啊！倘若这些人们稍微"自量"一点，就难免变得畏首畏尾、怕这怕那，迟疑踌躇不前了。

我觉得当今社会缺少的正是这种不自量力的勇气了。不要听别人说你行不行，你只知道自己要去做，就好了。你只知道自己想去做，就去做。

诚然，放下这段只有两次交往的友情，本来对我来说并不是太难。交往更久的、感情更深的人，从前我也不是没有放下过，我本可以洒脱地一转身了之，就像当今社会那些唾手可得、转身即弃的种种交往一样，我大可以随波逐流，视之为转瞬即逝的飘萍般的相遇，过后永不相交相逢。可是这样我跟他们有什么区别？我的情感又跟我所唾弃的这个城市以及这个时代常见的肤浅的、用过即弃的情感有什么区别？

我们来做这样一个假设，恰恰正是许多人所经历过的内心转变过程：这次之后，我的内心起了某种变化，我不再期待深长的感情。甚至我找到了别人打球，也仅仅是将他当作一个临时拼凑的、可有可无的球友，而不是朋友。我们之间没有友谊，只有互相搭伙的需求，只有目的性极为明确的互相利用。就像找个人过日子一样，没有爱情，只有互相搭伙过日子的需求。可想而知，慢慢地我就会变得跟这个城市及这个时代其他大多数人一样，轻视每一份感情，变成了被生活改变的大多数。

这样是可悲的，这标志着我终究是被生活改变了，我从一个情深义长的人沦落成为了一个轻视感情的人，而这个改变的内心底层意识就是害怕自己受伤，或是再次受伤。这是一种自我保护，也说明了我已经失去了勇气。

很多人变成这样，内心潜意识也是一样的：害怕受伤，所以不敢深刻地付出。但有的人不仅自己变得如此，还会反过来嘲笑那些敢于付出深长情感的人，这如同自己的暮年嘲笑自己的青年，又正是"屠龙少年变成了恶龙"。

鲁迅说：愿中国青年都摆脱冷气，只是向上走，不必听自暴自弃者流的话。能做事的做事，能发声的发声。有一分热，发一分光，就令萤火一般，也可以在黑暗里发一点光，不必等候炬火。

我写下这部作品，乃是在发我自己的光与热。
也许我并不为什么而发光发热，也许也有一部分是有意识的发光发热，这二者已经混合在一起，彼此纠缠，我分不清哪个部分更多。但我知道，不管是无意识的还是有意识的，它们都是纯粹的、美好的。有时候我是出于本能做好事，有时候我是秉着为了让这个社会多一点温情与温暖的情怀而行好事，不管是自发的还是自觉的，二者都是美好的。

对了，正是这句话，"秉着为了让这个社会多一点温情的情怀"，这个情怀指引着我，做了一些事，虽然可能微不足道。包括这部作品，也是这个情怀下的产物。这部作品准确地说是几个情怀共同指引下的产物，其中也包括了这个情怀。

同样的，由于这个情怀的存在，我也在平日批判或批评了一些人和事，特别是我感到了它们代表了或传递了人间的寒冷的时候。这也就解释了我为什么在被忽然放鸽子之后反应比较激烈，不重视我这个人是其次，最重要的是：我发现了对方对这份情感似乎并不重视，如同现在很多的其他人一样，只当这份交情是浮云飘叶、可有可无，只是一份临时互相利用的权宜之交，才是激怒我的最重要的点。

开始，我自己对此也并未明晰，我以为我是不是太看重自己了，对方呈现出忽视我的行为，我便如此生气。当然，谁都不喜欢别人忽视自己，谁都喜欢备受他人重视，这是人性之一。当你销声匿迹，却发现无人问及，内心该有多失落。这是可以想象的。

而在这件事里，我的个人被重视的需求与追求人间深长情感的情怀重叠了，二者皆而有之。开始，我以为只有前者，而当我深入挖掘之后，我发现了后者的存在。事实上，它一直在我的生活中存在。

很多时候，我都不是为自己生气，或者说不只是因为自己，有一半的成分，是内心的一种悲愤：这个社会怎么这样了？很多现象让我感到一种寒凉与愤怒，我确实有时会因此剑拔弩张。

由前章节所述，令致君亦是一个有些愤世嫉俗的人。因此，我与令致君二人其实都有些愤世嫉俗，只是"愤嫉"的方面与所在意的方面也许略有些不一样。

令致君要么如同我开始想的那样，只是把我当作一个一起玩玩球的球友，并未打算把我当成一个"朋友"，要么如同我的一个朋友说的那样，他有他的原因，我应该谅解他。

而在当时我的立场上,是怎么也想不明白的,除了对方不重视你、不重视这份感情,还会有什么原因让一个人改变计划不提前告知另一个人呢?

每个人的世界都是不同的,我的世界让我形成了这种看法,他的世界让他形成了他的看法。他可能觉得我小题大做,而我却觉得这是原则性的东西。他也许觉得我把自己看得太重,我却觉得这只是基本的交往准则。

我不知道别人遇到这种情况会不会不快,或者说如我这般不快。其实我只是表达了出来,我也可以不表达出来,表面上呵呵一笑,其实内心已经给这份感情打了折扣,事实上第二种情况也经常发生,本质上和表达出来了也没什么区别。

所以我遇到类似这种情况,要么是直接表达了,要么是在心里给这份感情降格了。这属于是我在意的方面:当今社会人与人之间是否还可建立无目的性的真挚情感。因此我无形中建立起了自己的一套判断准则。

这就是我写作的几个主要追求之一。我此作品的主要追求,一是阐述理想主义的现实意义。二是提出"自觉的转化"和"自觉的超越"的思想。三是关于当今社会人间温情的探讨,希望它可以越来越得以生长。

说到这里,我仍然未能如本章的开头一般,对我们俩的关系来一番爱情的想象。为什么?因为我们之间缺少了一点火焰,让我甚至只是写一部虚构的小说也无从获得灵感。灵感的点燃,总是需要一点相关方面的激情的,我连对方是否对我有友情都如此不确定,生生想出一个爱情故事,便实在是少了一点火种。

令致君的问题就在于过于冷静了,他确实看很多问题看得很透彻,他也以此为傲,但他没想到过于透彻也是一个问题。我在没有遇到他之前，也没想到，只觉得这是一件好事。遇到他之后，我发现这种透彻让他整个人失去了一种热情。这种热情的缺失已经从内心反映到气质上了，就如我第一次看见他时一样：感觉他少了一种"人气"。当时我并未了解他，不知这"人气"的缺失从何而来。他是温和的，还会耐心地教你打球，一般人会觉得他还不错。恰恰是这样的人，他的内心是淡淡的，没有什么激情。他会对你不错，但不会太好，不会全情投入一份感情，无论是爱情还是友情，甚至是爱好。他没有意识到，他找不到自己热爱的东西正是因为他一切都看得太透彻了，有点矫枉过正了，如果我们还会交流，我会告诉他"往回扳一点儿"。

正是"相由心生"。他的"人气"的缺少来自于他内心的过于透彻与追求终极。如据此看来，我认为我觉得他不重视这份友情这个想法便很可能是对的，并不是说他不重视我或只是这份友情，而是说他把什么都看得很淡，对谁、对什么都不会有太多的热情。

所以他冒出一个"去送外卖"的想法，只因他觉得那是生活的本身，他觉得跑一跑，跟人打一下小小的交道，这都是生活本身存在的，他不会觉得不开心，而他现在的工作，一来并非生活本身必要的内容，二来他又不喜欢，所以他觉得去送外卖维生是他更能接受的人生方式。

这个想法就透露出了他思想里的终极性，以及喜爱追求终极的倾向。另外还有，比如：他觉得只有数学理论和物理理论有意思，其他如工程技术类的学科都没意思。这也是一种思想追求终极性的反映。

所以，对这样的人来说，也许爱情也被看成了仅仅只是一种化学反应。一旦他这样想了，那就很糟糕，他便无法安然享受感情的幸福与乐趣，正像他已经找不到对什么事物有热爱了一样。

"找不到热爱的事物"成为了这个聪明的男生的最大的问题，他自己也为此而困惑，却不知原因所在。而且，他仍然处于为自己的"透彻思想"而自豪的阶段，那就更无法发现这个原因了。

因此，我们也许可以这样说：

过于清醒也许也是一种糊涂，过于透彻也会引发迷茫。

我在他微信里恣意而言，他也许觉得我是个"疯子"，如果他愚蠢一点的话；而如果他有智慧一点，他才能看出我实际上在率性而为，释放天性。而我想他不至于那么没有水平。

有一点我确实不太明白：他为什么容忍了我好一阵的恣意而言。在我看来，我认为他是等我自己离开，谁知道我就是不离开。而按我朋友的说法：他可能是在纠结。我却觉得他不太可能纠结，他没有那么不舍得我，或者说：他不会那么不舍得一个人。如以我对他的了解与印象，我认为他是不会为一个只一起玩过两次的人纠结的，甚至即使是一起玩过多次也不会。最符合我对他的了解与印象的揣测是：他是一个相对而言较为"温和"的人，又是一个斯文之人，且又是他自己先找我的，一下子把我删了可能不符合他的行事风格，所以他等着我自己离开。

当然了，哪知道我非不离开，他就只好自己动手了。

他可不会为我而纠结，这是我的想法。

事实上，如在我的看来，他这种人基本上是不会为任何人纠结的，因为他的追求就是"放下与看淡"，并且，按他自己的说法，是已经卓有成效了。

所以友人说出"可能他在纠结吧"时，我小小惊讶了一下，我从来没有往这个方向想过，是因为他的各方面让我觉得他不会太把这份感情看得重要。

我甚至认为无论我怎么"捣乱"，他都是可以强大到做到无视我的。
——当然也许也有可能是我对他这方面的能力在我的内心认识里有所"拔高"。

他要么是"无视"我，要么是真的有点舍不得——作为我来说，从情感上而言，自然是希望是后者的。但是如果是后者，似乎就与他的"追求"相悖了。

当然了，追求是追求，即使明白了理性的道理，人其实却又未必时时可做到全然按理性而为的。

所以亦有一种可能：他于情感上（也许）有一些舍不得我，但他的对"看淡放下"的追求以及对对己可能的损耗的担心又告诉他让他"舍弃"、"放下"我。

于是他选择了"没有开始，就没有伤害"。

于是在此处我们二人似乎体现出了一个近于"南辕北辙"的区别：我对待自身的"损耗"处于一种率性任之的态度，对"自身损耗"完全"不自知"。甚至其实在遇到他之前，我从来没有过关于"自身损耗"的意识与概念，可以说，我对"自身损耗"处于一种毫无概念的状态。而他却是清晰地意识到这个事物（"自身损耗"）的存在的，并强烈地期望与要求自己趋避之。

这也就是为何我在听到他说晚上出门"人来车往，耗费精力"时，感到"瞠目结舌""匪夷所思"，像是"打开了一扇新世界的大门"般，见识到了一个"崭新的"概念，这便在于我之前对此（"自身损耗"）毫无概念与在意、感知。

这就又正如我一日忽然醒觉，发予他所说的："嗯，你就是少了一点率性。"——也就是基本同一个内涵。

所以在我看来，他有些过于较计自己的得失了，尤其是精神上的得失，物质上的，因为尚未有体现，我也就不太清楚。

在我看来，"看淡放下"是一种潇洒，"至情至性"亦是一种潇洒，挥洒性情，不刻意淡然与泯消，气性与情感均纵横恣肆，奔放不拘，如无闸之水，任意奔流，不管不顾，毫不计较，难道不正是一种豪迈潇洒？

在我看来，人本身就是一个"消耗品"，"难道省着掖着还能攒出个下辈子？"——这是我的想法。而在他看来，则是（对自身的消耗）"能省就省"，这就是我们二人的根本区别。

但他有一点是很明显的：夸赞他的时候他很高兴，这是他唯一明显显示他的"人性"的部分。

总的来说他是一个以自我为中心的人，可以说比较自恋，自恋于自己的思想，别的任何人对他来说都不太重要，可有可无，大都可以很容易地放下，或是在"看淡放下"的主要"指导思想"的指引和暗示下做到放下。

而这追求"看淡放下"的根源，有一部分则来自于他对自己的极度爱惜——因而害怕对己的消耗、损失与伤害，而"看淡放下"则是避免这些损耗的较好方法。

因此，这种对放下的追求让他成为了一个没什么深情和激情的人，无论是对人还是对事物，这正契合了"人无癖则无深情"。他无深情，于是便找不到热爱的事物；反过来，他没有热爱的事物，说明了他不具备深情。

所以他"人气"的缺失在于他给人感觉少了一些热情、热力与激情，并不是指这个人外不外向、活不活泼，而是一种很难描述、只能意会的"热量感"。很多内向的人，也并不会给我这种感觉，你可以感觉到他们是有"人气"的。所以与内向外向无关。何况令致并不算十分内向。

其实他一开始就透露出来过一些端倪，当我们说到"普度与自度"时，他说："你要普度众生，像《三体》里的程心。"
我说："度好自己就不错了。"
他说了一句："是的，自己的幸福最重要。"

当然他这句话本身是没错的，自己的幸福最重要。但我说"度好自己就不错了"，意思是我的能力连自己尚且未必能度，而并非是说：我顾好自己就行了。所以他这句话几乎相当于是忽然冒出来的，或者是一个对我的想法的曲解，而这实际上就是他自己的想法。

他可以说是一个独善其身的人，至少目前是这样。但是人是会有可能思想转变的，有时甚至会忽然转变。一个信守独善其身的人，有一天也许会变得悲悯苍生，一个淡然如他的人，是否有一天会迸发出炽烈如火的一面呢？这得看他的际遇了。

所以，面对这样一个人，编一个爱情故事是很难的。在爱情上，得感受到来自对方的炽烈，毕竟我心目中的爱情是必须要有炽烈的一面的，而不是差不多了就搭伙过日子。他的追求不允许他有全身心投入感情的情况，所以也就很难有真正的爱情。而他当然也不是随便找个人搭伙过日子的人，所以……我不知道他是否经历过真正的爱情。至少从他发表的所有内容来看，几乎没有恋爱过的痕迹。估计即使有，也是大学期间的了。要么就是即使有，也未能维持长久。

我不知道是否有一些什么际遇让他要努力地把一切都看淡，更大的可能是：这只是一个人的追求，并非需要经历多少。有一种人的兴趣便在于此。而从他一直以来的文字以及我对他的了解来看，他就是一个喜爱进行这方面的思考的人。

其实他是把自己看得很重要的，在他企图或已经看淡放下的一切里，并没有包括看淡放下自己，相反，他是把自己看得很重的一个人，非常在意自己的感受，他发表的内容里，很多是分析性的东西，亦有一些感慨和喟叹，而他所有的感慨和喟叹，都是为自己而起的。比如其中的：

蜘蛛仍在辛勤结网，全然不知风雨将至，犹若我踉跄的人生，前路一片洪荒。

是不是越倔强的人，内心越悲凉。

我的内心好悲凉，我没有一个可以给予我温暖的家可以回，我连最起码的内心的温暖感都没有，我的出租屋只是个住宿之所。

他是希望受到尊敬的——"我喜欢打篮球是因为，在这个处处受挫的世界，只有在篮球场这几平方米的场地上，我才能获得受人尊敬的感觉。"

包括他的微信个人签名 fatebreaker-orz，包含了一些气馁的情绪。其实挫折所有人都有，但是他是很在意的，起码在文字的表达上，他是有过多次表达的。他之所以很在意挫折，是因为他很在意他自己，他对自己是很满意的，尤其是自己的思想，以及文化内存。

这是可以理解的，毕竟他确实是个有思想的人，文化内存也足够深厚丰富，只是我一开始认为他可能连这个——"自我"——也一并"看淡"

了，可是并没有，他很在意他自己，这也是他唯一展现出"人性"的方面。也就是说，他并没有像自己认为的，以及我以为的那样：几乎完全超然物外。他对自己并没有超然物外，也幸好有这一点，否则他就会连仅有的"人性"都消失了（开个玩笑）。

不仅是从"自怜"的方面，从"自得"的方面亦有几个例子可以佐证"他把自己看得很重"这一点：

在我夸他的翻译很精准的时候，在他教我生僻成语的时候，以及当我称赞他的深刻的思想观点的时候，他的高兴与兴致都是十分鲜明显著的，予我的感觉是：这些时候，他的高兴与他的深刻和理性产生了一种有趣的反差：在这些时候，他像个孩子一样高兴。

除了给自己的感慨，我从未见他有给过其他事物什么感慨，比如大自然，这与我十分不同，也就是说：他把所有的感性都留给了自己，把理性都给了外界，包括自然与他人。

各种设想

我脑洞大开，想了各种怎么寻回令致君的方法，并且很有兴趣地写下来。我现在仿佛已经变成了我们交往这件事的旁观者，我写下各种情况以及想法，仿佛只为了呈现一个人在这种情况下的内心。

想法一是我去报一个篮球班，跟篮球教练混熟一点，然后跟他说我希望他能帮个忙，让他进篮球群里约令致君打篮球，我给他付点儿"出场费"，然后，我再出现……

一会儿我又觉得这也太曲折了，于是我又有了第二个想法：我换个QQ号，进到篮球群，然后冒充男生给他发信息说：哥们儿，组队打球吗？如果他回应了，为了听起来不像是我冒充的，就说：我这边有两个人了，一起组个队？约好时间以后，到那天我得让他先到我再出现，不然他看到是我在打球他便就不出现了。

出现以后跟他说什么呢？"嘿，你约的哥们儿没空，换我了！"或是"哥们儿，可以一起打球吗？"他应该是笑笑，然后也就一起玩了，难道他还会落荒而逃不成？他应该干不出来。

这时我还该不该说："为什么不理我？"想想也是废话，而且，在球场上你还指望他给你一点点的分析内心活动？算了，就当没事儿人一样纯粹打球吧，别的先什么也不说。

然后，我要不要说："打完球请你喝点东西吧！"万一他说："不用了。"怎么办？要不我就说："打完球请我喝点儿东西吧！"这样我想他反而不好意思拒绝了。越想愈发觉得此问甚妙，不禁于内心哈哈大笑起来。

然后，我是不是得让他加回我微信，让他当场加回，如果他不愿加……就强行让他加！

万一他打了这次球以后，即使加了微信，还是再也不联系我呢？算了，打了一次再说，这次还指不定能不能约上呢！

如果我冒充男生给他发信息他不理我呢？那么就约不到了。对了，他以前说过他平常就在 Qpark 打球，要不我就找几个周末下午去偶遇一下？看能不能遇上？不过这也太费我的时间了，我拿这个时间来成长自我不好吗？他值得我这样做吗？

其实我还有他 QQ，他并没有删我的 QQ，也许是忘了，也许是也不是那么想完全跟我断了联系，不然以他这样逻辑严谨、心思缜密的人，不太可能忘记还有一个联系方式——哈哈，当然了，我当然希望是后者。也有一个可能是 QQ 比较少看，也就懒得删了。

所以，如果之前想的这些都不管用，就只能憋到一个什么节假日的时候，比如新的一年春节或元旦的时候，给他发一句"新的一年开始了，让我们的友谊从新开始吧！"到时他不至于删我 QQ 了吧。现在正在删人的情绪头上，我就是给他发红包他也会删了我的，这会儿千万别让他注意到 QQ 还保留着，虽然说他有那么一点点可能是有意保留的。

我又斟酌了一下，是该写"让我们的友谊从新开始吧"还是写"可以让我们的友谊从新开始吗？"后者是不是有点儿太谦卑了？
我怎么可以这般低头？我可从来没用这样的语气跟人说话过！转念一想：反正我都骄傲了一辈子了，偶尔谦卑一下又怎么样呢？ 又一想：算了，怎么都觉得前一种表达更简洁明快。

如果憋到了新年给他发上面的信息还是不理我，那就只能下一个什么节日再发一遍，如果还是不理，那就每个节日都发。

如果到了那时给他发上面的信息，他发现了"QQ 还没删！"然后……连 QQ 也都删了……
那就…再说吧！

……

关于寻回令致君冒出过各种各样的奇思妙想，这对我来说是一件颇有趣味与"挑战性"的事情，甚至常常被自己的想法逗乐，我似乎将此视为了一道"学术问题"，饶有兴致地寻求着各种解法。

说到了这部作品，这部作品反而不是全然为了寻回他而写，而是我自己的自觉选择，也即更多的是一种纯粹的阐述行为。

谁知道这部作品是不是有机会出版呢？出版了他会不会看到呢？看到了会不会联系我而从新开始我们的友谊呢？这已经不再成为我要考虑的事，而只是我叙述的一部分。

重要的是：我以一个创作，来超越了这件事情本身。
以至于这个事件成为了一个客观叙述的东西，和引发更深层次内容的引子了。

这样说起来，仿佛我最终以一个理性的结果超越了感性。那么我心中是否仍抱有一丝他看到这部作品会回来的期望呢？作为一部用于挖掘内心的作品，我觉得有必要提到这一点，于是我放空大脑，问了问自己……答案并不明确。这个期望确实有点儿梦幻，听起来像是某个小说里的情节或是某个传说，我只能是"但行好事，莫问前程"。

而且，目前对我来说，完成一部有思想深度和有一定价值与意义的作品，比令致君是否回来本身更重要了。你要我从写出一部有意义的作品与令致君回来这二者里选一个，其困难程度等同于让一个男人选择救落水的母亲还是妻子。

我可以很爱你，也可以没有你

我可以很爱你，也可以没有你。

正巧写这个作品时看见了这一句话，觉得十分好，这正是我的心态概括。

在我看来，很爱一个人和可以没有一个人，这二者都是一种能力。同时拥有这两项能力的人就很强大了。

放下一个人固然是能力，很爱一个人也是能力。很多人只会以为前者才是能力，其实后者意味着敢于付出的勇气，以及"爱他人"的能力。特别是现在，有多少人已经没有这个勇气和能力了，那种为爱情奋不顾身的、不顾一切的能力和勇气，渐渐地变弱了。不但在个体的身上变弱、群体的身上变弱，在群体的比例里也变小了。很多人瞻前顾后，思左想右，唯恐受伤，不敢全身心地投入一份感情，无论是爱情还是友情，斤斤计较，患得患失，更像是在做一场交易，完全不是在进行心与灵魂的交流。

更有甚者，居然还嘲笑为感情飞蛾扑火的人，觉得他们很傻很笨。自己丧失了投入感情的能力和勇气不说，还以一种俯视者和自得的态度嘲笑真正勇敢的人，这一切，不就是精于世故的人嘲笑勇于向虎山行的人吗？这样的思想并非局限于感情的范畴，其影响其实是整个社会的，以及各个方面的。当一个社会，勇于进取者和勇于付出者总被嘲为"傻"，所谓的"成熟老练者"和"聪明人"不但自己惮于进取，还嘲笑勇于进取者和勇于付出者，这个社会难道不是进入了暮年吗？它还会有什么伟大的进步呢？

"我可以很爱你，也可以没有你。"这句话用在我对令致君身上也一样。当然了，我对他的是朋友之爱、知音之爱、知己之爱，我可以为他倾注我能倾注的所有真情，为他做我能为朋友所做的所有事，但离开他我也一样过得很好。我可以去找别人打篮球，也可以去找别人打羽毛球，我可以自己悟道，就像从前那样。没有他出现的时候，我不也一样的享受生活吗？他估计也是这样想的：没有你出现之前我不也一样的过吗？没准儿还更逍遥自在。所以他轻轻松松地（在我看来）就把我放走掉了。我在情感上和生活上也都并非非有他不可，那为什么还要拽住这份情缘不放呢？所以这里面就非常微妙了，前前后后涉及了许多方面的思考和思量，所以还花上了一本书的文字来阐述。当然，这部作品最终所阐述的，已经超越了我们之间的故事的本身，而进入了更深的层次与更高的高度。

黄霑在82版《天龙八部》电视剧插曲作的词里有一句"倾出挚诚不会悔"，我常常在心头念起这句话，常常会带给我"入世"和"投入一份情感"的勇气。因为对某个或某些具体的人，我偶尔也会有冒出"觉得自己的投入不太值得"的念头的瞬间，虽然这种瞬间极为稀少。比如我心里偶尔也会冒出"某个人不值得我请他吃一个榴莲"一类的想法。准确地说，这个事实是毋庸置疑的：他的确不值得我请吃一个榴莲。但我是否为这个榴莲的付出感到不值，又是另一个层面的话题了。前者是客观的，后者是主观的。我对自己的内心层次追求要做到的就是我主观上不觉得不值得，或者说是我不考虑值不值得的问题，这就做到了"倾出挚诚不会悔"。

每当我念起这句话时，就会觉得如是去行为方觉自己坦荡磊落、大气慷慨且有一番一往无前的气概，又觉得自己勇气十足，敢于付出，亦可以无视可能的对己的伤害而勇往直前，实在是很有激励作用。

这个社会现在已经有一个倾向：嘲笑被欺骗者与投入者，说他们傻、蠢。当然，有的被欺骗是因为自己贪婪，但很多时候，只是因为不经世事。为什么不批评坏的人呢？嘲笑被伤害的一方对我们的社会只能起到让更多的人做人和做事畏首畏尾的不良作用。

我常怀疑令致君会不会没法很爱一个人，因为他对"放下"的追求，和似乎有点儿追求绝对理性，以及：他没有什么热爱的事物，当然也可能是他暂时没有找到。最重要的一点：他格外在意对自己的消耗、伤害与得失。这一切的因素综合起来，便很难想象他会去热爱一个人。

所以，他对友情也有可能是可有可无。即使我多次表明了自己的诚挚，他也不为所动。当然，也有可能是因为我的那几句直言造成了裂痕，比较难弥补，或是很难在短时间内弥补……这一切我都只能是猜想了。我心里的万般忖度，不如他当面与我坦诚沟通一番，可是他偏偏又不愿给我这个机会。要在以前，我是不会愿意花费我的时间和精力忖度另一个人的，但是这次不一样，我不觉得这些忖度是浪费时间，反而觉得是一种关于人性的研究性的分析。其实之前说过，我们俩都有这个爱好，就是权当一种学术性的分析吧，这是其一。其二，这个人还是值得我花费点时间分析一下的。

我因为对他的人及内心，以及我们俩关系的分析，进而进化为对人心、人性、社会和道悟的分析与思考，诞生了这部作品，说起来，这个时间可真是一点儿也没浪费。我又一次的把一些看起来是"负面的"、"挫败的"事物转化为了有意义、有价值的事物，也就没有白白地为此遗憾痛惜。

十六

如果我有一天如前所说,在球场上找到令致君,我想我会对他说:

"那天在羽毛球馆前,你向我打招呼时的微笑如此真诚又美好,我不想丢失掉这美好。"

十七

也许是 QQ 不太常看，发了几次节日祝福之后，令致君一直并未删我。一日发现一处梅园，就又忍不住告诉他这个赏梅的好去处。发现一本《中国诗学》的好书，又忍不住分享予他，言：这书不错，反正我发你了，爱看不看。

一日想摘桑葚，又邀他同去，又像模像样地说：那棵桑树比较高，所以你来帮忙一起摘就更好了。今天没看到信息的话下次再去啊，估计下周末即 26 号左右还会去。

过了几天，我一本正经地说：
上个星期你错失了和我一起摘桑葚的机会，我再给你一次机会，记住了，26 号下午一点左右，到时想去记得跟我说。

看着这些话，自己也不免觉得好玩有趣，常常笑出声来。

大约快乐尽在这随性恣意中了。

家人把胃养好了，我思忖这养胃的方法对他应也有用，便又将养胃的方法推荐予他，至于他用不用，对他有没有用那是他自己的运气与缘分了。

一次我又"得意洋洋"地说：
看起来除了我也不会有人想和你玩了，我看你最后也只能和我玩，哈哈。

因我知道他此人亦不会随意交友，因而不会轻易地找到友人，说无人想和他玩其实是反向的调侃罢了。

忽而我又"恨铁不成钢"地说：

你过分爱惜自己，怎么爱他人，怎么走入爱情？人啊，轰轰烈烈地放手去爱一次，哪怕最后受伤而返，也才是无愧此为人的一生啊！不然与植物有何区别？有的动物都还有爱情呢！

我并非让你对我（有爱），你去爱一个人。我担心你这辈子都不会爱人了，无法进入与获得爱情了，岂不是可惜了？

其实我知道，距我第一次往他的QQ发"中秋快乐"已经半年了，根据我对他以往看QQ的频率的了解，这半年里，一点也不看QQ也不可能，至于他为什么没有连QQ也一起删了……也许仅仅只是因为不常看也就懒得删了吧，我能对一个执着于"断舍离"的人抱什么热切的期望呢？

人类向太空发射召唤的信号有想过外星人回应吗？ 没有。
那为什么还要发射？ 只是因为想发射。

是的，也许是有一种向星空发射电磁波，发射《流水》、贝多芬《第五交响曲》的感觉，不管外星人存不存在，回不回应，我们自身都是想发射的，也许在那些发射的时刻，就已经是意义、生命与价值本身了。

十八

一日,我又玩心大发,在 QQ 里给令致君发了一句:

我劝你珍惜和我一起玩的机会!

这是我的风格,发完不免自己哈哈大笑,甚为自得。

十九

一日我写下：

我就像一丛**必须**燃烧的熊熊烈火，也许有时候会不小心灼伤身边的人。

但我大多数时候都是在点燃他们，而且我特别希望点燃你，这束本该热烈燃烧的火焰。

如今你只是一个火把，又或是一支尚未燃烧的蜡烛，我想点燃你，让你燃烧出思想的绚丽火焰。

令致君其实是渴望点燃的，这从他问我觉得他干什么好，并在我说找到人生使命时衷心为我高兴，又发出"怀宝迷邦，何日出山"的感慨便可显然感知，因而他对自我价值的实现是有所期待的。
而且他的情怀与信念一度几经受挫，内心有一种悲凉感，信念亦未能重新得以树立，正好我有火焰，而且信念坚定，还能把他"捂热一点儿"。从这个角度来看，其实我与他是适合于一起相处，互补短长的。只是他未能意识得到，只被表面的一点摩擦击退了。

也许我不是点燃他的那粒火种，但我必须扔下火种。

二十

3月17日：

你仍让我在QQ里肆言，是因为对我已彻底无视，还是仍有不舍？如在我看来，你应是彻底无视。也许是你让自己着意地理性、冷酷与现实，可是这么巧，我正好拥有穿破冷酷现实的，不管不顾的，炽热而坚定的灵魂。

二十一

"看看自己的一些哥们儿,有结婚的有同居的,大多都是小心翼翼地伺候着女朋友,自己能做到吗?能做很久吗?女朋友不高兴的时候连坐个沙发都要蹑手蹑脚,早晨恂恂而起,轻拿轻放玻璃杯,有什么快乐的呢?"

从他的小说的这一段话来看,他是极为维护"自我"的存在的,因此,亦有一种可能:
他不想在与我的交往中失去自我。

我亦是一个十分具有"自我"的人,但我并不担心去爱一个人、去付出便失去了自我。

一番思考之后,我想我们二人的区别在于:
他的自我充满了整个内心,没有给他人一些空间,却又不够强壮,因而需要小心维护,亦无余量可分给他人。
而我的自我虽大,却也留了给予他人的空间,我的没有如他那般"充满",却比较强壮,所以多分给他人一些亦无妨。因此我可以一边爱自己的同时,爱甚至深爱他人。

一日我想到:他既会主动思考与探讨"现代社会如何做侠"这一命题,说明他本身以及内心深处本是个有一定情怀的人,加之他于我告诉他喝灵芝水益胃之后言:你"普度"了我。既知如此言语,可见他应并非全然绝情无义之人。又联想到他言之"一次次地被生活击碎了信念",不禁想到:
他之所以如此拼命保护其"自我",也许是因为一直以来未能从外界接收到足够多的"爱",其内心本有的情怀不但不得舒展,甚至还可能屡遭挫伤，所以便只有转而拼命保护自己，拼命保护与维护自己的自我。

也就是说：由于经历的原因，于内心深处，他大抵是产生了一种不易觉察的"不被爱"的潜埋的自我感觉与情感，因而变得"自私"起来；而随着他的"自私"、"过分自我怜惜"愈茁盛，在客观上，他就会越来越变得真的"不被爱"了。

我对他的情感，更多的是出于对思想与才华的"爱"，并非是对其思想与才华，而是对思想与才华的客观本身，而这是一种超越了个人范畴的事物。

因而一日我写：

你很有思想和才华，但缺少一点能量，我想点燃你！

希望你能抛弃对"自我"的执念，接受我的点燃。

第二日不禁又言：

我穿过荆棘来拥抱你，为何不愿接受这世界的爱？

你害怕接受这世界的爱，也许是因为你已经不被爱太久了。

这一生本就终将失去，何必如此拼命保护自己？别刻意泯消人性，去投入吧！就像我不想泯消对你的牵念而不断呼唤你。

二十二

"我想和你一起交流思想。"

这是我一日发予令致君的。

这是我呼唤他归来的最主要的愿望,纯粹、朴素而又深沉。

一位历史学家提出过如此发人深省的叩问:天才为何成群的涌现?

答案很简单:是因为不同的杰出大脑的相互激发与碰撞。

确实,总有些年代天才辈出,思想的"轴心时代"、古典音乐、摇滚乐、绘画、物理学……其中的卓越人物似乎都是"扎堆"出现的,而且许多人彼此之间都互相认识或传承。

而在商业社会大环境下,现今的人纯粹的学术精神较为匮乏,而且心灵亦普遍较为狭隘,而"较为狭隘"也是由前者决定的。

因为如果心灵十分纯粹,就都是为了奔真理而去,于这个风气下,就不会过多的考虑个人利益,也就不会狭隘。

最终我补充道:

"我想和你一起交流思想,能不能抛开我们各自那可笑的狭隘自我?"

"我想和你一起追寻真理。"

"我想和你一起进入广袤深沉的形而上的空际。"

阳朔第一日

我来过阳朔两次,每次都觉得非常尽兴,并且都留下了美好回忆。不由得羡慕桂林的朋友,我说:阳朔就是你们的后花园啊!有这么个后花园可真是太幸福了!

不过从我们城市到阳朔,高铁也只需2个小时左右,也大可说走就走。其实说走就走完全只在于心态,路程并不是阻碍。真的要想去,十几个小时也一样说走就走了。就像我们追逐梦想,哪怕是看起来再遥远再不可思议的梦想,信念坚定的人也还是会不管不顾地去追求的。而在同一个城市生活的人们,即使是邻居,心灵隔距遥远,哪怕只有几步之遥,也从未想过去敲响其门。

一

我乘高铁来到阳朔,出站以后,几个女的士司机便围了上来,这边的女的士司机似乎很多,不过男女都很热情亲切,不像大城市里就是上个班的感觉。

我打了其中一辆车,司机说开空调吧,我说不用,我喜欢吹自然风。何况这里一路景色宜人,山里负离子充足,这样的自然风放着不享受,而关闭起来隔阻了与这美好大自然的沟通,去吹那阴寒的人工冷气,岂不是暴殄天物,舍本逐末了?

我将两边车窗开到最大,风便呼呼的进来了,带着一丝暖热,却又爽快,一瞬间竟觉得是这微微的和煦的暖热让它更显爽快的,心情也随之变得轻快、和煦,又飘逸起来。

女司机说:"你不觉得热?"我说:"不觉得,而且很舒服,比吹空调的风舒服多了!"这大自然的赐予如何能浪费?我也不看手机,也不思考,整个身心只沉浸在这风里,大脑一片空空,眼里饱吸着一片秀美的景色。这真是人生中的一大乐事！身心俱随风飘扬。

如果有时间，我愿意一年来几次这里。

回想起前两次来阳朔，都各有其趣。

第一次，是在漓江上坐的竹筏，坐到江的中央，有人卖烤江鱼，我便下来买了一条吃。我又租了一辆自行车，从街道一路骑行到乡间，纵横阡陌，驭风自在而行。

我喜爱自行车的天然感，它比之于电动车，多了人四体的活动、周循环转，又有风不疾不徐，实在是让人心体通畅的上好活动。

第二次来时，在闹市游逛，发现竟有油炸蜈蚣蜘蛛蝎子等毒虫，不禁各尝试了一只，颇具风味，又想既在闹市售卖，吃了应不会完蛋。第二天早上起来，发现自己仍在，想来已然性命无忧，又做了几道数学题，仍然正确，想来智商亦无虞。

晚上，又见一家餐馆有炸竹虫、醉活虾，均是我未尝过之物，不由食指大动，垂涎欲滴。总觉自己上辈子为饥饿而终，否则为何对新奇美味无法抗拒。竹虫端上来，一根一根地吃，这单纯的高蛋白很是香脆，一根一根地把整盘吃完了，决心下次再来。又开始对付醉活虾，醉虾我吃过，醉活虾却没有，那活虾以一个半圆白色透明玻璃碗盛之，内有酒醋，点缀了几粒鲜红辣椒，碗身剔透，虾身亦剔透，虾是二三厘米长的小虾，一个个在里边活蹦乱跳，全然未有被醉倒之意，整个有如一幅生动活泼的醉虾图。不停地有小虾从碗内蹦出，有的蹦到桌上，有的蹦到地上，有的竟要蹦入我嘴里，我觉得自己不像是吃碗内醉虾，而是在对着一个小池塘等着活虾蹦入嘴中，而我仿佛在行"生吞活剥"之事。

在乡村里的"农家乐"，还有炸荷花瓣。一看到菜名，便大呼是我的"梦中情菜"来了。一碟上来，十几片荷花瓣围成一朵荷花模样，举筷之前，不禁漱了几口清水，以免之前的菜在口腔中留下的余味影响了我品尝这"芙蓉仙子"的仙滋上味。一片嚼之，觉得并不能吃出荷花香。须知平日路过荷塘，那荷花香气是香中带甜的，现在口腔中，却感知不出，想是这清逸之物不该以油炸之，若要保留本味原香，我以为：一可做汤，让其味溶入汤中，喝汤吸香，又或可清水洗净，生吃蘸料即可，就像吃鱼生或刺身一般，至于是什么料最配，我也想象不出，想来以盐沾之，应是最不会遮其清雅的吧。就如我们煎鱼，只放点细盐，其余一概不放,才是最能品出鱼肉本身的肉香的。

上一次来,还有几件"奇遇":

一是夜晚忽然停电。

我正坐在阳台,就着阳台的灯光看书,忽然停电了。这是夏天的夜晚,既已停电,进屋内无空调,不如在户外呆着,但又无法看书,四周一片漆黑,我便把脚架在椅子上,静静地看起月亮来。只见它慢慢从云团边缘进入云层中,从半隐半现变成了完全消失,又慢慢从云团另一边渐出。换个角度看,又觉得是月亮不动,而云团向着月亮移动,又从月亮另一端移出。时光仿佛随着它们的相离相依缓缓流动,人的心也变得缓慢而宁静,似乎与天地云月同频了。这种与天地共呼吸的感觉,以前从未感受得到过,想是平日里夜晚华灯炫光,纷纷扰扰,阻碍了人与天地的顺畅、沉静交流。若无此停电之"优待",便或许多少时间也发现不了如此美妙的感觉。

细细赏月之时,忽有一点小小亮光在我不远处的半空中闪现,我竟一时不敢相信,站起来凑近了看,那小小亮光也移动了过来,在空中上下起伏,"萤火虫!"我大声叫了出来。

我已多年未见萤火虫,最近一次对它清晰的记忆竟是10岁不到之时,但童年时它留下给我们的印象是深刻的,追逐萤火虫是小孩子们的乐趣之一。彼时孩子们的乐趣几乎全从自然而来,没有电子产品的声光电干扰之时,人们仿佛心态宁和亲切、温情脉脉得多,不似现下这般冰冷与坚硬,既似塑料又如生铁。

我心跳竟加速起来,眼眶湿润,激动不已,仿佛见到了多年未见的战友,却还不止,竟像见到了多年未见又生死未卜的战友:小时候常常相伴,后来却销声匿迹,不知音讯踪影,亦不知是否还现于世间,岂不是生死未卜是什么?

我紧紧盯着它的轨迹,一瞬不敢将目光从它身上移去,生怕只一瞬不盯着,它便从一个肉眼看不见的时空隧洞里滑入消失了去。就这么"亦步亦趋"地目送着它飞到我目光所不能及之处,方才松口气心满意足。

萤火虫是生态指标生物之一,它的生长要求空气清新水源洁净,对各种污染非常敏感，对空气、水质、土壤、植被等环境要求很高，它所在的地方说明生态环境质量良好，阳朔确实如此，五彩斑斓的大蝴蝶亦是生态指标生物之一，这里也是处处得见。

除此之外，还得幸亏有了停电，没有了灯光的炫扰，萤火虫的微弱光火才能显现出来。如有灯光，我又便低头看书了，或是忙于别事，不是埋头便是追赶，就如现下的芸芸众生，竟不知抬一抬头，静静享用自然的慷慨馈予。

感谢阳朔，感谢停电，给予了我美妙的一个夜晚。

没想到这停电之夜，竟有如许收获。停电本是常人看来"不太好"的事情，但其实境随心转，"逆境"之中也可以寻得乐趣，甚至有所收获：赏月便是乐趣，萤火虫便是收获，一切只是待人去用心捕捉与挖掘罢了。

第二：实现了我多年的梦想，那便是在遇龙河里游泳。多年前漓江泛舟，便觉江水清澈可人，四周又景色宜人，这青江翠竹环绕间，竟有一跃而入、欢快畅游，或沉浸其中、融入天地水流之想。又见遇龙河，比之漓江更为静幽，更是觉得此生应在此河中一游方可无憾。

怀此梦想多年，今时"念念不忘，必有回响"。本来订此民宿便是看中离遇龙河很近，直线只有100米距离。我问了民宿主人，如何才可下遇龙河里游泳，她指了一个码头的去处，当地居民常常在此下水游泳，她自己也常去。我大为惊喜，吃罢晚饭，换上泳衣，拎起一个游泳圈，骑上自行车便乘风寻去。

找到了码头，只见几个当地居民带着孩子，还有几个外国人，已在河里游泳嬉戏，我赶紧下水，那下水一瞬的感觉此生不忘。

终于实现了多年的愿望，在阳朔的遇龙河里游泳。以前来漂流，一直便很想在这样青绿山水、竹林环绕的水里游个泳，这次特意选择了离河边很近的一处民宿，骑自行车两三分钟便到了，既可乡间骑行又可下河游泳。只想说下到河里的一刹那只觉得此生无憾，真是与游泳池天壤之别，跟海也不一样，跟山涧不一样，跟在老家河上的游泳池游起来也不一样。在河里游泳，可以感觉到河水流动的脉搏，也可以感到自己与自然的融为一体，惬意、舒畅，这是我人生第一次真正的在自然的河里游泳，我一直便想这样的融入这青山绿水间，融化、融化。

——这是那日回去后写下的文字。

在这样的河里游泳是什么感觉？我能感觉到：它是有呼吸、有韵律的。当仰泳的时候，你躺在河上，看着天空上的云，它飘浮在天空，你飘浮在河上，你尤其感觉到：你与这天、这云、这水都融为一体了。云就像飘浮在天空的你，你就像飘浮在河上的云。

比海安宁，比山涧宽阔，比池流畅，比湖有韵律，这就是在遇龙河里游泳的美妙感觉。

回去的时候，我索性就穿着泳衣，在乡间小路间骑行，夏日傍晚的凉爽又温暖的风，带着乡野草树的清新芬芳，渗入我的呼吸、我的毛孔与身体，以"心旷神怡"形容之亦觉不足。我一路哼着小曲儿，骑得可谓趾高气昂，洋洋得意。

回到民宿，身上已经被风吹得干了，人觉得通透凉爽，偏偏此民宿又自己有一个游泳池，池里是山中引来的山涧水，格外清凉，经过了过滤，又十分洁净，水色青绿，也是诱人，我便又忍不住扑通跳入，身心皆俱清凉透爽，深感尘垢涤尽之通彻。

这便是上回来阳朔的各般际遇，可谓时时见惊喜，处处有妙得，总之是十分的心满意足。

由此便存下了念想，还得再来阳朔遇龙河边居游。

此次选的民宿，便是上回来时，趁在遇龙河竹筏漂流之时，一路留意而寻找到的。

因为上回来，需骑行方至可下水处，于我而言，感觉上还不够恣意，便趁漂流之时，一路左看右看，东张西望，以期找到一个我"梦想中的居住处"。

何谓我梦想中的居住之处，那便是：从所住的房间一出来便可下水。

这个标准可谓极高，之前只是存在于我脑海中的一个画面，这个房间应是如此：它就在河边的一片草坡之上，走出房间，光着脚踩上绿意盎然的草地，当中除了青草就是青草，别无他物，大约不到十米，我便可行至河边，蹲下，哧溜一下，从草丛滑入水中。

一路漂流，发现了几处离河甚近的民宿，都记下了名字，但都觉不够"完全符合梦想"，直到漂至这家"河畔夏日"。

拥有这个近于"乌托邦"的画面的住所，竟然在我的孜孜以求下，被我找到了。与我想象的全无二致，完全是从我的脑海中来一般。

于是这次，我便是为着"河畔夏日"而来，准确地说，是为了梦想中的"从房间出来即可下到遇龙河里游泳"而来。

到了"河畔夏日"，我便住进了一楼的靠近河边的房间。与我所期待的一模一样，推开了阳台门，便可直接走到草地上，这种感觉说不出的好，好在哪里？似乎找不到十分恰当准确的语句形容。大概就是觉得身处自然之中了，并不像居于楼上那样，只会感觉在"房子里"，这里与自然可称是"无缝衔接"，这种与自然一体的感觉，竟美妙到无法表达。

房子里有一个浴缸，在浴缸泡澡时，可透过落地玻璃一边欣赏窗外的景色。阳朔的景色自不必说，随手都是一幅青绿山水画，山间水畔，山形峻崛，各具奇态，水色清幽，脉脉含情，河畔青草葱葱，竹枝摇曳，婀娜多姿，竹叶飘洒，万千风情。河中不时有竹筏漂过，更添动感。筏上人着美衣佳服，摆出优美姿态拍照，也是一景。艄公常引吭高歌"哎，什么水面打筋斗呦，嘿了了罗……什么水面撑阳伞呦，嘿了了罗"，便又添了声色。往往又有另一筏上，传来和声"哎，鸭子水面打筋斗呦，嘿了了啰……荷叶水面撑阳伞呦，嘿了了罗"，更是生机盎然，显得是一派风和日丽，无忧太平。

我持一根笛子走到草地上，光着脚让青草与泥土淹没我的脚背，若穿着鞋，便全然无了这与大地亲近的亲切触觉。因此我但凡走在草地上，便忍不住要赤脚，那草的轻灵，泥土的温厚，仿佛便都透过了我的毛孔传入我的身体与心内，将天地的灵性灵气都贯传予我了。

带一支笛子来，是我"蓄意而为"，还有什么乐器可与这里最配？自然是一支竹笛。在遇龙河畔的竹林间吹笛子，亦是我多年的梦想之一，其重要性不亚于在遇龙河里游泳。

于是我边走边吹起了笛子，走到竹林中间，一边嗅着竹叶清香，一边把这悠悠清香化作了袅袅笛音，它们都同样的清长悠远，又萦绕回转，引人幽思逸情。竹香与笛音乃是绝配无疑。

我看见几根一人多高的竹笋，颇觉神奇，因从前所见竹笋大都未超半米。我每见到竹子，便喜嗅几下竹叶，抚摸几下竹身。我走近一簇竹子，正欲靠近细嗅竹叶清香，发现其中一根上有几条小虫，似乎正是上回吃过的竹虫，不免咽了一下口水。

岸边有一个木头造的平台，颇为古拙古色，立于此处，置身竹林，面朝山水，小舟轻泛，弄笛长啸，真真就觉自己似古人一般。

每每看见竹子，都觉它乃天地间的神物，皆因它与其他植物都不一样。草类纤弱，藤蔓无骨，灌木矮小，乔木硬实，唯有竹子身躯修长，气质高华，清灵矍铄，风姿洒逸，似柔实韧，得了草之清气、藤之韧性、灌木之灵动、乔木之高挑，还多了一份自有的飘逸潇洒、风雅高洁、恣意率真、不拘一格、盎然抖擞、一往无前。清幽又热烈，沉静又飞扬，宁淡自适又斗志昂扬。既有淡泊之气髓，又有激情之态势；既有出世之随性洒脱，又有入世之坚定进取。似有千年修行，却又天真明澈；感之觉深藏智慧，视之见青春勃发。体貌与精神兼备，外表与实力俱佳，仿佛集中了各类植物的一切优点又摒弃了它们的一切缺点，真可谓钟灵毓秀，仙逸不可方物。

又听闻竹子先在地底扎根多年，久吸饱吮，潜深伏远，待时机来临，方才一蹴而出，以势不可阻之势伸向长空。扎根深厚，志向高远，底层踏实稳笃，形意天马行空，令人感叹"慢即是快"这一道理在其身上得以淋漓体现，又仿佛得见"自律才有自由"之明白呈释。

将底层基础打好，则可得以长远，胜于一开始轻浮躁动，后势不足。由此一想更觉其深谙大道，暗示于世人，只待有缘之士撷获。

忽想起王阳明格竹七日，竟至病倒却未格出此道，那时科学知识未发达，若他知竹子有此质性，兴许便能从中格出些什么道理来。

但如他真从竹中格出什么，兴许便又没有了"龙场悟道"。因此世事辩证转化，失败未尝是真失败，其实乃是通向更高处的一个台阶，至于是真失败还是台阶，一切便在于自己如何看待失败，若能以"转化"的心态看，知其实则为鞭笞己进步的一个启示，人便少了许多颓靡泄气，若能更进一步，具备"自觉转化"的主动思想，便更能主动地把握好人生了。

今时今日倒是科技发达，人却又多急于追风逐浪，潜心悟道、沉定笃行者竟又少了。但总会仍有一些人，能拨去浮华迷乱的表象，穿透喧闹纷繁的尘嚣，静守初衷之纯粹，留持本心的明净，撷得大道真理而归。从而独见天地灵慧，自成浊世清流。

竹子风神俊逸，品性沉韧，又气象高洁，因此自古便被视为君子。想起我与令致君二人皆心向淡泊，意在南山，又相约吟诗弄联，品笛问琴，此处山幽水静，竹林潇洒，若能在此一飨我们二人之约愿，岂不妙哉？

在平台上对着河面，即兴吹了些临时创就的曲子，又在竹径上来回边走边吹了几趟，方才觉心满意足，此行不虚。

这清景逸兴，为我与令致君共同所好，若能与他分享，那该多好啊！

阳朔第二日

第二日清晨，我坐在草地上读了一小会儿书，便开始在水边寻找容易下水之处。这岸边草丛里树枝斑驳，不小心便容易受伤，有的地方又距水面太高，有的地方则不太干净，一番仔细找寻比较之后，发现了距我们房间往左十几米处，有个较好的下水点。

找好了下水点，我回房内换上泳衣，走出草地。清晨的阳光照耀在水面上，闪烁着美好的与充满着爱的光芒，仿佛是无忧的世界的一隅，我强烈地要冲入这水中，与这光明世界融为一体。

我走到下水点，蹲下，轻轻用双手一撑，"哧溜"，便滑入了水里，一切正如我一直梦想的那样。

又是语言难以描述的一刻，你的身心都融化了，你不是那个坚实的人，你是自然的一个分子。从前，我们大多数人常常如此愚蠢地把自己与大自然隔离开，自诩什么高级动物，其实我们只是自然的造化之手下的一分子，从自然而来，归自然而去，如在生命过程中，不能与自然相融，必然囿于自我，困惑良多。

如果我们早能意识到自己是自然的一分子，便不会肆意破坏自然了。说到底，破坏自然的行为便是因人们过于注重眼前的利益，过于注重小我，为了自己的当下即时可得的利益，而对环境采取了"涸泽而渔"的行为。这是格局只囿于眼前、只囿于小我所至，未能从高阔、长远而视。孰知，破坏了自然，就是破坏了人类的生存环境，最终仍是影响到每个个体。

我融入了自然与河水的身体里、韵律里，我的全身感到舒畅与自在，这是一种迷人的感觉，吸引着你一而三、再而三地投入它们的怀抱，你不是一个坚硬的实体了，乃是天地间一团游动的分子，是河分子的一部分，也是自然分子的一部分，你与这自然中所有的分子，都在自然的体内畅游，彼此不分，交融贯通。

岸边的千杆竹叶，慷慨地挥洒着它们的风姿，时不时飘落到你的脸上，仿佛是点化你的使者。由此我想，王阳明当年若在此处格竹，兴许真能格出点儿什么来。

我顺着河水的方向，又逆着河水的方向，时而蛙泳，时而仰泳，都各有意趣。仰于水面，我已在不经意间练就了一动不动地漂浮的本领，水作床面，时而双手枕于头下，时而四肢舒展开来，并不发力，只随水自在漂流，好不惬意。

此时漂流的竹筏已然开始来回，我趁竹筏漂来的空隙间，打算"横渡"一下遇龙河。说是横渡，其实不过几十米，一会儿便过去了。

这时水中浮出一个人来，我以为也是一样来游泳的，他向我打个招呼，原来是当地居民，在这里摸螺蛳、捉鱼，让我觉得若有时间，在这里慢慢地摸出一顿螺蛳来，也是一件极有乐趣的事。

我想起《普罗旺斯的一年》的书中所写，人们寻找松露时，常常出动野猪，因野猪喜爱松露的味道，忽然感觉做一头寻找松露的野猪，也是一件乐事。

现今人们脚步匆匆忙忙，却又不知所往，正如此言所说：
百分之九十九点九的人，就像开车在高速公路，都生怕比别人慢，却竟然不知要去哪儿。

如能专注于其中一样自己喜爱的事物，沉浸其中，慢慢地体味，就如同慢慢地摸出一顿螺蛳，而不是直接在市场上买，其心得、享受与乐趣自是大大高于只求快捷的后者。又如同专心寻找松露的野猪，简单而纯粹，其生活的质量的感受，便就会大大地提高。

人们常抱怨自己为了生存，奔波劳碌，未能好好的生活，也无法做自己喜欢的事，甚至最终还变成了自己讨厌的那种人，殊不知这全在于自己一开始的方向的选择。

很多人一开始为了追求即得的利益或追随炙手可热的风向，而选择了其实自己内心并不真正喜欢的事情去做，无非就是追求快速的回报与利益，结果除了极少数的幸运者，大多数人其实常常收获甚微。很多时候，你把生活变为了生存，导致一辈子只能违背内心意愿地行进，只是因为你一开始对人生的方向进行选择时，便用了急功近利的心态，而这其实是不符自然之大道的。

因此，慢慢地摸出一顿螺蛳，自然比不得直接在市场上买快捷，但在其中过程中所享受到的甘甜与乐趣，却是在市场上买十顿也不能比拟的。而我们人生，最重要的也是在其过程。

我游到对岸坐下，此时已近中午，我披头散发，坐于河边的一块大石块上，让阳光尽情地洒晒在身上，一边饶有兴致地眯起眼睛，看着一支支竹筏从眼前漂流而过。

我看见竹筏的姿态是悠闲的，而筏上的人们的姿态却并不都是悠闲。大多数时候，他们中的大多数都在低头看着手机，完全不探索两岸的风景，仿佛只为了漂到终点而来。除了一些孩子们，尚有着新鲜好奇的眼睛，闪烁着清澈的光芒左顾右盼，真正享受着沿途的风景，其余的人，成人，甚至包括一些孩子，大多在低着头只沉浸在那虚拟的、便捷而碎片的世界里，却对身边唾手可得的、更能滋养人的身体与心灵的美好视而不见。

可惜啊！我不禁在心中叹道。他们看起来是如此"精明"，争分夺秒精打细算，却又丢失了最重要的东西。

当下的大多数人都是如此现实、如此紧绷，他们严肃的面容里，似乎容不下一点幻想和诗意，不但容不下，也许还会嘲笑拥有幻想和诗意的人，斥之为"不现实"。

他们也许得到了物质上的丰裕，却没有想到，拥有梦想和诗意的人，得到了精神上的丰裕。一句话说得非常好：一半烟火以谋生，一半诗意以谋爱。这里的爱，并不是指爱情，而是指心灵的美好与充实。

若你一心只用于谋生，而不给自己一些诗意的栖息之地、梦想的翱翔之处，就不能怪自己没有生活只有生存了。

事实上，并不是物质充裕了，精神就能满足和幸福。要有"在生活"的感觉，也并非需要丰厚的财力物力支持。如苏东坡流落岭南之时，又如《浮生六记》里芸娘的种种小事……

又如我在《生活情趣 文士意趣》里所描述的种种：煮凉粉、卤一块牛肉、腌咸蛋弄出的各种花样、在家里阳台上构造一个小"荷塘"……此等种种乐趣，又何需大的财力物力？

又如你走到山间野外，呼吸清新空气、端详花朵姿态、静赏树叶飘落……又何需大的财力物力？

最珍贵的都是免费的，如阳光、空气，你只需要的，是一颗感受美好的心灵罢了。

如果没有足够的金钱让你到世界各地晒太阳，就找一片草地，在草地上晒太阳，当你起身的时候会发现，太阳能给你很多，并不需要你花费什么。

就像我现在在石块上晒太阳，便什么纷繁庞杂的手机内容都不想看，只想全身心地沉浸在这一风景里，尽情接受自然的馈予。

此时一支竹筏漂过，筏上的船夫高唱起来："哎，河边的美女看过来哎，嘿了了罗……若是我回到十年前，我就一定把你追呦。"歌词大胆热烈而奔放，我知是对我而唱，不由得大笑鼓掌："好，好，好！唱得好！"

山野之中，这样的纯净美好的背景之下，让人们的表达显得一切发乎天然、毫无做作矫情，虽热烈却不腻甜，奔放而不显唐突，你知其仅是表达对美好的欣赏与向往。如此大胆热烈的歌词，在此种环境之下，毫不令人反感，反而觉其自然、真诚又质朴。试想了一想，若是换至城市背景里，效果似乎便有些不一样了，甚至有可能大相径庭，也是一件奇妙的事情。

我忽然兴致勃勃，跳下水去，游着仰泳，大声高唱起《沧海一声笑》来："江山笑，烟雨遥……"，只觉此情此景，唱此歌实在是应景应情，合适不过。忽而又想起一首儿歌《蜗牛与黄鹂鸟》，便又唱了起来："阿门阿前一棵葡萄树……阿树阿上两只黄鹂鸟……"。

一边竹筏舟行人往，想来他们觉得此人定是疯了，或许有人分外有灵犀，内心也向往如此恣意徜徉，无拘无束一番呢！

后来我记下自嘲：

在遇龙河游泳，一边仰于水面一边漂浮，一边大声唱《沧海一声笑》、《蜗牛与黄鹂鸟》……，路过竹筏上的人无不侧目（这个是我想象的），这种事只有我干得出来。

在这河里游了良久，我才愿上岸回去。我穿着泳衣在岸上走着，听得一竹筏上有人说：还有人穿泳衣呢。船夫笑："穿泳衣有什么奇怪的？"我闻此言亦觉好笑：河边有人着泳衣岂不正常？为何会思想局限至此呢？想是有人只见过在泳池里游泳，从未亲眼见过河里游泳的吧。可见困于城市良久，在钢筋水泥混凝土中打转，竟已不知抑或忘记许多初始的自然之乐了。

阳朔第三日

这日我们准备漂流，兴致勃勃地来到一个渡口，说是只有只能坐二人的竹筏，而能坐下三人的竹筏在另一个渡口方有。此时艳阳当空，照得人汗流浃背，又加之有点"受阻"，同行的人一听有些烦躁。此时有几个开电动车的妇女在门口招徕生意，我们便过去询问。一问她们说家里有一部三轮车，可一起载下我们三人过去，一听有三轮车，大家便又高兴起来，因坐三轮车兜风十分舒爽惬意，而现在即使是小城市里，也很难找到运营载客的三轮车了，这下居然可乘三轮车在乡间小路兜风，想想便是一件极舒快的美事。没想在这个渡口遇到了一点小"挫折"，竟却让我们遇到了坐三轮车兜风的机会，这真是"坏事变好事"了。因此人生若遇到挫折失败，未必便是坏事，也许那便是将你指向一个更好的方向与去处的契机。

不一会儿那妇女便将三轮车开过来了，我们开心地坐了上去，一路上享受着爽快新鲜的乡间的风，又得近距离的感受乡野景物，一会儿发现一处黄皮小林子，果子低矮到三岁小孩一伸手便可摘到，引得我们直咽口水，大呼明年要住在这旁边的民宿，说不定可以大快朵颐；一会儿又发现了火龙果种植地，又是一顿惊呼艳慕；一会儿几只鸡"咯咯咯"地追逐着我们的车过来……一切都如此"活色生香"，比坐在小汽车里被一层铁皮与外界阻隔开来的感受大不相同，直可唤作"真乃云泥之别"。

到了目的渡口，竟觉意犹未尽，不想下来，恨不得多些路段才好。于是记下来这名妇女的电话，以期明年来时再作一次"乡间大兜风"。

简单　简单的快乐

只要有三样我们就很幸运：阳光、清风和内心的安宁

一

一次，我对着一只松鼠寻找坚果以及吃下的视频反复看了很多遍。

还有一头海牛慢悠悠地游来游去的视频，亦是反复观看多遍。

通常，我会特意避开一些无聊的视频，觉得看它们是"浪费生命"，而这两个视频，如此"单调"，为何我却愿花上诸多时间去沉浸其中呢？

我想：是因为它们的这些行为皆简单而纯粹，给人一种心无旁骛的纯净感受，那是一种唯美的感受，因此我是沉浸在这简单纯粹的美好当中了。

松鼠认真而笃定、专注，只为了枝上的一串橡子。它神情稚拙，吃到了橡子之后极为满足，仿佛它的世界里只有这橡子，它只为寻找一枚橡子而来，其他什么也不想。

海牛慢悠悠地东游西逛，恰恰展示了一幅与当下社会的浮躁、焦灼相反的悠闲自在的生活画面。那身材笨重的海牛，如此悠游时，竟似乎带了一股仙家气息，浑然一位方外之士，仿佛一切喧嚣皆不为所动，心神均只在这散步的左摇右晃间，只专注享受着海水的抚摩与水草的轻触，其他一律不管。这海牛逡游，仿佛一幅方外画面，给人一副蕴含了大道所在的感觉。因此反复观之，竟觉得自己的身体魂魄也如这海牛一般，在水底飘摇步行，让人心神俱宁，嘴角不自觉地便含笑了。

一日站在一道溪边，看见鱼在水草间游弋，那是一幅极为简单，却于简单之中透出灵性，可见天地的画面，令人不由想成为一尾毫不思索人事，只知感知天地的鱼了：

水草动了一下，是一尾鱼游过碰到了，也许是无意，也许是鱼戏水草。这一动，荡漾出一刹那的轻盈、灵动、悠然自得。如何成为荷塘里的一尾鱼，与兀自绝尘脱俗的莲花和水草共同呼吸，这是我想不出来办法的，只有神往。

以及我在一章所说的，看着蚕吃着桑叶，那沙沙的声响，那仅仅是吃桑叶的简单动作，便似乎有着治愈尘世风霜，平定焦灼心灵的作用。

这些生灵，它们因没有机心，而享受着最纯粹的喜悦；它们因简单，而得到了最纯净的快乐。

这便是简单的快乐，简单的力量，简单的美好。

我衷心期待着这个世界可以简单一点。

二

朋友之间亦是如此，倘若只有心与心的交流，灵魂与灵魂的互鸣，而无过多的目的性，更无甚么功利性，那该多好。

纪伯伦说：愿除了心灵的加深之外，友谊没有别的目的。

我希望友谊是简单的，但并不是肤浅的；是毫无功利目的的，但不是蜻蜓点水的。

现在人们的热情背后，往往带着利益相关的目的性，当真正的热情来临，却反而容易遭到质疑了。

古代文士、侠士之间，往往有惺惺相惜的情感，便是以灵魂之共鸣为基底与出发，因此热烈、真诚，坦荡，又极为简单、纯粹。而这样的情感现在越来越少见了。

有一句话说：最珍贵的东西往往是免费的，如阳光、空气。

我想：毫无机心的纯净心灵，毫无利益计算、现实揣度的友情，也是最珍贵的。

美好

一

世人对美好的感受力仿佛越来越弱了。

他们匆匆忙忙地,似乎仅为了奔向终点,而无暇顾及路上的一切。
却也不是没有时间,他们依然有时间刷一些近于"垃圾资讯"一类的东西。

他们都变得很粗糙,分不清好与不好,只能看见是否有利可图。
有利可图,他们就像苍蝇一样灵敏地冲上去团团围住;无利可图,他们就把一个人或一样事物甩在脑后。

他们在想什么?他们看见了什么?

他们看起来都很复杂。
但是却又一无所知。

一颗心过于复杂,就堵住了通往智慧的道路。

二

他们对美好仿佛视而不见,特别是对美好的心灵。

我常在思考一个问题：为什么我对这个世界足够赤诚和真诚，却往往收获的是冷。

现在我总结的原因之一是：很多人缺乏捕捉美好的能力。

在日复一日的苟且中，他们变得麻木、现实、淡漠。他们不会为一朵花的盛开驻足，也不会为一朵云的有趣停留，不会为孩童的烂漫天真而会心微笑。

所以他们自然也不会在意一个人表达出来的诚恳，首先他们感知钝化，其次他们不会觉得值得珍惜。

虽然他们也常常成为抱怨世风日下的一分子，但他们同时也是造成世风日下的一分子。

他们的麻木和淡漠、凉薄，助长了社会的淡漠凉薄，然后又让更多的人麻木与淡漠、凉薄。

然后他们一边抱怨这个社会的过于现实功利，抱怨自己生活的苟且，一边却又对美好的到来毫无感知与珍惜，甚至自己也成为伤害真诚与美好的一分子。

三

我常常会凝视着一群孩童，看着他们欢笑与玩耍，不由自主地露出笑容。
那笑是从内心发出，上到了嘴角。

我对美好尤为敏感。

我又知道长久的美好难以维系，所以瞬间的美好也要捕捉。
然后我又往往想把它们变成长久的。

和令致君在一起的两天，是美好的。
打羽毛球的那天，我望着他，觉得很美好又担心这美好转瞬即逝。

我在令致的 qq 空间里也发现了类似的感慨，
一日，他感慨：美好总是抓不住的。

说实话，我们的一些感慨，一些思考的东西，真的很相似，所以我一开始觉得他跟我竟有七、八分相似。这也是我为何不顾他在隔离酒店工作出来刚过了七天，就急于一见的原因。本来，类似这样的情况是至少应过十几天方才稳妥与"保险"的，甚至二十几天。但此人思想能与我匹配，实在是十分少见，遇到便觉极为稀罕，所以我便不顾"尽量的足够安全"的"原则"，与他会面了。

看到本人及接触之后，我觉得那是一半的自己，而另一半，就是火热的、热烈的我，他没有。

四

我不知道那些表情率真、笑容灿烂、懂得欣赏与珍惜美好的人都哪去了？总之这个城市、这个时代让我觉得繁华又贫瘠。
什么方面贫瘠？它不缺文化生活，它有很好的图书馆，有很好的音乐厅，它有很多的有学历的人，但它依然让人感觉"荒凉"。

五

我对美好不吝赞美的时候，试图挽留的时候，别人匆匆地行过了，弃之如敝屣。

也许是没能带来即时的眼前的利益，没有几个人像我一样愿意为美好停留，也没有人愿意为愿意为美好停留的我停留。

撷取不到明确的利益的时候，他们便一个个快速地离开了，浮光掠影，正如这浮躁时代在个体身上的映照。

我已经找不到一个愿意静静地凝视花开花落、树叶飘飞、云来云往的同伴了。

有一个男孩子,我因到他所工作的排练房练习,他非常耐心地教我。我向他请教一些问题,本来他没有教人的义务,却依然细致地回答了我的问题。我心想:在这个城市很难遇到这样的人,便想向他要个联系方式,以便将来有什么可帮忙的,以回馈一下他给予我的帮助与温暖。

但他一开始有些犹疑,从话语中听出,大约是担心我对他提一些在排练房费用上打折扣之类的请求,后来明白了我实在无利益上的私心,方才放心。

这说明了我们经过了太多的世事侵蚀,已无法相信纯粹的情感与热情了。

虚度光阴与发呆

我说过：我最快乐的时候有两个，一是思考时，一是完全不思考时。

又说：如能让自己的大脑，想思考时便思考，想一片空白时便一片空白，那是最好的了。

以上说的思考，也只是指纯粹的学术、技术性的思考，才是快乐的。

令致君不爱浪费时间，我却喜欢生命中有一些虚度光阴与"一片空白"的时光。

比如，在草地上晒太阳的时候，我往往什么也不干，书也不看，手机也不看，音乐也不听，也不吃什么东西，只是呆呆地望着前方，也未必有什么目标之物，如此这般，只是尽享这阳光的美妙与能量、它洒落身上的光明与温热，以及宁静。

我觉得让大脑转起来容易，而让它什么也不想，"一片空白"反而是一件很不容易的事情，是一项很高的能力。

尤其是在现在这个时代，人们往往是身体与心脑连轴不停地转，想让它们放空，却不是那么容易的。

一次回老家，我放下了所有的平时看起来迫切要完成的计划，让自己有了一些发呆的时间。有好几天，我躲在小树林里，坐在一棵树丫上，吹着阳光下树荫里的微暖又舒适的风，让我觉得人生的一部分也可以是静静地坐在自然里，凝视一片树叶的吹落，甚至什么也不关注，只是在呼吸。

我写下过这样的令人会心一乐的文字：

一些认识我的人往往觉得我很神秘。其时，我常常眼神空洞，目光越过他们的头顶望向远方，似乎装满了整个苍穹又似乎一无所盛，他们总觉得我在思考宇宙、相对论或量子力学，大凡我随手写下一串数字，他们又觉得我在研究密码学，于是我发现，让人觉得你神秘的一个要素，就是：经常发呆。

有一首诗，叫《我想和你虚度时光》，
如有人一起虚度时光自然是好，但现下能享受"虚度时光"之乐的人极少，如不能寻得，便独乐此乐，亦是极乐。

虚度之虚，正如有无之无，空实之空，张弛之弛。无有大用，空可盛物，弛能强张，虚，亦有虚之妙不可言也。

率性

我对令致君说：你就是少一点率性。

这大概是我们最大的区别。

我第一日时跟他说：我们是有七、八分相似的人，我不能不见。是因为我看见他的朋友圈所发文字所思考的内容，跟我平日里的思考有不少是一样的或相似的。

后来我发现了：他偏于文人书生，我则在"江湖中人"与文人之间徘徊。他用"酸腐"来开玩笑地形容过自己，我倒是觉得挺贴切的，有点儿"腐儒"的感觉。

茶性淡，酒性烈，如以茶与酒来形容，他是茶，我是茶与酒皆似。正巧他不能喝酒只能喝茶，我是茶酒都爱。他亦就如茶一般，是一种淡淡的感觉，好的方面是淡泊，另一方面来说，少了一点人味。

这"人味"是个很微妙的东西。从某个方面来说，他是有温情的，不然也不会耐心地教一个毫无技术的人打球。但你就是感觉他是个淡然的人，仿佛他对人的好就是仅止于此了，不会投入太多，更不会全身心地投入。

我是近于魏晋南北朝时期如"竹林七贤"般的性子，汪洋恣肆，任性率真，疏狂不羁，令致君则是比较典型的文人感觉。

人们喜欢把率性和洒脱放在一起，我从前也认为这二者是同时出现的，现在我却发现它们未必是共存的。

令致君自命是潇洒、洒脱的，我相信确实如此。他的潇洒、洒脱表现在"放下"，比如说，对那个只掉了一点点毛的羽毛球，他可以马上丢弃不要了，以及他的人与文字，亦总体给我这般的感受。

如他写的一些文字：
"一个人之所以看起来总是那么潇洒、淡泊、豁达、不在意，是因为他真正在意的东西在另一个层面，日常从不触及。"

"潇洒不是想做什么就做什么，而是从来不迫切做什么。"

"你总想着让人喜欢，就潇洒不起来；你不去想着让人喜欢，自然就会潇洒；而你一旦潇洒了，自然就会有人喜欢。"

其实这便是他的追求，又或是他觉得自己到达了这个程度或境界，言语中隐隐难免有一种"我做到了"的自得。

一个人如果觉得自己潇洒、洒脱，那多半还是会沾点边的，我尚未见过喜纠结忧虑之人认为自己潇洒的。

但是他并不率性，他没有那种兴之所至即为之的行为与性情。为什么他是一个追求洒脱的人，确实也比较"洒脱"，但却没有"率性"呢？我思考了一下，大凡"率性"，多少带一点"冲动"，这就解释通了：他为什么洒脱却不具备率性，因为他长于"放下"，却不太多"冲动"。

因此他虽然洒脱，却并非性情中人，多思考后的行为，少快意之举。

其实亦有不少人觉得我是一个潇洒、洒脱的人，这里面确实有跟令致君可以重合的地方，有的东西我还是比较能放下的，亦有不少东西我不太在意，但我自忖总体上"断舍离"的能力不如他。

这也就是我二人的不同之处。论放下，我在深厚情感上放下得比较慢；论率性，则我有他几无。

还有的经常与这些词放在一起的词如：豪爽，或豪迈。它们可能证明了一个人大气，但跟率性也是有区别的。这两个主要是指气度，但不带有"冲动"的意味。

比如说，我一旦想给他发什么信息，我便发了，决不思前想后，就是凭的"一时冲动"。

我想玩弹弓，就带去了，有机会就玩，没有机会就再说，不会像令致那样，想到可能的不被允许，就不做了，我定不会如此，我想玩就会带上，不考虑别的，我只知道此刻我的中心词是"想玩"，至于能不能玩，那是后面的问题。

所以"率性"和"洒脱、潇洒、豪爽、豪迈"虽然经常放在一起，感觉也相似，但其实还是很有些不同的。

说到定哪个日子去打球，他看见那天的天气预报有雨，他便会说：那天的天气预报说有雨。而我都是这样回答他：不管它！

我想玩弹弓，他会考虑景区规则，而我心里没想过别的，只想"玩弹弓"，至于到时候有什么情况，就到时再说或想办法解决。

古时名士的逸事人们大都有所耳闻，大家也都很向往那种"名士风流"，其实他们的中心词就是一个"率性"。
王徽之雪夜乘兴而来，兴尽而返，不就是藉着"一时冲动"么？

令致君是个理性占上风的人，"冲动"比较少，也就少了"率性"，所以他是洒脱而不率性。

又说到了我们关于"仰天大笑出门去，无人知是荔枝来"的对话，当时他的反应是"这个格律不对"，我是始料未及的。我原以为他会深得其趣，如我初听到时一般哈哈大笑。
所以，这里看出了：他对秩序和规矩的重视盖过了对幽默的恣然会意，这也是他不具备"率性"的一个表现。但凡率性了，一点小的秩序和规矩便会不作考虑，只凭一时之兴。兴至行至，此为率性。

所以，他是洒脱而不率性。这是一个很有趣的现象。我不知道这样的人比例有多少。
如果能统计出洒脱又率性、洒脱而不率性的人的比例，也是很有趣的人文课题吧。

当然，这种统计有些什么用处，我暂时没有想到。世间的研究，也不是每个都冲着极为明确的利用价值去的，有的只是"自己喜欢"，从中感受到乐趣，岂不就是最大的"用"了吗？

如同我们交友、弹琴、下棋，如只冲着有用，那便不是真朋友、真喜爱。

那么，是否存在"率性而不洒脱"呢？下面我会就率性的形成先分析，然后再讨论这个情况。

为何我可以从与令致君的交往中分析出这么多的东西，因为首先他是一个有思想深度的人，我可以说也是一个类似的人，所以从我们说过的话以及我们俩各自的追求中，可以挖掘出很多关于人性、人文的内容。有一些是我们直接涉及到和呈现出来的，有一部分则是我于思考与写作过程中，逐步向深处挖掘出来的。

率性只是需要藉着一时冲动，但不等同于冲动。从词性上来说，冲动是一个比较中性的词，率性是一个褒义词。

很多人都会羡慕率性的人，也希望自己可以率性，那怎么样才能成为这样的人呢？

首先，得有"真"做底子。一个习惯虚伪掩饰的人，很难"率性"，毕竟率性通常是一下子作出的决定，他要是率性了，便没有时间去考虑虚伪和掩饰了。反之，他若虚伪掩饰，便会思忖后方言行，不会只藉着冲动而言行，也就无法"率性"。

第二，要不在乎他人的看法。一旦在乎他人看法，行事之时必将怕左怕右、思前想后，如何率性？

第三，保持有少年心气。没有少年心气，便很难产生即行即为的"冲动"。

另外，一些人的率性来自于成长环境，从小到大接受到的爱和肯定比较多的话，也就会比较容易形成率性的性格。

如果你的成长环境不具备这样的条件，而又希望成为一个率性的人，那么你就要从前面几点来调整和改变你自己了。

前面我们谈到：是否存在"率性而不洒脱"？那就要把洒脱也剖析一下，洒脱有以下的情况（不一定归纳完全）：
（一）体现在"放下"的能力，即"断舍离"的能力；
（二）体现于不在意他人看法的能力；
（三）体现于不纠缠于细枝末节的能力。

一个率性的人，他必然要有不在意他人看法的能力，以及不纠缠于细节的能力，但如果他同时是个重感情的人的话，"放下"、"断舍离"的能力可能会相对比较弱，对不太相干的人还好，对感情投入比较深的人，就不是那么能轻易放下了。

所以，率性而不洒脱，也是有可能的，特别是在特定的人事下。

但是一般在人们的评价里，还是会觉得率性的人就是洒脱，因为他起码具备洒脱的其中一到两点。

那么洒脱需不需要以"真"为底子呢？多少还是需要的，如果没有"真"的话，他的放下和断舍离的强能力恐怕只能称为"凉薄"，而无法美言为"洒脱"了。只有付出过真心真情之后的放下，才能配得上"洒脱"这个赞美吧。没有真正的、尽力的投入过，如何显出"放下"之难能可贵呢？也就配不上以"洒脱"这等佳辞形容。

所以，综上所述，如果要率性又洒脱，则需要：
（一）具备"真"的内心；
（二）不在乎他人的看法；
（三）不纠缠于细枝末节；
（四）"放下"的能力强；
（五）具备一点少年心气的"冲动"。

令致君一~四点都是具备的，唯一少的，就是一点少年心气的"冲动"。

这也就是我与他之间的根本区别。

现在又出现了一个问题，如果要非常"洒脱"，放下、看淡的能力就要强，而如果过于看淡一切，又会少了少年心气，就没法"率性"，在这种情况下，率性和洒脱居然成了一对矛盾体了！平时人们都习惯于把二者同时使用，觉得是个近义词，谁知仔细一分析，竟然在某种情况下成了矛盾体，是不是很奇妙呢？

虽然很奇妙但并不匪夷所思，因为近有令致君，就是一个典型的例子：他因追求放下与看淡的"洒脱"，就给人一种一切都淡淡的感觉，所以他不会出现冲动的行为，比如想玩弹弓就马上准备弹弓，而是会考虑一下，比如考虑规则一类的东西，因为"不考虑规则"不是洒脱的主要表现，而是率性的主要表现之一。洒脱的主要中心表现就是放下，而率性就要有一个即兴而为的随心、随兴、随性之感，不作他虑。

如在遇龙河，我会跑到河里游泳，因为我特别想游，如果坐着一个竹筏，我可能就会有扑通一下跳下水的举动。

危险自然是要权衡的，只是有的人只要感觉稍微有点危险的可能性，他就不会去做了。有的人觉得危险的可能性比较小，即兴的乐趣远远大过了危险的可能性，他就会去做。

若是令致君在旁，估计他是会劝我不要下河的。

一次看见我所居住的小区的侧门栏杆，大约 2.5 米高左右，我忽然很想从栏杆爬出门外，大约是一种想征服它的冲动，于是便开始爬了起来，当时即兴便是"爬栏杆"三字，形象等物于我并不在考虑之列。

有一个现在很少提及的词：性情中人，也许就跟"率性"很是接近了，大约就是指依照本心率性而为的人。

另外，洒脱还经常与"不羁"一起使用，殊不知其实有有洒脱却无"不羁"之人，比如令致君这类，便是仅有断舍离之洒脱，但却羁于格律、规则等，于是便只能称为洒脱，却不能称为洒脱不羁了。

现在常说，人要有"被讨厌的勇气"。如我便不害怕被人讨厌，如何才能具有"被讨厌的勇气"呢？

首先，你要有一定的自信。一你要提升自己的内在，如文化积累等；二要掌握好一项技能、本领。如此才能拥有充实的、踏实的内在自信。

第二，使用一个心理上的策略：别假定你能获得很多人的喜欢，你不如先假定没人喜欢你，然后你会发现：哦，总还是会有那么至少一两个人喜欢你的。当你假设喜欢你的人为零的时候，此时哪怕就只有那么一两个人喜欢你，你也会觉得高兴。当你假设喜欢你的人为零的时候，你想干什么就不会过于考虑他人的反应了，你就会想：反正他（他们）本来就不喜欢我，我还考虑他（他们）怎么想干嘛？

这个心理策略是基于"不管你怎么做也不可能得到所有人的喜欢"这个现实情况而来的。

一旦拥有了被讨厌的勇气，你就会更容易地变得率性起来。

我开玩笑说过这么一句话：
一个人让所有人都满意是不可能的，让所有人都不满意却比较容易，所以我选择容易的。

我特别喜欢的一段话，是《浮生六记》里的：

是时，风和日丽，遍地黄金，青衫红袖，越阡度陌，蝶蜂乱飞，令人不饮自醉。既而酒肴俱熟，坐地大嚼。担者颇不俗，拉与同饮。游人见之，莫不羡为奇想。杯盘狼藉，各已陶然，或坐或卧，或歌或啸。红日将颓，余思粥，担者即为买米煮之，果腹而归。

其中"坐地大嚼"与"陶然，或坐或卧，或歌或啸"极为吸引我，觉得实在是酣畅淋漓，汪洋恣肆，"胡作非为"，不拘一格……甚得我心。

在当世，我如何寻得如是一群疏狂任真恣肆之人？与我一起"疯疯癫癫"地尽情尽兴呢？

天真与成熟

人一生的修行，不是变得成熟，而是抵达天真

很多被视为"疯子"或"疯疯癫癫"的人，无非是以成人之躯行孩童之事

清风吹拂的夜晚

集合了天真无邪的梦境和微笑

我邀请来做我人生的背景

一

我在小区院子里踱步的时候，忽然下起了雨，一阵凉爽的风吹过，本来想躲雨的我忽然觉得这风实在太舒服，不吹可惜了，于是也不躲雨了，这么一来居然又觉得雨淋在身上也挺舒服的，反正随时可回家换衣，何不尽享这好风爽雨？

于是我现在看起来可能跟个非正常人类差不多，在大雨点中走来走去，不时还对着没人的方向咧开嘴笑一下。

当我的内心感受到喜悦的时候，我就会不由自主地笑起来，它是由一种从内心开始的力量牵引的。

而我也从不担心因为对着没人的地方笑会被人看作是不太正常。

我们面对大自然、孩子和自己的时候，尽可能的天真吧！

这可是心灵难得的放空和放松休憩的机会。
面对着这三者仍不天真，那你的心灵也太紧绷了。

如季羡林、丰子恺等大家，都是明白天真的真谛的。

珍惜那些成年以后依然童心未泯的人，因为他们仍葆有着一份初心。

二

人一生的修行，不是变得成熟，而是抵达天真。

准确的说，我们成年人抵达的天真，是事物发展螺旋式上升之后的阶段，即由自身出发，仿佛又回到自身，并得到丰富和提高的阶段。也是关于"看山是山，看水是水"的境界论的第三个阶段。
（注：三层境界：
第一层：看山是山，看水是水；
第二层：看山不是山，看水不是水；
第三层：看山还是山，看水还是水）

在令致君还没有删我的那段时间，我想到了什么有趣的想法，便仍会发与他，尽管那头如同空气，谁让他不删我呢？我便将其变为我的天地了。

一时是"今天天气真适合爬山呀！"，一时是
"来，一起骑车去！"全凭兴之所至。

你要是觉得烦就删了我吧！我是这样想的：你既不删我，就怪不得

我"胡作非为"了！

真是个释放天性的好地方！

我可不管你怎么想，我无非就是兴致来了，和你分享一下此刻的心情！

我不知道令致君是否真能容得下我的"肆意妄为"，总之我有好几天如此发，他也没马上删了我，这点我也未能搞懂他。

要知道微信的新消息即使设置为免打扰模式也是会跳到前面来的，只不过新消息提示由一个鲜红鲜明的数字变为了一个不明显的小红点而已，也就是说，一打开微信，它们仍会跃入眼帘。

因此我也好生好奇：这样也可以做到"无视"吗？不由对令致君"敬佩有加"。

你既不删我，我就尽情的"天真任性"，我可不管你怎么想，把我当疯子也好，说我"不懂事"也好。

此刻我就想对你说这些——天气多好啊，为什么不大声说出来：

天气真好，让——我——们——一起——骑——车——去！

当然，你不要刻意天真，那就变成了矫揉造作。你的"天真"是随心、随性、随兴的，才是真的"天真"。

比如，我此刻就想对他说这些话，只是兴致来了邀请他一起玩，那你就说啊！说起来很简单，但很多人是说不出口的，他们仿佛被什么束缚住了，是什么呢？

基本上就是被"这样发了对方会怎么看我？"束缚住了。

你想，他都不理我了，我还需要在乎他怎么看我吗？

如果他在乎我，我这样做他也不会觉得如何；
如果他不在乎我，我也就无需在乎他怎么看。

——就是这样。

三

　　令致君写过一段话：一种常见的不成熟是，某人总能很信誓旦旦地分出一些事情的边界，该与不该，是与不是，好与不好，他们从未觉得一件事只有程度不同，而并没有彼此之分。

　　他在追求成熟。对，他确实是成熟的，他是个很成熟的人。

　　说不定我的行为在他看来就是不成熟的。

　　但现在的人问题就在于太"成熟"了。

　　天真烂漫者少见，世故圆滑者比比皆是。

　　我倒是乐于见到他说的这种"不成熟"的人：有棱有角、爱恶分明，充满了锐气。

　　其实现实中所存在的"成熟"，大致有几种方向，一种的关键词是世故，一种的关键词是波澜不惊，一种的关键词是通透。

　　它们也许处于分开并列关系，在不同的人身上存在着；也许处于阶梯式关系，在同一个人的不同阶段存在着。

　　在我看来通透是距离天真最近的一种成熟。

　　真正的通透就是知世故而不世故，真正的通透就是经历岁月与世事而仍有天真。

　　看过这么一段话，深以为是：
"事实上，很多人走上社会后，都会变得世故、利己和实际。
但心理学家认为，这并不是成熟的表现，而是精神的衰减和个性的消亡。"

　　打羽毛球那天，令致君说了一些对人生的看法，其具体我已记不清了，听了之后我对他说：你有的时候似乎是处于"看山不是山，看水不是水"的阶段。

可见一个人不管他说什么，都是与他思想所在的阶段是基本一致的。

其实他就是在追求成熟的阶段，或者说是处于成熟的阶段。

他的成熟当然并非是"世故"的那种成熟，他偏向于追求"波澜不惊"的这一个方向。

当我们说一个人处于"看山不是山，看水不是水"的阶段时，往往是带点"不足"之义，即暗指其境界不够的，这时候其实往往此人体现为"世故"这一种类型。
而对"波澜不惊"这种类型，或者说阶段，还是褒扬和推崇的。
但我觉得他固然并非世故，却也仍然稍显复杂了。

而天真才是"看山看水"境界层次的第三阶段：看山仍是山，看水仍是水。

他发过一段文字，意思是说：别人常常说"不要想太多"，他则理解为"因为社会是一个修罗场，人与人有竞争关系，一方思考多了以及深入了，自然就得到了成长与进步，自然就在竞争中有了优势，而那些思考得少的（即'想得少'的）就会失去竞争力，所以人们让人'别想太多'是出于害怕他人更具竞争力的目的或者说是潜意识。"

在我看来，这真的是有点"阴谋论"了。因为令致君是一个喜欢思索的人，所以他会觉得他的思索是值得推崇的，"不应该让我'别想太多'"。

我如果有机会，我将分析给他听，其实关键在于这里的"想太多"的想，是在想什么。他认为的"想"，就是指他的那些思考。其实大多数人都没那么坏或者"阴暗"，别人所说"别想太多"的"想"，主要指的是"忧思、忧虑"，跟他认为的"想"完全不是一类东西。他的思考，本质上是一种技术性、学术性的行为，他是可以从中获得喜悦和快乐的。即使他思考的不是科学比如数学、物理一类，即使是在他思考人文、社会、人性的时候，他也是以一个学者的角度来"研究"，这些纷繁的"人事"，在他心里只是一些研究对象，跟科学上的研究对象没什么两样，所以，他并不是为这些"人事"所忧虑烦恼。

只因为他自己的所"想"是如此，所以，他会觉得别人说的是不要"研究"这些深层次的东西，其实别人所指的"想"，大多数时候乃是指忧思、忧虑。

反而在这件事上，他确实"想太多"了，这只是他人出于好心规劝某人不要过于忧思的言语。况且有的时候他人只不过是顺口说来，又哪有如此多的机心在里面呢？

所以令致是个非常成熟的人，但他不"天真"，或者说尚未能抵达天真，在我看来，他的思想还是过于复杂了。

若要以天真与成熟来对应"看山看水"的三个境界层次，则是：

"赤子的天真"——第一阶段"看山是山，看水是水"；

（世人心目中常认为的）"成熟"——第二阶段"看山不是山，看水不是水"；

"经历岁月世事仍有赤子的天真"——第三阶段"看山是山，看水是水"。

四

我这个人一直被人说像个小孩，甚至比自己年龄小的人亦会如此说，一次我不知什么事笑了起来，身边的人看着我说："你看你，跟个十几岁小孩似的。"那人比我小了十岁。

我本来自发的"幼稚"可能多少会有点，但自觉的"天真"肯定是百分之九十以上了。

但我这种自觉却并非刻意的自觉，在"超越痛苦"、"超越自我"时，你的自觉可以是刻意的，即刻意去做一件有意义的事以超越；但在"天真"这里，此"自觉"又并非靠刻意使用主观能动性的了。

怎么理解？如果无法靠自觉的努力，那将如何抵达天真？

我可以"天真"，其实来自于我内心的澄澈，我内心的澄澈则来自于我有意的与尘世保持距离，这个距离主要是指心灵上的。

当你的内心澄澈透明的时候，你的天真就是自然而然的了。

所以说，你没法刻意去追求"天真"，在你的内心污浊或所积尘埃厚重的时候，你是自然而然地没法"天真"的。而当你内心澄澈透明的时候，你的天真就是自然而然的了。

"天真"无法刻意，但内心的澄澈透明却可以通过有意识的努力来达到。
所以这个顺序为：内心澄明——天真。
欲有后者，先有前者。

而为了实现内心的澄澈透明，你需要一些什么努力呢？

第一点：在心灵上跟尘世保持距离。

如何与尘世保持距离？很多人不得不混迹于人群中、觥筹交错间，有的人是出于自身喜爱，有的人则是无奈，不管是出于喜爱还是无奈，都需留有自己独立的距离和时间。参与人群的时间，不可太满，留给自己静夜独坐的时间，不可太少。

须知一旦进入人群，种种意见混杂，自身便容易丧失判断能力。就比如一首歌，初听觉得一般，如果经常听到，有时便慢慢会觉得"还可以"，甚至会觉得好听起来。这也许就是"洗脑"的作用。

所以，与人群相距太近、相处时间太多，总有一些思想会将你洗脑的，你自己的独立思想与判断能力便丢失了。

如果是被好的思想"洗"还好，如果被不好的思想"洗"了，那你的心就愈发变得污浊、遮蔽或迷乱。可惜人群的平均思想高度总是不太高的，所以被不好的思想"洗"的机率比被好的思想"洗"的机率大多了。所以我们须得与人群保持一些适当的"距离和时间的空间"。

即与人群之间保持一定的空间，而这个空间是包括了"距离和时间"。

我会刻意地，也就是自觉地保持这个空间：当我觉得离人群距离太近的时候，我会有意地拉远一点；当我觉得在人群中时间比较多时，我会有意地减少一点。

让内心澄澈透明的第二点：给心灵留些放空时间。

"空"下来的时候，才有利于照见自我，有利于涤尘荡垢。
心灵若无放空时间，则会让心上灰尘越积越厚，直至本我、初我完全被掩埋遮蔽。

第三点：多接触纯粹技艺性的东西。

何为纯粹技艺性的东西？比如琴棋书画，这些是让人头脑摒弃杂芜，变得"简单"的好东西。头脑太复杂了，心境自然也就没法澄净。而技艺上的东西难度再高，它也是一种"纯粹"的东西，只会让你的头脑聚焦于一个专一的、纯净的而且是高洁的追求，而不会繁芜浑乱、杂草横生、污水四流。

那么，如果做到了（或是基本做到了）内心澄澈透明，又如何抵达天真呢？毕竟这二者是不能直接划等号的，其中仍有桥梁。

上面我们说：内心澄澈透明之后，天真就是自然而然的了。容易被误解为"自然就抵达天真了"。其实这句话的意思是说：这个时候，你的天真就是自然的而不是刻意的。但并不是一旦内心澄澈就能抵达天真。

那么，这个桥梁是什么？这个桥梁一个叫"任性"，一个叫"童心"。

先说"任性"。这不是贬义词，这里是随心、随性、不作过多考虑直接追随自己的本心的意思。

如何做到"任性"？这便需要"不在乎他人怎么看"——不在乎他人的眼光和看法。

那么，一个人怎样可以"修炼"成不在乎他人怎么看？

其实很简单，只需要你的内心意识到以下两点：
一、没那么多人关心你——听起来有点"残酷"但确实是这样。
二、你做得再好也总会有人不满意——你无法取悦所有人。

真正关心你的人，不会因为你的一点什么就变得不关心你；不关心你的人，你又何需在意？——就这么简单。

只要你意识到这两点，这个时候，你就会大胆地"做自己"，也就是不会在意他人怎么看了。

在一个名为"大胆点生活，其实你没那么多观众"的视频里，列举了很多成年人的"天真任性可爱"的行为或瞬间，比如：在路上高兴起来就左一下右一下地单脚蹦、荡秋千……等等。

我常常玩荡秋千，并开玩笑言：喜欢跟小孩子们抢秋千、抢滑梯玩。很多时候看见秋千、滑梯，我便会冲上去。如果有小孩子，我就会和他们一起排队等着玩。当我玩的时候，经常有成年人投来友善的复杂目光：充满了欣赏、向往、羡慕，同时还带着微笑。他们也觉得一个成年人这样玩很有趣，但他们几乎不参与或很少参与。要么是什么桎梏住了他们，让他们想参与又不太好意思；要么就是他们不想玩，他们自身已经感受不到这些东西的好玩了，就像大人已经不会为一根棒棒糖而惊喜一样。而这两种情况无论是哪一种，都是悲哀的。

要想抵达天真，突破心灵上的桎梏是很重要的一环。这方面的桎梏可能有两种：一种是在乎别人怎么看，另一种是自己给自己的：觉得这个年龄不该做这个或玩这个了。

怎么解除这两种桎梏呢？
第一种，由"在乎别人怎么看"变为"不在乎别人怎么看"，在前面已经有详细阐述了。

第二种,"觉得这个年龄不该做这个或玩这个了",首先得分析产生这种想法的根源和内心逻辑是什么。这种想法有时候是外界给的,长期默化成为了自己内心的想法,比如:年龄偏见。本质上,还是在乎别人怎么看。但是时间久了,自己也会形成了一道无形的槛。有时候,就是这一类人本身就是性格上自我设限良多,不仅给自己设限,也给别人设限,比如上面说的"外界"这个群体,其实也就是这一部分喜欢设限的人形成的群体。

那怎样做到不喜欢给自己的内心设限呢,喜欢给自己设限的其中一个根源在于自卑,可能是一望可见的明显的自卑,也可能是深层次的、自身觉察不到的自卑。

深层次的自卑往往自己和很多人都看不出来,往往还会表现为狂妄自大,让自己和别人都以为是自信。比如,深层次自卑的人往往会喜欢什么都说自己的好,贬低他人,通过贬低他人来抬高自己。而真正自信的人往往喜欢自嘲,会由衷地赞美他人。

如果要让自己不自卑,获得真正的自信,你就得提升自己,提升自己的内在积蕴与能力,这是唯一的路径,每天哪怕进步一点点,你的自信心和内心踏实感都会多一点点。

喜欢给自己设限的第二个根源,在于害怕失败。自信的人也会害怕失败。有的人很少失败,他会容不下失败。而有的人经常失败,也会害怕又一次失败。所以是否害怕失败并不在于从前的失败体验的多少。

怎么做到不害怕失败?
首先,别总盯着成功的人和事例,你要意识到,其实失败才是人生的常态。就连李白这样才华震古烁今,在当世便已受到尊敬和追捧的人,尚发出"欲渡黄河冰塞川,将登太行雪满山"的感慨,由此可见:左右碰壁、东跌西倒并不是你一个人的专利,而是人之常情。
第二,你不要把失败的结果看成是失败本身全部。别忘了,你为一个事物或目标奋斗与挑战是一个过程,你在这个过程里总有收获,知道什么是不能做的,这也是收获。我们常把经验和教训分开来表达,其实教训也是经验。哪怕你只是挑战点一个新菜,吃到了并不好吃,你也总能从中学到些什么。

很多人去到一个餐馆，都喜欢点一些熟悉的菜。而我偏偏喜欢找从来没吃过的菜来点。

本质上，他们就是害怕没吃过的菜不好吃，就是害怕失败。所以看到点菜保守的人，几乎可以判断出是一个喜欢给心灵设限的人。

让他们抵达天真，自然就比不喜欢给自己心灵设限的人更难。

常见的还有关于"青春"的设限，关于"什么时候开始做一件事"的设限……这些本质上都是关于年龄的设限。

比如很多人喜欢怀念青春，这就是给青春加上了年龄的限制。青春更多的是在于灵魂与心态，而不是年龄，因此又何必自行加上这个限制呢？

我从来不怀念青春，因为我觉得自己一直在青春中。

至于"什么时候开始做一件事"，你就记住那句话"开始一件事最好的时间是十年前，然后就是现在！"，然后就开始追逐你的梦想吧！别再犹豫迟疑了！

我常说："我根本不在乎我在别人心目中的形象，因为我本来就没形象。"

没形象是不可能的，这里的意思，就是你在别人心里没有自己想象的那么重要，也就是"别人没那么关心你"。

很多时候别人只是把你当作茶余饭后的谈资，无聊之时嘴边咀嚼的几句话，根本就并非真正的关心，你的健康与生命对他来说无足轻重，如此，你又何必在意自己在这些人心目中的"形象"呢？

一个真正关心你、爱你的人，一定不会因为你的"形象"而动摇他对你的关心和爱。而一个不关心你的人，你也没必要在乎自己在他心目中的形象。

——因此，完全不必在意自己在别人心目中的形象，而给自己带来无谓的桎梏。

我常常穿不同颜色的袜子，有时候是因为匆忙间找不到同色的了，有时候是因为觉得这样甚为有趣。同学聚会也常常背一个几十元的布包，只因觉得它轻松又方便。我也从来不注意别人用的包穿的衣服是什么牌子的。其实我有几个比较好的包，也就是"牌子"包，但觉背起来不轻松自在，又不能乱扔乱放，又不能胡塞东西，又不能洗，所以选择了自己觉得轻松自在的物事。

我之所以可以如此随心随性，
第一是因为我内在的自信，足以让我不在意这些外饰；
第二则是我清晰明白前面的"两点意识"，即"没那么多人关心你"及"你做得再好也总会有人不满意"这两点意识，以及"真正关心你的人不会轻易菲薄你，不关心你的人你无需在意"的逻辑。

我调侃地说过：干一些肆意妄为的事儿本来是假设没有观众的，如果有观众，也不要不好意思，而应该高兴地想："没想到我居然还有观众啊！"，毕竟在这匆忙的社会里能停下来看你一眼的人也不多了。

好，这个时候你不在乎他人怎么看了，也就是——差不多可以"任性"了。
以澄澈透明的内心为基础，具备了随心、随性、随兴的"任性"，再加上一颗"童心"，很快就可以——抵达天真。

然后，我们说童心。童心这个概念本身不难理解，重点在于：如何在成年后依然保有童心？

我们在这里说的"童心"，是：
一颗仍保有童趣、识得童趣、又能参与童趣的心灵。

为什么令致君尚未抵达天真？"不在乎他人怎么看"他还是有的，那他缺失了什么呢？
他就是少了一点童心。

如我说带个弹弓玩时，对这种童年时期的玩物，成人时忽又想起要玩一玩，他的第一反应不是颇觉惊喜或有趣，而是想到别的，便可看出：他是一个缺少童心的人。

他现在处于追求"成熟"的阶段,而且,也比较成功了,他已经足够成熟了,而且是褒义上的成熟,甚至有点"过于成熟"了。不知将来到了某个时候,他是否有机缘意识到天真最可贵呢?

我即使当面直接告诉他这一点,大约也是无用的,只因:人在大多时候是无法他度的,只能自度。

五

天真,是真善美的"真"的子集。真善美的"真",本身自然是包括天真的。但在"真善美"一语的常用语境里,往往偏于"真实、真诚",而天真是比"真实、真诚"等更高境地的"真",所以我要把天真另起一篇来阐述。

何以天真是比"真实、真诚"等更高境地的"真"呢?因:
如天真,必真实、真诚;
如真实、真诚,却未必到达天真。

说到天真,不免想到孩子。我常感慨人的孩童时期,大约 6 岁以前,仿佛与成人不是一个物种。彼时是天使,后来则是一个愈发"接地气"的人,愈发有些泥泞浑浊了。(注:此处"接地气"非本义,本义为褒,此偏于贬)

"常德不离,复归于婴儿。"

赤子的心灵是未被沾染的,处于一个纯净透明的状态,因而是最有灵性和智慧的。

"大人者,不失其赤子之心也。"

赤子之心因无机心,方得心境开阔,方有大格局。

我与令致君第一次交流时，说"人最终还是追求活回去的状态"，其实便是说"人的最终追求是抵达天真"。

六

孩子们不仅智慧斐然，乐趣也多姿多彩。

他们澄澈透明，心无旁骛，所以能发现和感受到很多细微之处的美好，他们对趣与美的感觉、触觉是大人远不能及的。

我参与过不少小孩子的玩乐，皆觉兴味盎然，对他们来说，快乐与乐趣完全是随手撷来。一切大人们熟视无睹的、早已麻木的事物，他们都可从中觅得乐趣，在他们面前，大人应自惭形秽，多向他们学习与请教，或是亲身参与，自己领悟到孩子们的快乐之道。

说几个我参与的，或在一旁静观的孩子们的游戏。

玩蜗牛：

蜗牛身上的细菌较多，所以首先告知他们不要直接用手触摸。于是他们用树枝挑来一只蜗牛，找了一片树叶，把它放在上面，说是它的床，又找来了另一片树叶，盖在它身上，说是给它当被子，反正蜗牛爬得慢，既然有被子，也就享受了，毕竟一时半会也爬不出去。一会儿，想了一想，又觉得它需要一个枕头，于是摘了一片柔软的树叶，折叠几下，垫在身下，便成了枕头，孩子们还啧啧称赞枕头的舒适度，说蜗牛一定为之满意。

忽然，他们又发现了一只小蜗牛，于是用一片树叶放在它爬行的轨迹前方，待它慢慢爬入，便连树叶带小蜗牛一起捧起，将它送至大的蜗牛身边，就此给它赐送了一个"宝宝"，于是蜗牛妈妈和蜗牛宝宝一起，乐趣就更多了，想象出来的故事情节也更多了，给它们安排的家当也更多了。另有再让一人扮蜗牛妈妈，一人扮蜗牛宝宝，二人相互对话，台词也是童兴斐然，妙趣横生，不时令人捧腹。

此时第三人忽在不远处大呼小叫，原来是发现了一只更大的蜗牛，此时自然便成全了"一家三口"：蜗牛爸爸，蜗牛妈妈，蜗牛宝宝，相信再发现一只，便又成了"一家四口"，姐妹兄弟齐全了之后，更是好戏多多，比如一起逛公园，一起上学，甚至一起打架……只有我们想不到的，没有孩子们想不到的，这正是孩子们的智慧与灵性闪光之时。

盖一所昆虫学校：

孩子们在公园里地上发现了一个椰子壳，还有几片棕榈树的树皮，这可是"重大发现"，于是他们都兴奋起来，纷纷出谋划策，决心要好好利用这几块树皮和椰子壳。其中一个说要拿椰子壳当橄榄球打，一个说用树皮扎在身上扮成原始人，另一个说……众说纷纭，幸而君子只辩不争，最后达成了协议：盖一所昆虫学校。

结果一出，马上各司其职，你找树枝，我找树叶，他找花草，还有负责找昆虫的……一切有条不紊，纷而不乱。不多时，所有人都完成了自己的使命，树枝的长短齐备，树叶的大小皆有，花草的甚至能弄来奇花异草，让众人惊叹一番。找昆虫的回来了，虽然只是几只蚂蚁，也令大家欢喜不已，表扬一阵。于是开始搭建昆虫学校。

搭建时少不得有各种意见，最后竟都能以君子和而不同的场面互相成全、达成一致、皆大欢喜。忽然一人说椰子壳另作他用，大家同意了，一人就没有椰子壳之后该建筑是否牢固提出异议，众人信心满满地各拍胸脯，向其担保自己的建筑技术一定过硬，那人便半信半疑地"信服"了。于是大家齐心协力，把几片棕榈树皮左搭右撑，一边讨论着哪片树皮适合用在哪里，不一会儿，竟搭出了一个像模像样的圆形建筑来，竟有几分似一个以建筑美而著名的场馆。

一人提出现在的形状似乎不够美观，于是大家改变了其中一片树皮的方向，没想忽然整个塌了，大家并未互相埋怨，而是哈哈大笑，并提出了另一个方案，于是马上投入新的方案中去，这次搭出来的既美观又牢固，几个孩子轮番用手摁了摁，均未塌倒，众人极其满意，便开始安置昆虫入学事宜。

没想因众人专注于建筑,那几只蚂蚁跑了,一人自告奋勇:"我去找几只来。"另一人:"我也去。"在双倍于前的力量之下,找来了更多的蚂蚁,据说是一人用自己的糖吸引来的,还有一只一动不动的知了,众人欢呼雀跃,赞他俩聪慧过人,又企图逗玩知了,哪知那知了毫不理睬,兀自出尘,于是大家安排它作了"老师"。

这些只蚂蚁因体形原因,自然便成了学生,正待将二者放入开始传道授业,忽一人又大叫:"还没有课桌和椅子!"众人叹他周全,便又开始考虑学校的硬件设施事宜,这下可好,越发觉得这学校简陋,是不可忍,必得参照名牌私立学校的规格标准。于是此学校滑梯、秋千、跷跷板这些"必须得有"之物接踵而来,一一成形,有模有样,一应俱全。接下来,运动场、图书馆自然也不可少,更有游泳池、游乐场这种提高学生"学校生活品质"的"奢侈设施"……。

一娃忽想起自己的经历,大呼:"滑梯应该通向泳池!",余人恍悟般附和:"对对对"、"我怎么没想到呢!",仿佛做出来了自己便能亲身享受到一般,纷纷赞同说:"这样才好玩!"

由此,一所"贵族学校"便搭建成功。那些只蚂蚁有了糖,虽又遭疏忽却是不会跑了,又有糖吃,又得学上,还可边吃边上,岂不美哉。于是便浑浑噩噩地被送入了学校。那知了老师一直矜持,学生们是那"糖上的蚂蚁",欢快活泼,一时间,课堂气氛活跃起来。

一会儿,下课了,几只蚂蚁被送到滑梯上,在欢呼声中一路"滑"至泳池,又有人替他们表示开心;几只被送到球场,佯装下一节是体育课;几只被送到小卖部,买了些饼干屑;又几只被罚站,却又不战战兢兢,而是跃跃欲到处乱转,知了老师的替身们一番责备批评,又以糖引诱,方才老实罚站,又称不上多老实,只是没有再往外跑,只在糖边游窜。

孩子们玩极尽兴,忽然想起学校竟连名份也无,谁路过会知道这是一所昆虫学校呢?只当是几片树皮踢了扫了怎办。于是向我要来一支笔,在树叶上写下"昆虫学校"几个大字,用几根树枝穿插固定于该建筑物上,再三端详,方觉满意。

我上前,对此珍品从各个角度拍了几张照片,孩子们争相要看,让我再多拍几张。

离去时，孩子们均对此卓越成果恋恋不舍，回顾频频，忽又跑回，将它放入一"安全地带"——草丛的内部，方觉放心，这才欣然离去，相约明日再来。

还有打水仗，捉泥鳅，追木棉……并给木棉飘飞的日子立了一个节日唤作"棉花节"，一边为追上的每朵木棉雀跃，一边大喊"棉花节到了"，作为大人在一旁也不免动容，遂加入追逐，共享共得这自然天真纯净之趣。

与之相反的是，一次我与一人路过海边的滩涂，上面惊现许多跳起来的小鱼，我俩都是第一次见，讶异之极，互问"这是什么？"。我说就叫"跳跳鱼"吧，后来知道这就真叫"跳跳鱼"，于是我跑上前去仔细观看此新奇之物，那人却躲在荫凉处不愿前往，我连邀数次，他说"太阳太大了，不想晒太阳"，我笑"我一女子都不在意，你竟如此害怕"，始发现一部分大人童心已失，不知终日噩噩于何物，对新鲜事物竟丝毫兴趣也没有了。

这一专题的前面的话"很多被视为'疯子'或'疯疯癫癫'的人，无非是以成人之躯行孩童之事"，其实二者之间谁是清醒的谁被尘土蒙蔽了，还未可知呢。

很多被视为或笑言为"疯子"或"疯疯癫癫"的人，只不过是恣意而行，或快意而活，其内心其实比常人更通透，只是自己想依着一颗未泯的天真童心，尽得童稚之趣、童稚之乐罢了。

当今社会，泥沙俱下，在此浊世间打滚，一颗赤子之心尤显可贵，拥有"天真"的人，便是如一片砾石滩上的钻石、珍珠，剔透纯净且宝贵，遇到了，当珍惜为上。

所以人也不必刻意不以物喜，人生当快意，以赤子之心，尽"童稚之乐，童稚之情"，不必在意他人眼光，其实他人多是羡慕而又不敢为之。

说不定令致君也会觉得我是个"疯子"或"疯疯癫癫"，我便把唐伯虎的诗改一下：世人笑我太疯癫，我笑世人不疯癫。

前文提及，在第一次交流时，我与令致君提及"人最终还是活回去为好"，但他所处的思想阶段，还并未到达天真，希望他有一日可抵达天真。

澄澈透明

纵使世事变幻，我依然选择成为那林中的清泉，天上的云

人生是一个不断净化的过程。

保持简单是一种能力。

一

与我们固有的认知恰恰相反，人生不是一个走向复杂的过程，而是一个不断自我净化的过程。

心无旁骛，掸净尘埃，才是我们真正要努力的方向，而不是向心上堆积越来越多的东西。

不但内心要净化，大脑也要有获取"一片空白"的能力。

如能做到驾驭自如，该思考时思考，该放空时放空至"一片空白"，那才是最高的能力所在。

所以无论心灵还是大脑，我们的最高追求都是澄澈透明的状态与境界。

正如我与令致君第一次交流时所说的：活回去。

因为孩子的心灵和大脑都是澄澈透明的，而且是天然光洁的，即使偶尔落物，瞬间自己就滑走了。

而我们的心与脑的那片"台"，却在岁月的磨砺中变得粗糙，因而摩擦力变大，一旦落物，便难以自行滑开。

所以我们希望获得纯粹，希望获得纯粹带给我们的欢喜，便不但要时时掸扫心台，还要从根本上解决一个问题：让心台回复初本的光滑、光洁，使其不易着物。

如何让心台由粗糙变回光滑？令其不易着物积尘？

我思考而出的方法有：

一、多与纯粹美好的事物接触，如大自然、孩子。
二、从思想认识上，意识到"心不着物"方为自然大道，机心智巧实为下策。

时时掸扫表面，自然是必要的，但那只是作用于表面，如心台本质仍是一个粗糙的物体，那很快、很容易地便又重新沾尘惹垢。因此，我们需从改造心台本身入手，使其成为一个不易沾惹尘埃污垢的物体，才是我们真正应该着手努力的、根本的方向。

就正如莲花一般，出污泥而不染，濯清涟而不妖，方才是大道真理。
因我们不可能生活在真空与象牙塔。事实上，我们不仅不生活在真空，还是生活在一个尘埃遍布几至铺天盖地的浑浊世间，如不具备本身光洁的内心，恐怕尚来不及时时掸扫动辄便沾染上的尘垢，便早已被滔天浊泥吞没而找寻不回本物了。

我们应从"道"的层面上意识到，世间运行于底层的、起底层支配作用的，往往是最纯粹质朴的内容，而非众多的外物加之的复杂浮夸之术。

可惜大多数人终其一生，也未能意识到这一点，浊流经过时，他们便被这浊流所牵引迷障，混入这污浊，心台亦由此变得愈来愈粗糙，导致一直寻找不到真正的人生道路，最后遗憾一生。

其实人一生的最终极的追求，就是驾驭自己的内心和大脑。

二

内心的澄澈透明有两种：
自觉的澄澈透明与自发的澄澈透明。

自发的，便是孩童才有的、未经世事的纯净、无机，因其为未经世事所致，就宛如山中刚从泉眼里跃出的清泉小溪，尚未经一路的风尘、泥土、颠簸，未吸收外来的杂质，又未生内心的烦恼，因此的澄澈透明，乃是与生俱来。如同人类社会发展中的原始社会，一切皆质朴初生，一切皆出于本原初心。

而自觉的澄澈透明，则是一个成人，经历过岁月风沙的侵蚀淘洗、世事的颠扑之后，即使四周浊流横行，一路风尘仆仆，内心数经挣扎，依然不受现实的侵刻腐蚀，而保持着如初生赤子般的天真、纯净、质朴、挚诚的内心。虽一路风雨霜雪、泥沙尘土，却似一无所染，无所挂碍。就宛如千年的冰川，虽历经世事沧桑磨砺，却仍纯净剔透宛如赤子。

一是刚跃出林间的小溪，是未经岁月的清澈；
一是千年的冰川，是历尽沧桑的纯净。
这便是自发的澄澈透明与自觉的澄澈透明之区别。
哪个更难能，哪个更可贵，一望可知。

我写过一段话：

大多数人都没什么研究价值，他们都是一望可知的庸俗。一个人变得庸俗的内心发展过程大抵都一样，无非就是变得虚伪圆滑世故虚与委蛇唯利是图八面玲珑，而自以为这就是成熟。

只有极少数人有研究价值，就是成年以后依然纯粹的，能保持简单的人。稍微其次一种就是纯粹的、思想深刻但还未抵达天真的。

（有一种人是天生直肠子，天生大大咧咧，说话不经大脑的，这种也毫无研究价值。）

因为成年以后依然保持简单是一种能力，而每个人是如何获得这种能力的应有不同，所以这是具有人文研究价值的。

而变得庸俗就很容易了，只需要随波逐流就行了。

有一句话说："未经世事的纯朴不是真纯朴。"

而经历了岁月世事依然纯朴的，都是"大人"。
（"大人者，不失其赤子之心也"）。

因此，珍惜你身边的、认识的人里那些内心依然纯粹的人，尤其是三十岁之后，依然像个孩子般纯净透明、真挚美好的人，在这个风霜雨雪、尘土飞扬的世间，仍能做到如此，实在是需要极其强大的屏蔽外界侵蚀、保持初本之心的能力的。

三

伟大的灵魂大多是纯粹的，如上所言"大人者，不失其赤子之心也"，依据于此，我们可以有一个猜想：

反过来，一个人要想突破与超越自我，在行动上即"术"上的努力自不必说；在心灵上，也即于"道"上，应该首先让自己的心灵变得更纯粹、更澄澈，就更有利于突破和超越自我，而取得更高远的人生成就。

生活情趣　文士意趣（一）

一

一个人需要很多钱才能过上有品质的生活吗？

有一段时间我生活颇为困窘，贵的东西是吃不起了也买不起了，买的东西大多是比较便宜的，但仍然觉得其中趣味多多。

要举例子竟然有点数不胜数：

比如没有钱买好茶叶，我便买了些淡竹叶，十几元一瓶，泡之，色香宜人，韵致十分，并写下一段：

淡竹叶，气味皆清，且一个清字可概括一切，无回甘，无余韵，只有一层，可以说几乎全无层次感，至清、至浅，如处子，如初生婴儿，一清二白，坦然无挂碍。冲泡之时，其态清雅，竹之气韵弥漫杯间，涤尘洗性，见之忘俗，品之忘忧。

我又发现煮冬瓜鸭子汤时，把汤煮好了，倒入挖了一部分馅的生冬瓜里，会平添一股清新的清香之气，注意要保留一厚层馅。喝第二盅汤时，因为外面一层的冬瓜馅烫得有点儿熟了，便少了清新，此时将它们挖得松快一点，倒入第二次汤，就仍然会有清新之气渗入汤内。

因此，经济拮据的时候，也未必就不能好好待自己。

即使是生活困窘时，我吃火锅，仍会备几个碗，一个盛清汤锅底的涮料，一个盛麻辣锅底的涮料，一个放香油盛清汤锅底的涮料，一个放香油盛麻辣锅底的涮料，如统统放到一个碗里，味道混杂了，便无法品尝出纯粹的食物美味，这样也太粗糙了。对此行为，我自嘲而笑称为"穷讲究"。

夏日，买了几颗碗莲种子，放在一个直径30厘米左右的小塑料脸盆里，再买了几尾小鱼，待莲子长出茎叶，小鱼在其中倏忽穿梭，时隐时现。轻轻一拨莲叶，它们便摇着尾巴快速地四下窜开，洒一点鱼食，它们便又聚拢而来，游弋的姿态很是优美灵逸，生趣十足。莲的茎叶虽细小，其千姿百态、袅袅婷婷的意趣竟不输真正的荷塘里的莲花。一个小小的塑料脸盆，几株小小的碗莲，几条小小的鱼，竟似构筑成了一个微缩的荷塘景观。而这总共，只是二十几元的花费。

我常常会在这不足30公分的荷塘边上蹲上好一会儿，目光追踪着小鱼们的行迹。有时，我会盯着其中一条，看它这一会儿游到哪里，下一会儿游到哪里，有时它们会躺在荷叶下阴凉的地方小憩，有时会出来晒一下太阳（这是我猜测的），眼神紧紧跟着它们的行迹，竟似自己的神魂也在这水中自由自在地游弋起来，真可谓"悠哉游哉"。

清晨，跟真正的荷塘里的莲叶一样，会不时有露珠凝动在这小小的莲叶上。每天早上，我将露珠的出现视为一个惊喜，如有露珠，我便会惊喜地大叫起来，仿佛它是一颗什么珍宝落在了莲叶上。如用珍宝来形容，该用什么呢？其润似珍珠，光泽如琥珀，剔透晶莹又似钻石，而其灵动，竟无一珠宝能及……啊，我猜想小孩子得到了一颗棒棒糖的惊喜大概也是这般吧？我又不禁为自己获得了孩童的乐趣而骄傲自得起来，并迫不及待地与人分享。

露珠在莲叶上的形状变化多端，而且不管怎么变，无论什么形态都带着一种雅致的优美，甚至可以说是"优雅"。观察它们的形态，也是我的乐趣之一。

光是这小小的微不足道的莲叶上的露珠，便给予了我两个不小的乐趣，或者说是被我发掘了两个乐趣：一是它忽然莅临的乐趣，二是观赏其形态或形态变化的乐趣。生活之喜，岂只喜在奢侈、钱财？简直是步步有惊喜，只要有一颗善于发现和感受美好的心灵，它就可以"步步生莲"。

自从发现了露珠会出现,每天早上我起床之后,第一件事竟是奔向阳台,看看今天是否有这清晨的精灵莅临我的住所,如有的话,竟会生起一种感恩戴德之情,可能是对自然、造物主的感恩吧!脸也先不洗,牙也先不刷,只先蹲着静静欣赏好一会儿。

有人会问:你这好一会儿到底看什么呢?其实它的光泽、形态都非常美丽,十分值得好好欣赏一番。再者它与莲叶一起,便如同一幅画一般,我们欣赏一幅画,不也常常驻足一阵,沉浸其中吗?这也许便是"静美"。如非要从道理上分析,兴许是这个画面带给了我美的享受,我便想好好享受一番,所以便能为此小小的简单的事物呆上好一会儿了。

露珠之美,有"静美",亦有"动美",当它叽哩咕噜地在莲叶上滚来滚去,变幻出不同的形状的时候;当它一个不慎忽然滚落入"荷塘",将小鱼惊得四处逃散的时候,我往往会为这生机盎然的趣味会心地"呵呵呵"笑出声来。

如果没有露珠,我也会"人工"造一颗或几颗,即把莲叶轻轻按一下,让水没过它,等到再浮起来时,便会带上一两颗"露珠",一样的天真可爱。

一个小脸盆,竟似乎盛了一个小世界。

光是这小小脸盆里的"荷塘",我也描述了这么多文字,可见情趣和浪漫并不需要多有钱,关键是一颗善于发现美的心灵。现代人往往忽略这些轻易便可获得与造就的美好,觉得只有用金钱才能买来享受和浪漫,实在是谬哉!

为什么现代人对美的感受如此鲁钝?除了生活节奏太快之外,还有当下社会一些不那么纯净的价值观的影响与作用,以至于人们的心灵容易蒙上一层厚厚的灰尘,找不回自己的初衷,也迷失了自我。没有一颗澄澈透明的心,如同没有一束清灵的光明,怎么能照见灵性的、细微的美丽呢?

二

我特别喜欢的一段话：

是时，风和日丽，遍地黄金，青衫红袖，越阡度陌，蝶蜂乱飞，令人不饮自醉。既而酒肴俱熟，坐地大嚼。担者颇不俗，拉与同饮。游人见之，莫不羡为奇想。杯盘狼藉，各已陶然，或坐或卧，或歌或啸。红日将颓，余思粥，担者即为买米煮之，果腹而归。

同样是这段话，我在阐述"率性"一章也提过，那章里的评论是：

其中"坐地大嚼"与"陶然，或坐或卧，或歌或啸"极为吸引我，觉得实在是酣畅淋漓，汪洋恣肆，"胡作非为"，不拘一格……甚得我心。

在当世，我如何寻得如是一群疏狂任真恣肆之人？与我一起疯疯癫癫地尽情尽兴呢？

为何在此却又提一次？只因这一段可窥见或发掘出不同的人文内涵，除了可以感慨其率真率性之外，还有一个精髓：当时作者沈复夫妇二人，也并不宽裕，但依然如此有生活情趣。可见是否有情趣在于内心是否丰盈，内心丰盈方有雅致之兴，而不在于是否富贵，富贵却生活得如牛嚼牡丹的人多的是。

其实很多行为，都是可以发掘出不同的人文内涵的，又如我在"天真与成熟"一章提到：

我在小区院子里踱步的时候，忽然下起了雨，一阵凉爽的风吹过，本来想躲雨的我忽然觉得这风实在太舒服，不吹可惜了，于是也不躲雨了，这么一来居然又觉得雨淋在身上也挺舒服的，反正随时可回家换衣，何不尽享这好风爽雨？
于是我现在看起来可能跟个非正常人类差不多，在大雨点中走来走去，不时还对着没人的方向咧开嘴笑一下。

这一段，同样亦可发掘出本章所阐述的论点，即关于生活情趣与意趣的。大自然的平白送给我们的好风好雨，善于感受和发现生活中的美与乐趣的人，自然便晓得好好在其中沐浴享受一番，那种酣畅，不比花钱享受的事物差，有的甚至胜之。那天我大概在此等风中雨里徘徊了一个小时罢，因为雨一阵有一阵无，所以我每次只淋了一小会儿，乌云便又飘走了，故能徘徊这么长时间。总之是恋恋不舍，若非肚子饿得不行了，仍不想离去呢！

三

我在作此章时不经意间翻到了以前写的一篇备忘录，竟与本章如此契合：

最近因为学完近期所有想学的东西，便大有闲情逸致，于是我做了以下的事情：

1：在阳光下看一本"无用之书"；
2：东拼西凑出一些古琴的名字；
3：自己煮了一锅凉粉；
4：在夜晚慢慢地熬一锅卤水，卤一块牛肉和几片海带；
5：做咸鸡蛋，对，是鸡蛋。

另外还要：

1、熬一碗草莓酱（草莓不可太烂也不可不烂，太烂失了鲜美，不烂则口感之绵软不足，色彩不可煮到变暗，要绵软之余保持鲜红，不然观之影响食欲，食之味不够新鲜。酱身不可太甜，也不可太酸，总之要"酸甜可口"。使用的草莓不可太甜，却可以偏酸，因为过甜不能加酸，偏酸却可以加糖）。

2、做一锅蛋炒饭：先将蛋炒熟，放盐让其略偏咸，铲出，再放油炒饭，饭炒热后，可放盐可不放，如放，则其咸度需低于蛋的咸度，饭处理好后，再把蛋重新放入锅内，和饭一起再炒几下，出锅。

为何饭只放油不放盐或虽放盐却需低于蛋的咸度呢？因为每当你吃入一口饭加蛋，蛋的超出饭的那部分咸都如画龙之后那笔点睛，让你舌蕾一激，达到巅峰感。

3、酿一壶果酒，果子大致是山葡萄、青梅。

另外想起以前一个很妙的吃法：用一把不锈钢勺子，放一小团饭，上面放一尾虾，清蒸去壳，虾身上滴一滴橄榄油，滴几滴菇酱，橄榄油要空口喝能喝出橄榄清香的。

此时，油与酱的放置位置就很微妙了，如果先入口为油，后入口为酱，则前调为橄榄油的清香，后调为菇酱的悠远风味；如果先入口为酱，后入口为油，则前后调互换，此二种放法，各有风味。

这一团饭不可过多，也不可过少。饭太多，充满了口腔空间，用于回味迂回的空间就少了，油酱二者的风味便无挥发空间，影响对橄榄油与菇酱的回味；饭太少则一口感不饱满，二油酱之腻的中和者少了，此时会觉偏于油腻。

其实，最有闲情逸致的是，我居然把这些写下来了。

夏天的晚上，自己煮一锅凉粉，跟直接买一碗凉粉相比，吃起来的感受丰满得多，煮的过程亦是一段美妙的时光。与炒菜不一样，它无需放油，也就似乎多了些"清趣"。

首先用一碗水将凉粉调开，然后加七至九碗水，一边煮一边搅拌，待水沸腾便可盛起，冷却后放入冰箱冷藏，需要时挖几块，浇以蜂蜜、糖水甚至各种果汁、饮料……你能想到的任何物事都可尝试一番，洒上一些配凉粉吃的果仁如瓜子仁、葡萄干等，一碗下肚，清凉惬意，将夏日躁烦一下子清洗而净。过程很是简单，花费也极低廉，由此而得的满足与趣乐却萦绕身心，盈满夏日。

一日享用罢这美味，写下一段：

自己煮了一锅凉粉，拌上白糖，走出阳台，凉风习习，拉一张木凳坐下，对着月色就着凉风吃凉粉，好生惬意，正巧阳台上茉莉花开得芬芳，随手摘了几朵，撒入碗内，坐下来。

此时不想坐其他材质的凳子，唯有木凳配这个夜晚，虽说我最爱竹质，虽说竹凳材质也是天然，但今晚配它还是有些凉了，其他的，皮的、塑料的，都不适合此情此景此感，嗯，这个时刻就是木凳最好。

我还需要什么？我好像什么也不需要了，在这清泉般的夜晚，我只需要余生皆如此时此刻一般，大脑和内心一片澄澈罢了。

雪碧冰块：属无意之间的惊喜发现。一日倒了些雪碧在碗内，放入冰箱的冷冻室，本想十分钟之后拿出，谁想忘了，待拿出之时，已成冰块，晶莹剔透，颇为诱人，即使是冰块便也吃了。用一长柄不锈钢勺刮之挖之，尝一口，真觉雪碧本身之清冽与冰的状态质性乃是绝配，一股凉彻从嘴里上贯头顶而出，下穿脚底而逸，实在爽透，忍不住连连刮挖，把一碗的雪碧冰块都吃光了。

其实纵观人类的美食及发明，不少便是在这"错"中而出，这也是一种让人惊喜的"转化"吧。

熬卤水：熬卤水所需时间较长些。于其中的味道反复调制尝试，是个中一大乐趣。

一日熬了一块牛肉，一时香料放得过多，过于辛辣，便加糖中和，一下加糖多了，滋味变得略为平庸，便又加些香料……如此反复品尝调制，出锅之后，滋味让人大为惊喜，竟觉远胜于平日店里所买成品。其间慢火细熬，各个层次的滋味的品赏、相较、定夺，颇有行诗作文的斟酌推敲的雅致之趣。

说到做咸鸡蛋，成规往往是以白酒浸泡之，然后裹上盐。我做食物时喜寻索些新鲜吃法，因此便买来伏特加一瓶，专有一袋为伏特加浸泡的，贴上标签，又突发奇想，弄了一袋为伏特加与白酒（二锅头）混合浸泡的，想看看不同的酒浸泡出来会否滋味有所不同。

结果奇思妙想汨汨而出，最后竟分为了六袋：

一为白酒浸泡，生腌；
二为白酒浸泡，熟腌；
三为伏特加浸泡，生腌；
四为伏特加浸泡，熟腌；

五为白酒伏特加混合浸泡，生腌；
六为白酒伏特加混合浸泡，熟腌。

而后虔诚地放入缸内，等待时光岁月的沉静酝酿。

拼凑古琴的名字：古琴是有自己的名字的，一般根据古琴的颜色、音色、气韵等特征来赋予其名，比如古琴大家管平湖的一把晋琴名"猿啸青萝"，就非常好听。古汉语常常有一种令人宁神静气的优雅，"猿啸青萝"又有一种少见的特别与生动，而又十分高古：一猿挂于崖边青萝之上，长啸入天，唤起悠远的古思，肃然中带着性灵。

一日我兴起，搜罗了一些二字的古琴名，两两组合起来，玩得不亦乐乎。

我搜罗了：玄冰、太古、灵舟、别鹤、猿归、入林……

而后自己搭配组合为：

玄冰别鹤，太古青竹，灵舟独醒，归田入林，昆山清雪……

也可：玄冰清雪 归田别鹤 昆山青竹 灵舟入林 鹤啸猿归

以及读一些美好隽永的词句，不为了炫耀与展示，也未想其用，光因为读的时候，便会觉口角生香，如啜甘露，心灵也感受到了滋养。

我一直认为：

美好的文字是对人的灵魂的滋养。

看似无用，实则有"无用之大用"。

四

　　茉莉花：茉莉花常常被用来泡茶，我想尝试一下它的其他潜能，便以其蒸饭。起初是连生米一起，整个煮饭过程都放在里面，却发现蒸出来的饭花香味并不明显，想了一想：茉莉花主要在其清香之气，若将其煮烂熟了，哪还有什么清香？于是下一次时，便在饭熟之后再放进去焖一会儿，再吃，还是花香不明显。又思忖，不如就把饭盛到碗里之后，再将花埋入饭内，捂一会儿再吃。如此多次试验，终于找到了让茉莉花香充分发挥其"才能"的吃法。吃起来，便是米香混着茉莉花的清香，白米本就是清香淡甜，与茉莉花香一起，可谓相得益彰，互相成就。

　　桔子花：桔子花很少人在饮食中使用，其实是一味非常美妙的调味品，可谓美食江湖中的"遗珠"一枚。
　　一日，窗下有一棵桔子树，开满了桔子花，忍不住再三去嗅，一股清辛之香遂即贯入头脑心肺，的确当得上"沁人心脾"几个字，困倦之时闻一闻亦让人变得清醒。我突发奇想，将其泡入咖啡之中，加了些糖，为免甜腻，加入几片茶叶，以其清涩中和之，泡了一会儿，便拿来喝。这桔子花咖啡茶别有风味，醇厚中带着清辛，既甘醇又清新，既温暖又醒神，让人难忘。并且水面一朵朵小小白花，因其花瓣厚实，不易泡软，所以花形得以保持，颜色纯白，形态舒展，观之怡人，饮之沁人，嗅之醒人，实在是花饮里的一个成功的"最新发现"，也可以说是"发明"了。

　　这些物事，都是最廉价的东西中撷取，丝毫不超出"温饱"的生活水平，便可得而获之。只是看一个人有否"风雅之心"、"闲情逸志"来去作搭配罢了。

　　而关于"闲情逸致"，与时间多少并无关系，我在"心安之所"一章有所细致阐述，其只在于你的心灵是否有所触觉。

　　因此，我觉得当下社会，追求的东西大多是舍本逐末，身边众多轻易可创造的美好，却以为要向那奢侈中方能追求欢乐，实在是偏离了自然之道而谬矣。

　　物质上的奢华掩饰不了心灵的粗鄙，而风雅之心，无需过多的物质支撑，只需要首先内心洁净，即使身处浊世之中，声色犬马纸醉金迷之内，亦能"出淤泥而不染，濯清涟而不妖"，洁身自好，便禅道自悟，风雅自生。

西方的雅大多体现为"高雅"，而中国的雅除了有"高雅"，还有自己特有的雅，那就是"风雅"。我个人是更喜欢"风雅"的，总觉得若要"高雅"，便不能那么随意，而"风雅"，底子里却是以"随意、随性"为内心根基的，甚至基本上是越随性便越显风雅，那便更符合人的自然状态，更得"初"、"真"之妙谛，所以我个人更喜欢"风雅"一些。

生活情趣　文士意趣（二）

一

　　我在前文中谈至：在阳光下看一些"无用之书"。当下，很多人其实是"不读书"的，刷手机自不必说了，就算买书来看，也大多是一些功利性的读物，为谋急功近利之目的所写所读。有的书写的人本就目的不纯，为了赚钱而写，东拼西凑，弄出来一本"垃圾"，看的人看完之后，看起来看了很多，实则一无所获。

　　因为这些书说的都是一些看起来"实用"、"目的明确"实则却是虚浮的东西，无非是应时而生、追风而作，应即用而写，又为利而来，因而大多只会扰乱人的心志，使人做人、行事、思想更抓不住本质，更迷失于浊乱之中。

　　在我看来，读书应多读一些阐释底层思想与智慧的书，它们让人的内心宁静、纯净，从而利于引发深刻的、深沉的、深远的思考。表面上看起来，它们读起来很慢，实际上每一句都充满千古凝炼的智慧，值得我们好好咀嚼、消化、吸收，然后渗透进身体血液，指导我们的行为和思想。如此，便可保持内心的清净与头脑的清醒，不容易在这纷繁浑浊的世间迷乱，在这飞速转动的车轮上失去自我的方向。

二

　　还有养蚕养鸡，竟然也可以养性，这是我才发现的。因从前我是一个不太喜欢养什么物事的人，自觉比较懒散，没法好好照顾小生物。

但一天在路上有人卖蚕宝宝，便买了几条，在网上一搜，竟还有能吐天然彩丝的蚕，不由激起了我对新鲜事物惯有的好奇心，于是买了50粒天然彩丝蚕卵，放在一个小盒子里，垫上一张白纸，撒在上面。

我每天早上起来去看看，但又不特意惦记着，唯恐特意惦记着待它们忽然出壳时便失去了惊喜，这也算是一种在细节中给自己特意制造一份生活情趣吧。

一日，发现几条细小的黑线在蠕动，它们出生了！这是一种生命出现的喜悦，哪怕它们再小再不起眼，当它们降临这个世间时，我一样感觉到了一种惊喜，看到它们，也会像孩子一般大叫起来：蚕宝宝出生了！

每日，我会有几次蹲在它们面前，看着它们慢慢地吃着桑叶，发出沙沙的响声，它们的生活状态与这个沙沙声仿佛有一种魔力，会吸引着人情不自禁地蹲在那里看好一会儿，它们既不活泼地跑跳，姿态百出，又无表情，似乎无知无觉，只知道凭着本能不停地干着同一件事，与人类毫无沟通，但它们呈现出来的状态和声音，却让人感到一种心灵的慰藉。

这是为什么呢？我想，也许是它们似乎在过着一种"慢生活"，慢悠悠的、专注的、心无旁骛的，让人看着亦觉得心平气和、岁月静好。甚至有一日，一亲戚来家里，她竟把装蚕宝宝的盒子放在腿上，手捧着，盯着它们看了近半小时，才抬起头笑着说："看着它们感觉很治愈。"

有时候，美好与人的交流是无声的。若蚕宝宝活泼吵闹，那又是另一种生机。而它们在安静缓慢地生活，竟也传达了一种无言的、无声的力量，给在尘世间匆忙赶路的人们的疲惫心灵以滋润与按摩，这是否也是"大音希声"的内涵之所在呢？

待得它们吐丝，那又是一番惊喜，因为它们虽为彩丝蚕，身体却都是白色的，并看不出将会吐出什么样的丝来，这便给我们带来了一种"彩蛋"般的快乐。我们会在一条蚕眼看快吐丝之前，猜它是什么颜色的，猜对了的便赢得小奖励，颇为好玩。

小小的、安静的、简简单单的蚕宝宝，只需要一个小盒子和一些桑叶，竟既让我们感到静好的慰藉，又带来猜谜的乐趣，而我们所需要的，只是一颗安静感受的心而已。

在当今社会，奢侈品已是乱花渐欲迷人眼，琳琅满目，多不胜数，而一颗宁静的、纯净的心，却成了真正的奢侈，稀有而珍贵。

芦丁鸡又是另一个类型了。它们形体极小，刚出生时大约是两个手指的宽度大小，一不留神就被忽略了，可爱之极。长大至能下蛋了，身体也才一个十岁小孩拳头般大。我疑心它们未被驯化。因为一有机会，看见空档，它们便会趁机飞出来，非常机敏。甚至有一次，它们竟推开笼子的小门，飞了出来，令人赞叹于它们的智商。后来我用透明胶粘住小门，它们又试图使劲啄开透明胶，而且每次专注地往一个地方使劲，我甚至怀疑它们是不是有一定的思想。

后来，我把它们放入了一个小木屋，比起笼子豪华不少，还有一个草窝供它们住宿休憩。

木屋比起铁丝笼子，看起来更有自然的质感和气息，也更温馨、更有"家"的感觉，我猜它们是喜欢的，反正我是喜欢的。

有时，它们又几只一起并排坐在草窝的门口，一动不动，呆呆地看着一个方向，这幅情景，用以阐释"呆若木鸡"再好不过。

有时，它们又如热锅上的蚂蚁，神情着急地在小木屋里来回踱步，不知为了何事。

喂给它们的面包虫，本来是高温烘干的，一次遇水潮湿，竟然复活了，在发酵糠里蠕动，让我一时觉得这个世界是有魔幻存在的，我在小小惊吓之余，更为生命的顽强所感慨，觉得人要是有面包虫这等生命力，简直是近于无敌一般。

每天给它们换水换粮，都有点儿战战兢兢，它们会看到一点空档的机会就趁机飞出来，一副野性未驯的模样。

看着它们玩耍、吃食、喝水，都是一件让人"心旷神怡"的事，为什么一个小木屋里的几只小鸡，会给人带来在广袤天地里才有的感觉，我一时也未得其解。

一日，我忽然悟觉：大约是因为小鸡们每日只管喝水、吃粮、玩耍、发呆，毫无机心，是一个单纯的世界，就如我们观画、欣赏风景，必得是色彩纯净的画面以及风景才能让我们生出心旷神怡之感，因此，小鸡生活的图景，虽不广袤，但因其单纯，也会让人为之感到心境豁然，心神愉悦，所以便也有如广袤风景所能带来的"心旷神怡"之效果。

有时我会看着它们，想：它们能感知到快乐和烦恼吗？如果不能感知，那快乐的事也不能叫快乐，烦恼的事也不能叫烦恼了。又一想：人们都希望过得快乐，其实人们追求的未必是快乐，而是"没有烦恼"。再一想：人们追求的实质上并非是毫无烦恼之事，而是没有事情能令自己觉得烦恼。

——如此下来，竟似明悟了些什么，这也许是这无机心的小生物给我们带来的智慧吧。

古言"格物致知"，我如此，便可叫"格鸡致知"了，想来自己亦会心一笑。

三

我对美食的态度极为纯粹，又或许有些"清高"，此清高不是彼清高，是一种庄严而待之的态度。如何庄严呢？我在每一顿正餐进餐之时，绝对要让大脑放空，以专注于进食，也不让家人与我说话，以免影响我享受美食。每一顿饭我都将其视为享受，而不只是填腹。须知它本就是一种享受，再者人生之中，成年之后，快乐的"标准"日益提高，让人喜悦之事渐少，岂不得多从日常中寻求发掘欢喜？从吃饭中发掘，则是最为容易做到的。

但是很多人都做不到，仅仅将其当作"果腹"之举，那便是大失根本，也是对美食的亵渎。

一次，我特意回老家去，那个我成长的小城，以"吃"而自豪，常以"吃在xx"为宣传。此次便专为吃而回。一般我们这些外地定居的同学回老家，高中同学留在本市工作的，都会宴请一番。但我这次决心纯为美食，便没有告知他们。只因聚会其实吃是其次，聊天是主要的，每次一边聊天一边吃，总觉"食不甘味"。因此为了能够充分地、专心地享受美食，便舍弃了聚会，这也是我这样纯粹的热爱美食者、真正享受"吃"的人，才会做出来的特异之举吧。

若每次进食之前肚子不够放空，未有饿意，我便会来回踱步，让它尽快消化，变得饿一点，这样吃起来，才能更有"享受感"。

对，也许我是把每一顿饭都当成一个"仪式"了，并不是说那种表面的、形式的"仪式"，而是内心的"仪式"。形式上，完全不是毕恭毕敬、拘手拘腿、小心翼翼，而是内心以它为创造人生欢喜的好机会。你大可以手抓饭，又可以大勺喝汤，两手抓住鸡腿毫无仪态地撕光咬净，甚至可以舔盘子，关键是你要能从中感到愉悦和享受，这顿饭就是一个小小的让人欢喜的"仪式"了。

吃好每一顿饭，睡好每一次觉，这就是我的人生信条。

四

有人把这种生活的感受以"淳朴、恬适、自甘"形容，我认为还是很精准的，特别是"自甘"，确实心中有一种甘甜在泛起之感。

我想起与令致君相约曲水流觞，那也是个极尽风雅逸趣的活动。

曲水流觞，是把酒杯放于曲曲弯弯的溪水之中，让其顺水漂流，酒杯停在谁的面前，谁就取杯饮酒。原为古代风俗，于夏历三月上旬的巳日在水边聚会宴饮。后来文人雅士则将此俗发展成名士雅集——酒杯停在谁的面前，不仅取而饮之，还需赋诗一首，如此，便将其"发展升华"为一高逸雅致的精神活动了。

又东晋永和九年三月初三，王羲之与名士谢安、孙绰等四十余人宴集于浙江山阴(今绍兴)兰亭，作曲水流觞之戏。"此地有崇山峻岭，茂林修竹，又有清流激湍，映带左右，引以为流觞曲水，列坐其次。虽无丝竹管弦之盛，一觞一咏，亦足以畅叙幽情"。

这些吟咏之作便被编成《兰亭集》，由王羲之作序，即为《兰亭集序》。

当日我与令致君还认真探讨了以何处作此戏为佳，从而又引发了对隐居的探讨。

我们又尝相约对联，虽未成行，但在当今，能有人与你作如此"风雅古朴"之约，亦已"千载难寻"。

我还"企图"能与令致君于水边一人抚琴，一人吹笛弄箫。不管怎样，想一想也是挺有意思的。"做梦"让我除了拥有现实世界之外，又多拥有了一个诗意的世界。如果幸运的话，甚至能在夜晚的梦里梦到，也可以当作是体验了一下"第二人生"。

由曲水流觞，不由想到古代士大夫的逸趣之事，王徽之雪夜访戴，乘兴而来，兴尽而返，已为千古流转，众人耳熟能详了。

另有一件，《世说新语·简傲》记："王子猷尝行过吴中，见一士大夫家极有好竹，主已知子猷当往，乃洒扫施设，在听事坐相待。王肩舆径造竹下，讽啸良久，主已失望，犹冀还当通，遂直欲出门。主人大不堪，便令左右闭门，不听出。王更以此赏主人，乃留坐，尽欢而去。"

王徽之经过吴中，知道这里有一个士大夫家中有个很好的竹园。而竹园的主人也已经知道王徽之一定会去，就吩咐家里人洒扫庭除，在自家客厅里坐等他的到来。谁知道王徽之却坐着轿子径直来到竹林里吟诵长啸了很久。主人因此十分失望，但还希望他返回时通报一声。可王徽之尽兴之后竟然打算直接离开。主人忍无可忍，就让手下人去关上大门，不让他出去。让人十分意外的是，王徽之因此竟然非常赏识主人并留步，尽情玩了好一阵才离开。

世人引为奇趣而记载，我却能理解他们的做为，因我平日的心境亦有与此相似之处：这其实便是因王徽之是个率性不羁、落拓旷达之人，看竹便是看竹，不想作什么客套寒暄，因此便径直向竹而去，又不欲寒暄便想返出。谁知那主人亦"并非善类"，王徽之见其行事风范出人不意，"很有个性"，竟与自己有几分相似，不由惺惺相惜，不但不愠，反而大感快意及意气相投，遂乐之，因而便欣然留步，一起又玩了好久。

那日我见令致君与人打球，故作推让良久仍未显示"真本事"，便笑他俩就如二人见面非作一番假意寒暄一般,让他俩赶紧直显真章,勿再"惺惺作态"了。这亦便是因我是个看不得假意虚伪作态之人,因而对他俩笑言他俩如此,"简直无法容忍"。

  王徽之此逸事既能说明此二人之有趣,亦能说明他们的率性。所以他们的行为,实质上传递了一种"真"美。而古时文士、名士之风流潇洒之质,风雅高逸之髓,其实便就在于这"率性任真"之中。

真善美

凡真善美，以真为先，善从真出，美好则从善出。真美方为大美，矫饰之美则为下美。

空生净，净生真，真生善美。

一

为何我专门有一章谈"天真"，又特意有一章说"真善美"呢？

天真之真，自然属于真善美之真的范畴，而真善美之真，却有比"天真"更多的内容，后者是前者的子集，因此，必定要特意一章阐述"真善美"。

更何况，还有"善美"呢。

人要有天真，是从自身的状态而言的，即内心要保持天真。
而"真"，既是在于对己也是在于对人，在己而言是纯真、率真，对人而言是真挚、真诚。

在音乐里，摇滚乐往往听起来没有太多的技巧，却以真实、真诚的情感取胜，因而才具有感染力。
反而一些听起来唱歌技术很高、技巧也很多的，失之于花巧，反而失去了打动人的力量。

一个"真"的，不伪饰的人，才是可爱的。

"真"具有一种大巧不工的力量。

因而真善美的真，包括了天真、纯真、率真、真挚、真诚……，仔细品味这各种"真"，它们从一而出，又各不相同。

二

为什么说"空生净，净生真，真生善美"？

一个人的心境空明的时候，必然是纯净无染的，既未被尘垢染污，其本真自然便方可得以显现，而不失本真与初心，方有善与美好的呈现。

而美又有内在与外在的美。内在的美即内心的美好，从真而出是毋庸置疑的。外在的美其实亦是如此，就如你进入金碧辉煌的宫殿，你只会感叹其穷奢极侈，除此之外并无心灵上的太多感受；而当你置身于大自然，其天然的真美则往往会令你的心灵得到震撼与洗涤、净化，又往往令灵魂得以觉悟与升华。因此真美与矫饰之美二者不可同日而语。

平日言"大巧不工"，大美亦不工。

真美便是大美，大美便是真美。

三　真诚与天真

我们有一章专门用以阐述"天真"。而"真诚"与"天真"的关系是如何呢？二者的关系大约是如此：

天真者一定真诚，真诚者未必天真。

如一个人抵达了"天真"的境界，他必然是真诚的。而一个人真诚，却未必能"天真"，因为"天真"还需要拥有率性与童心，心境相较而言需要更为澄澈透明。

所以"天真"是一个比"真诚"更高的境地，这也是为何使用了专门一章，并且以较多的篇幅阐述的原因。

四

真正的爱本身是自带喜悦的，而并不指望回报。"真"、"善"亦是如此。

我们应该意识到：

我们为何"真"、"善"，并不是因为它有回报，而是因为自己内心自生的喜悦。

并且"真"、"善"的收获，往往不是来自于他人，也不应冀望从他人处获得。因为我们知道，现实生活中，即使你对他人"真、善"，往往可能并没有什么收获，甚至还可能收获"伤害"。所以，"真"、"善"的收获，就如"爱"的收获一样，更多的不是来自于他人，而是来自于自己自身的喜悦。

浪漫

什么是浪漫？它是一种梦的能力。

梦不是很虚幻吗？为什么称之为一种能力？

现在的社会越来越现实了，过于现实，势必挤压了梦的空间，挤压了真正的浪漫的空间。

现在表达"浪漫"的手段也是千奇百怪，层出不穷，形式花样百出，迷心乱眼，但真正的浪漫竟似难觅其迹。

浪漫的其中一个解释，是：事物富有诗意，充满幻想。

而在这个诗意与梦想被现实挤压得奄奄一息的时代，怎么可能有真正的浪漫？

真正的浪漫，是心灵的浪漫，是发自于内心的诗意与隽永。

而不是靠各种外在的形式而体现的。

在我看来，

浪漫是一种心境，一种情怀。

而不是一种形式，一种手段。

甚至不可仅以"一种感觉"来描绘形容之，以"感觉"来形容，则失之于狭隘了。

一个浪漫的人，便是一个心中有诗意、有梦、有情怀的人。

心里被名利等外物充塞满了的人，只会搬弄浪漫的外表形式，而并不具备真正的浪漫。

苏东坡经历仕途坎坷，却道出"雪沫乳花浮午盏，蓼茸蒿笋试春盘。人间有味是清欢"，他是浪漫的。

陶渊明辞官归田，吟道"春秫作美酒，酒熟吾自斟"，"欢言酌春酒，摘我园中蔬"，他是浪漫的。

而当现在的人跪服于现实之下，被现实所裹挟，甘被现实扭曲了自我和本心，或颓懒"躺平"，或成为了自己"讨厌的人"的时候，他们即使能用再多的鲜花堆砌出再大的心形，能用再多的车装点出再豪华的门面，他们也是不浪漫的。

真正的浪漫是一种能力，不是用金钱财物堆砌起来的能力，它是一种内心的坚定信念与深长隽永的情意方能构筑而成的能力。

与常见的外在的"浪漫"恰恰相反，一个人是否具有真正的浪漫内心，在失去了金钱与名利地位之后，便更能凸显出来。

穷困拮据之时，仍热爱生活，于细微之处发掘欢乐、乐趣与喜悦，这是浪漫。

不得志时，仍高呼"天生我材必有用，千金散尽还复来"，这是浪漫。

《浮生六记》里芸娘是浪漫的，苏轼是浪漫的，李白是浪漫的。

乡间小路旁，两棵树之间，用麻绳将麻袋扎起来，做成一个吊床，也是浪漫的。

越在艰难困苦、不得意之时，越能检验出一个人是否具备真正的浪漫。

我们可以发现：

越能用简单的事物营造出美好，越能在艰难困苦、不得意之时感受到美好，就说明浪漫的能力越强大。

包括我们所常说的"生活得精致"，亦是如此。什么是真正的"精致"，我亦一直想给它予以准确的归纳，我认为：

如能把即使是物质缺乏的生活也过得有滋有味，这才是真正的精致。

以及理想主义，其实是一件特别浪漫的事情，在物欲横流的社会里慢悠悠地沉浸于自己的坚持和初心，不被时代所裹挟，不被现实所曲改，不受浊流所染污，身在泥沼，心在云端，就是一种浪漫。

在诸多的学科种类里，我一直觉得：数学是最浪漫的学科。
为何这样认为呢？
第一，文学与艺术的浪漫与趣味是显而易见的，是显性的。而数学表面看起来是枯燥的，透过枯燥的表面才会发现它隐忍而又宏大的乐趣，所以它的浪漫是深沉的；

第二，它是通往宇宙规律和真理的桥梁，所以它的浪漫是终极的；

第三，数学是极为纯粹的和理想主义的。

它是如此深沉、终极与纯粹，所以，数学堪称是最浪漫的学科。

我感叹：

现在的音乐也跟现在的人一样，也没有什么激烈深邃的情感了。豪情万丈、深情似海，这两种风格越来越少了，取而代之的是肤浅的小情小调或是白糖兑水的所谓"浪漫"，并不是真正的浪漫。

我们的时代什么时候最浪漫，那便是或思想无拘无束，或诗意煌煌恣肆，豪情万丈、深情重义，可为理想不顾一切，可为爱情奋不顾身的时候。

两个相爱的灵魂即使在简陋的出租屋里，仍然可以满心欢喜的相拥着欣赏星星和月亮的时候。

浪漫是一种心态，一种能力，一种情怀。

它不在于用许多鲜花堆砌成心形的行为里，而在于于荒谷之中寻找与发现一朵鲜花的心态、能力与情怀。

音乐 艺术（一）

一

关于音乐我其实有很多话可说，很多东西涌到了"嘴边"，又因为太多，反而变成堵住了，一下子竟然无从说起。

由此也可见世间的事物正反之间的转化，太多反而"少"了，只有一个思路的时候，顺着它下去却又反而可能比较通畅，导致越写越开阔，越写越多。

既然本质上是一部阐述思想的作品，这种辩证关系的矛盾体是时不时就会提到了，即使是这一章并非专门讲矛盾体的章节，竟然也时时可能呈现，让人感慨于生活中的矛盾与辩证之"道"无时不在，无处不有。

音乐其实与社会发展息息相关，在社会生机勃勃、蓬勃发展、理想主义为主导的时候，会出现许多或豪迈奔放，或气贯长虹，或热血贲张的音乐，无论是歌词还是旋律，都是大气磅礴，比如《沧海一声笑》、《万水千山纵横》、《梦回唐朝》等这样的歌曲。而现在，很少有这样的作品出现了，它们就跟理想主义、"性情中人"一样，一样的消隐轨迹和消隐时间。这是巧合吗？当然不是，这是因果关系。

《万水千山纵横》歌词（部分）

万水千山纵横

岂惧风急雨翻
豪气吞吐风雷
饮下霜杯雪盏
独闯高峰远滩
……

何等的豪迈慷慨、大气磅礴、一往无前。

在《梦回唐朝》这首歌曲下有评论觉得这首歌的歌词太大太空，我是这样回复的：

那个时代的人比较有激情，所以出现很多豪迈大气的词，现在经济利益至上，人们变得精明计较，愈发的"小家子气"了，所以很少出现这样豪情万丈、气象宏大的词了，现在就没剩下几个有豪情的人了。

那时也有很多性情中人，而现在这个词几乎近于销声匿迹了，让人不得不有点感伤。

前章提到，我在自己的朋友圈感慨道：

当年黄霑一走，世上仿佛少了一半的性情中人，连这个词都愈发少出现了；倪匡走了以后，世上的性情中人又少了一分；

我死了以后，世界上就再也没有性情中人了。

二

我和令致都对艺术有一定兴趣，但体现在不同方面。

他听的歌似乎没有什么规律，各种风格的都有，不像我偏爱其中的一些风格。

虽然各种风格都有，但调子都是舒缓的，与他的人极为契合。

他与我讨论过：为什么有的人就爱听那些加上了简单"动次打次"节奏的歌曲，他实在是不能理解。

我解释：思想层次不同的人，所能感受到快乐的东西是不同的。对于思想层次较浅的人，或者通俗点说"没什么思想"的人，他所需要的就是这种简单、直接的刺激，他无法接受那些需要深入体味、感受、回味、思索的东西，只需要给他肤表的刺激就可以了，更深层的事物，他没有相应层次的思想，也就感受不到、体味不了。如果他能深入体味一样事物，那他也就不是这个层次的思想了。

越高级的食材，反而呈现出的不是直接刺激味蕾就能马上感受到的滋味。比如鱼子酱（指的是真正的鲟鱼子酱），它的滋味，并不是一入口就能感受到、又可简单以"酸甜苦辣"来形容的，刚入口时，几乎是无味的，而它的脂香味，需要过了一会儿才能感觉到，而且要味觉感受细腻的人，才能感觉到。所以有的人会觉得：鱼子酱好像没什么好吃的，感受不到它的美味之处。大抵是因为它并非一入口就能给你刺激，而是需要一定的心态和味觉能力去慢慢"赏玩"，方才能体会其滋味的高妙之处。

事实上比较昂贵的食材的美味大抵都是这种类型。所以有的人表示"欣赏不来"，因为他们接受习惯了直接的刺激，导致细致感受的能力下降了，无论是从心态上还是味觉上，所以遇到这样的食材，他们可能会觉得没有一碗辣椒炒肉来得好吃。

拥有对生活细腻的感受是很好的，它让我们更能感受到生活与生命中的美好，从而把生存升华为了"生活"，提高了我们的生命品质，让我们的生活里多了很多愉悦和快乐。

但是有一个问题就是：拥有对生活细腻的感受，会不会同时又说明这个人特别"敏感"？

有时候，这二者确实是同步的，所以会呈现出这种能力导致的另一面：过于敏感。

所以我们这里出现了一个很有现实意义的课题：如何使用细腻去感受积极的一面，而避免其消极的一面。或者说如何在该细腻的时候敏感，在该无视的时候钝感？

我认为，在感受美好的事物的时候，尽可能地调动敏感，以寻找和感知到生命中的美好和快乐。而在让你消耗的事物上，尽量的钝感。

当然，这是一个范围的区分，能解决一小部分困惑，但不能让你马上具备这样的能力。很多人的敏感或钝感，完全是天生的，他会说：嗯，好了，我现在知道该这样划分了，可是我天生就是这么一个人，我怎么恰到好处地控制自己呢？比如，我天生就内心粗糙，你让我去静静地看一朵花的开放，欣赏天上流云瞬息万变的不同姿态的美，去聆听山间溪水流淌的叮咚，我确实不知道有什么好看的也不知道有什么好听的啊？！

遇到这个困惑，你首先要静下心来好好想一想：你是真的因为天生内心粗糙，还是因为一切太着急焦虑？

天生内心粗糙的情况自然是其中一种，但很多人只不过是另外三种情况：

一是太焦虑，没有慢下来的心态；

二是喧哗嚣乱，没有静下来的心境；

三是心上蒙尘，浑浊混沌，没有清净的心灵。

如果真的纯粹的、完全的属于天生内心"粗糙"，那反而不需要什么纠正，因为这类人的钝感力一定很强，是真正大而化之的人，他虽然感受不到细致的美好，但也不会被琐屑小事侵扰，也不会被挫折失败击倒，在我看来，这样的人，不培养细腻感受生活之美的能力，其实也无所谓。

但很多人其实属于前面所列举的三种，他们既无法感受到日常中的生活之美，又会被琐屑小事所侵扰、被挫折失败所影响，也就是说：该敏感的时候不敏感，不该敏感的时候却敏感了。事实上大多数人是处于这样一种状态。

所以这时候，在理论上先划分一个敏感与钝感的范围是很重要的，这样在心理上，我们就如同有了一个清晰的指引，有了理论的指引，实践才更有方向和效率。

在这里，我又将提到技术性思考与人事思考的问题。在"天真与成熟"一章中，我提到了影响人的健康和情绪的，主要是关于人事的思考，也就是人与人之间关系的思考，容易导致烦恼、影响心情，甚至影响健康。而与之相反，技术性的、纯粹学术性的思考却会带来快乐与满足。此处的技术是广义的技术，泛指一切技能、技艺与学术，而并不单指科学技术里的"技术"。

所以我有句感慨：我最快乐的时候有两个，一是思考时，二是完全不思考时。此处的前者的"思考"，便指的是"纯粹的技术性的思考"，而"不思考时"，意思是放空的时候、发呆的时候，大脑"一片空白"的时候。

跟这里有什么联系呢？其实是有相似之处的：你将敏感用在纯粹的事物上，将钝感用在人事上。将敏感用于感受美好的事物当中，而对不那么美好的事物，则以钝感大而略之。这也就是类似于"只思考纯粹的事物"。或者说当你的敏感更多的施用于美好的事物上时，对不美好的事物的注意力以及留给它的时间自然就下降了。

这里跟音乐便很有关系了，音乐正好具有这样的作用。特别是当你沉浸于音乐相关的练习，比如乐器练习的时候，那完全是"纯粹的技术性的思考"，其时会放空其他一切琐屑之事，沉浸于一个单纯的世界当中。这时候，你的内心是宁静的、心无旁骛的，只集中在这一带给你愉悦的事物上。

即使是同样思考人事，学术性角度的思考与纠结于其中也是不同的。比如像令致君那样，他喜欢思考人性和社会，只是作为一个爱好，相当于以一种科学研究的态度去思考的，这也便属于技术性思考。其实他是以一个旁观者的角度去思索、分析的，心情心态不会受之影响，因为这是"客观、理性"的分析。但如果将自己代入了，陷入了纠结与烦恼的人事思考，便不是学术性研究角度的思考了，这种不是"单纯的、纯粹的"思考，便会影响情绪，多是负面影响，所以这样的"思考"应该尽可能的少。

我们常说的"想太多"的思考，其实指的就是后面这种"思考"，非"学术性、单纯的"思考。这种思考影响情绪，从而影响身心健康。所以我们如果做不到完全放空，就尽量多用"单纯的、纯粹的、学术性的"思考来填充我们的时间，而少去作人事方面的非学术性质的思考。

还有一个方法，当不可避免的需要面对人事上纠纷的思考的时候，你可以把它当作一次训练自己"人际交往"即处理人际关系的能力的一个机会，把处理这个人际关系的事情在心里转化为一个"学术问题"，也就变成了如何解这道学术问题，解出来了，自己相应的"处理人际关系"的能力就得到提升了，也就是说把它从一个主观的问题转化为一个客观的"科学课题"，那么我们就是以研究学术的心态去思考它，这样便不会因它而产生负面情绪了。

如果你做不到这样转化，那就是第一种方法比较简单直接，就是尽量用"单纯的学术性的"思考内容来填充我们的时间。一天的时间就这么多，这种思考多了，那种思考自然就少了，这是对心情有好处的，心情好了，很多健康问题就不会出现。众所周知，一些疾病是由心情郁闷引起的，负面的情绪引起了体内的毒素累积，会产生很多问题。所以我们要尽量避免把时间放在"关于人事的、人际关系"的思考上，而应该更多的用"纯粹的学术性思考"来填充我们的时间。

三

我听了一下令致君所提到过的一首《无爱》。他的文章里写，如果他要做手术，在手术台上会听什么歌，他提到了《无爱》这首歌，说听了之后会觉得人生也就是那些事，他都想明白了，所以在手术台上听了会笑，释然地笑笑。

但是我看了一下歌词，并没太明白歌词在说什么，更不明白为何能使人在手术台上释然地笑起来。而后于旋律上，我也并未觉得有所吸引我。我已经是一个小众音乐爱好者了，能接受的奇奇怪怪的风格也不算少，但对这首歌我毫无感触，因而在这首歌上我们恐怕是没有共同语言了。

不过我觉得这个风格确实很适合他，不咸不淡的，就如同他的性格。

其实这首歌的作者，我是看过其演出现场的，多年前来过我们这个城市演出，他玩的音乐有点"实验"，所以不太容易被大众所接受。当日的现场表演按一般人的听觉来说，是属于"难听"的那一类。此处这个"难听"是"不好听"与"难听懂"兼而有之的含义,有些人便大喊:"下来!下来!"

他现场所做的表演我觉得还是可以接受的,也颇有些异类的趣味。同时这个场景留给我了一些印象,因为即使我觉得很难听,我顶多是自己出去一会儿,是不会大喊"下来!"的,可能我属于实在是不忍心打击一个人的人,何况他演出得很认真。

看到令致君提到这个人的歌,我以为他的音乐品味也是比较小众、另类的,但又看了一下他分享的其他一些歌,又似乎什么风格都有,因而又觉得无迹可寻。

我想寻的"迹"是什么呢?我喜欢从一个人听的音乐、写的文字来分析一个人,所以我想看看他都喜欢些什么样的音乐。也正是因为有这样的喜好,才有现在这部作品。当然了,这部作品完全超出了分析他个人的范畴,只是以我们的交往为引子,进而阐述我的一些思想与思考所得。

前面说过音乐与时代气质息息相关,与一个人的个性气质亦是如此,因而通过一个人喜爱的音乐,便大致可以了解这个人的性格、文化层次与思想层次了。

四

艺术的作用一直以来被低估了,很多人觉得只是一个消遣,其实它也同"空""无"之作用一般,是"大象无形"的,也就是说它的作用不像科学那样的明确、具体、显性,但其实作用于潜移默化间。

如果说科学是"实有",那艺术可视为"空无"的一方。它的作用可谓真应了"无用之用,方为大用"这句话。

不过庄子阐释"无用之用,方为大用"的举例,"山木自寇也,膏火自煎也。桂可食,故伐之;漆可用,故割之。人皆知有用之用,而莫知无用之用也。"这其实是偏于"转化"的思想的,即是说:看起来不好的、没用的,却有它好的、有用的一面。而艺术所体现的"无用之大用"，更多的是接近、类似于《道德经》中的"空无"的作用。

同时也类似于艺术之一的画画里的"留白"的作用。

"留白"，除了毫无美的感受的人，没有人会认为一幅画里的空白是毫无用处的，大多数人都能感知到，画在哪里比较好，以及"哪里不画更好"。填得太满，很多时候起到的是一个反作用。

而留白的作用：一是美感的需要，二是留下一定的想象空间，会更觉意韵悠长。

这也就是"空、无"在画画里的作用。

"空、无"的作用在画画里大家都能理解，可是转换为别的事物或日常生活，便不是很多人都能有此认识了。

就比如艺术，有些人会觉得它是"无用"的，除了以此谋生的，也就是"能赚到钱"的，它于其他情况下在这些人眼里就属于"无用"的。

其实艺术的作用体现在很多方面，而且都是非常切实的、具体的、明确的，有哪些呢？

第一：调节左右脑；

第二：调节情绪，给人以精神抚慰、激励等精神方面的力量；

第三：提高对美好的感受力。

又比如放空、"虚度时光"，例如：静静地欣赏一朵花开，沉浸于水草的柔动，晒着太阳发呆……。其实同样的，我们放空、发呆也并不是浪费时间，而是让大脑休息，以在其工作、运转时获得更高的效率，这便是"张弛有度、劳逸结合"，归根结底便是"有无之道"。

这其中的"弛"、"逸"便是对应的"空"、"无"。

所以"虚度时光"不是真的虚度了时光。首先，这是一个必要的休憩，必要之"弛"；第二，"虚度时光"时，会将视线与心灵投向细微的美好事物上，也利于怡情养性、滋养心灵。

以上说了艺术相对于科学来说作为"空、无"一方的作用，而在艺术内部，"空、无"的作用也是无处不在的。画画的"留白"自不必说了，音乐里也有许多具体的例子，如在一个爆发的前面，留一个中断的"气口"，那后面的爆发会显得更有力。又比如：适当的休止能营造出多姿多彩的节奏……。

在音乐演奏的欣赏中，也能领悟到许多"空"的微妙之用、之美。

以下是我欣赏古琴、钢琴作品时的感受：

古琴演奏中无伴奏与有伴奏的区别：
有伴奏的，第一：其间的擦弦呼吸之声均被隐没，消失了不少趣味；第二：有时候会觉得略为吵闹，仿佛失却了古琴本身的空寂之美。

也许是古琴声空淡、旷远、枯寂之味，需无伴奏才能尽显，才能更好地体味，有伴奏则遮盖削弱，古意消退许多，境意有所改变。有伴奏的古琴，便如同给八大山人的画添上彩色，其枯涩寂然之美便遭破坏，不是不可，而是成为另一种风格了。

其实仔细想来，古琴的有伴奏和无伴奏也并无好坏之分，只是某个时候某种风格适合某个心境罢了。

高中音清越旷达，低音醇厚古雅，泛音清冽通透，呼吸声（琴息）枯涩空寂，这大概是我能想出的最适合古琴各音色的形容词。

其中的无伴奏古琴曲，便是一片空涩之音，形成了一种空寂之美，是有伴奏的古琴曲所不能具备的。但有伴奏古琴曲也有其悦耳之处，我也并非厚此薄彼。

如与食材作比，无伴奏古琴曲便如入口味淡、回味悠长的食材，有伴奏古琴曲便如入口便能刺激味蕾的一类吧。

在钢琴里，鲁宾斯坦对肖邦夜曲的演绎，便是偏"空"的。乍听之下，觉得似乎"没什么感情"，不像其他人的演奏，或柔美或忧郁，你能感受到细腻的处理与心思、情感的起伏，而在鲁宾斯坦这里，仿佛是"直给"的，
其实各有各的好听，但我个人到最后，听得最多的，最喜循环播放的，还

是鲁宾斯坦的版本，一是耐听，二是在某个深夜里蓦然响起时，会使深夜显得更宁静，内心也更宁静的，还是鲁宾斯坦的版本。

也许是在深夜里蓦然响起时，这种"听起来似乎没什么感情"的演绎显得更空灵，也就更能凸显出，以及让人感受到夜晚的宁静，亦更能让内心宁静。

古琴里的管平湖，我觉得就如钢琴里的鲁宾斯坦，都是平和冲淡的，不同之处在于：古琴本身音色的淡远风格，让你觉得管的处理跟古琴是最相配的；而钢琴不是，本身亦刚亦柔，可表现各种丰富情感。所以一开始听鲁宾斯坦弹肖邦夜曲，你会生出一种困惑：为何是这样处理？似乎"毫无处理"，也就是感觉近于"毫无感情"。

鲁宾斯坦的演绎，相对于其他人的演绎来说，就是偏于"空"、"无"的，却仿佛给了人更多的回味空间，因而此时便因其"空"、"无"成其"有"了。

所以我们常说"空灵"，在"空"中，我们才能感受到灵性，要不道家为何悟道强调要首先进入"虚空"之境呢？

五

我于"大脑一片空白"的时候，是快乐、愉悦的。

由此，如前所言，我总结出了两种愉悦、快乐的时刻：
一是进行纯粹的学术性、技术性思考时；
二是完全不思考时。

其中"完全不思考时"而导致的愉悦，这也就是"空"的作用，它让我们的心灵因纯净而感到愉悦。
如果你没法做到"空"，那就去进行纯粹的技术性思考，也可以同样的愉悦。

对于当下社会以追逐"功利性、目的性"为趋势的时代背景，"空"的美好和作用是很多人领略不到的，单纯作为一种美他们领略不到，其"无用之用"自然也就领略不到。

而要领略得了，则需要他们先清扫去内心的尘埃，以清、净的心境，才能领略到空之美、空之用。

事实上，做事为人均抱着强烈的功利性、目的性便已是"不空"了，这种心境下自然领悟不到"空"之真谛，只有心如赤子般，行事为人不抱过多的功利之想时，才会领略到"空"之妙。

当下的一切趋势就是求"实用"，还求"快"。"实用"涉及的是"有无之道"，"快"则涉及到"快慢之道"。而无论在艺术上的练习还是于人生，"快即是慢，慢即是快"这条"道"都是适用的，这也是我在音乐的演奏练习里的最重要的感悟。

其实在我个人看来，以"空之美"阐释空，才是最纯粹的，以"空之用"阐释空，就显得不那么"空"了，就如在"理想主义的现实意义"一章里，用其现实作用来点燃理想主义的火苗，似乎不够"纯粹的理想主义"，但《道德经》里谈至"无为"，往往便谈至治理之道，亦是以"无为之用"来阐释无为。也许让世俗的人接受，大多还得从其实用性方面，毕竟如果真的毫无作用，基本上是极少人会考虑采纳的。

有的人纯粹是出于热爱而投入艺术，或纯粹因"空之美"而领略空，那是最可贵的。正如有的人"虚度时光"是为了更好地投入前行，而有的人只纯粹享受"虚度时光"的本身。但如果不能有此境界，从艺术之用、"空"之用将人引入纯净之地，平抑人与社会的浮躁之气，其结果也是好的。

六

上面说到艺术之用有三，列举出了三条较为具体、确切的作用，其实它的最大作用尚未提及，它的最大作用是：

给人的灵魂以栖息之处。

《道德经》十一章《有以为利,无以为用》:三十辐共一毂,当其无,有车之用。埏埴以为器,当其无,有器之用。凿户牖以为室,当其无,有室之用。

故有之以为利,无之以为用。

三十根辐条集结为一个车轮,

正是因为它们拱成一个圆形的中空之处,才能连接车轴,成就了车轮的用途。

揉和黏土制成陶器,

正是因为它留有中空的部分,才成就了它的用途。

开凿门窗建成居室,

正是因为它中间是空的,才成就了房屋的用途。

所以,"有"给人方便之利,"无"发挥着作用。

音乐　艺术（二）

令致君其实对艺术还是有感触的，他亦想学一门乐器。

但我觉得他真的学了某样乐器，比如他想学的吉他，可能不会弹得很好。因为演奏的终极"技巧"是"以情带声"，如他这般心情泊淡之人，我猜想很难演奏得好听。不过古琴这般自来恬淡的乐器，倒是比较适合他。

他确实也喜欢音乐，但不代表他就是个情感深厚丰富的人，事实上他喜欢的大多是一些和缓的音乐，与他的淡然是一致的。

我们的对话里，我说到音乐的和弦应用的变化发展史，彼时是因为说到"仰天大笑出门去，无人知是荔枝来"这个诗句的混搭，我以为令致君听了会会意地哈哈大笑，孰知他的反应却是"如此一来这个韵脚就变了"。

所以令致君不是一个快意的人，某个方面来说：他稍有些复杂了。也就是说，他的思想深刻到了一定的地步，但却又尚未去到最质朴的境地，于是呈现出来的便是：当他遇到了一样事物，不是出于本能的去反应，而是会在思想上先作一番思索，也就是先"拐了一个弯"，这也说明了他的思想的复杂性。

当然，他的这番思索是在很短时间内作出来的，也就是说文化上的规则（在此表现为诗词的格律）已经成为了他的一个习惯，他的思想还是在规则之内的东西。

其实规则本身是人制定的，其次规则本身也在不断变化发展。昨日之桎梏，兴许便是今日之潮流。

于是我给他举了一个例子，是关于音乐里的和弦使用的发展。从前，人们只使用协和和弦，排斥不协和和弦即不和谐的和弦，然而随着音乐的向前发展，人们发现只使用完全和谐的和弦让音乐显得很单调，于是开始发掘起不和谐的和弦来，不和谐的和弦可以让音乐更多姿多彩，添加了趣味性，使用得当，则让音乐熠熠生辉，此时，你说它是"和谐"还是"不和谐"？

他自己也说"古今韵又不一样"。

我又说："这个混搭的意用不过是让人一笑，你得其意便可，何必在意其余繁枝末节，如此岂不是大失乐趣？！你不如'得意忘言'便行了。"

另外，每次我们约时间，令致君总会说：天气预报说怎么样怎么样，而往往是"天气预报说会下雨"，颇让人觉得他的思想仍有一些甚受束缚。

说到规则，我有个有趣的发现：规则通常让人觉得是一种负担、不自由。但你会发现，以打羽毛球为例，你在自家小区里，没网没界的打球，会比较容易失去兴致，（纯粹为了活动一下的目的又另作他论），单从成就感这方面来说，没有规则的乱打一气是没什么成就感的，此时，规则给予了这个活动以难度，这时反而成就感便会出现了。

同样，格律一般情况下会让人觉得束手束脚，然而如果我们换一个角度来看，它让遣词造句更有难度了，又不失为一种挑战，如果你在严苛规则下都能做出好诗，其快乐、成就感就比松弛规则下做出好诗更甚，就跟解出了一道难题一样。

所以，现在我们发现了"规则"不一定是只有束缚人的作用，它还可以带来快乐。如此看来，换一个角度想的时候，规则反而起到了"快乐源泉"的作用，其中的原因就是：有了规则，就会觉得更具挑战性，更有征服的快乐即成就感，内啡肽就会分泌更多。

因此，一切都在于你怎么看，这也是一种"自觉的转化"：类似比赛的规则、诗词里的格律，以及其他的一些规则，如果你将其视为束缚，那就是束缚；如果你将其视为难度提升了之后给自己带来的一个有趣的挑战，那就是快乐。

但是需要指出的是，在文艺创作里，就以诗词来说，很多时候，气、意（气韵、立意）比用字重要，所以你要搞清楚：你追求的是好的作品还是遣词敲字的快乐。

其实这个"自觉的转化"，跟前面所说的将人际关系处理视为一种"学术性难题"的挑战有些类似，当你把困难、束缚视为一种挑战，一个提升自身能力的机会时，那你的心态就会不一样了，也许就会从郁闷、烦恼变为积极、主动，甚至兴奋。

所以，"自觉的转化"的思想可以应用在生活的方方面面，让你在遇到困难与挫折时，不会低头泄气、自我怀疑，不会失去奔向理想的信念。

我不知道令致君说的"生活一次次地把信念击碎"具体是什么情况和原因，如果只是一些挫败，而并非"苦难"，我想他如果使用了"自觉的转化"的思想，就不至于"被击碎信念"。

我甚至觉得他的那些经历对他现在都有影响，以至于让他看起来显得没有什么斗志。

我分不清到底是他对一切的看淡导致的"没什么斗志"这一点，还是有过往经历对奋斗信念的影响，也许两者都有。以他的思想、才华和知识储备，在三十三岁的年龄仍未找到奋斗的目标，是比较可惜的。但如果他真的找到了，以他"看淡一切"的宗旨和指导思想，又会影响他拥有不顾一切去追求的热情，他可能会觉得：嗯，我得"看淡放下"，所以这些可有可无，无所谓。这一下子，就如同浇了一盆凉水，激情就被浇灭了。

所以拥有适度的欲望才有前进的动力，如令致君这般欲望消灭得太多，降得太低，便会找不到人生方向与失去奋斗热情了。

所以他对任何事物都缺少内驱力，其实就是动力，任何事情都可有可无之后，哪里来的内驱力去非要达到一个目标呢？

我想过往的经历对他的影响也是有的，因为那天他说到想学吉他，讨论了一番之后，他却又说：我还没有勇气开始一门乐器呢。此处既提到"勇气"，必然是害怕挫败感，说明以往的一些受挫经历确实对他带来了一定的影响，也可以说是"后遗症"。

他确实也提到过好几次关于"受挫"的词，
如："我喜欢打篮球是因为，在这个处处受挫的世界，只有在篮球场这几平方米的场地上，我才能获得受人尊敬的感觉。"

又如我在一章中所说：

令致君的个人签名，是 fatebreaker-orz，开始我不知道什么是 orz，后来想想此人的签名不可能随便乱写几个字母，一定有什么含义，于是便去搜索了一下，原来是一个网络用语，表示的是"向命运低头"之类的情绪。

这让我有些惊讶，没想到他竟会将当时的气馁如此明显地写在微信的签名里。

我也经历了很多挫败，但我从未因此而留下什么关于挫败的"文墨"，因为我觉得它们不值一留，也从未对我的斗志产生什么影响，它们连一道疤痕也未能在我心里留下，更遑论什么"后遗症"。

你看，一个人是如此的矛盾，令致君可以说是一个对很多事物可淡然处之的人了，却无法对自己过往的挫败淡然处之、视若无物。当然了，他现今大抵不会对过去的挫败有什么负面情绪了，但它们对他的负面影响显然依然存在，如同一道未愈的伤痕，时时提醒他"要害怕下一次挫败"，而不是"我想做，就去做了"。

他的担心其实不少，这与他的看淡放下的能力有一些相左。如前面所说的，他既担心学乐器没有时间，又担心天气预报的下雨，其实这些思虑都是与他的思想复杂性一脉相承的。

我当时便对他说："你好像是一个担心的东西比较多的人？"

他说："可能是吧。"

其实他并非真的是肯定，而是一种不置可否，也许他并不是这样认为他自己的。因为在他自己的心目里，他是一个洒脱、潇洒、豁达的人。他也许只是不想解释。

一个淡然的，也比较洒脱豁达的人，思想又呈现出复杂性，这可以说是一个很矛盾的事物。注意，这里说的是"复杂"，而不是"深刻"，事实上，一个并非天生就洒脱的人，那是需要思想足够深刻才能成就后天的淡然与洒脱的，所以，"深刻"与淡然洒脱豁达这几个词是不矛盾的，反而是有因果关系的。

但"复杂"就不一样了，如要洒脱淡然，思想会尽量简单化，或者说简约化，也就是尽可能的趋向"空"的状态，但他却呈现出了制肘与担心比较多的情况，以及顾及细小规则的情况，所以这就是与他的"洒脱"相矛盾的地方。

正如我在"率性"一章所分析的，与我们常把"洒脱不羁"、"率性洒脱"连起来形容一个人不一样，他洒脱，但并非不羁，也少了一份率性。这样的矛盾，是有趣的，也正是此人值得分析的价值所在。

他的思想深刻，却又稍显复杂了一些，这是我对他的看法。

如能思想深刻，又简单，我想他能感受到更多的乐趣。

譬如我说的诗句混搭的乐趣，他因思想的复杂，便感受不到了，我觉得有点可惜。

所以我说他有时处于"看山不是山，看水不是水"的阶段，是体现在方方面面的。

当日我之所以说出这句评价，是因为他说了一些什么内容具体的则记不起来了，但其与前面所言的例子所体现出来的思想层面是一致的。

所以一个人的思想层次，决定了他很多方面的言语和行为，他的大多数言语和行为，都是指向同一个"指导思想"和思想层次的，这是我在多章里都提到过的。

我是希望他能更多的感受到生活和生命里的简单直接的快乐的，但他决意离开我，我也无法传达这份"关爱"，其实我特意发过一句"你就是少了一点率性"给他，怕他没留意看，便又发了一次，还特意说：这句话很重要。

当然了，这只是我为他觉得重要，估计他并不觉得重要，事实上，我这个人对他来说也许都是不重要的，更遑论我说的话。

我的苦心孤诣、诚挚之言，在他看来也许只是随口一说，甚或胡言乱语，但不管他怎么认为我这个人，我该对他说的还是会说，我也不在乎他会不会把我当成"疯子"。

当一个人不理解你的时候，你便无需在乎他理不理解你了，这就是我的想法。

本来我觉得他是能够理解我的，但后来我一想又觉得未必，他未必有我想象的那么"敏锐"。我觉得他对他人的分析与洞察力并不一定与他在其他方面的思考能力相当，又或者说：他本身不是一个率性的人，所以理解不了这种"恣意妄为"的行为，所以他并不一定能理解我。我想到什么就发什么，也许他真的认为我"疯了"或者是"疯疯癫癫"也未为可知。

当然了，比较大的可能是：他是能理解的，但自己尚未达到。而他的离去，也不是因为我"恣意妄为"，而是时间到了的一个决断和选择。

音乐 艺术（三）

一

我于音乐、乐器练习中，最大的感触便是
"快即是慢，慢即是快"。

在练琴的时候，很多人会走这样的弯路：急功近利，急于求成，最后却发现"快"变成了"慢"。

不好好静下心来练习基本功，而是想着快点练高难度的曲子，最后发现硬练高难度的曲子而基本功没跟上，弹出来质量很低，会越来越觉得"捉襟见肘"。

最后还得回头练基本功。

而开始先沉下心来好好修炼基本功的人，基本功扎实了，弹起什么曲子来都可游刃有余，以"不变"应"万变"。

开始的"慢"变为了后来的"快"。

除此之外，还有与"透过现象抓本质"相关的感触。

很多人开始学习电吉他时，往往沉迷于买好的器材，而后变成了时间都花在折腾五花八门的器材上，于真正的技术却毫无进步，纵使拥有了众多令人眼花缭乱的器材，演奏水平却未能有相应的提高。

再昂贵的设备也遮盖不了技术的匮乏，
正如再丰富的物质也掩饰不了精神的贫瘠。

其实人也一样，一个有成就的人，即使身着粗麻布衣，也无损其内在的自身价值。

透过现象抓本质，亦包括了要勤于思考、善于归纳、有方向地努力，而不是毫无头绪地低头蛮干。

我归纳总结了学乐器的几点，适用于大多数的乐器学习，因此，学习乐器的时候，应针对以下几个方面努力、训练，就可事半功倍：

学习乐器要点：

（一）手与手指的灵活性；
（二）对乐器上的音的熟悉；
（三）知道怎么表达（对音的控制）以及表达什么（旋律）。

吹奏乐器加一点：气息控制。

从音乐、乐器练习中获得的第三点感悟便是关于"有无之道"、"张弛之道"的：

弹琴的时候（如吉他、钢琴），你太在意手指，就会变得紧张僵硬，这时，因为手指太"有"了，也就是存在感太强了，结果弹得反而不好，这时应"心中无指"，也就是让其存在感向"空"、"无"一方倾斜。

以及练习时间一下子太长，亦会导致手指疲劳僵硬，此时硬练下去，事倍功半，甚至容易导致一些影响手指机能的疾病，不如先放松一下，才利于更好的前行。

这便是"有无"、"张弛"之道于音乐练习中的体现与感悟。

此外，又如竹一般，底层稳实深笃，形意方得以天马行空，若想获得演奏之自由，随心从欲，必得经以十分律己的学习过程。

二

音乐让人获得一个诗意的自由世界。

吹笛子时，我感慨：

吹响了笛子，就仿佛吹响了嘹亮的月亮 🌙，笛声从一头飘出，竟像飘向天空，这一头是我，那一头是我的远方，田园既在远方，更在心中，无需寻觅，自会生长。

一日，我思考人为何需要音乐：

喜欢音乐，大概是喜欢它营造的乌托邦。

在音乐的世界里，永远弥漫着或高远、或清澈、或辽阔、或安宁、或深情、或热血澎湃、或豪气干云、或愉悦的情绪，总之，大都是美好的情绪，让人撇下眼前的苟且，沉浸在非世俗里，只剩下这可用音符触及的远方和理想世界。

其实艺术大都是如此：

艺术让人获得一个诗意的、自由的世界，让人可用其以抵抗生活的琐屑与苟且。

这便是"灵魂的栖息之所"。

惺惺相惜，珍视思想与绵长情感

一

我对令致君的情感，一是惺惺相惜，二是因其价值观的纯净，以及出于对思想与"真理"的追求。

惺惺相惜自不必说，找到一个思想与灵魂能与自己对话的人，是很多人的梦想。而第二点则很多人未必能体会。

其实在我内心，第二点的地位与第一点相当，有时甚至会觉得：第二点更高于第一点。

因为第一点仅囿于了"我"，而第二点则是出于对"客观真理"的追求，已经摒弃了"小我"。

在第二点中，除了价值观外，关于思想方面其中又包含了两点：

一因我相信我与他能碰撞出更多思想的火花，挖掘出更多关于思想的"真理"的宝藏。

二因对其思想的珍惜。

所以我一无视了"面子"一物，二与从前跟其他人交往的原则大不相同，从前我是：他人不把我当朋友，我便决不将他当朋友了。

而令致君不一样，我不在乎他对我的情感如何，我在意的是他的价值观与思想。

一开始我还是希望他将我当作一个真正的朋友而不仅仅是一个球友的，当我发现他似乎仅只把我当作一个球友的时候，我是略有一些失落的，并表达了出来。但过后经过沉淀与自我审思，我认为他的思想值得我跨越这样的"互相重视的交友原则"。

所以我经过思考之后，决定不再在意"他是否把我当朋友"。

其实我对他毫无所求，一不求情感，二不求财物，只是出于对"追寻真理"的一种内心驱动，让我放下了各种桎梏。

这也是我明白自己想要的是什么：吾欲高远之物，可无视眼前之苟且。

一日我写下：
君子互远，其道未离，
其髓也侪，其质也一。

我二人虽现下离远，而内心及实质却是有十分一致之处的。

他的价值观是淡泊、纯净的，在当下社会十分难得。
我们二人的价值观是基本一致的，只因各有个性，一时摩擦，若因此而互相放弃对方，便大为可惜。

毕竟又因我之意气直言而起，自然应由我先表达前嫌尽消之意。

但令致君目前为止未打算跨越此嫌隙，我也只能尽我之事。

其次，除了价值观与思想之外，虽然情感在此处于第二位，但不是全然为无。

我"不计前嫌"、"放下面子"是由对纯净价值观的珍惜以及对思想的追求所驱动的。
若只是出于情感，则我们的情感也许尚未深厚至此。
但尚未建立起深厚的情感，不表示就是蜻蜓点水的肤浅情感，更不表示就要"用过即弃"。

既然我还是把他当朋友看待，我自然就要遵从我的内心：希望我们能有绵长的友谊，确是我内心的真诚所愿。

我们所在的城市，两个月足以认识一个人又忘掉名字了，有时甚至连名字都不知道，这让我一度怀疑：是否当下的人类失去了维系长久情感的能力。

而在随家人探访外祖父母旧院与插队旧址的行程中，我又为人类间的绵长情感的呈现所深深打动。

在我看来：令致君是一个具备深刻思想，却不具备深沉情感的人。这兴许与他的追求相关。

我于他章阐述过：他的追求是放下与看淡一切。

又据此想来，他并不是天生凉薄，如是天生凉薄，便无需作此追求而已天然具备了。

他致力于放下与看淡的，既包括名利，也包括感情。

其实他应是做到了。

而我，我不是做不到，但我不想这样。

我不想像现在很多人那样，只敢"浅浅淡淡地投入"一份情感，仿佛随时准备着抽身而去，那其实是一种出于心底的懦弱的自我保护。

也不想觉得一份情感再无甚用处利益，便"用过即弃"。

但我也不是为此目的而有意勉强维持此份情感。

我的状态就是：既然我有此情感，那就不刻意割断以示自己"放下"的强大能力，而是顺其自然地让它存在。

因此我想在中秋、元旦等节日给他发去问候与祝福，便随心而行了。

一个人，能放下自然是一种能力，而具备绵长深沉的情感，不仅是一种能力，还是一种勇气，是一种入世的勇气，一种敢于投身人世洪流的勇气，一种敢于付出的勇气，一种敢于爱的勇气，一种快意性情的勇气，一种"倾出挚诚不会悔"的勇气。

我为何要放弃这种为人的能力与勇气，而让自己与无机物一般呢？

二

@令致：

我给你写了这么多话，外人看起来估计不明白或容易误会，不知道你能不能理解我的情怀，这是一种纯粹的知己之交的情怀。

我对你是纯粹的知音的惺惺相惜，就如伯牙子期的高山流水的情感一般。

类似古代文士或侠士之间互相赏识的情怀。

纯粹、真挚、坦荡、热诚的。

这种情怀在现代社会来说是十分理想主义的，其他人可能不理解，你应该能理解。

你若不理解也就不理解吧，也很正常，但凡多人理解了，那便不是我了。

白居易给元稹写的一封信，云："微之微之！不见足下面已三年矣，不得足下书欲二年矣，人生几何，离阔如此？况以胶漆之心，置于胡越之身，进不得相合，退不能相忘，牵挛乖隔，各欲白首。微之微之，如何如何！……"
这种不隐藏、不修饰的热烈，何尝又与爱情有关？竟与我对令致君的情感如此相似。

王维《山中与裴秀才迪书》，他向好友讲述山间生活，并邀约："当待春中，草木蔓发，春山可望，轻鲦出水，白鸥矫翼，露湿青皋，麦陇朝雊，斯之不远，倘能从我游乎？非子天机清妙者，岂能以此不急之务相邀。然是中有深趣矣！无忽。"

虽不及白居易之热烈，却又从中仍能深感出惺惺相惜之殷切诚挚，与我邀令致吟诗弄联、曲水流觞的心情并无二致。

然我对其此情虽坦荡又热烈,却又清晰地明晓这不是爱情。

在这世人争相追逐外物与浮华的时代,我与令致君价值观如此近似,共有那恬静淡泊,不为喧嚣浮华所动所扰的一面,同为浊世清流,却如此轻易地分道,岂不极为可惜?

某一日,我写下:

君子互伤,尤为痛心。

爱情

一

在我看来，爱情一定要有两部分，一为炽烈如火的部分，二为细水长流的部分。只有后者，叫亲情。两者都有，才能叫爱情。

第一部分的体现，要有不顾一切互相为对方奔赴和奔赴对方的热念和行为，比如愿以命换命的信念，异地不成其阻碍的坚定，在对方需要的时候放下手中的一切千里奔赴，不顾世俗礼规的私奔……如此等等，没有这样的热念的爱情，是不够完美的。

第二部分，要在细水长流中感受到激情，而不是仅仅只有相互搀扶共度人生的互相需要。否则，只能叫"过日子"。

什么是以命换命的信念：比如，一方被劫持了，另一方是否有用自己把对方换下来的举动或意愿。

又如：遇到危险时把危险留给自己，安全留给另一方的举动或意愿，等等。

当下社会，表白爱情的形式花样百出，却似乎已经很少那种为爱情奋不顾身、不顾一切的热烈的情感了。

只因这个社会越来越现实了，过于现实，势必挤压了梦的空间，挤压了真正的浪漫的空间，也就挤压了爱情的空间。

"在这个诗意与梦想被现实挤压得奄奄一息的时代，怎么可能有真正的浪漫？"

也因此，也越来越少真正纯粹的爱情。

"浪漫是一种能力，不是用金钱财物堆砌起来的能力，它是一种内心的坚定信念与深长隽永的情意方能构筑而成的能力。

爱情也是一种能力。投入爱情，付出爱情，都是一种能力。

同样的，我们可以延伸至"爱"，亦是如此：

爱是一种能力。投入爱，付出爱，都是一种能力。

有的人只会很爱一个人，有的人换了个人也一样的很爱，在我看来，这两种都很好，都说明了这个人具有爱一个人的能力。

而今许多人是失去了爱一个人的能力了。

二

我为何不会与令致君有爱情：第一，因为我未能感受到我们之间有类似爱情的热度与磁场；

第二，我知他是一个极爱自己之人，甚至可以说是只爱他自己。他十分吝于在情感中付出"消耗"：他既不允许对方给他带来什么消耗，也会尽可能地避免自己的消耗。

因此，他只可作为思想交流之佳友，而无法让我滋生出"爱情"的一点情绪与感觉。

而若抛开我个人的感受，只从令致君自身而论：他过分爱惜自己，又过分透彻，因而很难爱他人，很难进入爱情。

——本身"过分爱惜自己"就已经很难去付出情感了，更"要命"的是，他同时还过分透彻。

因此，一日我突然想到：我如此热切的挽留，他该不会有所误解，而刻意回避吧，于是我说：

@令致：

我给你写了这么多话，外人看起来估计不明白或容易误会，不知道你能不能理解我的情怀，这是一种纯粹的知己之交的情怀。

我对你是纯粹的知音的惺惺相惜，就如伯牙子期的高山流水的情感一般。

我又补充：
类似古代文士或侠士之间互相赏识的情怀：

纯粹、真挚、坦荡、热诚的。

这种情怀在现代社会来说是十分理想主义的，其他人可能不理解，你应该能理解。

你若不理解也就不理解吧，也很正常，但凡多人理解了，那便不是我了。

三

关于爱情我是这样认为的：

世界上只要有一个人，把你当成或当成过他（她）的最爱，就足够了，你已经拥有或拥有过最纯净、纯粹的爱情，这辈子在爱情上就已经圆满了。

四

    爱情

当你在一堆宝石中看见我的时候
我满脸污泥
衣衫褴褛
而你以你的爱情
发现了我才是里面最璀璨的那一颗

最好的爱情

我从不奢望你在一堆璀璨的宝石中发现我
我衣衫褴褛，两手空空
脸上沾满泥土

我相貌平平
没有半两金银

可是
爱人啊
你以你的爱情
把我变成了最宝贵的那一颗

五

有的人不停地谈恋爱，一是一种缺爱的表现，二是没能真正的爱自己。

即使其中的一些人表面看起来是非常自信的，但其实内心对自己的爱是虚弱的。

有的人一开始组建家庭纯粹为了找个伴"搭伙过日子"，在风雨交加的人生里互相搀扶照应一下，这种情况，自然谈不上有什么热烈的爱情，但如真能在漫长的人生中风雨共舟，同甘共苦，确也是一种绵长的爱了。

虽说少了完美的爱情中热烈的那一部分，但在这瞬息万变的世间，能互相搀扶到最后，也实属不易。这也是"有爱"的，其中主要是偏向于亲情之爱，而非爱情之爱。

但你又不能对另一半能为你遮风挡雨抱十分大的期望。其实很多时候，一个人是只有自己在为自己遮风挡雨的，而且说不定还要为本来期望能为自己遮风挡雨的人遮风挡雨。所以，一个人不能奢望真的有人为你遮风挡雨，即使有爱情，很多时候也没法谁为谁遮风挡雨。

甚至很多时候，最大的风雨往往来自于期冀能为己遮风挡雨的另一半。

但人们往往仍然隐隐地希望，会有一个能为自己遮风挡雨的人出现，尤其是女性，一个踏着七彩祥云来拯救自己的盖世英雄的想象总是有一点，这可能是作为一名女性的永恒的梦吧。如果没有这个梦，大多是因为逐步意识到了这个盖世英雄基本上是没有的，而且大多数时候这个盖世英雄其实是自己。于是慢慢地便没有这个梦了。但如果真有这样的人，大多数人还是会很开心的。

其实男性也一样，他们也希望有人为自己遮风挡雨。女性是希望对方以强大为自己遮风挡雨，而男性是期待对方以温柔为自己化解风雨。

但是无论男女最后都只能发现，那个踏着七彩祥云的人只能是自己。

所以，期待爱情来救赎自己是不够可靠的，当然也有一些幸福、幸运的人，获得了让自己重生的爱情，但这是少部分。

因此爱情不是用来起互相遮风挡雨的功用的，不要赋予它这样的功能与期待。虽然它也许、有可能起这样的作用。

爱情是灵魂的互相吸引，除此之外给它赋予什么都不纯粹。

六

爱情是需要付出的，没有义无反顾的付出的不是爱情。

一旦瞻前顾后，权衡利弊与条件，便不是爱情。
爱情是不顾一切的慷慨以赴。

否则，就只是"交换"和"交易"、"搭伙过日子"，或顶多也只能称为"谈了个恋爱"。

而现在很多人害怕付出，包括爱情和友情。一是现在的人比较现实，二是害怕付出了没有相应的回馈让自己受伤。

谈到付出，首先，你要判断一个人值不值得付出，这是指一个人的品性与人品方面；然后，一旦判断了一个人值不值得付出，就不要考虑自己的付出值不值得。第一、付出是一种能力；第二、付出是一种勇气。所以，如果你对一个人的付出没有相应的回馈，不必琢磨是否自己太"傻"。这不是因为你傻，而是因为你具有付出的能力和勇气，因此也正说明了你在这方面的优秀和强大。

还有第三点：付出是一种喜悦。所以你在付出本身就有了收获，就是自己内心的喜悦。当然，这第三点属于主观感受，不一定每个人都有，而第一第二点则是客观的，一定表示你具备了这两点。

反之，惮于或吝于付出，不是说明一个人"聪明"，而是缺乏相应的能力与勇气。

如我于前章节所言，于我看来，人不必过于囿限与较计于得失。一切不过是终涅之相，终流之水，挥洒恣肆尽情尽兴便可。人生如大江东去，又能留下什么，不如尽情投入，纵情恣意，无问西东，慷慨而赴，方才无悔为"人"的一生。

七

人们都希望拥有一份纯洁美好的爱情,真正获得的却极为稀少。

因为大多数人都给它附上了种种条件,以及很多人是在等待而却吝于付出与给予。

要想拥有爱情,你只有去爱。

"在这个诗意与梦想被现实挤压得奄奄一息的时代,怎么可能有真正的浪漫?"

"浪漫是一种能力,不是用金钱财物堆砌起来的能力,它是一种内心的坚定信念与深长隽永的情意方能构筑而成的能力。"

——见《浪漫》一章

乡村

当你不知道要到田野里干什么的时候，只管走出去就是了

我们谈到隐居时，令致君说起到农村隐居。

我在乡村住过一小些日子，长的时候是大约五个月，有时十几天，每次都会发现不同的惊喜。

第一次到乡村住，当日是晚上到达住所，第二天早上起来，往窗外一看，我倒吸一口"凉气"，此时我眼前出现了十分广袤的一大片，连绵至天边的金黄绚美的油菜花田，辉煌灿烂有如人间天堂。我想：我死后要葬在这里。

乡村给我的惊喜是无处不在的，似乎丝毫不用担心住腻和乏味。

只是，在于你能否感受与发现。

有人说，乡村虽好，但住两个星期就想念城市里的"灯红酒绿"了。我最长的一次住了大约五个月，也竟然并没有如何想念城市，再住上一阵，也是可以的。

当你不知道要到田野里干什么的时候，只管走出去就是了。

它总会给你惊喜。

总会忽然发现一些没见过的植物、作物、花草、虫子或是其它的一些什么。

一日，吃着饭菜，觉得有些淡了，想吃点辣的，便走出堂屋的门，走到门前的地里，摘了几只辣椒，用手掰碎，扔进了菜碟子，揉搅几下，尝了尝，觉得正合胃口。

这种细节，让人颇觉一种自在：也就是，当我想要什么的时候，走到田里，它总能给你想要的。这种随手撷来的自在情趣，在城市里是没有这个条件的。

乡村里的人，并不缺乏生活的智慧，也一样享受生活。我见过一个田边的自制"吊床"，在两棵树中间，将一个麻袋的两头用绳子拴住，扎在树上，中间可以躺一个小孩，简单而又欢乐不减，还多了天然拙朴之趣，这让我惊叹于乡村里的人的机智应变与对生活的热爱了。

有一种热爱生活的方式与能力，便是在简陋的条件下，仍然能发掘出生活的乐趣，我想这便是了。

我想起令致君教我的"抱瓮灌园"，想来简陋也未必不能有情趣，抱粗瓮便如同躺于麻袋秋千，少了精雕细琢，反而天生的野趣便浮出了吧。

一日，几天的雨后，我走出屋门，惊奇地发现门前的一段木头上长出了一些木耳，这是我第一次见到"活的木耳"，可以"大为惊喜"形容之，数量不多，大概只有十几朵，带着欲滴的雨珠，脆软鲜嫩，十分诱人，让人立想大快朵颐，尝试这"第一手"的天然美味，于是既忙不迭又小心翼翼地轻摘细采而下，并不放肉只纯炒之，因只想试其纯鲜之味，便不以荤扰之。

各种采摘收获的乐趣比比皆是。

村口有一棵枣树，结的果子不算脆也不算甜，但孩子们却很爱吃，天天嚷着让我给他们摘，我虽不爱吃，却喜欢摘。每天吃完晚饭，便散步到这里，拽下树枝，摘下一粒又一粒的枣子，带红的摘完了，又嚷着青的也要，于是能够得着的一个也不剩，本来够不太着的，又想尽办法，你拉着树枝，我来摘，再高点的，便找了一根竹竿来打，这一打，滚落得满地都是，东一粒西一个的，孩子们拾到一个便欢呼一声，最后比谁怀里的枣子最多，各个手拉手满意兼满载而归。

春天的时候，有各种各样的野菜，有种似乎随便往地上摘一把什么就是一味野菜的感觉。

我第一次吃到蒲公英便是在村里，觉得味道清新，甚有回甘，后来回到城市，从网上购买了一些，全然没有了刚从地里摘下的清新，仿佛失去了灵魂。

地里其实仿佛什么都可以吃，只要你想吃。

本来我住的人家是不吃豆角叶、南瓜叶的，由于我想吃，便穿了一双水鞋，扛了一把镰刀，自己在太阳底下采摘去了。这采摘其中，挑选有挑选的乐趣，发现有发现的惊喜，装满篮筐有装满的充实，稀少有稀少的珍惜，甚至流汗，亦有出汗的快意。

豆角叶、南瓜叶、菊花脑叶，被我列为三大最好吃的煮汤食用青菜，尤其豆角叶，所知能吃之人甚少，其味之美，美在那咀嚼之后的回甘，若能领略之，则每年必会挂念。

南瓜叶煮时，水不需放太多，不要做成了"南瓜叶汤"，这样便滋味太淡了，而是以做上汤青菜的汤量放水。最好是多放叶子，大片大片的叶子饱蘸着汤汁，既有南瓜叶本身的清新，又吸吮了汤中之味，大团放入口中，滋味与口感均丰厚饱满。

而菊花脑叶有一股清凉，最好的是与肥瘦相间的猪肉同煮，取一些油荤之香，此时是最能舒发其"味中真谛"，尽其味之极美的。

想吃什么，就到地里采。

这种随心所欲的乐趣之美妙，若非在乡村里住一段时间，便体会不到。

能采的不只是植物。一日村子后的人家送来几个两个大人拳头般大的河蚌，说是门前的小河里捡的，我大生兴致，便跑到村子后一看，果然有一条浅浅窄窄的小河，大约只有一米半宽，水大约只有不到五十厘米深，里面的河蚌却个个都有两个大人拳头般大，与这小河的体量十分不相称，让我觉得它们像是蚌精，又觉得这条小河虽平平无奇，却似蕴含了什么不可得而知的神力一般。我还幻想着吃着蚌肉的时候是否会不小心门牙"咔嘣"一声响，吐出一颗珍珠来。

摘豌豆也是一件很有乐趣的事情，有时，我们骑上自行车到远处的田里，带上一个小提篓，在豌豆田里，慢慢地找膨胀的豆荚，找到了就掰开了直接吃，清甜脆嫩，竟觉有治愈心灵、驱逐烦忧之功效。让人感觉享受的不只是吃的时候，有一半的享受来自于寻找的过程，那种在悠然的心态中付出努力的充实感与发现、获得时的惊喜，这几种感觉合起来，一起构成了摘豌豆的美妙感受。

这种美妙感受，是吃他人摘好的豌豆所感觉不到的。

由此联想到，人生中努力的、奋斗的过程亦是乐趣所在，轻轻松松地坐享其成，反而体会不到这个属于过程中的甘美了。

因此努力与奋斗并非是苦之所在，乃是甜之所在也。

所以，我们为什么要努力？
正是因为：

努力不一定有结果，但努力本身有快乐。

有的人会因为感觉自己的奋斗没有得到相应的或所期待的结果，便失却了奋斗的激情与斗志。事实上，我们从上所述可以意识到：

奋斗本身就是一种乐趣。

我们不是因为有确定的结果才去奋斗，而是你在奋斗的过程中，奋斗的本身，就已经收获了生命的乐趣。

所以，我们要调整生命处于一种享受奋斗本身的状态。而如果总把目光盯在以及思想关注在"没达到预想要的结果"上，当然不会快乐，而让心灵处于享受奋斗本身时，那便会在奋斗的时时刻刻都感受到生命的快乐。

而事实上，你充满激情地奋斗的收获总会比你疲塌怠软的收获大。

所以，我们应：

享受奋斗本身，享受努力本身。

奋斗与努力的滋味，以"甘"形容更为准确，它不像"甜"那样直白，而是一种经咀嚼品赏之后的甘美。

以上的道理，我是一边写一边悟出来的，以及其他的一些道理，也有如此情况。

由此可见，我于努力思考、奋笔疾书之时，一行一行地思考并写下自身的真切感悟，虽写得辛劳，但其中的所得所获，又岂是以人代劳、偷盗剽窃得来的成果所能比拟？坐享其成看似快捷，实质失之短浅，只有沉静踏实的耕耘，虽慢却得之长远。

拔萝卜与挖花生的感觉便又与摘地上的作物不同，与此类似的还有挖土豆。当你把萝卜苗、花生茎叶从土里拔起来的时候，其手感是充盈的，那是一种奇妙的感觉，不知如何描述准确，只有亲手一试方知，总之会让人上瘾，你便想不停地拔，而不管一下子需不需要这么多。与从其他地方拔出不同，从土地里拔出，带着泥土与根根缕缕的摩擦力与牵牵绊绊，形成了一种妙不可言的手感。再者，就如赌石一般，拔出来以前，你并不知道底下的果实是大是小，是多是少，于是，便造成了一种憧憬与期待的美妙，拔出来了大的、多的，便会惊喜而欢呼雀跃、大声喊叫起来，即使是大人，也难免这份喜悦，从而如小孩子获得棒棒糖一般的单纯的快乐又回到了大人身上。不停地拔，便可得惊喜连连。

由此可见，土地带给我们的喜悦是方方面面的，很多时候不完全在于收获，而在于寻找、发现、实践的过程。

萝卜地里，偶尔还能遇见野兔子，一蹦一跳地过来，我们盯着它，它也盯着我们，我们不动，它也不动，我们一旦向前，它便反应警觉地转身蹦跑，一蹦三尺远，弹跳力与灵活性远非动物园里软绵绵的家兔可比，一副野性饱满、生机盎然的模样。

下雪天，也遇到过野兔子出来寻食，白雪覆盖住了一切，表面上看白茫茫的一片，似乎什么也没有，我不禁好奇地想：这时候兔子也得具备透过现象看本质的能力了吧。

一个春天，我们到了村子后面的小林子里，发现有野生的枸杞，它们的分布并不集中，这里三五棵，那里六七棵，有的还匿藏于其它的植物丛中。于是但凡谁找到了几株，必会引发那人的一阵欢呼狂喜。"这里有这里有！""快来看啊，我找到了十几棵呢！"这简单的欢乐汩汩而出，互相渲染。

我们只掐嫩芽，因此采了许久，才凑齐了约摸一碟的份量，心里美滋滋的。竟发现因其愈难收集，收集够所需数量时才愈满足愈欢喜。似乎正如我们学习一项知识或技能的过程中，攻克了愈难的题或技术，内心所升起的甘美就愈盛。

有时会发现一些木头上长了灵芝状的东西，又不像通常所知晓的几种灵芝的颜色，便会幻想其是比灵芝更罕见的"仙草"，蹲下来细细地端详一番，仿佛它身旁萦绕了天地的灵气仙气，试图沾染一些过来。
却又不敢采摘，毕竟从未见过，只便当"圣物"奉之，让它在此处颐养天年，成精成仙罢。

乡村人家大多用柴火煮粥，现在为了快捷，也常用电饭煲了，但煮出来的滋味口感实在是云泥之别。柴火熬出的粥，又香又糯，米香既醇厚又四溢，每一口都直让你觉得这米里蕴聚了天地精华，不可不细细品之，庄严待之，再三回味以敬之。电饭煲煮出来的，则平淡无味，明明是同样的米，仿佛一下子失去了内在精神与气华，不再飞扬盎然，亦不再隽永深厚，而变得黯然失色、直白又毫无精气神起来。
我想：是不是一因柴火自带木头之天然香气，在燃烧的过程中，这种天然香气亦于氤氲间渗入了米中？二、柴火做粥称为熬，自是慢慢以进，不急于求成，因而所得出来的成果，便更经得起检验与推敲。
由此而推想人生与行事，大多莫不如此。古云"格物致知"，这也便是从粥中格出的"知"吧。

我的住所屋前后院，还各栽了几棵桃树，品种不同，屋前的是黄桃，后院的据说是一种野桃的品种。一年黄桃只结了一个果子，虽有虫咬，但我也摘来吃了，咬了一口时感觉是"大为惊艳"，久违的小时候吃桃子时的"桃味"又回来了。须知这么多年，无论吃了多少桃子、哪种桃子，都已没有小时吃过的桃子的"桃味"，而这一口，便已确定是那久违的味道。常有人说，我们经常觉得现在的水果蔬菜不好吃，是因为现在好吃的东西太多了，因而一些小时候觉得好吃的，现在便不觉得好吃了。其实并不是，如你能到乡村里生活一些时候，或平日里有幸吃到农民自己拿出来卖的菜，你会发现不是我们的味蕾与味觉变挑剔了，而是确实是现在市场上的果蔬本身便与我们从前吃的果蔬生长过程不同。现在市场上的果蔬，为求快速获利，皆是让其速生、速长、速成，不经足够的阳光与岁月浸润，其内在滋味也无法慢慢酝酿、深厚发酵，因而出品往往薄淡无味，经不起推敲回味。

而从前的果蔬，以及现在农家种来自己吃的果蔬，则以长久的耐心与沉静之心对之，它便同样以沉静之心生长，缓缓积累，醇厚以出，因而滋味深长，经得起检验与细品。

屋后院的桃子亦是如此，它们个头虽小，又并不好看，却桃味十足，有它们在，我们谁也不想吃那市场上买来的外表光鲜通红靓丽的大桃了。

古云"格物致知"，确是有道理的。如将其理解为"从万事万物之中悟出道理与智慧"，又若你有灵性与觉悟之心，乡村生活中，便处处有可格之物，就如所列举的每一样，你都能品悟出一些道理与智慧来，而这都并非空泛之理，而是可应用指点于人生的大道所在。

快与慢

我从练琴和人生经历,以及对社会、人事的观察中,所得到的感悟里,最重要的一条就是:快即是慢,慢即是快。

一

当今社会,一切变得越来越浮躁,没有多少人再愿意进行深刻的思考与缓慢的积累,他们只需要唾手可得的利益和肉眼可见的效果,那些需要长久沉淀的东西,便被遗弃到了一旁。

我不知道他们最后得到了什么,但是我明显感觉到这个世界失去了很多。

那些"慢悠悠"的人和心灵,越来越成为稀缺之物,取而代之的是急取躁进,以及为了急取躁进而产生的种种乱象,见利忘义,过河拆桥……出现许多的底线丢失的现象。

因此当下人们常感慨世风渐下、人心不古,则根源便是人们的急功近利。

他们越来越没有耐心去慢慢地酝酿与获取一样事物,而是凡事求立竿见影的效益。与人的交往亦不再从心出发,而是只从利益出发,从实用出发,只求对自己有现实之利,否则便弃之如敝屣。

于是导致了很多人目光都很短浅,只看到一时的利益,却把握不住长期的修为,所以终日颠簸于繁喧尘世,内心和身体均积尘纳垢、疲惫不堪,如无头苍蝇般乱飞一气,却始终不知根本。

在练琴的时候，同样也会有很多人会走这样的弯路：急功近利，急于求成，最后却发现"快"变成了"慢"。

不好好静下心来练习基本功，而是想着快点练高难度的曲子，最后发现硬练高难度的曲子而基本功没跟上，弹出来质量很低，会越来越觉得"捉襟见肘"。

最后还得回头练基本功。

而开始先沉下心来好好修炼基本功的人，基本功扎实了，弹起什么曲子来都可游刃有余，以"不变"应"万变"。

开始的"慢"变为了后来的"快"。

我大概是个"以不变应万变"的人，在进入社会多年后，仍未觉得自己的内心有何偏移之处，也未觉得沾染了什么"社会习气"。
其中一个原因，在于我在"天真与成熟"一章里阐述过的：有意识地与人群保持一定的距离，太近了就远一点。

"当我觉得离人群距离太近的时候，我会有意地拉远一点；当我觉得在人群中时间比较多时，我会有意地减少一点。"

此为原因之一。又因我常有意识地尽量让自己少受五花八门的诱惑所动，因而未沾染这急功近利的风气以及受其影响，一直保持着内心的笃定、宁静，以及自己的节奏。

二

人生如同长跑，前半段跑得太急，后半段很可能难以为继。

个人与社会需要良性的、长远的发展，首先需要先慢下来。
慢下来沉淀与积累。
所谓"磨刀不误砍柴工"是也。
——这句话其实与"快即是慢，慢即是快"一样，岂只可用于平时的日常生活、具体的事情，完全是指点个人人生方向与节奏，乃至社会方向与节奏的千古闪光的智慧箴言。

现代社会，一切看起来那么快速，但关于基础理论与根本思想的突破与发展却变少了，也就是真理的探求与收获却减缓了。

也就是表面进展快速，基底发展慢速。

体现在物质与精神方面，又是：物质在飞跑，精神在爬行。

所以我们的快与慢的矛盾问题，不仅存在于事物的发展过程中，也就是"时间尺度"上；还存在于事物之间，以及事物的基底与表面之间，也就是"存在角度"上。

这与"有与无"的情况类似。

因此，也就存在着尺度把握的问题。

即：何时快，何时慢；何处快，何处慢；以及如何快，如何慢。

这些都是需要我们静下心来好好思考与把控的。

三

人生与练琴一样，不可急躁冒进，需张驰有度。

竹子的启示是：初期因需扎根深固而生长极为缓慢，一旦到了基础扎实、内在实力成熟之时，便以飞速长高。
其实人生与练习技艺亦是如此。

可见道之于物、事、人，都往往通用，其实这就是"客观规律"。

往往初期看起来发展迅速的，却后劲不足。

又往往初期进展缓慢的，到了量变至质变的交点之时，又忽然"一鸣惊人"。

这正是"**大缓若速，大速若缓**"。

而往往一个人初时幸运，极早取得成功，后却因扎根浮浅，又有时加之因过早成功导致的轻率、骄傲、迷失等，而令人生的成功似昙花一现。

往往一个人，初时沉静蓄势，不急于求成，而基础扎实、后劲充足；或因早期挫败较多，却又因在挫败中不懈不馁，反而从挫败中不断吸收营养而得到充分的成长，而大器晚成，或取得久长的成就。

这正是：

天欲予其缓，常予其速。
欲予其久长，常予其慢缓。

人间温情——人类情感的绵长

一

这年夏天，我随母亲回幼时我外祖父母的居住地，以及她青年时插队的乡村探访，同行的还有我的舅舅、阿姨，以及他们的朋友——因与我舅舅多年交好，所以我称为阿葵舅的夫妇二人，阿葵舅的爱人我称为阿珠舅娘。还有另一个与我舅"三人党"的成员，所以我称为三舅。

这是这么多年来最热的一个夏天，但我仍然乐意跟着一群"有代沟"的人一起探访回溯，是因为我一要回外祖父母家的遗址一探，二觉"回访自己从前插队所在的乡村"甚有人文意义，因此一并跟随前往。

幼时我们表兄弟姐妹，常常在逢年过节之时，来到外祖父母家聚在一起。

外祖父母家有个院子，一进门，右边栽了一架葡萄，左右两边各有一棵柚子树，常常挂满了未成熟的柚子，所以我的印象里，那是一年到头都挂满了果实的。

还有一个小小的后院，有几棵李子树，那李子的品种与现今我们吃到的都不同，成熟时紫黑紫黑得发亮，口感绵软，香甜之至，是我吃过的最好吃的李子。再后来，吃到再贵的李子，也不如它。

多余的李子，常常放在一个很大的瓦缸里腌着，每次我们回来，都嚷着要吃。我们往往吃了一粒又接着一粒，总之是吃个不停，一群小孩子回来，一缸的李子一下子便下去了许多。

还有一棵枣树，结出的枣子是长椭圆形的，一咬嘎嘣脆，带着自然的清甜，又觉得比现今市场上的枣子都好吃。

摘枣子是一件让人颇觉有成就感的事，我也不清楚为什么。直至今天，我仍盼望着有一棵这样的，长椭圆形的枣子的枣树可让我采摘。

外祖父家对门，就是舅舅家，再过去，是我们的姨婆家。总之几个亲戚家都住得很近，门也常常是开着的，我们常常来回窜跑。这种氛围，以至于我在少年时代的一段时间里，稚拙地希望将来能有一个院子，几家亲戚住在一起，互搀互助，其乐融融。

记忆里，院子的右边有个水龙头，我至今脑海中仍有这么一幅画面：竹门推开了，我一抬头，外祖父提着一只鸡或一网兜活蹦乱跳的田蛙进来，小孩子们一哄而上，围着外祖父又跳又笑，七嘴八舌的，那时候吃鸡的机会较少，只有逢年过节才吃，此时鸡腿的香味已经在小孩子们的脑海里萦绕了。

外祖父是个话不多却又很和蔼的人，他与我们的交流不多，却也从未发过脾气。据母亲说，拐进我们家的小巷前的一条马路，虽为公共所有，但外祖父常常会去打扫，每日五点起床，把它扫得干干净净的。我从未见过外祖父哈哈大笑，却又一直觉得甚为可亲。

这时候，我母亲、阿姨这一辈的人，就会上前接过这些活物，把活蹬乱跳的它们拎至院子里的水龙头下，拿一块砧板、一把菜刀，准备"烹鸡宰鸭且为乐"了。

此时是我们小孩子的欢乐时刻之一，就是围观大人们处置这些生物。

在外祖父家的日子的回忆是温馨的、细小的，却又是延弥长远的。

二

那时的生活环境都很质朴，却于快乐丝毫无损，比今日更接近于自然，也就是似乎"更近于道"。

那时学生们放学时，常常相约去一个大院里玩耍，玩的是跳皮筋、扔沙包一类的游戏，甚至有时只是去拾木棉花，也拾得兴味盎然。

大院里有一棵高大的木棉树，以我们当时小小的身躯往上看来，有种"高耸入云"的感觉，回想起来，竟似那个院子里的一个"图腾"一般。

春天来了，我们便会来到这棵木棉树下，惊叹一番它火红艳丽的，似团团燃烧着火红的希望的花朵,然后便眼巴巴地仰着头等在树下,就这么等着一朵花掉落,如果忽然听到"啪"的一声响,那便是有木棉花掉落了,我们便会循声而寻去,看谁先找到那朵花,谁就兴奋地大叫起来。

其实虽听说花可以泡茶,但我们拾回家去,也没有谁真的拿来泡茶喝,只是纯粹的为了那份等待、发现与拾起的快乐。

这种毫无目的的纯粹,在今日是愈发少见了。

就连孩子们的快乐,也大多从电子产品中获得,他们对于自然的接触与感受的机会,越来越少了。

毕竟电子产品里的游戏与各种视频,以令人眼花缭乱的声色予人以直接的快速的强烈的刺激,这种速成又强烈的刺激,自然更容易把人吸引过去,久而久之,人便失去了缓慢的、细腻的、悠长的感受与等待一样事物的心灵,表面看起来是一种"飞速发展",实际上内里的什么东西在发生了倒退。

由此,人们的心灵变得粗糙、粗鄙、焦灼、浮躁,对真正的纯粹的美与美好感受不到。

这从这些年的流行用语便能感受出来:一切都是速成又速朽。

包括人与人之间的情感。

大院里还有几株玉兰树,每当玉兰飘香之时,我们也会等在树下,拾那刚掉落的玉兰花。整朵的放在书包里、笔盒内,几片花瓣夹在本子里,玉兰花的气味清香淡雅,每每从书包里拿出本子时,它就会飘出来,让小小的心灵好一阵满足。

即使现在的孩子们多了许多玩的事物,回想起来,我也并未觉得我们的童年少了些什么,却反而觉得多了些什么。

三

那时我表妹因家庭条件原因,在我家居住上幼儿园与小学。我母亲有一个姐姐,三个妹妹与一个弟弟。因我母亲在外祖父临终前发过誓,要照顾好妹妹弟弟们,所以当我阿姨家里条件拮据的日子,便把我表妹接至我家居住与上学。

我父亲对此也并无怨言,对表妹视同己出。父母甚至常常让我有好东西让给表妹吃。

我的童年便大多数时候有人相伴，并不似其他独生子女那般孤独。

一日，家里告诉我们即将买一台冰箱，两个小孩便极为兴奋，每日坐在沙发上，讨论与想象着如何做各种各样的冰棒，这样的讨论与想象持续了一个月后，冰箱才迎进了家里。

那时的小孩子的乐趣就是如此质朴而又奇特，即使是想象如何做冰棒，也能想象了整整一个月。

直至今日，这仍成为我与表妹每次碰面，以及亲戚们相聚时，所津津乐道的美妙回忆之一。

我的小姨当时是一个小镇里的中学教师，家里就在学校操场旁。那时都是平房，我们常在夜晚，从家里拖出一张草席，把它拖至操场的草地上，表姐妹几个便在草席上或坐或卧，数着星星玩乐、畅想，时不时飞来几只萤火虫让我们惊喜一番。那时空气清朗，天上的星星也能看清很多，这个玩乐的画面便与星星一起，定格在了我的记忆里，以至于成为了我的一个小小情结与梦想：有一个这样的地方，可以从家里直接拖出一张草席，夜凉如水，星河闪烁，我们什么也没有，只是数着星星谈着天。

我的一个小朋友领我到她的祖父母家的山上玩，见一泉水清澈，里面有几只小虾，身体透明，甚是可爱。小朋友说：这泉水可以喝，很清甜。于是我便立马捧起来喝了，觉得确实好喝，又一连喝了好几口。

如在今日，少不得担心污染，亦不敢别人让喝什么便喝，防这怕那，无法如此率性纯真。

小时候去外祖父母家的路，极为颠簸，其实当时大部分公路都是如此，路上坑坑洼洼，坐车时常觉肠胃不适，有时一路下来，竟呕吐好几次，小孩们也不觉懈怠，擦擦嘴角，便又大声唱起歌来。

那时表兄弟姐妹们便常常在外祖父母家相聚，还有父母一辈的我的父母、阿姨、舅舅以及他们的爱人，祖父母一辈的外祖父母、姨婆等，甚至还有表姨等远一点的亲戚……氛围其乐融融，极是难忘，成年以后，已极少有此种欢乐，因此便一直想回去这给予我幼年乃至一生的温馨有爱的经历与记忆的家园看看。

于是我们一路坐车，中间先经过一个矿山附近的水库，母亲说外祖母在这里工作过，便下来拍了几张照片。

上车后，母亲说起一些外祖母在这里工作的细节，说她当时在厂里的图书室做图书管理员，虽因时代原因学历不高，但学习的热情却一直很高，做图书管理员的时候，便每日看书、学习新知识。

开到了外祖父母家所在的小镇上，我感觉与幼年时印象已不大一样。外祖父常打扫的那条马路，现在两旁多了许多民居。印象中经过这条马路转入一条小路，走个一二十米，便可看到外祖父母家的院子的竹门，以及两旁果实茂密的柚子树，但我往里走去，布局已经变化，原来开竹门的位置，此时已无门可入，一下子有些陌生与茫然起来。

此时母亲在后面叫我，原来现在要进入原址，需得从马路边上的民居里进入，只见母亲一行人敲开了一户人家的门，说明来意，那人一脸笑意，连连点头，打开了屋门，让我们一行人穿过他们的里屋、书房等，进入了一个院子。

我不禁感慨，幸而这小镇上的居民之民心，与几十年前未变几何，竟能敞开房门，让一群几乎完全陌生的人，穿堂入室，这在今日的大城市里，完全是不可想象的。

这个院子便是当年我外祖父母家的院子，院子里有一小块地，栽种着一些青菜，也有一个水龙头，竟与之前我们冲洗鸡鸭的水龙头位置差不多，我便对着水龙头沉思臆想良久，企图让自己回到幼时生活的画面。

院子比我童年留下的印象小了许多，那些柚子树、李子树、枣树已不见了。原来，这里已经分别划分给了两家人居住。于是我辨认出当年大门的方向，站在大约是当年我常在玩耍的位置，面向着"大门"，并不与其他人交谈，让自己沉浸于童年时的画面中：我正在此处玩耍，一抬头，竹门开了，外祖父拎着一只活鸡，一网兜活蹦乱跳的田蛙进来了。孩子们兴奋地嬉笑着围了上去，大人们接过鸡与田蛙，外祖父微笑地看着我们，并不说话。

一行人拍了许多照片，才恋恋不舍地离开了祖屋。那家人笑语相送，并拿出一篮洗干净的李子，让同行的小孩子吃，说是自己亲戚家里种的，我们谢过之后，也毫不客气，大人小孩都嘎嘣嘎嘣地吃了起来，他们找出一个塑料袋让我们带走，我们既觉好吃想吃，也不假意推托，便爽快装入袋内，殷勤致谢而出。

出得门来，见三姨与旁边一家的住户交谈，那人竟是从前在外祖父母家做过保姆的一位阿姨，今年已经80多岁了，却仍思路清晰，记得许多事情，她个子虽小，却面色红润，精神饱满，笑容可掬，此时母亲也认出她来，便与她一阵交谈，热烈谈罢，又约好下回再来看她。

母亲又欲寻找自己记忆中的另一个地方，于是一行人又在烈日下找了起来。途中，经过一个水井，母亲站在井边，让我特意为她拍了几张照片，说是她当年常在这口井里打水。近六十年过去了，这口井仍在，井中也仍有清澈的井水，我俯下身去，把脸靠近井口，一股井水特有的清凉之气沁入心肺，把适才烈日的炎热都消弥了。

看着这井，这井水，虽不是我记忆中的事物，却让我感慨，在这瞬息万变、一切似乎稍纵即逝的当今，竟然还有这样一口井，可以静静地存在六十年，井里的水，也未受一丝污染，未改变其天然清纯，直可令人大生慰藉：仿佛看到了这世间仍有一些东西，恒定而久远，深长而纯粹，天真而澄净，不为浊世所染，不为喧嚣所扰，不为浮华所动，静静地兀自伫立，以其恒净的躯体与内在，滋润着一代又一代人的身心。

为何我与令致君就不能有延续一生的友情？
如这井这水，恒久而纯粹？我小小的慨叹了一口气。

从小路里绕出来，我们遇到了刚赶到的阿葵舅一家人。前年他与妻子，我称为"阿珠舅娘"的，到我所在的城市玩耍。听母亲说他是我舅舅的结拜之交，又见其性情豪爽坦率，颇觉珍贵，我便将家中一瓶自己平日舍不得多喝的珍藏好酒拿出，一并喝光，又觉不过瘾，把他俩带至附近品酒之店，叫了各种酒，每样一杯，各人各取一些倒入自己杯中品尝，这样便得品尝了不少花样。因阿葵舅与阿珠舅娘皆为豪爽有情、又喜酒之人，竟觉毫无代沟，相谈甚欢。一顿品尝下来，我们均大呼过瘾。

自此相识之后，后来我每次回老家，阿葵舅与阿珠舅娘便一定热情邀请我到他们家里做客，还让自己儿子开车带我们去玩耍。这次，他们一家便是他们的儿子开车前来。

他们让我坐上了他们的车,这样我之前的车便可比较松裕了。探访完外祖父母的旧址,下一步便是去寻访我母亲从前插队的村子。

我们一路开去,又遇见一个水库,比之前的更大些,周边风景优美,阿葵舅说起他儿子小时候便在这水库里游泳摸鱼,引得我一阵艳羡。

这时经过几处稻田,中间建了一些路与房子,我舅舅感慨说:以前这里是如草原般"风吹草低现牛羊"的,非常广阔的一大片连绵的稻田景象,多了几条水泥路之后,便似多了几道伤痕,那种广袤田野的景象就被割裂了。他每次经过此处,都感觉极为遗憾。

路上路过一个村子,阿葵舅说:"这是我插队过的村子。"阿珠舅娘往左手边指去,说:"你那时就住这边。"我顺着她指的方向,抬头望去,说:"原来你们当时也在过这一带的村子插队。"他们说:"嗯,你妈插队的地方也是在这附近,但现在还没找到。"

过了两个村子之后,又来到一个村子,阿葵舅竟又说:"这是我插队过的村子。"阿珠舅娘又跟刚才一样往左手边指去,竟又说出同样的话:"你那时就住这边。"我顺着她指的方向,抬头望去,跟刚才的村子有些相像,好奇地问:"原来你们插队时每个村子都住过一遍啊?"

我这么一问,他俩相视哈哈大笑起来,说:"村子太像,刚才第一次是搞错了。"我也大笑起来:"我说怎么情节还重复上映了,哈哈哈。"

我们两部车子十个人左右,在烈日下的小路间转来转去,转进一个村子,觉得不是,又转出来。阿葵舅、阿珠舅娘和他们的儿子,是自告奋勇来热情帮助我母亲寻找插队旧址的,此时在夏日七月大太阳的中午,转了一个又一个村子仍未找到,他们仍毫无怨言,乐呵呵地有说有笑地继续找寻。

又转进了一个村子,辨识了一阵,母亲说:"就是这里了。"于是我们便下了车,路过一个小学,小学门口旁有一棵三人合抱的大榕树,树叶郁郁葱葱,树荫下有一个直径两米左右的圆台,几个村民在圆台上打牌谈天,一人手里夹了一支水烟,另一人身旁放了一个茶壶,颇有一副"把酒话桑麻"的景象。我们走了过去,想找个人家打听一下。我三姨在我们后面下的车,忽然她把我母亲和我们叫了回来,说:"二姐,他们认识你。"

母亲一听便走了上去，跟他们相认了起来，一认竟然便将这几个人的名字都想起来了，他们几个人也都记得我母亲。

我顿感惊奇，问三姨，说："你是怎么问他们的？"她说："我就问他们记不记得以前有个在这里插队的阿兰，他们说记得记得。"

没想到五十多年了，他们还记得有这样一个人，我心中大为感慨，并且是百感交集，各种感慨涌上心头，一下子不知该如何形容，只觉得这次探访真是意义非凡，也许是它昭示了人与人之间的什么潜藏在底部的、深邃的、绵长的东西，也许是让我想起了大城市里那些用过即弃的转瞬即逝的"交情"，那些有利益时笑脸殷勤无利可图时扭头不认的，那些只知道网名、随时可相忘而成陌路的浅淡的交往，在我生活的大城市，甚至当今社会，没人关心你叫什么名字，你的名字真正成了一个代号，可以是1也可以是m，只要能有个音代表你一下就行。有时你会因此而怀疑自己的存在，甚至觉得：即使我销声匿迹，也将无人问及。

然而在这里，在这个宁静的小村子里，却不是这样的。在这里时间仿佛静止了，它保存着关于你的一切，从来没有消失磨灭，它虽从不耀眼，却也从未黯淡，只要你回来挖掘，它还会在那里，静静的，绵远的，不鸣不响，不炽不耀，却温润着你的灵魂，牵引着你的心灵。

有一种低吟的力量，它是什么？该怎么形容？仿佛是地底下连绵的丝线，连续着一个人的人生以及人与人之间的情感，它细长而柔韧，不为狂风暴雨所袭，亦不随风云变幻而改变，它是细微的、不易觉察的，却不是脆弱的，而是恒远绵长的、颠扑不破的。它如同真理一般存在，却不靠理性来获得；它如同哲思一般深刻，却不经逻辑而存在。它像山，笃定不拔；又像水，绵远流长。总之它是永恒的、不灭的，是温柔的，又是炽烈的；是细微的，又是恒久的。

母亲与他们交谈良久，我拿出相机，把他们交谈的场景录了下来，就像亲历与记录了一段了不起的历史。

母亲问起当年的大队会计，一位村民将我们领入一户人家，那位会计不在家，一会儿才回来。听说来意，他的儿子热情地招待了我们，取出一篮刚摘下来的黄皮，招呼我们吃。过了一会儿，会计回来了，他的背有些驼了，走路也不太稳，看见我们，颤颤巍巍地和我们每一个人握手，一个也没有落下。

母亲与他聊了许多往事，意犹未尽，相约下次再来探望他们。

我们离开时，几位村民仍在小学门口的圆台处，母亲对他们说：我过几天再来，请你们一起吃个饭。我们便与他们挥手道别。

回到家后，我说："没想到这么多年了，他们居然还在，而且都还记得你。那里似乎什么都没变，就像没经过中间这几十年。"

母亲说："是啊，以后我要每年都回去一次。"

于是母亲便开始准备践行她的诺言，筹备几天后的宴席。因村子里面与附近均无餐馆，于是计划在村里的食堂订菜宴请。

这一天，我们带了几瓶好酒，一箱二锅头，又再次去到这个村子。一下车，我们便看见小学门口旁边的墙上贴了一张大大的红纸，上面用毛笔写着"欢迎知青xxx回乡"。

我们又惊又喜，为这村民的热情与诚挚所感动，母亲眼里闪烁着泪花，其余的同行人也又高兴又惊讶，又激动又感动，一个个都有着深为触动的神情。

我们与村民们一起走入村里的食堂，气氛热烈如同欢迎一位村里出去的、久未归来却又对村里作出巨大贡献的衣锦还乡之人。其实母亲当年只是一个普普通通的知青，现在也只是一个普普通通的想回乡探望的平民百姓，竟受到如此热烈对待，如此巨大的热情，我们一下子竟不知如何承纳。

坐下来后，有些上次未见面的，母亲又与他们一个个相认、交谈，其中一些人的晚辈，现在五十多岁的人，我母亲插队时只是几岁的小孩子，他们中的一个对我母亲说："阿兰姨，我还记得你给过几个枣子给我吃。"另一个说："那时我姑姑给你在灯下纳布鞋的鞋底，我还记得呢。"母亲不胜感慨，我听着他们的言语，想起在我生活的大城市，遗忘一个人似乎只需要两个月，他们记这些细节竟是记了几十年，回忆起来，这些当时细小的事情经过时间与岁月的加持，变得如此意味悠远，情感深挚，当他们娓娓道出时，如同吟诵着一首深长隽永的诗。

母亲谈及当年村民们对她都很好，因以前未干过农活，有些"笨手笨脚"，她去喂猪，把猪不小心放跑了，也无人责怪。平日里大家也都来热心帮她的忙。一次上山砍柴，她忽然肚子痛了起来，虽然很痛，但她自己并未流泪，一同去砍柴的两个女村民，让她坐入放柴的箩筐里把她拉下山来，见她极痛的样子，她们二人竟流下泪来。

彼时人们的淳朴善良与真挚，可从细小的记忆里，如洪水奔涌般地强烈呈现出来；从极易被忽视的细节里，不可忽视地放射出来。

我们将要离开之时，忽然之间锣鼓喧天，一群村民敲锣打鼓走了过来，一只舞狮活灵活现地跳了出来到我们面前欢快地摇头摆脑，原来这是为我们精心准备的欢送仪式，正不胜感激，一个人拿着一张大红纸走过来，上面用毛笔写着八个大字：鸟过留声，人去留情。

此时的情感已无法以言语表述，激动、感动、喜悦、高兴均显得如此浅薄。它过于强烈，以至于"深有感触"亦不能至；它过于复杂，以至于"百感交集"仍显不足。它无法仅以程度表示，更沁透了时间的长度与岁月的深度。它仿佛来自四面八方，又仿佛凝聚集中于心中的某一个焦点。它从空气中来，又从我们的心中来，更从时间和岁月里来。

它是一个多维的事物，又是一个只有一维的事物。多维因其涵纳时、空以及人的身体与灵魂，一维因其真挚纯净透明。它如道德经里的道一般，无可描述，无从描述，无法具体，亦无法以逻辑推就，只能以比兴让灵悟之人撷得。

回家以后，母亲决定为村里做一点事情，我们力量微小，她思忖良久，决定给村里的小学送一批书籍，以及两张乒乓球桌，简单而却极有意义。

人与人之间的情感可绵长延远至此，平日我们无法觉察，其实它们并未消失，只是潜藏于深处了。

即使是在一切快食速朽的地方与时代，我相信，这绵长的情感虽暂时被驱赶、被轻视、被放逐，甚至被嘲笑、被误解，但它们仍在那里，它们是永生的，它们是不朽的，它们是静默而坚韧的，它们不动声色地恒久着，同样的，只待灵悟之人撷得。

个体

**黑暗中,
一些果实无声无息地掉落。
就像一些卑微的个体,从头到尾也无人问及。**

并不是弱势群体才会成为被遗忘的个体,而是我们每个人都会。

如果毫无利益所系,估计许多人瞬间就会从前呼后拥变成被遗忘的个体了。

一日在院子里,本来想摘些果子,天太黑了,什么也看不清,忽然想想有些果子还没被人吃就掉落了,对于它们来说,好像还没实现它们的果生价值呢。

于是写下了前面的感慨。

那日令致君说:你看这太阳底下,一片平静,看起来,又有谁人是不开心的?

他的一句文字感慨:蜘蛛仍在辛勤结网,全然不知风雨将至。犹若我跟跄的人生,前路一片洪荒。

以及他与我第一次交流时所说:一段时间里,感觉被生活一次次地击碎了信念。

他尚能坦言自己的伤怀，同时亦有与众多受挫的人一般的疑问：他人看起来都如此岁月静好，平顺安宁，为何我却似波涛四涌，荆棘满途？

我却已很少有此伤怀，我的文字大多是这样的：

以前觉得这首歌很忧伤，现在居然不觉得了。现在听什么歌都不觉得忧伤，"忧伤"，那是年少的权利啊，经历风刀霜剑、刀光剑影的人除了顶天立地、黄沙战马，没有权利忧伤。

生命中的刀山火海，血液四溅，穿沙过石，飞崖走瀑

在阳光下仿佛了无痕迹，平静得像驶在永恒平静的湖水

假若我与他不相识，与他同一时间均来到这个球场打球，他看我必是意气风发、斗志昂扬，我看他便是斯文平静、自在逍遥，又如何会想到这意气风发下的挣扎过往，这斯文逍遥下的信念破碎呢？

我有时在想：人的矛盾之极致能到何处，正像是写出"黑夜给了我黑色的眼睛，我却用它来寻找光明"的人最后坠入黑暗，写出"活在这珍贵的人间，爱情和雨水一样幸福"的人最后丢弃人间，其中人类的自我撕扯辗转挣扎，于己是世界的不断缝合与崩裂，于他人看来，只是轻飘飘的水上一片叶子的浮沉罢了。

而当个体处于自我挣扎与破碎之时，若此时再加上感到自己于这个世界的无足轻重，一片岁月静好竟无自己的一席，该是何等的悲伤与失落。

个体的问题绝非个体的问题，个体的问题可能是群体的问题的缩影与苗头。

个体问题也绝不只影响自身，亦可能影响一群人乃至整个社会。

尤其是当个体的问题是群体的问题的缩影的时候。

众所周知，当下社会出现了不少由于个人愤怨或自我伤害，或连带家人一起伤害，或转移至其他毫无关联之人身上的事件，影响深广，危害亦深广。

个人人生挫折人人难免，但大小有别，各人承受能力亦有别，如个人无法自我救赎，又无他人或社会相助，便会深陷其中，意乱神昏，导致做出一些不可控制的事情。

还有一些人，是由于感受不到自我存在的价值，处于一种感觉被世界忽视的心理状态。

有一句这样的话："我试过销声匿迹，却发现无人问及"。

每个人都希望自己在他人眼里、心里是重要的、不可或缺的，却偏偏发现正好相反，似乎离开了你地球不但还继续转，而且还转得更快了。于是失落、悲凉无可避免。就连令致君这样恬淡自适的人，亦会感慨：我的内心好悲凉，我没有一个可以给予我温暖的家可以回，我连最起码的内心的温暖感都没有，我的出租屋只是个住宿之所。

而他喜爱打篮球，亦不是因为喜爱篮球本身，而是"只有在篮球场这几平方米的场地上，我才能获得受人尊敬的感觉"。

因此，可以说，每个人都需要"存在感"。

即使是令致君这样心性淡泊，又致力于追求放下与断舍离的人，亦无法放下与断舍离这份"存在感"。

即使是我这样亦是心性淡泊，甚至会一定程度上刻意"离群"以保持思想独立的人，亦会在听到他人说"怎么这么久没见你在群里发言了"时，感到欣慰与满足。

有家也未必人人便从此得到幸福。很可能人生最大的风雨，往往是那个你原先盼望着可以一同携手走过风风雨雨的人给的。于是令致君才会一边慨叹没有一个温暖的家，一边警惕着"夫妻内耗"等问题，而对婚姻抱着并不特别向往的态度。

当脆弱的个体感觉无助时，若无法自我救赎，又不知如何救助于人，该当如何是好？

当被遗忘的、或感觉自己被遗忘的个体与群体似乎在当下数量渐长时，又该当如何处待？

万能青年旅店乐队在《杀死那个石家庄人》一歌里，描述了在社会经济转型时期，"被遗忘"与"被抛弃"的群体内的个体的内心悲哀，实际上当年由于这个群体的个体的内心悲哀，导致了一系列的社会问题。

我在《火种》一章里，提到了火种的几个种类，其中包括"人间温情的火种"。

而当我试图传递真诚时，令致君却又似乎并未意识到，后来又变为并不接受。

这一切顿时呈现出了一种矛盾。

一方面，个体是需要温暖的。另一方面，他人传递温暖时，个体要么钝于感知，要么可能不接受。以及，一些个体并不作传递，而只待他人传递。

我们当中似乎有什么东西缺失了：

有一部分人，他一边感慨着世态的逐渐炎凉，却又对他人传递过来的温暖并不敏感。以及，他自己并不做那道光热。

不做那道光热的原因初看起来可能林林总总，终其究竟其实只有一种：害怕付出了没有回应或回报。

这里的回报不是指物质上的回报，而是指精神上的，心与心之间的领会与回馈。

其实这并非令致君身上的个人现象，而是存在于不少人身上，这是一个普遍现象。

因此，对个体的人文关怀一要有社会手段，还要唤起个体对人文关怀与温情传递的主动意识的觉醒。

否则就会成为少数心怀悲悯的人的一厢情愿。

我常常发现，当你不小心站到一个"不该站"的地方，往往便会有人敏锐地发现了你，又"热情"地走上来，说：这个地方不能站。而原因往往不会是出于你的人身安全，而只是"规定"不能站，或担心你站在那里妨碍了其他人或事物。当你真的站在一个危险的地方，基本上是没有人走过来提醒你注意安全的。

也就是说，外界往往只关注你可能给外界带来什么"危害"，却往往无人关心你可能受到的"危害"。

因此我发现，以人为本的思维在当下依然欠缺。出现这样的现象对比的原因，就是我们仍没有在根本和基础上具备"以人为本"的思想与情怀。

而到位的人文关怀亦仍是稀缺，缺失人道主义关怀的情事仍屡可见。

在经济飞速发展的时候，人道主义关怀若不能同步，那么这样的社会是一个"嗜血"的社会，它仍是"不文明"的，仍是茹毛饮血的。

我认为，衡量一个社会的文明程度的一个重要标准，便是其人道主义关怀的程度高低，以及其作用范围的大小。

土地与大自然

不能感受自然之美的人，往往匮乏人性之美

一

我从前常唯恐身上沾到泥巴，见识了世间的复杂与浑浊之后，现在却觉得泥土是如此洁净。土地实在是温情的、宽厚的、包容的。我实在是想投入它的怀抱，融入这广大的容纳中去。

所以我常常赤脚行走在草地上、泥土里，用自己的肌肤接受大地的抚触。当脚踏在毛茸茸的草上，它们以绵软的身体抚慰你，那被抚慰的感觉透过你的肌肤传达到你的内心，让你的心头泛起一阵温馨，你会觉得你是与自然融为一体的，并不孤独。

我们其实是自然之子，是它的一部分，所以它也爱我们，关键是我们是否捕捉和感受到，而大多数人恰恰缺乏这种能力。他们在经过一片草地时，道貌岸然、正襟危坐，仿佛一名恪守成规不为所动的、或是因为正在强烈自省和自责而无法释放的人，难道他们没有听到它们的召唤吗？"拥抱我们！"我常常听到它们在说："像孩童一样，和我们一起撒欢儿！"

大多数人听不到这些召唤，他们或一直低头边走边盯着手机，或与身边的人高谈阔论，或是玩一个明确的游戏，或神情严肃地只是路过和经过，他们如此匆忙地拥有和奔向某一个目的，仿佛从未仔细倾听过自然的声音。

去掉你们那不深不浅的、恰到好处的、皮笑肉不笑的"笑容"吧！

当你经过一片草地，扔掉你们的塑料鞋、皮鞋……，它们是如此的阻碍了你和自然的接触和沟通。脱下来，拎着它们，大笑着冲向草们的内部，让你的双脚和自然亲密接触，这才是美好的方式。

不能随时有雪地撒野，难道就不能在草地里撒野吗？如果有草坡，最好还打个滚，沾上草叶、泥巴又怎么样呢？它们怎么都不会比心上的尘埃更污浊的！

不用担心有人把你当成疯子，如果有人看你，就邀请他来一起打滚吧！我猜百分之九十九点九的人将会笑而不语，如果他会说："好呀，我也来！"然后马上把手中的物品扔到一边，加入这个有趣的活动，那么恭喜你，你找到了一个和你同样有趣的灵魂。

当你内心感觉孱弱的时候，去抚摸土地，你会感觉到它给予你的力量，那样温厚，那样踏实，这个力量仿佛从大地的中心，透过了你手掌，传入了你的身体里，你的内心由此感觉到一股温暖与坚实的慰藉。我常常双手按在土地上，沉默地感受着它传导给我的力量。当你的内心需要一个支撑，却四下找不到可依可靠的人或事物之时，尝试着从土地获取吧，它永远都在那里！

抚摸泥土，你会感到来自大地的馈赠
土地给我们的不仅仅是作物
也是心安之所
是脚下，是远方，是归途

泥土里蕴育着各种生命的可能，当你看到泥土里发出的绿芽来，看到各种作物在阳光下蓬勃生长，难道你还会为泥巴溅到衣服上而烦躁不乐吗？

到土地上去！
与干净的生命对话。

我在打造我小小的阳台之时，用小铲子翻土，以前我可能会套上一副一次性手套，现在，我已不惮于甚至是变成了喜爱直接用手一把一把地抓起泥土，不想让代表工业化的塑料隔离了我与土地和自然之物的沟通、对话与交流。

我在阳台上试种了樱桃（尽管南方不适合，但是管它呢，试试又如何）、杨梅、桑葚、草莓、葡萄、苹果、桃、蓝莓、红树莓、百香果，还希望有柠檬、火龙果……这其中有的有成果了，有的没有，半年了还是一根光光的树枝，但我仍然让它们在盆里，也许明年就发芽了呢！我是这样想的，如果不发芽，也可以用于做攀援植物的杆子，总之我总能给它们找到用途。

有成果的，像桑葚，吃起来的甜里带着一股刚从枝叶上脱离下来的清新，这是从市场上买来的果子里所品尝不到的美好感受。

在那个有桑树的园子里，也就是跟令致君第一次商量打球时间时所去的园子，园里开发了一个可出租田地的业务，1平方米的一小块地，3百块钱一个月，第二、三个月只需要100，三个月为一个周期。我看到以后欣喜过望，便马上租了一块，撒了些菜种，网上购置的，一份有十几包的各种各样的常见青菜种子，有红苋菜、小白菜、菠菜、空心菜、萝卜苗……另外，我又根据自己的喜好，买了豆角、西瓜、向日葵……

我是希望在城市里拥有一个院子的，不为别的，就是垂涎一块可种植的土地。我已为它设想了花、果、菜三大板块，每个板块种些什么东西也已经列好了清单，花是玫瑰、月季、玉兰……，果有桃、枇杷、葡萄、荔枝……，菜有各种常吃的青菜和豆角，以及西瓜、红薯、花生、玉米……现在只差一个院子了。

现在尚未有院子，只能最大限度地抓住实现梦想的机会，哪怕只是一点点的靠近。

这块一平米的地不时地带给了我惊喜和感叹。有一天，我忽然发现只有30厘米左右高的豆角茎叶中，居然长出了一根豆角，大约25厘米左右长。这让我惊叹于生命的可能性是如此不可限。过一段时间再去，蓦然发现了一旁的不是我们所立的竹栏杆上，已经爬满了豆角叶子。我因为没有经验，忘了给它们做栏杆，但它们甚至不需要我们给它们栏杆，它们自己会找，和找到。

某一日我忽然感慨：越来越热爱土地了！我的归宿，大概是一个农民吧！

"活在这珍贵的人间
太阳强烈
水波温柔
一层层白云覆盖着
我
踩在青草上
感到自己是彻底干净的黑土块
活在这珍贵的人间
泥土高溅
扑打面颊
活在这珍贵的人间
人类和植物一样幸福
爱情和雨水一样幸福"

二

对热爱大自然的人，已有许多溢美之辞。比如"热爱大自然的人都是好人"、"热爱大自然的人，拥有一颗不泯的童心"、"热爱大自然的人，精神世界是富足的、充满诗意的。"……

这些，我都觉得是确切的和赞同的，而并不觉得是过于一概而论或言过其实。

热爱大自然听起来像一句口号，听起来也似乎很简单，但实际有能力做到的人并不多。

这里的能力，是指内心的能力，而非一种我们常说的"这个人有本事"的"能力"。

很多人都会忽视大自然的美好，他们精明于人情世故和利益算计中，对自然的赐予却如此反应愚钝，我不知道他们到底是聪明呢，还是不聪明？

你很少会看到有人静静地凝视一朵花的盛开，一片树叶落下的轨迹，或者只是呆在风里什么也不做，他们即使在野外、公园里玩耍，也总要做些什么，比如打球、玩游戏、看手机……，却很少看到他们发呆、纯粹只是感受和享受在自然中的感觉。

为一朵花大声发出赞美的，往往是孩子，你听到一声惊呼：这朵花好美啊！ 这里有棵蒲公英！……这样的惊喜，往往是孩子发出来的。大人来自然中的目的性往往很强，往往是为了一项确切的什么活动，却不知放空地呆在自然中本身就是一种极好的生活方式。

大多数人对生活里、自然里的美好的感受力都是极弱的。

我常常看到蒲公英便会蹲下去吹，除我之外，就没见过别的大人这样做了。只有孩子才会乐此不疲，他们会看见一朵吹一朵，让我对他们的尚未失去灵性与智慧的心灵好生羡慕。

学习艺术，比如绘画，常说"以自然为师"，又说"外师造化，中得心源"。

以及大凡人有烦闷、郁结，到大自然中走一走、玩一玩，便可消散不少。更有幸运者，从中得以悟道，古来例子也是甚多了。

以前我总觉得一段时间里必须要干点什么才好，不然就觉得是浪费时间。一次回老家让我有了一些发呆的时间，躲在小树林里，坐在一棵树丫上，吹着阳光下树荫里的微暖又舒适的风，让我觉得人生的一部分也可以是静静地坐在自然里，凝视一片树叶的吹落，甚至什么也不关注，只是在呼吸。

这，也算是一种悟道吧。

我感觉令致君也有这种"一段时间里必须要干点什么"的心理，因为他一次发过这么一段：几个人一起散漫地打球，我于是去制造话题引大家互动，结果为了营造兴致而虚张声势，引起了口执，我也落得怏怏不快。

平时珍惜时间习惯了，容不得自己脑子空闲，也不见得是好事啊。

所以我个人根据他的脾性作了猜测：他可能是不想爬山，才说有事情。毕竟爬山费时良多，可能是一整天，对他这种目的性比较强的、又爱珍惜时间的人来说，可能就是一种"浪费时间"。

当然这只是猜测而已，也许他真的有事情呢！

现在我觉得，放空亦是一种能力。会放空，说明这人有"闲心"、有"闲情逸致"。这并非是需要有很多空闲时间，才有"闲心"。"闲心"乃是一种心态、一种能力，一个人有"闲心"这种能力的话，即使是忙碌，也仍可以在忙碌中"偷得浮生半日闲"。

一日友人约饭，我说"等一等，我吹完这朵蒲公英再聊。"

这便是"闲心"，其实花费时间才不过是几分钟。

你说现代人太忙缺少这几分钟吗？当然不是！他们刷快餐资讯与快餐娱乐节目，沉浸在网络世界里何止几分钟？偏偏他们就没有闲逸之心给大自然。

所以在我看来，令致君似乎少了一点放空的能力，在谈"天真与成熟"的时候，我便说觉得他过于复杂了些，其实这也是一脉相承的，一个人的思想基底决定了他的很多行为，以及能力。

前面所提到的令致君发的那段话距今已经几年了，现在不知道他是否变得会放空了些，就我跟他交往的一小段时间的感受，并不能感觉出来，仍觉他是一个时间性与目的性较强的人，如果有机会，我便会对他说：放空一下。

当今的很多人，我疑心他们已经变成了塑料的材质。只要你走在路上随便将目光停留在一张面孔上，要么面无表情，要么麻木鲁钝，要么甚至愁眉苦脸。有不少人，他们一方面既变得底线缺失，另一方面却又毫无诙谐幽默感，为什么会活得既无原则又过于严肃紧绷？这其中又有什么关联呢？我想：他们大概需要多与自然和天地交流。

那日约令致君去爬山，本来是一个在自然中师法造化，共飨道悟的机会，可惜我们双方都没有给对方这个机会。

在他不与我交流之后，删我微信之前的一段时间，我偶尔会兴之所至，发一两句："走吧！我们一起去爬山！""今天天气很好，真的太适合爬山了！"这样的话，可谓哪壶不开提哪壶。他既不删我，我便也随兴而发，他来不来，便是他的事了。

我想，如果他会回来的话，应该不会拒绝一起爬山了吧。对着自然造化，吟诗弄联，岂不美哉？！我就此发个白日梦，权当给生活添点趣味和乐子。我这可是"自觉"的白日梦。就像小时候，常常躺在床上幻想自己是个神仙，在凡间如何行善济世；又幻想自己是只小鸟，和其他小动物如何快乐地生活玩耍……难道我真的觉得自己是神仙小鸟吗？还不就是为了给自己找乐子？我在这里假设令致君回来了我们如何快乐地玩耍，有人可能以为愚痴，却不知我是故意做的白日梦让生活更有趣吧？

三

某一天家里买了点蟑螂药，家人说是在一辆自行车上买的，我忽然闪过一丝欣慰，人类的感觉是如此微妙，为什么出现这丝欣慰，也许是来自于发现了有些东西并未被工业化和网络化所席卷，尚存一丝农业社会的接近土地的温情。

来自于自然之物，自有一种工业化产物没有的温馨，比如纸质书与电子书之别。翻动纸质书时，心头会泛起一阵阵如被温柔的手抚过的温馨与慰藉。

我这些年对纸质书的感慨着实不少，如：

只有对着纸质书，或者做自己喜欢的事，内心才是最宁静的，与人的电子化交往容易破坏这种宁静，平添等待的焦灼，比如，给人发了条微信，老是想看看回了没有，在我看来，这是一种破坏性的状态。

众乐之乐，实不如一个人坐书桌前捧起一本纸质书时，那种温馨，来得更长久、更美好、更心安。我此生最大的追求，就是无论何时，内心可以一直做到空、静、净三字，就觉得圆满了。

看一本完整的纸质书，才会有精神食粮的感觉。纸的质感，温馨、天然、隽永，非电子书可比。看纸质书的时候，是一种享受。

趁着回老家与居家监测，我想过点"悠闲"的生活，于是我看了几篇平时不会打开的网络上的文章，看了几个平时不会看的视频，觉得看完之后一无所获之外，忽然还平添了一点空虚之感，还不如放空、发呆、踱步。所以，太多的碎片资讯会让人感觉更无聊。看一本纸质书，就不会有这种感觉，哪怕是如《普罗旺斯的一年》这样的"无用之书"，而给人以滋养的，往往正是这样的"无用之书"。

因此我一直以来，都未能真正适应手机读书，手握一本纸质书的感觉是充盈、饱满和温馨的，一页页翻动书页时亦如是，那贴近自然的隽永亲切，那纸墨的隐隐怡人淡香，这都是冰冷的电子书无法给予的。

四

我们小时候，与山野、与大自然的亲近与接触更多得多。我们那时候，学校里还组织野炊，那是极其美好的回忆。

野炊的从头到脚都充满了乐趣。野炊之前，大家会各自组合成几个小组，然后分配好，谁带锅谁带柴、炭……，等等，然后写下要买的东西，米、菜、肉……"生活品质"再高一点，还有水果。列完清单，便一起去菜市场购置，一番讨价还价，俨然大人模样。

到得那天，大家兴致高昂，整装待发，一路高唱少先队歌。到了目的地，一般是有山有水之处，有时也在河中沙洲之上，便把家当放下，安排洗米洗菜。

那时山间溪水清澈，毫无各种污染，也尚未有瓶装纯净水矿泉水这一些物事，我们便都是就地使用山中泉水溪水，在河边则使用河水，来洗米洗菜，做饭做菜也是用的这些水。

若是在山中，因溪泉水皆十分清澈，便可直接使用，甚至口渴了便直接掬一捧来喝，从未有人因此肚疼。若在河边，便使用自备的明矾，将其与河水放于器皿里，待个一会儿，不干净的东西便会沉淀于器皿底部，上面的水便是清澈的，可用于煮菜做饭了。

虽是野炊，一群孩子也绝不亏待自己，必定有肉有菜有汤，须得比比哪组的更丰富。炒得菜来，又到处到各组窜一窜、尝一尝，看哪家的菜做得好吃。一顿野炊下来，每每吃得心满意足，永远比在家吃的饭菜更香。小小年纪，也纷纷感慨：经过自己的辛苦劳动做出来的劳动成果更觉香甜。

在山上，如柴不足，则还可就地采集，有时也会带炭，就也弄一些烧烤，一般是鸡翅和牛肉。

吃喝完毕，便开始游戏，那时没有现时花花绿绿的电子产品，玩跳皮筋的跳皮筋，扔沙包的扔沙包，甚至什么工具也不需要，就是单纯的你追我我追你，追到谁便拍他一下，那人便算输了，再换那人来追其他人。若在今日，大概便是所有人低着头玩手机，对大自然的景致与美好毫不用心感受。虽说现在人们的生活水平提高了，反而对真正美好的东西的感受和触觉越来越迟钝。虽然于物质变得奢华了，心灵却似越来越粗鄙。

五

我花了这些篇幅描述土地与大自然，并非跟本作品毫无关系，相反关系十分紧密和重要。首先，"道"存在于天地与自然中。然后，土地的温情实与人间的温情一脉相承，大自然的美好与人间的美好亦一脉相承，如果你能有感受到"土地的温情与大自然的美好"这二者的能力，也一样会具有感受人间的温情与美好的能力。这种能力并非是每天面对土地或处身于大自然便可具有，而是需要我们首先具有一颗纯净的心灵，以及一份勤于思悟的智慧。正如我们终日混迹于人世间，也只有极少数人能敏锐地捕捉人间的美好。

一个感受力迟钝的人，也只能麻木地跟着大众前行了。而去清晰地感受与捕捉土地与大自然的给予，让自己对美好的感受更敏锐，也就能更大限度地把"生存"升华为"生活"。

而我们通过培养自身的感受力，从而自觉地把生存升华为生活，这也正是我们开发"自觉"的能力的一个重要方面。

所以,我花了这一篇章来描述土地与大自然,实在是与本作品的各个主旨大大相关。

意义　人生的意义（一）

意义实质上是在追求一种感觉，基本上就是价值感与成就感。

一

什么是意义？

其实简单说就是作用与价值。

为什么同一件事，这个人觉得有意义，那个人觉得没有意义？

就像小孩子玩水、玩沙子，很多大人觉得没什么意义，到了大一点，甚至会斥之"这么大了还玩这个"，但小孩子觉得它是有意义的。

而自从教育方面的科学发现了玩沙子、玩水是有助于幼儿、儿童某方面能力的发展的之后，这下，便有很多人一下子又觉得它们"有意义"了，其实无非就是"有用"了。

其实小孩子早就觉得它们有意义了，只不过小孩子心里的"意义"是自己觉得快乐，也就是纯粹的精神上的意义，而大人眼里的"意义"，则是它们有助于发展一项能力，也就带上了一些"物质的"、"功利性"的色彩。

至于为什么到了一定年龄，大人又会觉得他们玩这个"没意义"、"没意思"了，其实也就是觉得这个年龄玩这个对能力发展用处不大了，他们觉得人在不同的年龄阶段应该有不同的爱好。但凡若有什么科学研究出来不管什么年龄玩水玩沙子都有利于发展人的某项能力，或有利于健康，相信一群大人会和小孩子抢着玩水玩沙子。

于是，自然的，他们就又会觉得玩水玩沙子有意义了。

又如，为什么人们会觉得研究某些东西没什么意义，其实就是"没什么用"或"没什么价值"。

所以，意义这个东西，听起来很高大上，仿佛在云端，其实往往呈现为很世俗的一个东西。在大多数人心里，无非就是"有用无用"的另一个称呼。

也就是说，"意义"听起来是一种形而上的事物、一种说不清道不明的"感觉"，其实又很实在，在大多数人心里，其实就是有用无用、有价值无价值，准确一点说，就是"感觉它有用无用，感觉它有价值无价值"。

意义本质上是人赋予的，对这个人有意义的，对另一个人可能没意义，只能说"对我有意义"或"对你有意义"。

但有一些东西，是公认（或很多人认为，或世俗认为）没有意义或没什么意义的，有一些东西，是公认（或很多人认为，或世俗认为）有意义或很有意义的，比如作出一些造福人类的贡献，对人类的科学、文化与文明发展起推动作用，甚至小到帮助你身边的人，给他人带来一丝温暖……等等。

其实一件事物即使没有意义也可以发掘出意义，实质上就是"作用"、"价值"、"成就感"这三个方面。

二

我们一开始就提到了"意义实质上是在追求一种感觉，基本上就是价值感与成就感。"

怎么理解呢？

比如人生的意义，我们可以假设终极一点，即使你留下了什么流芳百世的价值，万一地球毁灭乃至宇宙毁灭，这些全都烟消云散了，又有什么意义？还是没有意义。

但有一样东西它是一定存在的，就是感觉，你是感受得到的，并且甚至还可以通过科学来解释，感觉好了，就多巴胺、内啡肽……什么一起都来了，多实在。

因此将意义理解为人赋予自己的一种感觉即"价值感与成就感"的时候，人生的意义简直无处不在、无时不有，一下子变得非常具体，一点儿也不虚无了。

如此我们便解决了人们常为之陷入虚无感的关于人生的意义的一个问题。

这么一来可能会产生一个疑问：既然把意义乃至人生的意义理解为一种"感觉"，为什么奢侈品和奢华生活带来的感觉就比你造福人类带来的感觉低级呢？为什么同样是感觉的好，凭什么就分个高下尊卑？

我们说这不是人为的划分高下尊卑，而是由人性决定的高下。人性里，成就感价值感永远是最高层次的感觉，所以也就最有意义，但奢侈品和奢华生活带来的感觉，不能说完全没意义，如果按"自己快乐就好"这个理念，它们不也显得很有意义吗？令致君的宗旨不也就是"让自己快乐"吗？只不过他体现在追求精神的快乐，有的人追求的是物质的快乐，这两种快乐，凭什么你追求精神就高级一点？我追求物质享受就显得低级？

这个高低其实也不是人自己划分的，而是由人性的需求自然形成并划分的。这是就根本起源而言。

其次，就持久性而言，确实是精神的享受更为持久，物质带来的享受比较短暂。

但还有一种，就是物质带来的精神享受，比如说：我带了个昂贵的包包，我很高兴。

这里就要区分一下了，如果是自己很高兴，那就是天然的快乐，无需掩饰。

如果是因为觉得"别人会很羡慕我、别人会觉得我很有钱"而高兴，那就是"虚荣"。

有一点"虚荣"是无可厚非的，但虚荣过多了以后，就会导致价值观的扭曲，人走向迷失、颓废、罪恶……等等，这样，岂不是反过来就影响了"让自己快乐"的本质了。

而单纯的自身精神上的享受则不会，比如学习一门技能带来的进步，读一本好书带来的愉悦，甚至就是奢侈品带来的给你本身的快乐，则不会导致内心的浑浊，所以也无需完全否定物质的快乐，也可以坦然承认物质带给我们的快乐，就正如"酒肉穿肠过，佛祖心中留"，美好事物给予人的直接愉悦感受是无需避讳的，如遮遮掩掩，反而虚伪，关键在于我们不耽溺于物欲以及不要追求虚荣便可。

为什么有的人以物质为乐为主，有的人可以进步至以精神为乐为主，也有一部分人是二者皆乐。那便跟一个人的思想层次和认识层次有关：一个人的思想层次越深刻，就会越以精神快乐为主，本身"思想"这个东西就是精神上的，自然要以相应的精神满足来匹配。

而以精神满足为乐的人，通常在我们的观念里显得更为"高阶"，那也是由于物质需求属于底层需求，精神需求属于高层需求，我都已经走到五楼了，你还在一楼，自然五楼的被视为"高"的，一楼的被视为"低"的。

而思想层次较高的、以精神满足为乐的人，通常各方面底线都相应较高，少做出同流合污之事，所以在人群里，显得是较为高端的一层，因此，这一类人会受人景仰、向往。

但是物质给人带来的快乐是不可否认的，我们又不能全然否定这种"较低阶"的快乐，因为因物质而快乐完全是人的本能，没有必要刻意打压它，只需要坦然承认就行了，刻意打压，反而失之于压抑人性了。

三

我在练琴的时候，会在想：为什么把一个东西弄出响声，它就有"意义"了？甚至人们为之一辈子追求和奋斗。

人类本来确实是很"无聊"的，开玩笑地说：比如音乐，感觉就是人没事儿就得听个响，所以就诞生了音乐；人要抒发情感，就诞生了文学；至于画画，又更"无聊"一点，简直就是为了消磨时间而诞生的。还有更"无聊"的，就是球类，几个人围着一个球抢来抢去。最最最"无聊"的，就是比赛跑步了，居然专门搞个奥运会比谁跑得快，这个对人类发展有什么用吗？表面看起来好像一点用都没有。然而神奇的是，它们里面就能发掘出体育精神，乃引申至意志力和信念等，这是让人类进步的内驱力，另外"让人跑得更快"还催生了相应的科技，又推动了科技进步，于此，无论是精神还是物质上居然都得以推动和发展了。

所以用与无用，有意义与无意义，又不能目光短浅地看，一要目光长远，二要辩证地看。

四

前面说了意义"基本上就是价值感与成就感"。

比如令致君觉得除了物理和数学，其他都没有什么意义，工程学也没有意义，其实就是他从其他事物里获取不了价值感与成就感，所以他觉得"没有意义"，即使他本身是学工程学的电气工程师。所以他不喜欢自己的工作，无非就是从中感受不到快乐和成就感。

而换一个喜欢这个专业的人，他必然会觉得很有意义，其本质就是他能从中获得快乐和成就感。

所以"意义"，又并非虚无的东西，它可以具象到"价值感与成就感"这些感觉上来，而形成"成就感"这个快感，人体里自然是有化学反应的，这样一来，"意义"便是具体存在的了，便不是虚无缥缈的了，所以从这个角度上，就不能说"人生是无意义的"了。

"人生的意义"这一命题一直引得世人孜孜追寻。

很多时候，人们都是现实的，只有能具象化的东西，他们才会觉得"有意义"，不能具象化的，他们就会觉得很虚无。就像"意义"本身，大家大多感觉有些虚无，"人生的意义"，就更是让人们觉得虚无。越来越多的人同意一个"人生是无意义"的观点，实际上就是认为"人生不存在意义"，或"人生的意义是虚无的"。甚至有人这样认为了之后，就开始将生命虚掷于不知所措、不知所往的空茫中。而我的这个思路，即将其具象至"价值感与成就感"上来,可以一定程度上解决这种虚无感。

这个角度和思路,就是基于人们通常要有物质的、或实用性上的、或科学性上的解释,才觉得某个事物不是虚无的,是"有价值的",所以我个人是觉得比较适用的。

另外一个重要的感觉是"充实感"。一个人觉得有意义的东西,一定能给他带来精神上的充实感。奢侈品能带来快乐,但充实感就谈不上了,毕竟那是身外之物,首先外物就很难给精神上带来充实感,其次即使外物带来了充实感,也是短暂的。能给人带来长久的充实感的,必定是自己于技能上与内心上的成长与进步,也就是自我价值的提升与增长,因为这是扎扎实实的属于你自己的东西,谁也抢不走,所以自身的成长与进步也就是自我价值的提升给予人的,不仅有充实感,还有安全感。

一个人通过一些他人的推荐,买了股票赚了一些钱,但他仍然觉得自己心里"很空"、"很虚",实际上就是因为你不是用自己的本领和才能赚来的,所以内心并没有充实感和安全感。如果这些人不在了,你怎么办?

所有依赖他人才能完成的事都是让人缺乏安全感的,只有自己拥有的技艺、本领和才华,才让自己感觉"安全",不会觉得心里"很虚"。

所以,一件事要让人觉得有意义,就是要让人感觉到价值感、成就感和充实感。

说到人生的意义,现在的说法里阐释人生的意义的很多,大多是认为人生本来是没有意义的,但可以从其他各个方面寻找到意义。

诸如:每时每刻的当下就是人生的意义,

人生的过程就是人生的意义,

寻求人生意义的过程就是人生的意义……等等。

可以说,它们都是有一定的道理的,也可以从各个方向给予人们一定的指引,使人们不致迷失在对人生是否有意义的质疑和导致的虚空、迷茫当中。

同时也说明了:一个人不要看得太透,你可以通透,但要活在一种略为"幼稚"的,"懵懂"的,也许也就是常说"有点糊涂"的状态当中。

要么你就别去思考人生的意义的问题，"幼稚"地过好每一天。

如果你要思考，最终你必须给自己找到一个"意义"，否则便会陷于"感觉无意义"的虚空中。

上面的几种说法，其实就是思考者为了避免人们陷于虚空，而找到的"人生的意义"。

其实我们只要做让自己觉得有价值感、成就感和充实感的事，自然就会感觉"有意义"了。

对此明晰之后，也就不用刻意去寻找"人生的意义"。

五

就算再坚定地为一个目标而奋斗的人，偶尔也会冒出"忽然觉得很没意思"，并问自己"这样有什么意义吗？"的时候，同时伴着一丝气馁与颓靡。有的人会由此陷入低落的情绪当中，并质疑自己的追求。这种情况往往出现在追求一个目标而不得之前。

但奇怪的是，一些已经公认的很成功的"成功人士"，在成功了之后，竟也会出现这样的自我质疑。

其实也并不奇怪，这个情况用马斯洛的人性需求理论是很容易解释的：因为人在满足了低层的需求之后，自然就会转向更高层的需求，这是人性的基本特点。

有时候，你可以用"知足常乐"来劝解他们，但他们不一定是贪婪，只是有更高的追求了而已。

所以，即使是已经成功了的"成功人士"，他在转向追求满足更高层的需求的时候，其内心也会跟在低一层往上寻求的人一样，在寻求而未得之时，他也一样要经历一个自我怀疑的过程。也许他在前一个由低到高的过程进行得比较顺利，所以他"成功"了，而到了下一个由低到高的过程，他就没那么顺利了，所以，他此时的心理跟在下一层往他所在的层追求的人的心理并无二致，也会有可能陷于自我怀疑与追问，甚至气馁颓废。

有的人从此可能会陷入这个情绪里了，那这个时候应该怎么做呢？

首先，先不要想你的目标、你的奋斗是否有意义的事情，它可能太远了。你就找一件你现在就觉得让你充实的事情来做，哪怕它再小。

有一句话叫"越是在动荡的时候，越要爱一个具体的人，做具体的事。"

因为：

"或许只有这样，才可以帮助我们对抗许多困惑不安的时刻。

找到生活的实感，才能对抗困境，把我们从一时的坏情绪、低落状态里面解救出来。

这种实感，可能是为自己、为家人做一顿可口的饭菜；可能是每天抽出一点时间运动挥汗；也可能是买一束花回来，把家里装点得更加清香。

关注生活的一菜一蔬、一花一草，这些简单却踏实的小事，会拥有一种治愈般的魔力，让人可以相信自己，也相信明天会比今天更好一点点。"

不去过多的思考"意义"，而将其化为踏实的感受，以及化为对价值感、成就感或充实感的获取，这是一个落实"人生的意义"的途径。

很多人喜欢思考和谈论人生的意义，出于对常见的思想客体的"希望有所涉及"，本作品亦对此客观事物进行了一定的阐述。

但实际上，我本人平日甚少去思考人生的意义，可以说几乎没有思考过，我平日所做的，就是两件事：享受当下与完成自我。

实际上，**享受当下与完成自我，对应的便是充实感、价值感与成就感的获取**。

六

由此我们可见：

在人生当中，"意义"的获取，其途径可有：

（一）生活中一点一滴的小实感——"活在当下"；

（二）价值感、成就感、充实感——完成自我。

意义　人生的意义（二）

关于人生的意义的另一探讨：

显然，客观事物需经由有智慧的头脑才有"意义"，这里的智慧是指能认识世界的能力，而非"这个人很有智慧"的智慧。

所以"意义"就是由头脑所构筑的，那么人的客观存在，本身就与客观事物一样，没有意不意义一说，也就是我们常说的"人生本无意义"，但我们若因此而陷入虚无，那就是迷失之于偏颇了，虽然它作为客观事物无所谓意义不意义，但人本身是智慧生物，因此，人生的意义取决于我们如何使用自己的智慧去看待和给予，因为"意义"本身就是意识上的东西。所以关于人生的意义，应是"客观上无意义，主观上有意义"，而并非如当下流行的说法一般，说"人生本无意义"——这个"本"又是以何为本？以客观存在为本，自然就无意义；以"心"为本，那就可有千般意义。而客观存在和"心"谁是最"本"？有心无物自是无物，有物无心亦是无物；物可作用于心，心又可无中生物——所以这二者是互为根本。因此，"人生本无意义"一言就显偏颇了，它只是以客观存在为本时无意义，而以心为本时，则可意义百出，所以关于"人生的意义"的准确的说法，应该是：

客观上无意义，主观上有意义。

其实，追寻人生的意义本身是属于"虚无"的，思考如何存在才是最客观和最有意义的。

孤独

孤独的另一面是自由。

一个拥有伟大的人性的人的伟大之处
在于他能够驾驭孤独
把孤独从风雨中飘零的小船,变为通往自由世界的方舟

一个人怎么对待孤独,反映了他内心的力量以及智慧

把孤独做成一顿盛宴

你怎么看待孤独,孤独就给予你什么。

你把它看成伤怀与无助,它就给你伤怀与无助。

你把它看成内心与自我成长的机会,它就给你内心与自我的成长。

你怎么看待孤独,只在一念之间。
一念起,它是鲜花,是天堂。
一念灭,它是毒蛇,是深渊。
这就是孤独。

你恨它,但你也会爱上它。

一位演奏家说：孤独是一种必需品。

确实，对于文学艺术创作者而言，孤独不仅是一种必需品，还是一个好机会：

孤独与内心的挣扎，对于一个文学、艺术创作者来说，是一个灵感迸发的良好机会。

一个文学、艺术创作者不要浪费生命中的低谷，在孤独、痛苦、愤懑之时的情绪应该利用起来，喷薄而成作品。

其实，孤独对每一个人来说都是一个良好的的机会，一个蜕变与成长、甚至是涅槃的良好机会。
每一个人都不要浪费生命中的低谷。你浪费了，它就真的是低谷；你不浪费，它就是起跳前的下蹲。

一个人要学会享受孤独。

有一些人是无法享受孤独的，其根本原因在于其内心不够充实。
所以他们孤独的时候，感觉到的就是空虚、寂寞、无聊。

而不是自得其乐，感受到"独乐之乐"。

一个人格完整、独立的人，应该是既能感受与享受众乐之乐，又能感受与享受独乐之乐，并且主要是后者。
因为很多人陪着你的时间，是比你一个人独处的时间少的，而且那需要很多条件。
人在大多数时候，都是和自己对话的。
更何况，有人在身边，也许心并不在一起，你仍然会感觉到孤独，甚至无助。

欢声笑语间，灵魂可能是沉默的。
觥筹交错间，心灵可能是孤独的。

所以，即使处于"众乐"的环境中，你也未必能得"众乐之乐"。
一片歌舞升平中，背后可能是无人关注的感伤。

其实独乐之乐比众乐之乐更易得，也更不易得。
更易得，是因为它无需依赖于他人。
更不易得，是因为它对一个人的内心要求颇高。

一个人的内心不达到一定的层次与境界，便无法感受到"独乐之乐"，也就无法享受孤独。

一个人如果需要混在群体中才觉得安全和慰藉，一般只有两个原因：一是他能力不足；一是缺爱。

为了让自己在大多数只能自我对话的时间里也不感到"空虚、寂寞、无聊"，你就要学会享受孤独。

说起来简单，只有一句话，但是怎么"学会享受"呢，这就非常不简单。

其实是"学不会"的，这不是一个可以直接学习就能学到的技术或知识。

但也不是没有方法。

"这不是一个可以直接学习就能学到的技术或知识"是说：它是需要积累的，是一个缓慢的过程，无法具体，也无法速成，也就是"一个人的内心不达到一定的层次与境界，便无法感受到'独乐之乐'，也就无法享受孤独。"
而一个人的内心想要达到一定的层次和境界，经年累月的学习、阅读、思考，三者都必不可少。

学习、阅读也不是指技术性的内容或肤浅的、急功近利的内容，而是一些滋养人的心灵的东西。

方法，也不是一个具象的方法，就像教你如何做成一张木椅，并不是那样，而是我们如何在内心，通过怎么样的思考，把孤独转化为一种"享受"。

那应该是什么样的思考呢，其实在本章开头列出的几个我的感悟与观点，就是"方法"的具象化，而方法的本质和性质，就是辩证的方法，以及"自觉的转化"的方法。

"孤独的另一面是自由"，就是以辩证的眼光来看待孤独：
你消极地想，叫孤独；你积极地想，叫自由。

"驾驭孤独，把孤独从风雨中飘零的小船，变为通往自由世界的方舟。"

"不要浪费你生命中的低谷，一个文学、艺术创作者在孤独、痛苦、愤懑之时的情绪应该利用起来，喷薄而成作品。"

——就是用"自觉转化"的方法，驾驭孤独、享受孤独，甚至**利用孤独**。

穷与富

我在最富有的时候，
写着最穷的诗；

在最穷的时候，
写着最富有的诗。

其实跟前面所说的意思相近，最"穷"的时候，可能是金钱、也泛指一切窘迫的时候，而此时，"孤独与内心的挣扎，对于一个文学、艺术创作者来说，是一个灵感迸发的良好机会"，很多伟大的、优秀的文学、艺术作品都诞生于这个时候，也就是"孤独、挣扎、窘迫、忧愤"的这些时候。

——此时便是可"利用孤独"的时候。

"在最穷的时候，写着最富有的诗"，也就是在一个人困顿窘迫的时候，往往是诞生精神财富的良好时机。

事实上，"利用孤独"并非是文学、艺术创作者们的专利，而是所有人都应该让自己具备的能力。

越是空虚的灵魂，越需要在众声喧哗里、觥筹交错间寻求支撑。

越是内在充实的灵魂，越能享受孤独。

所以，一个能够享受孤独的人，是一个内心有足够力量的人。

一个能够利用孤独的人，就是一个内心既有力量又有智慧的人。

很多时候，孤独与"不被人理解"有关系，此时你可以对自己说：只有牛羊才成群结队，猛兽都是独行。

虽然不知是不是鲁迅那句"猛兽是单独的，牛羊则结队"的本意，但我觉得这个阐释非常好，非常有力量，给人以抵抗甚至享受孤独的力量。

当然，你可能真的是猛兽，也可能不是。
如果不是，希望你能在此句话的激励之下，成为真正的猛兽。

成为猛兽之后，你就不需要用这句话"自我安慰"了，而是变得会享受孤独。

如果你之前不是猛兽，这确实是一种"自我安慰"，此时你的内心要清醒，不要被这句话自我麻醉了。它起到的应该是一个激励的作用，而不是麻醉的作用。

一次我"自嘲并自我安慰"道：习惯了不怎么受这个世界待见，感觉还挺甘之如饴的。如果我是一个很受欢迎的人，我感觉：那说明我没什么个性。

在人群中，你是与他人对话。
在孤独时，你是与天地对话，与天地精神往来。

与孤独常相连在一起的，是"无助"，"孤独无助"、"孤独无援"，此时该如何救赎自己？

请相信：

世界荒芜生长的时候，传奇就会诞生。

伟大的作品永远诞生于内心的挣扎与孤独。

不可思议的潜力也永远出现在无助之时。

当"孤独无助"时，其实是上天赐予你的最好的挖掘和激发自身潜力的机会。

你以前以为不可能做到的事，你会发现在这个时候居然能做到了。

这个不可思议的力量，就来自于你的"无可依赖"。

有时候我甚至会感觉：被爱会让人变得软弱，想想有个人可以依赖，心里的一口气好像就蔫了。

当然，被爱也可能因为有支撑而坚强。
但你要记住：这个支撑是外在的，不是十分可靠。
由自己内心爆发出来的支撑才是最可靠的。

这个爆发很多时候便来自走投无路时、背水一战时，也就是"置之死地而后生"。

有时为了将自己逼出潜能，你甚至可以"自觉"的将自己"置之死地"。

将它用于"利用孤独"方面,也就是"主动让自己孤独一点"。即:主动远离喧哗与人群,让自己沉入静寂,感受孤独,假设无助,以激发出自己的最大潜能。

事实上,在诞生"背水一战"这个典故的战役里,主动让士兵背对河水、毫无退路,就是"自觉"的"置之死地"。

有一个词"孤独伫立的勇气",这个词非常好:

从前我想融入世界,如今我就是世界。

——这就是孤独伫立的勇气。

所以第一次较为深入的交流时我跟令致君开玩笑说:我怕我离开,地球就不转了。
其实其中包含了两个方面的思想:
(一)我就是世界,眼开花开,眼闭花寂。
(二)我就是世界,我可以独挡一面,我有孤独伫立的勇气和能力,以及气魄,我可以凭自己伫立在天地间。

第一个属于"心学"的范畴,所以以令致君的底蕴与悟性,是可以马上意会的,所以当我说完:"我怕我离开,地球就不转了。"他马上接道:"你闭眼,花就不开了"。

第一个思想的含义,可以归纳为"世界在我心里"。

大与小

世界很大,
我的心很小,
世界却在我心里。

而其实当时我还有第二个方面的含义，也就是"我自成世界"的含义。

其实很多时候：

众人必然与伟大的灵魂擦肩而过时失之交臂，
否则就并非芸芸众人。

芸芸众人，多指大群无知无识的人，也用来指众多的平常人。

所以伟大的、优秀的灵魂往往是孤独的。

因此我们可以反过来想：

当我们孤独的时候，是否可以抓住这个机会，让自己成为一个优秀的灵魂，甚至是，伟大的灵魂？

不要低估了孤独的力量。

不要低估了孤独无助时候的潜力。

孤独不是地狱，而是良机。

当你孤独的时候，你不是"孤独的"，而是"拥有孤独"。

当你拥有孤独的时候，你要利用孤独：

孤独以孤独消灭我

我以孤独消灭孤独

理想主义的现实意义

把心放在高远之处,别让现实跳起来够得着。

在当今社会,理想主义看起来越来越"式微"了,能否获得明确的、可见的、甚至是即时的利益成为人们衡量自己人生与他人人生,以及人际交往的标准。

尤其在我们这个城市,就更是讲究即时可见的利益,人与人的交往与关系基本上是基于"实用"而建立的,可以说是十分的"现实"。

在此我们要阐发的是理想主义的现实意义、现实作用,这是一个表面看起来有些"矛盾"的组合。

一

"三十辐共一毂,当其无,有车之用。
埏埴以为器,当其无,有器之用。
凿户牖以为室,当其无,有室之用。"

这段话,辩证地阐释出了"无"的作用。

"理想主义"相对于"现实主义",那就是相当于车毂里"空"、"无"的那部分,很多人视理想主义为空中楼阁,嫌其"空",斥其"不现实"。

如果以快慢相对应，"理想主义"就是"慢"的一面，"现实主义"就是"快"的一面。

如果以空实相对应，"理想主义"就是"空"的一面，"现实主义"就是"实"的一面。

如果以有无相对应，"理想主义"就是"无"的一面，"现实主义"就是"有"的一面。

如果以精神与物质相对应，"理想主义"就是"精神"的一面，"现实主义"就是"物质"的一面。

如果以有用无用相对应，"理想主义"就是看起来（或是呈现出）"无用"的一面，"现实主义"就是"有用"的一面。

二

在当今社会中，大多数人只注意"实有"的东西及其作用，而忽略了"没有"的东西及其作用。

令致君固然不是追逐物质利益之辈，但在情感方面，他是笃守"现实主义"的，他的诉求就是必须"不影响自己快乐"，一旦发现影响了自己的自在与快乐，他可以马上弃之如敝屣，毫不留恋。

可惜无论是爱情还是友情，牵牵绊绊总是存在的，如他这般，实质就是"孩子与水一起倒了"。

可想而知，他无法对一个人付出深情，因为他在这方面过于现实了。我不知道如果真的有一名女子与他结了婚，这名女子如得了重疾，他会如何。我只知道他即使是爱上一个人，也很难。真正的爱情必然有自我的牺牲，而他如此吝于自我的牺牲，必然无法付出深爱，既然无法付出深爱，也就很难得到深爱。

我想他不会拒绝有一个人深爱他、对他特别好，因为他内心的最需要的就是这个："对自己好"，但他不会去或者说很难去深爱一个人，即使是一开始陷入了深爱，没几天他也会被深爱一个人所需要作出的自我牺牲而吓退了。

从某个角度来说，令致君在这方面是颇有一些"精致利己"的。

所以我有时候会觉得：其实质跟当今社会的很多人似乎其实没什么两样。有所区别的是，其他人大多是在物质利益上精致利己，而令致君是在精神利益上精致利己。

至于他的"淡泊"，偶尔我亦觉得跟现下所言的"躺平"似乎也没有太大区别，有区别的就是在于他是主动的"躺平"，其他人是被动的、无奈的"躺平"。

其实在现在，"躺平"反而是一件容易的事，难的是在他人气氛一片疲软之时仍充满斗志、逆流而上、满怀激情与理想。

就像某些时候，"不在乎是容易的，在乎却需要巨大的勇气"。

当然了，他的淡泊是主动而为之，虽外在都呈现为少了一些理想主义的激情，但内在境界与被动为之的自是高下有别的。

总而言之，他是一个总体偏向于现实主义的人。

三

正如我在分析令致君这个人的一章里所说的，我对我和他的情谊，是抱着理想主义的情怀的：也就是如高山流水一般的情怀。

诚然，在当今的社会背景里，我是过于理想化了，但导致这个"理想"显得"过于理想化"的，并不在于这个理想本身是否过于理想化，而是在于其所寄托的对象的特性。其次，能否实现这样的友情的问题不在于我们之间是否会产生矛盾，而在于他这个人并不能接受矛盾的存在。

也就是说，我们之间产生的矛盾，本身并不是影响诞生理想中的友情的阻碍，影响这个理想中的"高山流水"的情谊的，是因为令致君并非一个会付出深厚情感的人——至少目前，他的追求让他的内心状态呈现出来是这样：对深厚情感的进入与付出抱着一个警惕又谨慎，甚至有些"排斥"的内心态度。

可想而知，即使我们没有矛盾，其实也是无法形成这样的理想的关系的。

这是我在分析写作的过程中，忽然悟到了这一点。

在这之前我一直觉得，是我的直言的言语，导致了我们无法形成这样的关系。现在我觉出：我的直言的言语只是导致关系断裂的原因，而并非导致我们无法形成"高山流水"般情谊的原因。
导致我们无法形成"高山流水"的，是因为其中一方并非此类中人。
是的，他并非性情中人。
同样，也并非具理想主义情怀的人，因此我们之间是几乎无法诞生如"高山流水"般理想化的情谊的。

所以所有章节虽然了阐述不同的事物，但最终会发现，它们都是可以联系起来的。只因一个我多次阐述过的原因：一个人的"指导思想"大多只有一个，很多看起来不同方面的行为，其实都是在这个指导思想的引领下生发的，所以它们最终可以互相解释。

所以他少了点率性，也是从此而生。
他并非性情中人，也就是一切从大脑出发，而不是直接从心出发。
他并非性情中人，所以他会在我说带个弹弓玩的时候提到尚未确定是否存在的规则，亦在我告诉他纯粹为了一笑的诗句混搭时并未快意大笑，而是指出其韵脚不符，亦经常担心天气预报的下雨……种种如此，按通俗的话来说：也就是他的反应让人总是觉得有些"扫兴"。
因为他不是兴之所至而行事的人。

而理想主义者大多是要具备"性情中人"这个要素的，性情中人，本来就是不受太多现实的桎梏的人，才能做到的。
所以你会发现，当今社会，"理想主义"与"性情中人"这两个词，消亡的时间、程度和轨迹是一致的。

而我将阐述的，乃是我自己的发现，即：理想主义的现实意义。

也就是理想主义的现实作用。

四

本来,从作用与目的性方面来阐释理想主义,是属于落入了"功利性"与"目的性"的路子里,本来是不如一个人原生自发的理想主义"高洁"的。也就是说,在一个追求"原教旨理想主义"的人眼里,相较于一个人自发的理想主义,这种基于其现实作用的"自觉"的理想主义是落于下乘的。但在这个理想主义日益式微的世界,性情中人逐渐消亡的社会,如果只是高喊一个理想主义的口号,又有何作用?必然起不到让其得到繁衍的作用。

大多数有理想主义的人的理想主义是血液里与生俱来的,是"自发的"。而因为它有现实作用而有意主动树立的理想主义则属于"自觉的",也就是"不那么纯粹",但也不能因其不够纯粹而"歧视",因为它终归是起了积极的作用。

但我并没有特别地抱着让其光大的"宏伟愿望",我只是想阐述我的发现与感悟。如同"但行好事,莫问前程"一般,又如同"以出世之心行入世之事",又如"倾出挚诚不会悔"……这些我一贯的行事内心,我只是做我该做的、能做的,又如我在"火种"一章里阐述的:你只管扔下火种,而不因有人无人。

所以我又一次感慨,一个人的思想体系是由一个指导思想引领的,多个方面的行为内容最终都可以溯源回同一个指导思想,它们之间也可以互相阐释。如上一段所说的,我自己也是一样的符合这个规律。

上面提到了,相对于现实主义,理想主义是"空"、"无",是一个(看起来)"无用"之物。《道德经》里,则以毂、器、室的"空"、"无"的部分来说明了"空"、"无"也是有其用的。那么,理想主义的作用是什么呢?

理想主义在现实中实质上用处极大,而这是未心怀理想主义的人所体会不到的,而心怀理想主义的人,他能感受到,但未必能在思想上意识到,以及归纳出来。

我们日常的生活,柴米油盐,鸡毛蒜皮……以及各种挫折、烦恼、苦痛……其实人之一生，顺风顺水之时甚少，全然无忧无虑的时光更是极其难寻，可以说人生是行进于泥沼之中。

所以，理想主义的作用是：

现实太泥泞，只有心怀理想、心怀远方，才能抵抗和消解眼前的苟且。

如果没有远方，那就给自己立一个远方；
如果没有理想，那就给自己挖掘出一个理想。

人生太多苟且，一不小心就会被拉入泥沼里，穷生命于生存的挣扎，所以必须给自己一个乌托邦，一个理想，让它把自己放飞在云端，而不致深陷于泥沼，这就是**理想主义的现实意义**。

当你深陷于现实的泥泞之中，越陷越深的时候，理想主义会在上方伸出一个"钩子"，将你往上拉起来，让你不至于在泥泞与苟且中不可自拔。

因此，我们说：

理想主义的现实意义，就是"超越现实"。

当你遇到了以及面对着现实的烦苦，想到自己有更高远的目标要实现，更有意义与价值的事情等着自己去完成，便会觉得纠缠于眼前的这些琐屑实在是无趣与无谓，便不会终日陷于眼前的苟且与现实的泥泞之中，让它们影响自己的身体与心灵，而是会将眼光与心灵都着眼于高远的目标上，从而过滤与摒祛了眼前的琐屑，只关注高远的事物，由此，眼光与心灵都会随之开阔，并且会燃起热烈的激情与斗志，这也就是"超越了现实"。

理想主义的现实意义也就是现实作用是巨大的，单就解决人的内心挣扎与困惑方面，它对个人、对社会的意义就极其重大。更何况，在理想主义的引领下，人们亦会在现实中取得一定的进步，乃至其中一部分会取得现实的成功。这其中哪怕只是进步，合流起来便足以推动社会发展，而那其中成功实现了理想的一部分，就是改变世界的那部分了。

以上就是理想主义之于个人、之于社会的重大意义。之于个人，起到了解脱现实烦苦、超越现实的作用。之于社会，起到了令人心宁和、向上以及推动社会进步与发展的作用。

那么，我们已经发现了它，就可以"自觉"地应用它了。关于如何"自觉"地应用，上面一句话已经说得很清楚：自己找一个、立一个、挖掘一个。

其实关于理想主义的现实作用，以及如何应用，阐述起来并没有多少文字，但是，深刻的道理往往极为简单。

听起来如此简单，也许有人会不屑一顾，但意欲仰望星空却踌躇的人应可有所启发并得以坚定信念。

树立一个高远的理想，其意义不是达到，而是激励和引领。

也就是说：

目标的意义不在于一定要达到，而更多的在于激励与引领。

理想主义其实就是**"在一个更高的目标上引领生命"**。

也就是说：

着眼于高远的事物，其目的不是一定要达到，而是取其激励与引领的功用。

"取乎其上，得乎其中；取乎其中，得乎其下；取乎其下，则无所得矣"。

立一个很远的远方是否好高骛远？

只要脚踏实地，那就不算，而且往往"取乎其上，得乎其中；取乎其中，得乎其下"，所以我们不能取乎其下。而且**太近了的话，心境仍**

在近处，不在高远之处，也起不到超越现实、拔出现实泥沼的作用。

战胜现实有两种方法：
（一）闷头前行。
这适用于钝感的人，而且往往只有钝感的人才能做到，本身这种人就没那么容易感触，生活给什么就"逆来顺受"了，不会想太多只管往前走。

（二）营造理想，用以超越现实。
营造理想，也就是营造"诗和远方"，营造"自由之境"，营造一个跟眼前与现实有所区分的"高远的世界"。这个方法适用于所有人。

第一种其实不是方法，很多时候只是自发的，第二种才是自觉的。

理想主义会让你获得灵魂自由。

自由有两个方面：肉体自由与灵魂自由。很多人身体不自由，又不具备理想主义的内心，那就导致身体与灵魂双双不自由。有的人即使身体自由，灵魂却不自由。而如果身体不自由，却具备了理想主义的内心，则可让灵魂挣脱桎梏，心骛八极，超越现实的束缚与泥泞，获得心灵与精神的自由与满足。
正如古往今来许多有成就者，在经济困窘、人生颠沛、砺受磨难之时，正是由于心怀理想，方才未受种种现实的困境所绊羁桎梏，而谱写出人生与生命的伟大篇章。

五

然后在理想主义践行和努力的过程中，遇到挫折怎么办呢？这个时候就要运用"自觉转化"的思想（如我在"自觉 自觉的转化"一章所阐述的），将挫折这个表面上看起来的"坏事"主动、有意识地转化为"好事"。

有一类理想主义者，不是体现在理想高远，而是体现在"希望现实如他所愿"，如不如其所愿，他便会信念崩塌，这是希望社会与现实极端美好的理想主义者，也可以说是理想主义的另一种体现形式。

这一类人往往内心纯净、纯粹，而一旦发现现实之肮脏，他便接受不了，这也是一种理想主义。

我之前阐述的，则是"心在高远之处的，并且追随自己内心不被现实招安"的理想主义。

这一类的理想主义者的内心是很纯净的，因此亦是值得尊敬的，但他没有使用应对方法："自觉的转化"，所以一经挫败之后，容易一蹶不振，从此失去追求梦想的信念与激情。

使用了"自觉的转化"，便不会因挫败而导致失去追求理想的信念与激情，反而会从此具备愈挫愈勇的品质。

因为此时失败被看作了一件好事，所以反而觉得"**败有所得，败有所值，败有所用**"，甚至会认为这是上天赐给自己的让己进步的礼物和良机。

有时回过头来，你反而会感谢这个挫折和失败，会觉得是自己的幸运。

"自觉的转化"之后，便是"自觉的超越"。
"转化"是指在思想上：
意识到好坏的辩证关系，从此具备把坏事看成好事的主动意识。
"超越"主要指的是在行动上：
在转化后的思想和意识引领下，有意识的、主动的去做点什么，采取一定的行为、行动，从而实质性地把坏事真正的、现实的转化为了好事。

所以我写道：

"所以我有时候疑心他（令致君）是个上天送来的礼物，与他的交往里的遗憾与内心挣扎，甚至他的离我而去，如今都成了宝贵的财富。
我这么想，也是来自于我的'自觉的转化'思想以自身的思想作出的阐释了，而我写下这部作品这个行为，则是'自觉的超越'思想以自身的行动作出的阐释。"

由本章亦可联系至"自觉的转化"与"自觉的超越"可见，在每个点上，我都会单独列一章来细致清晰地阐述，而它们合起来，实质上又是一个整体，因此每一章里，都会找到其他章所阐述的主体的一些元素，只因这些东西本身是有机联系的，因此可以互相阐释、互相"背书"。

当然，每个主体又具有自己的特点，所以要把它们各自阐释，然后又才有有机联系。

所以，在追求理想的过程中，有的人信念崩塌了，从此消沉、心灰意懒，甚至反过来变成了另一种人，一种从前的自己所讨厌的人。而有的人则意志坚定，信念饱满，永远充满激情，虽屡战屡败仍越挫越勇，原因就在于他无意识的或有意识的使用了"自觉的转化"和"自觉的超越"的思想。

大多数时候，这类人是无意识的使用到这两个思想的，而现在我把它发掘了出来，归纳了出来，具象了出来，并清晰细致地阐述了这两个理论，使之成为一个具体、明确、自觉可行的思想方法，有缘得见的人从此就可以自觉的使用这两个思想方法，而不需要等待漫长的"自发"过程了。如果自发了尚好，如果没有"自发"，便会让一个人生命中很长一段时间，甚至一生都虚掷浪费了。因此，我们需要"自觉"的去进行转化与超越。

六

为什么如今理想主义式微呢，这跟"快与慢"是一脉相承的，只因当下人心普遍浮躁，也就是都是急功近利地求"快"，看起来"慢"的、"无用"的东西便遭到了抛弃。其实无论是学习一门知识、技术，还是人生，"快即是慢，慢即是快"是一个通用的、恒永的规律，大到社会，也逃不脱这个"道"。如果更多的人意识到这个道理，便会重新审视自我的内心，调整自己的行为，理想主义也会从新繁衍生长起来。因过于急功近利所丢失的人性中的美好也会从新滋长。所以**理想主义的生长，对平抑人心与社会的浮躁，创造人心与社会的美好是有着重大作用的。**

我们认识到理想主义的现实作用，便不是脱离现实空谈理想主义。

正如《道德经》里谈到"道",也会归纳于道之用。我亦在想,如以其"用"来劝人遵道,是否也是带了功利性与目的性,而与"道"之"无为"、"虚淡"相悖了呢?正如我阐述理想主义的现实作用,是否就不如天生血液里自带的理想主义那么"高洁"?是否就显得不那么"纯粹的理想主义"了?

但道的作用:
第一:它是客观存在的,所以需要客观阐释出来。它是在阐述一些客观规律。
第二:它带来的结果是美好的。

所以我阐释理想主义的现实作用,也是如此:
第一:它客观存在,我只是发觉与发掘了,然后进行客观阐述。
第二:它会带来好的结果。

所以此时,我们便无需纠结于自发与自觉的理想主义谁更血统高贵了。

七

谈到理想主义,不免让人想起一部文学作品《月亮与六便士》,我对令致君说:"我是在温饱的基础上放弃了其他较为现实的利益,选择了追求理想,也就是'在保证了温饱的基础上尽可能的理想主义',这就是我在理想与现实、内心与现实之间作出的取舍抉择。"

我把保证了温饱比作"有了三便士",更多的物质享受则是"余下的三便士":

"我已经有了三便士,那余下的人生时间里,我还是去追求月亮吧。"

我的朋友说:"你可以在追求月亮之时也同时追求余下的三便士,想个二者兼顾或结合的法子,月亮与六便士二者皆得,岂不更好?"

我笑言:"我未有此时间与能力兼顾,何况舍得舍得,有舍才有得,为了让自己追随自己的内心,无悔这一生,我只能舍弃余下的三便士了。"

也就是说，我主动放弃了对余下的"三便士"的追求。

八

如今这个时代，仰望星空的人少了，反而出现了更多的焦躁、苦闷与困惑，这其中最大的原因，就是大多数人脚踏在地上，头也低下来让眼睛也只盯着地上或眼前，所以身心越来越沉重。但凡人们略微抬一点头，朝星空多看几眼，自然地心引力会减少几分，身心也便不觉过于沉重了。

在一个无人仰望星空的时代与社会，说明已经浮躁到了临界的边缘，正是需要从新拾起"仰望星空"的时候。

而我们由上面阐述可见：理想主义并非是一届空谈，它是有着极其重大的现实意义与作用的。

高远的事物并非空中楼阁、虚无缥缈，而是起着抵御庸常的作用：
抵御日常的琐屑、烦恼、平庸与苟且。
也就是说，它具有"无用之用"。

同时，如前所说：着眼于高远的事物，其目的也不是一定要达到，而是取其激励与引领的功用。

事实上，只有心怀星辰大海、高峰远川，才能抵抗与消解现实的种种。

只有心怀理想主义，心怀理想，才能抵抗、消解与超越现实。

这表面看起来"无用"之物，其实有着极其宏大而又具体的"大用"。

灯塔！
请带我们去航海！
开启这伟大的旅行！

注："灯塔"即理想

心安之所（一）

一

我一个感觉奇怪的地方，就是令致君对"出租屋"是"颇有微词"，是感觉没有归宿感的。

照理说他这样一个价值观超然，淡泊名利的人，是不会以住所简陋为然的，但他表现出来的，却是出租屋给不了他家的感觉，"只是一个住宿之所"。

我之所以觉得奇怪，是因为像他这样一个人，如果用"心安之处是故乡"来看的话，他的内心是安宁的、淡泊的，应该是有心灵的归宿感的，不管他身处何方、住在哪里。

而且他是一个轻物质重精神的人，他精神不是漂泊的空虚的，而是笃定的充实的，按我看来，这样的人住出租屋也是不会在意的，即便有一个自己购置的房产，哪怕是豪宅，于他也不过是肉体的置放之处，何以能影响其精神上的快乐与满足呢？

我也住过出租屋，甚至是条件较差的出租屋，当时也未觉有何不适，亦根本未思考过将来买不买得起房子一事，甚至有时会想"一直住在这里好像也不错"。住所的条件好坏于我的快乐与否根本毫无影响。

像他这样的人，淡泊而又深刻，照理说，无论是从物质层面还是精神层面来看，应该是"住在哪里都一样"的超脱。

并且我跟他提及我从前住出租屋也觉得"挺好的，没什么"的时候，他说："是吗？"，语气和神色都是犹疑的。

为什么这样一个物质欲望低、精神层次深刻的人，竟会在意这个呢？
或者，他是在意有没有"家的感觉"？
如果要有家的感觉，岂不是需要有人作伴才行？不然即使不是出租屋，也不会有"家的感觉"啊。

这里他身上的又一个矛盾出现了。

可是他一边喟叹温暖感的缺失，一边又并未想努力地组建一个家庭，甚至对组建家庭的看法多为悲观之辞，比如：夫妻内耗影响精力……之类的。
所以他到底盼不盼望有一个家庭呢？或者是：随缘？

但是有一点是肯定的：无论他遇到什么样的人，磨合都不可避免，如想百分之百的和谐，只能是与自己一模一样了。
他这样一个人，我想：即使是有小小的摩擦，他也觉得是对生命和精力的一种损耗吧。

我又想起我们的其中一次互相邀约，当时他忽然约我下午打球，而我已经安排了别的事情，下午去不了，但我想着还是别让他第一次邀约就失望，因此出于"能去就尽量去"的想法，我便说："要不晚上去？"
开始他说："晚上看不清，怎么玩？"我说："应该有灯的。"他说："emmm，应该有，但我不想晚上去了。"我问："为什么？"他说："路上人来车往，光线不足，比较耗费精力，晚上我非必要不出门。"我说："哈哈哈，第一次听说这个原因呢。"
可见，他对自己是保护得很好的，或者说是非常珍惜自己的时间和精力。
这在他的一段自述中也有所印证：
几个人一起散漫地打球，我于是去制造话题引大家互动，结果为了营造兴致而虚张声势，引起了口执，我也落得怏怏不快。
平时珍惜时间习惯了，容不得自己脑子空闲，也不见得是好事啊。

他是有自己的一些"莫名其妙的坚持"的人，这个我是理解的，因为我也有一些"莫名其妙的坚持",所以我能理解他的这种"坚持",但一方面又觉得他是不是把自己"照顾"得太好,稍微有点"以自我为中心"、有点"不近人情"了,但当时这种感觉并不明显,而只是微微的、隐隐的、当时被忽略了后来才想起来的。

但至少当时我对这个理由是感觉有点啼笑皆非的,我心想:人的精力就那么容易被耗费吗?怎么就会被人来车往耗费,还会被光线不足所耗费?为什么我晚上出门从来没有过有什么东西"被耗费"了的感觉?再说了,就耗费了又怎么样呢?一点精力就那么重要,一点都不能耗费或浪费一下?

我不由得回想了一下我每次晚上出门,是否有"精力耗费"或是没有白天精神好的感觉,想来想去实在是没有,甚至觉得有时晚上出门比白天更精神。

我虽然觉得这种感受有点"匪夷所思",但也觉得由于个体差异,也不是没有可能的,尽管我不能感同身受这种感觉,但我却理解每个人也许都有自己独特的坚持,也觉得应该尊重他的个人喜好。

现在我大概明白了一点儿:他大概是觉得精力很宝贵,他要用在刀刃上吧。所以一点精力他都不想浪费。

但是这只解决了他为什么不想浪费精力,也没解决他为什么会觉得"人来车往"浪费精力的问题,也许这只是一种天生的感觉,就跟一个人天生害怕某种声音一样,与人的思想和人性没什么关系,也就不在我们的剖析之列了。

他这样的人,有这样的坚持也是正常的,他的思想深度注定了他必须有一定的个性,所以尽管有点"异乎常人",但却又是他的思想深度所应有的"正常",一个思想比众人深刻的人,总是会有一些"不正常"的方面,也就是与常人不同的方面的。

反过来说,如果他没有一定的"个性",也不会有比众人深刻的思想,这二者是相辅相成的。想想,一个没有个性的人,必然思想与泱泱众人一样平庸,怎么可能格外的深刻呢?

二

回过来说，他出现觉得出租屋只是住宿之所，并非他能有家的感觉的地方这种喟叹，其实是在我的意料之外的。我感觉他似乎想拥有一套自己的房产，但这种世俗的想法仿佛又是不应该属于他的，他既然对婚姻是一种随缘的，可有可无的态度，那么对一套房子就更应该不那么在意了吧？

再说，难道以他的思想层次，他会认识不到温暖感和归宿感都不是房子给的吗？他会认识不到只要精神、内心安宁，住在哪里都一样吗？内心悲凉的人，一套自己买的房子难道就能让内心温暖起来？我想他不至于幼稚至此、肤浅至此。
如果他真的是这样想的，只能说再深刻的人也有稚拙之处吧。

我只知道我住在自己买的房子里，也并没有说快乐就多于了住出租屋的时候，我觉得二者差不多，这个对我的内心影响并不大。
我在这点上有点以己度人，认为他也不会那么在乎住所的。当然他不是在乎住所的简陋，而是在乎它没有给他温暖的家的感觉。
现在问题就来了：他到底期不期盼有一个家呢？
也许他是期盼的，但他期盼的是一个极其理想化的家：没有夫妻内耗的，没有摩擦的，不会浪费或损耗他精力的，又能给他温暖的家。
然而这样的伴侣大概率是不会出现的，所以他也就只好随缘了吧。

第二，我猜想他的内心的归宿感并没有与其思想深度相一致，也就是说：他的内心是漂泊的，并没有找到"心安之所"。

他发的感慨：是不是越倔强的人，内心越悲凉。
其实就是在说他自己。
首先他的确是一个倔强的人，这从他的文字和我的切身体会都能感受出来。
然后，他提到自己住出租屋时的文字感慨是这样的：我的内心好悲凉，我没有一个可以给予我温暖的家可以回，我连最起码的内心的温暖感都没有，我的出租屋只是个住宿之所。——直言了自己内心的悲凉。
所以前面的那句话是他在感慨自己，事实上我们如果发出这样一句话，也往往是在说自己。

所以我觉得他的内心其实是没有归宿感的，甚至可能安全感也没有，事实上也是这样，我认为他是一个没有安全感的人，否则便不会没有勇气去迎接婚姻和想学的东西，等等。

这就涉及到了一个很普遍的，很有意义的话题，就是"心安之处"。

三

有一句很流行的话：故乡容不下肉身，他乡容不下灵魂。

我不知道是不是因为很多人都有此感受，所以这个感慨如此"家喻户晓"，并且每出现在一处，便会有很多人表示共鸣。

我想应该是的，因为我身边的朋友也提到过类似的感觉，说哪里都没有故乡的感觉，无论是从小长大的地方，还是现在定居的地方。

在朋友提出来之前，其实我没怎么考虑过这个问题，虽然网络上这句话很常见到并且应者如云。

因为我觉得自己并无这种感觉。

正如很多人喜欢怀念青春，感慨岁月的流逝，而我从来不怀念青春，因为我觉得自己一直在青春中。

这也是一件很有意思的事情，我是一个不太舍得扔东西的人，为何在青春这一点上就如此不"恋旧"呢？我竟然对"青春"如此"没感情"？这就是另一个话题了，但其实又是同一个话题。

回到"灵魂与肉身"的安放之所这个话题来，前面说了，我并无感同身受。

尽管我也是离开家乡，来到现在这个众人所称的"移民城市"定居，不仅是移民众多的城市，并且是一个比较没有什么"人情味"的城市。

照理说，应该是能感同身受的。

但我没有，因为我的灵魂是有归宿感和安全感的，我的内心是安宁的，我的精神不是漂泊的。

为什么？怎么做到的？

因为我有置放于高远之处的理想。

我在《理想主义的现实意义》一章里说过：理想的作用在于把人从现实的泥泞里超拔出来，摒除掉生活中的苟且带来的烦恼与痛苦。

如果没有理想，那就给自己找一个，要高远一点，不然起不到超越现实的作用。

然后，现在在这里出现了理想主义的第二个现实作用：让人有灵魂的归宿感，也就是"心安之所"。

这个作用也很重要，跟第一个作用同等重要。

毕竟灵魂和精神的漂泊，也不是一件让人舒服的事，甚至是一件痛苦的事情。

特别是对于一些有点才华和能力的人，就更难受。

这个感觉我是有过的，找不到自己的人生理想的时候，感觉犹如一个人飘浮在茫茫黑夜的大海上，黑夜与大海都无边无际，而却找不到一块浮板或可抓之物。

当时我终日流泪，不知所措，不知自己要去往何方。

所以这并不是什么好的感受，甚至是一种很糟糕的感受。

苏轼说的"此心安处是吾乡"，大家都是耳熟能详了。

但怎样才能找到心安之处，他是没有提及的。他只是说了：只要内心安宁，就是故乡。

但我们将内心放置于何处才能安宁？

放置于一个伴侣？和他（她）组成一个家庭，在家庭里放置内心，以得内心的安宁？

这是可以的，家庭也确实有此功效，但前提是能天长地久，以及美满幸福。

谁能保证呢？

放置在伴侣与家庭，实质上就是放在别人身上，成年人都知道，把希望寄托在别人身上都是不可靠的，或是不长久的。

现代社会瞬息万变，就更不可靠。

殊知有一个感慨：本来期盼为自己遮风挡雨、共度风雨的人，却给自己带来了最大的风雨。

事实上，人生的风雨往往就是你所牵挂的人带来的，越是牵挂的、重视的人，给你带来的风雨就感觉越大。

所以"心安之所"只能从自己内心寻求，是最可靠的。

那么有什么方法呢？

第一个方法就是：保持一定的理想主义，树立高远的理想。

这里跟《理想主义的现实意义》中所阐述的理想主义用于超越现实的作用略存些不同的是，如果用于"心安之所"的作用，也许不需要像"超越现实"的作用时那么"高远"。但是视个人而定，你将理想立于何等高远度让你感觉内心有所归宿，以及感觉到置放的安稳，你就放置于何处。

第二个方法：一个哲学系教授回答有关于此的类似提问时所说的，我觉得也很好。

当时人们是这样提问的：

我想问个关于故土与归宿的问题。我是80后，我这一代许多中青年都为了梦想生计远离家乡，我们的经验是漂泊的，个人身份的认识也支离破碎。北上广的生活常常处于一种临时状态，很难享受到精神的安宁，就算回到故乡，旧日记忆也随街道拆迁改造而消逝。但或许哲学是我们重新寻找故土、安顿生命的宝贵资源，哲学也许可以带给我们启发。不知道您怎么看呢？

他回答：

不要总是想着寻找故土，可以想想怎么成为别人的故土，用自己的善良意志去支撑其他人。

这个回答我觉得也是相当好的。

所以我也推荐给了那位表达了"不知何处是故乡"的感慨的朋友看。

这个回答体现了什么呢？体现了两个方面：被人需要的价值实现感与悲悯之心。

我在谈论价值感的章节里提到过：一个人的内心进化成长，往往会从"需要他人"的阶段转向更多的喜欢"被人需要"的阶段，其实正是因为在"被人需要"时，让他感受到了自身的价值。

我现在便是已经处于这样一个阶段。
朋友们需要帮忙的，只要能帮上的，我都会尽力帮忙。被人需要，首先是说明别人能想到你，并且是觉得你有某方面的能力。所以帮助了他们之后，我是觉得内心有充实感的，同时也有价值实现感。
这同样亦是"给予的快乐"。

事实上可以说：
世人的烦恼一半来自于钱，一半来自于过于关注自己。

所以，如能跳出"索取"的囿于自我的圈子，跳出"过于关注自己"，而去感受"给予"的快乐，便能在"给予"中自己也得到了喜悦与满足。

就如一些人在帮助他人的过程中，自己的内心也得到了救赎与疗愈，所以，给他人以"故土"的同时，自己便也寻得了"故土"。

所谓"故土"，其实是一种归宿感，很多时候它其实是由价值实现感与充实感结合而形成的。而在"给予"中则会产生价值实现感，因此在"给予"之时，我们便会寻找到"故土"，也就是心安之处。

回到前面所提及的，我说"我从来不怀念青春，因为我觉得自己一直在青春中"，又言与"故土"、心安之所的寻求归其究竟是同一个问题，便是因为我心中有理想主义和理想的存在，因而既得了"故土"、心安之所的归宿感，又让自己一直有为实现理想而奋斗的理想主义激情，因而一直处于斗志昂扬的"青春"状态。

所以，令致君有没有温暖感跟他是不是住出租屋没什么关系。

他要温暖感与归宿感，三个方法：要么组建家庭，要么树立理想，要么实现自我价值。

可惜他的问题就在于他找不到自己的理想。
并且亦未能真正实现自我价值。

这里就很清楚了，其实这个因果关系应该是：正因为他找不到自己的理想，也未真正实现自我价值，所以才没有归宿感，也就是心安之所。
而并非由于住所所造成的。

四

上面说了找到"心安之所"、"心安之处"的两个方法，一是树立理想，二是寻求自我价值的实现，寻求价值感的实现与满足。而苏轼却以上两种都不是，所以还有第三种：以闲逸之心得心安之处。

苏轼的事迹很多人都知道了，他的"心安之处"的获得显然不属于上面列举的两种。

他的是第三种：在生活的当下、生活的此时此刻寻找乐趣。

这需要一种心态，叫"闲心"，也就是我们常说的"闲情逸致"。

闲心不是说需要很闲、很多时间才会有的，也不是人很闲、没事干，而是一种心态。

如有这种心态，就是再忙，也可以"偷得浮生半日闲"。

另外，干着同一件事，以闲逸之心干，跟为完成这件事而干，是有区别的。就比如，同样是腌咸鸭蛋，为了腌咸鸭蛋而腌咸鸭蛋，那只是一项粗鄙的"生存"经过，而以闲逸之心去腌咸鸭蛋，则腌咸鸭蛋也能变成一件风雅之事。

听起来有点"形而上",虚无缥缈、不可捉摸的感觉,实际是可以有实现这种心态的方法的:

(一)以"把它当作一种乐趣的心态"。

没错,这个心态是关键,非常重要,而且是首要的。

我们说要寻找和善于发现生活中的乐趣,但往往沦为一句空话,特别是一些比较钝感的人,他就是发现不了。而且"善于寻找和善于发现"是一种能力,如果本身不具备这种能力,光说这句话不是变成了一句空话了吗?而且,生活中确实不是时时有容易被发觉和发掘的乐趣,那得对美好有细腻的、强烈的感受能力的人才能经常做到。大多数人都不具备这方面的强大的能力。

此外,有时或有的人生活中又确实可能没多少乐趣,即使是有上述能力的人,也未必能发掘出来。

这个时候怎么办呢?所以我们就要把一些日常的事情"当成一种乐趣",以这个心态,就会在百忙之中也具备"闲心"。

比如炒菜,是一个制造美味的过程,完全可以当成一种乐趣。比如晾衣服,虽然相对于做菜而言可能把它当成一种乐趣比较难,但可以发掘它的"作用",它其实是有作用的,起到了活动四肢、让身体舒展的作用,并且仰头把它撑到晾衣绳上挂着时,这个仰头动作会让脖子得到活动,特别是现代人常常长时间看电脑、低头看手机,容易得颈椎方面的问题,这个仰头动作便可以调节颈部肌肉,不让它总是僵在一个向前的状态。

你看,日常生活的活动,不仅可以看作"乐趣",也可以有"作用",岂不是很值得我们以一颗"闲心"来享受它?

这种"当作一种乐趣"的心态已经可以解决大部分问题了。如果我们又想进一步,想提升自己的内心,希望自己能够拥有"善于寻找和发现生活中的美"的能力,那又该怎么做呢?

这就需要培养这方面的敏感力。我在一个章节里说过,我们要尽可能的对美好敏感,而对不美好不敏感。

怎么培养对美好的敏感呢？最好的方法就是到大自然中去，因为大自然里的美好是最多的，最丰富多姿的，它的美好可以说是随手撷来。我们在大自然里，可以随时、随处发现美好，所以我们需要多和大自然交流，也就是"多与天地精神往来"。

以及有可能的话，多和孩子们玩耍，因为孩子是最有智慧的，他们的心境透明，未被尘埃所蒙蔽，所以最容易照见和发现美好。

就如我在"天真与成熟"一章里所描述的，他们会围着一只蜗牛玩一整天，会用草叶和树枝搭建昆虫学校，会给小鸟做一个窝，甚至臭屁虫他们也能玩上一天。所以孩子对美好是极为敏感的，甚至会创造出美好，所以我们多和孩子玩，对美好的感受能力甚至创造力都一定会有所提高。

我认为大人要多向孩子学习，孩子在很多方面都是我们的老师。
就如《两小儿辩日》一文里，孔子被两个小孩子问得说不出话来，所以，很多时候，孩子的智慧是远胜于大人的，因为他们的心灵未受过多的玷污与遮蔽，反而更通透、剔透、明澈，大人比小孩子多的是知识，但论智慧、悟性、灵性却未必能及。

当然，多到大自然中去这个方法是最容易实现的，因为你只需要自己就可以做到了。

（二）挖掘新鲜的可能性。

比如同样是腌咸鸭蛋，我在《生活情趣 文士意趣》一章细致描述过，我尝试了6种做法：（当时是腌咸鸡蛋，咸鸭蛋同理）
一为白酒浸泡，生腌；
二为白酒浸泡，熟腌；
三为伏特加浸泡，生腌；
四为伏特加浸泡，熟腌；
五为白酒伏特加混合浸泡，生腌；
六为白酒伏特加混合浸泡，熟腌。

我炒菜时，也会常常自行创立新菜式，并不会永远按一种做法来处理一种食材。而且这种"创立新菜式"并不像别人想象的，如：做出五花八门的造型和图案，或是做得精致又美丽，而只是每次有一点小小的变化——就可以说是一次创新了。

比如人们常做的甜酸排骨，我今天可能"酸"的部分是用酸梅，明天可以用西红柿。常做的蒸排骨，我今天可能放点党参，明天可能放点香叶，后天放些柠檬叶，……，变化往往都在细微之处，而不需你花上比平常更多的时间，不需大张旗鼓地摆出各种造型，也不需绞尽脑汁地发明新的菜式，这些都是让现代社会忙碌的人们难以企及的，而发挥想象力和创造力在细微之处尝试更多的可能性和变化，是非常易于实现的。而后，如果你发现哪一次尝试出来的结果"很成功"，也就是这样做的菜味道很好，那你的满足感和幸福感就会油然而生，并"接踵而来"。

而且每天都有点新鲜的事物诞生，也会让你更有生活的激情，这同样也是把"生存"升华为"生活"的方法。

一般人腌咸鸭蛋就是按照习惯的方法，用一种就是一种。做菜也是，习惯了一种永远都是那一种，完全不会发挥或懒于发挥想象力和创造力。所以，在日常生活的活动中，充分发挥你的想象力和创造力，这便是一种在平常的生活中制造乐趣的方法。

你看，第一种方法我们说了在日常生活中发现乐趣的方法即"当作乐趣"法，第二种方法我们说了在平常、平淡生活中制造、创造乐趣的方法，即"发挥想象力与创造力"法，这都是一种"闲心"的体现。

所以说"闲情逸致"并非是一定要有充足的闲暇时间，而是在平常的必经生活活动中，能感受和发现、发掘出乐趣的一种心态。

而有十分充足的时间，甚至终日无所事事，如果不具备这样的心态，也不能称为"闲情逸致"。

有人会说："我就是着急，就是着急把事情做完，没法让自己'悠哉游哉'的，怎么办？"

这个时候就是由于内心的认识基础不具备，什么认识基础呢？就是你要认识到一些道理，这个道理就是：我们的生命最终什么也不会带走，而生命的意义就在于它的过程，你此时此刻既然就是要腌咸鸭蛋，为什么不享受这一个过程呢？这个过程既不艰辛也算不上累，又是你此刻要做的，不如让它成为一个快乐的过程，甚至是激发自己想象力和智慧的过程。

再者，它还可以是一个松弛内心的过程，一个调节情绪的过程，把你从日常的工作劳累中转换到制作一种美味上，何况它还有美好的成果可以期待。在慢悠悠的等待中，在时光的浸润中，它将成为一个让你有成就感的美味。即使某一次没有成功，做出来的不太好吃，它也可以成为一个经验。

所有的失败都是一种经验，将失败看成经验之后，你就不会为失败所气馁，而是会想：啊，我又获得了一次宝贵的经验。

有了这样的内心认识基础之后，你就会拥有了"闲心"，也就有了"闲情逸致"，一项你原来心中的"家务劳作"便变为了你能感受到生活的乐趣的"风雅之事"。

这其实也是"空"的作用的具体体现。如果将辛苦的工作与为生活的奔波视为"实"、"实有"，那么这种松弛就是"空"，谁说它毫无作用呢？它对人的精神的调节作用是实实在在的，可不是"真空"。

我们都有这样的经验：上学学习的时候，有时候一道题思索良久仍做不出来，起来活动一下，比如来回走动、活动舒展一下身体，或干点别的……回来重新坐下来思考，常常会很快想出来怎么做了。

这是因为在这个看起来"啥也没干"的"空、无"的过程中，一、你的身体活动带动了气血运行，让大脑供血更充分、更通畅了，大脑也就变得更灵活了，思路也就打开了。二、之前的神经是紧张的，现在松弛一下，张弛有度，更容易提高效率。

而你一直坐在那里，似乎一直在"实干"，其实到了一定时间之后效率会降低，甚至思考近于停滞。

我在练习弹琴（吉他）的时候也有此类似体会，练的时间一次太长，手指会变得僵硬，此时反而是欲速则不达了。

所以这时候，看似"空"的其实不空，看似"实"的其实是空了。

所以说，我们一要辩证地看问题，二要发展地看问题，才能具备长远的眼光，以及大的格局。

因此，我们要意识到"空"的作用，从而享受"空"，享受生活中"空"的时刻。

第三种"找到心安之所"的方法我们说了很多，涉及了很多方面，确实，苏轼的做法不就是在正如我在这种方法里所描述的"挖掘新鲜的可能性"里吗？他发明了"东坡肉"，不就是在平常的平淡生活中发挥了想象力和创造力，制造出了"新鲜"的事物吗？他的"闲逸之心"，有一部分便是体现在了这里。

这种平淡生活里制造"新鲜"的方法，会给人带来一种成就感和充实感，有了成就感和充实感，就会感觉到"心安之所"。

其实这三种方法并非是各自孤立的，比如：你的理想就是给他人以支撑，岂不是把第一、第二种方法结合起来了？事实上这样的情况也很多，很多人在帮助他人的过程中，自己的内心感到了充实与升华，觉得自己的人生价值有所实现与体现了，这样的例子是非常多的。

因此，我所阐述的三种"寻找心安之所"的方法，都是向内寻求的，也就是都是向自己自身寻求的，所以比把爱人、家庭等——这些需要他人的配合才能做到的——当作心安之所，就更为可靠。

五

由上可见：

心安之所有三个寻求方法与途径，它们是：

（一）保持一定的理想主义，树立理想。

（二）寻求自我价值的实现；
　　　价值感的实现与满足。

（三）以闲逸之心（"闲心"）寻找与感受生活本身、生活当下的美好。

心安之所（二）

前所提到：我也住过出租屋，甚至是条件较差的出租屋，当时也未觉有何不适，亦根本未思考过将来买不买得起房子一事，甚至有时会想"一直住在这里好像也不错"。住所的条件好坏于我的快乐与否根本毫无影响。

对此我进行了一番相应的思考：

现今很多人觉得因房子问题成为生活的负累来源，从而影响了自身的快乐，但通过我回顾自己从前住条件较差的出租屋，也未想过将来买不买得起商品房，却于快乐丝毫无损，又想起小时没有彩电冰箱洗衣机空调电话手机电脑，只是能吃饱饭而已，也一样开心快乐，因而想到：

这也许说明了：现今除了房价的原因，是否人们"在大城市非要有一套商品房我才觉得自己是有生活了"的定位也不太对？

如果是这样的话，有了房子的人应该都很快乐才对，事实证明并没有，他们又去为别的焦虑了。

所以我认为：
人不应该有这样的"结果式定位"，也就是说：不要自己给自己一个"我要获得什么什么才开心快乐，才算好好生活"这样的定位。

比之从前——我们小时候的仅够吃饱饭的状态，现在物资极大丰富，人们基本是"吃穿不愁"的，城市的购物中心的餐馆里都是人头涌动——大家大都能吃得起饱腹之外的美食佳肴。

然而快乐指数并未能与物质发展水平成比例上涨，由上面的分析可见：这与现今人们的价值观亦有关系。即人们总觉得要如何如何、得到什么事物才能快乐，也即落入了一个"我要获得什么之后才快乐"的内心陷阱，从而忽略了日常生活中本身的自有的美好，于是便无法从日常的质朴生活中寻找和感受到纯净的快乐了。

彼时我在出租屋中，并无洗衣机，是用手洗衣服，然而即使是手洗衣服这一在大多数人眼里琐屑劳累的过程，我亦能从中觅得乐趣：
一边放水哗哗地流，一边洗衣一边唱歌，看着晶莹剔透的水冲刷下来，感觉世界一片洁净，连洗手间都那么赏心悦目。
有时，我甚至不愿很快结束这一"美妙过程"。

因此可见：
人对快乐的追求不应给自己以"结果式定位"，而是应专注于当下的：
床上西晒的阳光的煦暖，手洗衣服时水冲洗一切的酣畅，漫步时清风吹拂面颊的惬意，手握一本纸质书的温馨与充实，自己做饭菜时的烟火的踏实……而这是不需要一套商品房，不需要多的钱财就可以拥有的，这是生活本身自有的事物。

所以，事实上，无论住什么样的房子，都可以诗情画意。

同样的道理，还可体现与适用于对"奋斗与奋斗目标的实现"的关系里：
人们奋斗往往为着一个目标而去，因而亦常常出现类似于前面所说的：落入"我要获得什么之后才快乐"的内心陷阱，如未达到目标，便往往苦闷压抑。
而事实上，奋斗本身就是快乐之所在，我们应享受奋斗与努力本身的快乐，如此才是获得良好心情的方式。

其实，人生本身就并非是一个"有结果才快乐"的物事，因人生的唯一结果便是"死亡"，因此对于人生，你只能享受其过程。人生自身既是如此，人生之中的各个部分岂不也应如此对待？——享受其过程，享受其本身，而不必等获得结果方才"允许"自己快乐。

火种

你来到无人之处，
你扔下火种，
你不知道有人在沉默中凝视你，
你不知道他在你走之后点燃火山。

你不知道火山的光被另一个星球接收，
你不知道这个星球因此而变得温暖，
你只是来到无人之处，
你只是在一片孤寂中扔下火种。

**——我只想扔下火种，不管它会不会点燃；
不管它会不会点燃，我都会扔下火种。**

一

我看过的印象最深的一篇科幻小说，便是王晋康的《天火》，讲述的是一个年轻的物理学爱好者，为了亲身试验自己的科学理论，而消失在无垠的空间里。这篇小说不长，文笔也很质朴，毫无华丽的词藻，也没有优美的语句，但却深深地震撼了我。

一部文学、艺术作品，其思想性永远是高于艺术性、文学性的，能否引发人的思考，或给人以思想的启迪与精神的收获，那才是决定一部作品是否优秀、是否有生命力与价值的最主要因素。

主人公的理想主义精神给我留下深刻的印象，那不是一部"很红"的作品，当时不是，现在就更不会是。

几年以后，我又读到了阿忆的一篇文章《我的生死北大》里的一章：

上中学时，我们常去北大玩耍。有一次，途经燕南园一段残垣断壁，看见一位十分矮小的老人，静静地坐在青石板上。看到我们走近，老人拄起拐杖，慢慢绕到残垣之后，隔着那段残破的矮墙，递过一枝盛开的花朵。

同学们一定是被老人家浪漫的举动吓坏了，便加快脚步，慌张地跑掉了。我只好一个人走上前，站在矮墙外，双手接过小花。我看见老人的嘴角在动，我知道，他是在努力地微笑。

直到考上北大，我才知道，老人家竟是美学大师朱光潜。但我无论如何无法接受，那位写出鸿篇巨制的朱光潜，竟会是如此矮小的老人！他学贯中西，学富五车，身高却只有1.5米。

那些年的中午，每逢我从图书馆抄近路回宿舍，总会看到朱先生独自静坐在青石板上，目光中充满童真，凝望着来来往往的后生。

先生对后生的爱，听着让人动容。那时，许多家境贫穷的学生时常到先生家领受钱票。

大三的时候，我从燕南园独自穿行，途经那段残垣，先生又一次隔着矮墙，送过来一枝小花。

直到今天，我一直偏执而迷信地认为，那不是自然界中一枝普通的花朵，它分明是人类精神之树的果实，是一代宗师无言的暗示。在即将熄灭生命之火的岁月里，先生不断越过隔墙，把旷世的风范吹进晚辈们的心灵中。

朱先生病故时，是89岁。听闻先生驾鹤西去，我驱车回家，把那部夹着两朵小干花的《西方美学史》点燃，心中默念着：

先生之风，山高水长。

每每读起，我都会热泪盈眶，而每隔一段时间，我都会找出来细细地读一遍。

只为了体味那字里行间传达的旷世的先生风范。

这就是我篇首的诗所传达的含义的具象化的典范：

扔下火种，你只管扔下火种。

朱先生递过来的小花，便是火种，传递的便是"你只管扔下火种"的精神。

大概也跟"倾出挚诚不会悔"一样。但"火种"的内涵，则更为广阔。

相信即使是学生们无人接过这朵小花，下一次朱先生仍然会向学生们递出一朵小花。

这便是"美"的真谛。

一位牙买加滑雪运动员，32岁才开始学滑雪，点燃他的，是一部电影《冰上轻驰》，讲述了四名牙买加人参加雪车项目冲击奥运赛场，以体育精神赢得尊重和掌声的故事。故事改编自1988年卡尔加里冬季奥运会，四名牙买加运动员组成的雪车队首次站上冬奥会赛场的真实事件。

最后，当他36岁时，他站在了奥运会滑雪场上，他说：虽然这一路上经历了许多艰苦，但希望我在较大的年龄和极其有限的时间里实现梦想的故事，能激励更多牙买加人及早开始行动，甚至告诉全世界其他不太熟悉滑雪的人，这是一项你既能享受乐趣，又能取得成功的运动。

他确实做到了，他的事迹被传播，他的精神之火也在传递，比如，被我看到了，并深为感触与被打动、被激励。相信有感触、被打动和被激励的，不止我一个人。

1988年的牙买加雪车运动员的精神，成为了一粒火种，然后这粒火种被32岁才开始学滑雪的牙买加滑雪运动员撷获，点燃了他，他又以自己的燃烧，将这粒火种与这道微光传递了下来，传递给了全世界，被我撷取了，相信有很多的人也悄悄地不动声色地撷取了。然后我们这些受了影响的人，也将成为一粒粒新的火种。

他和朱光潜、电影里的牙买加运动员一样，他们身上闪烁的，是人类精神之光，也是人类精神的火种。

二

人间的温情与热量，也与人类的精神之光一样，也是如同火种，只要有一点，便有可能传递下去。同样的，人间的寒冷也是一样，也会传递。

我在第一天跟令致君交流时，提到了鲁迅先生写给青年的一段话：

愿中国青年都摆脱冷气，只是向上走，不必听自暴自弃者流的话。有一分热，发一分光，不必等待炬火。此后若竟没有炬火，我愿做唯一的光。

如果我们总是把希望寄托在别人的身上，总是希望有人发光发热来照亮我们的生活，那么我们可能永远都生活在黑暗之中。

事实上：
点亮他人的时候，也就照亮了自己。

很多人在帮助他人的过程中，感受到了自己人生的价值和意义。

一些本来迷茫的、迷失的、踯躅的、苦痛的，甚至是堕落的人，在尽自己的努力或无意中发出一点光亮照亮别人的同时，忽然就醒悟而找到了自己的方向。

你有没有因为看过的一本书中的一段话、一部电影里的一个情节、一首诗里的一句，而感动、震撼、影响了你的时候？有没有因为他人的一点小小的善意而感动、转变了你的时候？

如有，那么这一句话、一个情节、一点小小的善意，便是微光，便是火种。

这些小小的善意，有想过回报吗？大多数是没有的，很多时候，它们只是陌生人一个友好的微笑，是你在不知所措时的一句鼓励，是你在手忙脚乱时他人给予的耐心，甚至，可能只是一个望向你的时候的和善目光。

我在"心安之所"里阐述的，给自己寻找"故土"的方法之一，是一位哲学系教授对他人提问的回答：

不要总是想着寻找故土，可以想一想怎么成为别人的故土，用自己的善良意志去支撑其他人。

这个方法在这里也同样适用。
它既是找到自己心安之所的方法，也是点亮自己的方法：

给他人以故土，你就找到了故土；
点亮他人，你就点亮了自己。

有很多人，不仅自己不试图发光，还做浇灭火种的人。他们嘲笑他人的真诚、热情、善良，觉得这样的人是傻子。
他们传递的，就是寒冷，人与人之间的寒冷，社会的寒冷，乃至时代的寒冷。

很多人抱怨世风日下，人与人之间日益冷漠，有没有反省过自己，是否试图发过一点点光与热，让自己成为一个发光者呢？还是只是在等着别人发光？

在《美好》一章里，我有如下一段：

我常在思考一个问题：为什么我对这个世界足够赤诚和真诚，却往往收获的是冷。

现在我总结的原因之一是：很多人缺乏捕捉美好的能力。

在日复一日的苟且中，他们变得麻木、现实、淡漠。他们不会为一朵花的盛开驻足，也不会为一朵云的有趣停留，不会为孩童的烂漫天真而会心微笑。

所以他们自然也不会在意一个人表达出来的诚恳，首先他们感知钝化，其次他们不会觉得值得珍惜。

虽然他们也常常成为抱怨世风日下的一分子，但他们同时也是造成世风日下的一分子。

他们的麻木和淡漠、凉薄，助长了社会的淡漠凉薄，然后又让更多的人麻木与淡漠、凉薄。

然后他们一边抱怨这个社会的现实，抱怨自己生活的苟且，一边却又对美好的到来毫无感知与珍惜，甚至自己也成为伤害真诚的一分子。

事实上在现在这一章里，这一段话也同样适用。无论是"美好"还是"火种"，都面临着类似的境况。

我写下了这首诗：

**你只需要释放光，
而无需管它的去向。
如果有人接收，
那是他的幸运。
如果无人接收，
也是你自己的喜乐。**

如果我们的真诚与美好受到了冷遇，我们就这样对自己说：

我们发光发热，真诚与美好，他人有所感应便是最好，但如果没有感应，我们亦能收获自己内心的喜悦。

我们美好，是为了对得起自己。

让人和人之间感到温暖的，传递光和热的行为，应予以鼓励与赞扬、赞美，并且要让他们知道他们是因为这样而受到赞扬。善意收到回应与反馈，才能更激发人们传递善意的积极意愿，如此传递下去，便可让我们的生活环境与社会环境更为美好。

因此，如果别人帮了我一点小忙，我便会极力感谢与尽力回馈，不仅是因为我具备感恩之心，更是希望向他们传递一个"你的光与热照亮和温暖了我，这是值得的，希望你们可以继续保持这份美好。"的信号。

——这是我的一个情怀：我不想让美好得不到传递。

因为他人的光与热，是需要维护的，不是每个人都能够"只管扔下火种"，所以我们要给他们以反馈，不要让发光发热的人们感到寒冷，也就是我们常说的"寒心"。如果我们做不到自己首先发光，至少也不要让他人递过来的火种在我们的手中湮灭。

传递火种、光与热，我们也要有为理想奋斗一般的"但行好事，莫问前程"的心态，以及同样的"知其不可而为之"的精神。

其实，一个人真诚与美好的首先受益人还是自己，自己的内心会时刻感受到纯净与安宁。

不要因为他人感应不到便停止释放真诚与美好，感应不到真诚与美好的人，其实这是他的损失。而你在释放时，是你的收获。

虽然我付出的真诚这个世界回报给我的确实未必对等，但我收获了自己内心的澄净与安宁，甚至喜悦。

因为：**我只管扔下火种**。

每个人都可能是传递寒冷的罪魁祸首，每个人也都可以是光的使者。

很多时候，这个世界不会在意你的真诚，只会追捧你的成功。

也许，时代与社会会让"成为火种与微光"以及传递它们变得略显艰难，甚至让人产生挫败感和受伤感、艰辛感。

而你要相信，越是艰难的事，越是彰显你的勇气，也越是一个让内心成长与独立的机遇。

随波逐流，不是显示你的精明，而是显示你的懦弱。
拥有逆流而上的勇气，才能对抗人生的平庸。

即使令致君不再理会我，我也依然认真地为他思考他的人生方向，也依然会在节日之时祝他节日快乐。

我做这些的时候是快乐的，也不期待得到什么回应。
我只要对得起我自己的挚诚就好了。

——我只要扔下火种就好了。

一个情景里，一个人说："我们是剃头的担子，一头热。"另一个人说："一头热有什么不好？没有一头热，哪有两头热？"
不要等待别人，至少我们先热。

否则，哪来"两头热"？

即使只有我们自己热，也没什么不好，不要为只有自己热而泄气，即使另一头怎么也不热，至少我们对得起自己，**我们也因为自己的"热"而给予了自己温暖。**

三

火种有许多表现形式，除了真诚的火种、美好的火种，还有理想主义精神的火种。

《天火》和牙买加雪车、滑雪运动员，传递的就是理想主义精神的火种。

我的一位朋友一直想写一些东西，但因为"六便士"的缘故（其实他已经拥有了"十便士"），便一直没有开始。我在这部作品写至一半时，便特意告诉了他，希望他在追求六便士之余也看一下"月亮"，我想，这也是一种传递火种与微光吧。

以及人间温情的火种、深长情感的火种、知识的火种、意志与信念的火种……

有一些是在当下日渐式微的，比如深长的情感，在这个一切追求"快"的时代，它们显得那么"不合时宜"，甚至似乎有"被淘汰"的趋势。

在与令致君的关系里，如果我也转身而去，不是我做不到，而是我不想这样做。

一个人情感深沉绵长，是一种能力。

很多时候，拥有这种能力的人是因为在成长的过程中得到了较多的爱，所以一个人深情、长情是他的幸运。

但同时也要挑选对人，还要有"倾出挚诚不会悔"的觉悟，有了这个觉悟便不会对可能受到的伤害耿耿于怀。

我本来就是拥有绵长的情感的能力的人，为何要被社会的现状无奈地改变自己呢？那样我会鄙视我自己。

而且我还拥有不惮于付出的勇气，"倾出挚诚不会悔"的一往无前的快意与洒脱。

我不想让人与人之间又多了一段淡薄的、随手可弃的关系，又少了一份隽永深长的情谊。

我不想跟着社会一起"速食"、"快餐"，我只想跟随自己的内心，哪怕是逆流而上。

如果我选择了另一条路，那意味着我已经丢掉了自己的灵魂。

四

有人感慨：觉得自己很渺小，只是一介凡人，由此产生的力量太渺小了。

我回答：
第一：一个人首先要具有"不管能不能点燃，我都要扔下火种"的觉悟。

第二：你可能无法产生巨力，但你可以传递微光。

第三：微光、热量与寒冷一样，是可以被传递以至愈演愈烈，波及范围愈来愈广的，这时谁还会说产生的力量渺小呢？人心与社会的寒冷，不也是由一件又一件当时看起来微不足道的"小事"而传递开来的吗？这方面的例子不少了，足以印证这点。

因此，反过来，传递微光与热量也一样，是可以由"小"至"广"、至"大"的。

第四：如觉自己平凡，不妨先把自己变得强大，这样便可站上一个更高的舞台，传递的光可以让更多的人接收到。

就像牙买加滑雪运动员，之前是一个普通的音乐从业人士，立下宏大理想之后笃定前往，最终站上了奥运会这个舞台，让自己的精神力量被更多的人知道、接收到、感受到、感动到，并又继续传递开，这是范围上的横向传递。而这其中必有一部分人被激励到，然后去行动、去实践，他们其中的一部分人的行动与实践的精神又会激励新的一批人……就这么一代又一代"被激励者"传递下来，这是代际上的纵向发展，就如同当初他被牙买加雪车运动员所激励一样，如今他又把自己所受的激励传递了下来。其实现方法就是让自己首先变得强大。

改变世界，其实并没有那么高远，那么难以触及。
不是只有高智商、高情商、高水平、高能力的人才能做到，不是发现了新规律，建立了新世界，创立了新理论，发明了新事物……才算做到，其实每一个人都能做到。

每一个人都能成为光的使者。

只要你传递温情、传递热量、传递真诚、传递美好、传递纯粹、传递意志与信念、传递理想主义精神……

只要你传递火种、传递微光,或是成为火种、成为微光,你就是改变世界的人。

相信光,靠近光,追随光,成为光,散发光。

希望我们成为只管扔下火种的人。

纵银河崩裂
众星坍塌
我仍在宇宙的黑洞中想象光明

宇宙里的旅人

万物静寂着生长
星辰闪光于暗河
我在银河寰天中跋涉
消失于永夜的挣狞
升起于光明的荒岛
宇宙里的旅人
你好吗
寄予你今夜的天火
换给你不灭的永生
换给我不灭的信念
幽鸣着
在横穿命运的沼泽时
燃起大火

——那烧遍天空的火焰
　是我点燃了自己

即使是一片荒野你也依然微笑着扔下火种，
转身而去，
你消失在星空。

生存与生活

怎么才算生存？怎么才算生活？

令致君有个奇特的观点，他觉得他不喜欢他现在的工作，说如果有一天辞职了，他可能会选择以送外卖为谋生方式。我问：为什么？

他说：我觉得它基本上是在走路与骑车，而这些活动是生活的本身，属于生活的一部分，我通过它来赚钱，就是一件自然的事，无所谓喜欢，也无所谓不喜欢，因为它就是生活本身。而我不喜欢我的工作——电气工程师，它本身不是生活本身，而且我又不喜欢，所以我觉得这是在浪费时间。

当他问我"我如果不干现在这份工作，干什么好呢？"时，我问："你喜欢什么？最好干你自己喜欢的、热爱的事情。"

他说："我没有热爱的事情。"

一

当下，很多人自觉只是为了"生存"而活，而谈不上真正的在"生活"，说白了，就是为了混口饭吃，而不是在"享受人生"。

我笑言：其实人的生命里就两件事：一是混口饭吃，二是打发时间。

或者：一是混口饭吃，二是找乐子。

直白、简洁又明了，且自觉还算精准凝练，甚至全面。

享受人生，其实就是"找乐子"这部分。

很多人疲于生存，甚至有点"疲于奔命"，其中的一部分人其实并不是他们非得那样，有时候只是他们不想舍弃而已。

比如，有的人的工作，让自己很不愉快，但他们仍然在做，并不是离开了这份工作他们就没法生活，而是他们舍弃不了现在的生活水平。

他们一边抱怨工作的乏味、不喜欢，一方面却又对它的或稳定、或高工资有所留恋，觉得"身不由己"，所以最后就勉勉强强地过完了这辈子。

有句话说：所谓成功，就是以自己喜欢的方式过一生。

人们脑海里的"生活"，大抵也就是这个意思。

其实大多数人心目中的"生活"都差不多：大概就是睡觉睡到自然醒，想干什么就干什么，想什么时候干什么就什么时候干什么，
以及，想不干什么就不干什么。

说到底就是自由。

而自由是有代价的，自由通常或意味着很长一段时间的自律，或意味着放弃稳定的收入，甚至可能因放弃了稳定的收入而过着清贫的生活……代价可以说是十分之大，不是一般人的决心、毅力和意志可以承受的。

有多少人敢于舍弃眼前的安稳去追逐渺茫的梦？很少。
既然不愿付出代价，自由当然也就不属于你，
你也就过不上想要的"生活"。
换句话说，你心目中的那个"生活"，是要付出不少代价的，通常只能属于大勇之人。

二

要么寻求转变，要么停止埋怨。

难道普通人就只能无奈地"生存",不能"生活"了吗?

不是的,你可以把生存过成生活,其关键就在于看问题的角度的转变和心态的转变。

因此,适合于大多数人的"生活",可以是第二种方式:
培养"闲心"、"闲情逸致"的方式。

它的方法我在"心安之所"里有所细致阐述了。

所以现在有两种"生活":
一种是完全的自由自在。
一种是以"偷得浮生半日闲"的心态来获得与拥有"生活"。

开玩笑地说:上一份自己不喜欢的班,也能找到乐趣,就是下班的乐趣。
想想,你若是上着自己不喜欢的班,下班之时是否便如释重负,得以解脱、解放一般?那时岂不正是一天中欢乐喜庆之所在?

其实这不是完全的玩笑,这便是一种"偷得浮生半日闲"的心态:
即使用辩证转化的思想为自己寻得"忙中之闲"。

还有一个方法,如你觉得现下只是"生存",那便通过"造梦"来获得"生活"吧!

我于"理想主义的现实意义"里,阐述得十分清楚:理想主义的一个作用,就是用以抵消现实的苟且、无望与无奈的,而至于在奔向理想的道路上,实现了什么,达到了什么,可以看作"意外之喜",但其比例并不低。
这不是百分之一的比例般微小渺茫的,而是有着不小的实现理想的可能性,差一点,也是可以"接近理想",或"离理想更近一点"。

有了理想与梦,生存就会升华为生活。

我认为,判断一个人是在生存还是生活,不是以能否自由享受生活为标准的，而是以是否有生活与生命的热情与激情为标准。

君不见，那些身在山野、陋室之中，心怀热情与梦想的人，即使身处穷陋，他们不会认为自己仅是在苟且偷生，相反，他们对生活极其热爱。你能说他们衣食住所简陋，就只是在生存吗？面对着他们，你将不可能觉得他们是在行尸走肉、苟延残喘地"生存"，你一定会觉得他们是在过着精神与灵魂自由的、又热情饱满的"生活"。

因此，一个人是在生存还是生活，是以他是否具有生活的热情，或是是否有为自己的热爱所奋斗、所有所动作来判断的，没有，那便是如同行尸走肉的、无奈、被动的生存，如有，那便是饱满着火热生命激情的生活。

一些人并非一定为了什么具体的梦想，但他们热爱生活本身，这也是非常好的。就如许多在山野之中，陋室之内引吭高歌，翩翩起舞的人，他们也未必追求以此为目标与事业，而仅仅只是对生活本身充满热情，这也是一种值得学习的人生态度。

我们现下所常说的生存，往往表达的是一种被推着走的无奈的、"身不由己"的感受。

而一个人什么时候才会主动，自然是做自己热爱的事情的时候。如果你不敢完全放弃现在的工作，那至少也要给自己一个梦的空间，不为了一定得到，而为了我们的生命不是完全的"无奈"。梦想的空间，便是你的"生活"那一部分的空间，这个空间有多大，决定了你生命中的生活与生存的比例是多少。它的空间越大，你的"生活"比重就越高，你就越觉得自己是在生活而非生存。

但是，给梦想留出空间是需要勇气的，空间越大，所需的勇气就越大。如果你一点勇气也没有，那你就停止抱怨，转变心态，去热爱你现在的工作，这也是一个方法和选择。

如果你既无勇气，又不转变心态，你就不要再抱怨了。人生的一切享受都是要付出代价的，包括"享受人生"、"享受生活"。

我这里说的享受人生，并非人们常说的物资丰富、财务自由的那一种"享受人生"，而是一种善于享受人生的精神与能力。就如在穷陋困窘中仍心怀梦想、充满生活热情的那样，这种享受人生才是最纯粹的、从精神上实现的、真正的、通透彻底的"享受人生"，是在精神上的真正的享受人生。

而借助钱财外物的享受人生，只是在享受物质。当然，钱财丰裕可助我们实现身体自由。但难道没有获得让身体自由的足够金钱之前，我们就不能"享受人生"了吗？谬矣！

大多数人待赚够了身体自由的钱财，人生已过大半了，难道就让前面的大半生在无奈、被动中度过？以换取后半生只是有可能的财务自由？

我们本可以不这样的，大凡我们不那么吝啬于给自己的梦想、给自己热爱的事物留出一点空间，便不会深陷于"生存"的苦闷与抗拒中。有了梦想，你便如同有了翅膀，能不能靠它们飞到目的地，就看你为这翅膀的健壮倾注了多少心力，但即使没有飞到目的地，至少你也能飞了，你的灵魂是自由的了，不再深陷于那"生存"的泥淖中，此时你是一个在"生活"的人。

大凡哀叹于自己仅仅是在生存，无非便是心灵过于现实所至。一个人没有"梦"以及追梦的欲望与行为，哪来的热情？对生活没有热情，自然就只能称之为生存了。

以及对"享受生活"的理解之偏差，总觉得有丰厚物质、财务自由才是生活，本身便给自己预设了一个大多数人难以达到的标准，你觉得那个标准之上才是享受生活，达不到那个标准便不是，于是你便终日陷于达不到这个标准的苦闷当中。大多数时候，人们的苦闷只是源于没有达到自己预设的"生活"的标准，而并非源于真的没有在"生活"。

如你撤消这个已成成见的标准，去热爱生活本身，热爱它的那些平静祥和的时刻，它的微小的美好与闪光之处，以及在其闲暇间尽可能的欢歌起舞，这都是它可去热爱的理由。

但凡一个人稍有经历，便会发现平静如水的日子有多值得珍惜与热爱。因此，生活本身便已自带了可热爱之处：那便是其中的无风无浪的宁静、安祥时刻。

因此，享受生活，最重要的是在精神上享受生活，而非以丰厚物质、财力为条件方才能享受生活。

由此可见，一个人是在生存还是在生活，其实是取决于有没有生活的热情。而要获得生活的热情，要么去热爱生活本身，要么给自己一个梦想。

院子情结

等我有个小院子，种一棵柿子树。最多收一半，一半留给天上的鸟儿。

——这句话是我在别人的发言里发现的，觉得很美。

不仅念起来有音韵美、画面美，最动人的，是包含了善，其最打动人的便是这善之美。

正如文学、艺术作品，从来不是以词藻华丽、形式的花巧而打动人，如能动人，一定是能让人产生情感上的真挚共鸣，更高的层次，则是具有思想意义以及思想价值，如给人以启示，引发人的思考，揭示深层智慧等。

我想每个人都有一个院子情结，我也一样，我甚至给院子想好了名字，叫"听竹"。

既为听竹，自然当有竹子。竹之摇曳多姿、气质高华，外在风貌与内在风骨俱全，那是无他物所能及的。想想自己在竹下置一方案，置一藤椅或竹椅，无事便坐其上晃悠晃悠着，观竹枝竹叶飘曳之风姿，是何等的惬意。

若再置一竹床，便更好了。小时候常在竹床上睡觉，现在城市，家里空间置一竹床自然不够了，而竹床带给人的清凉、舒畅、通透的感受，乃是透过身体表面，透过皮肤、肌肉，渗透入血液，走入循环系统，达至心灵，乃至灵魂的。若非如此，为何这么多年来，仍然抱此"家有一竹床"之梦呢。

小时夏日炎炎又无空调，便大多时候在竹床上度过午睡时光，那趴在竹床上，将自己的身体舒展开，紧紧地贴在竹面上的惬意，那一下子将烦热躁气冲消掉的凉彻，这些年再无一物可以给予了。

此外，最好还有一鱼塘并荷塘，以及一方温泉。

说到荷塘，简直一下子便让人浮想联翩，不能自已。既有竹林，又有荷塘，岂不是一名内心充满了文人士大夫意趣的人最为理想的世界吗？因此，荷塘再小，也是要造的。

正如我现下每年夏天莲子萌发之季节，都会在阳台上用一个小脸盆营造一方"微荷塘"一样。如既有了院子，怎可不筑荷塘呢？

荷塘里自然是要有荷花与鱼的。而且泥鳅、乌龟也要一并放入。那日看到一个鱼嚼荷花而食的画面，没想竟有鱼是会直接吃荷花的。荷花如此美好，将其变成了自己身体的一分子，那荷香似乎在脑海中便已从身体由内而外地散发出来。想想也是一件美事。
我竟觉得我虽非鱼，却也十分能明了这鱼之乐了。

若给鱼常食荷花，会否鱼身自带荷香，若作成清蒸，想是荷香萦袅，兴许便成一道佳肴，称"荷香鱼"呢。

夏有荷塘，冬浸温泉，我便再给自己想象一方温泉吧。我喜爱周边是由不规则的圆滑石头构筑而成的池子，池底也由鹅卵石铺就，池形亦不规则，方得天然。池边栽一桃树，再栽一梅花，如此，不论是春初微寒之时，还是冬风凛冽之夜，池内都有落英缤纷，绚美明烂，还有花香沁人，岂不是妙之甚哉？

当然了，还要种菜。种菜情结深植于农耕民族的血液里，没有条件创造条件也要种菜，没有院子也要想象一个院子来种菜。虚拟世界中，很多活动都冠以"云"首，我如此想象法，亦可美其名曰"云种菜"，而且比计算机网络里种得还要虚幻，是在大脑神经网络里种，直可谓"云中之云"。

既有院子，怎可不种果树，硕果累累，一颗颗自己种出的圆滚滚的果实挂在树上时，给人的"成就感"自是无以伦比的。种的品种我早已想好，应有桃子（至少两个品种）、葡萄、荔枝、龙眼、枣子、枇杷，还可有黄皮、百香果、柠檬、石榴……桃子给人以圆满、健康吉祥甜蜜之感，而在葡萄架下吃饭看书乘凉，又是多少人的一腔诗梦。

如是种种，可谓万事俱备，只欠东风，现下，只是差一个院子了。

花又将如何布置呢？我想了一想，当种些什么花好？花应有些香花，茉莉、玉兰、桂花等等，还应有些色彩鲜艳明丽的，让人一见之下心情随之明亮灿烂的，自是月季、玫瑰、蔷薇一族了。这一族既明艳又带刺，放外面一围，既气象明煌，又起安全护卫之用，想来十分不错。其余的，芍药、山茶、海棠……以及，兰花也不必富养或小心翼翼地伺候，就让它兀自开放于一个不经意的角落，成全其空幽之美吧。

在这寸土寸金的城市，想象自己有一个这样的院子，可能被一般人称之为"不现实"。

但什么又是现实？ 难道甘于被日常的苟且琐屑所纠缠裹挟，深陷其中辗转反侧就是现实？为自己想象一幅美好的画面与愿景就是不现实？

再说，哪个是虚？哪个是实？ 你非要以苟且为实，美好为虚，岂不是自己的原因？ 是喜欢给自己一些幻想的人傻？还是埋头于现实泥沼里的人傻？ 是为追逐名利、外物、虚荣等而疲惫不堪的人傻？还是让自己恬淡、诗意、有梦的人傻？ 是脑子里整天充满精明算计、大脑负累重重的人傻？还是脑子里轻松放空，不欲世故的人傻？

在我看来，人要善于成为自己的"造梦机器"，不然如何抵消与抵抗日常琐屑之烦扰？

事实上，给自己造一幅喜悦的场景，就如同我们看电影、读文字、听音乐、欣赏画一般，是用以滋润与滋养自己的心灵，以善与美来给自己以人生前行的力量与动力。

其实，我这番言语自然不是让人脱离现实，而是由于当下的人大多数都"过于现实"，才发此言语。

人自然不可整日活在梦里，却亦不可终日纠陷于现实。过于纠陷于现实，则一切行动皆为即时可得的目的与利益而为，一来格局变小，此尚为可稍置后考虑之事，而最显著的影响是：其实众多社会问题与社会乱象，便是由于很多人企图追求眼前的利益，寻求便捷的路径，而丢失了初心本我，甚至放弃了做人的底线，也就是背离了"道"，才导致的。

梦与幻想、梦想是云，现实是泥土，只仰望星空不脚踏实地，便如同无源之水，无根之木，不得牢固。只埋头计较日常得失，不看远方，则将自己陷于蝇头小利中，便不得广阔长远。

从前，我们有许多百年的字号，在一些小城市里，也有不少小店，店面外表虽简陋，却诚诚恳恳地以质量与诚信为根本，童叟无欺，往往可以几十年的经营下来，甚至一代传一代。相反，在当下"捞一把就走"的极端现实主义的思想导引之下，社会各界都滋生出许许多多的混乱与问题。甚至一些百年字号，也受急功近利的思想所蛊惑，抵挡不住眼前唾手可得的利益的诱惑，不从质量上想办法，而是想办法使劲从顾客身上榨取最大的利润，导致透支了自己的信誉，而百年招牌毁于当下。其目光眼界居然尚且不如上面所说的那些街坊小店长远。

我们之所以向往一个院子，与其说是希望种花种菜，不如说是向往一种田园的生活。在这一方小小的田地里，我们种下一些质朴的小小希望，浇灌它们，让它们一天天地成长，而仅仅是看着它们一天天地拔高，这么简单的物事，便已经能够让我们感到无比的欢欣与慰藉。

其实我们的心灵，也是需要一个"院子"的。在这里，时光与岁月都停滞了，外界的喧嚣与追逐也影响不到我们，在这里，心灵得以宁静与栖息。因此，我们的心灵是需要自己给自己一个"田园"的。

这个"田园"，自然不是什么具体的物事。而是在外物纷扰、众声喧哗之中，特意为自己的内心留出的一方洁净、宁静的净土。在这里，我们仍保有赤子的真诚、处子的纯净，以防止我们的整个身体与心灵都陷入那污浊的泥潭里，或与浊流同污。

因此，这是个精神的田园，心灵的田园，它不是用物理的篱笆筑就，而是以内心的诗意、美好与本真筑就的。

我与令致皆属深能感知恬淡人生意味之人，在当今社会实属难得。

平日我便常被身边人评价有些"不食人间烟火",本就被人视为稀缺物种,这样的两个人遇见,自然就更是难得又难得,这就是我为何希望可将其寻回之缘故。

一来二人价值观都属"淡泊"一派,二来思想上可碰撞,文化上可交流。实是此生不遇。

孰知,以上两点吻合仍不行,还需有第三点:个性能合。方才可得以融洽而处。

我这么多年才找到这么一个人,心中自是极为珍惜的,当日之所快言快语,亦是我平日的性情所在。所以其实并不悔出此言,而只觉失去令致君之遗憾。

一日令致君听一曲写下:

"当知道这曲子叫渔舟唱晚的时候,瞬间觉得跟它搭配的最贴切的背景,应是傍晚小舟蓑衣渔翁的江南,而不是洗脚上炕的北方村庄。

我一个北方人,一天也没有在江南水边眠过,却心生莫大的感动,被这悠扬的曲调带出一股深入心扉的恬淡人生意味,人性竟能相通到如此地步。"

既作此语,其心所现。令致君本就是极为恬淡之人,听到《渔舟唱晚》必定心如点犀,气脉连通,一以贯之,因其自身心境从这曲中得以具象化了,自是感慨。

令致君提过:小时候他是住在院子里。当日我见此句,便猜想他是北方人,又觉大约应是河北、山东一带。

也不知他家的院子,是什么样的呢?

我想起邀令致君曲水流觞一事,不禁又突发奇想:不如便在这院子里,竹丛之下,挖一曲曲折折的小溪,放些石头,更可养些小鱼小虾、小蟹,自己营造一个曲水流觞的场所算了。到时想玩便随时可玩,几个家人、亲戚便可成行,何必管他们懂不懂此情趣,耳濡目染之,也便逐渐有了。

只可惜可一同饮酒者易寻，一同吟诗人难觅。既可一同饮酒又可一同吟诗的，怕只有我自己了。

即使是饮酒，也要与能品会酒中意趣之人同饮，方才有意思。一般人只可一同饮酒，却未必可一同品酒。而在我所认识过的人里可一同吟诗的，只有令致君，而他却又不能喝酒。我便常常只好在家中自斟自饮，自吟自和。知音难寻又难遇，遇之竟又因双方各有独特个性而离分，因此不由感慨人大多时候，均是只能"对影成三人"的。

虽说我于诗的格律是不懂亦不顾，但我有的是诗情、诗意，在这个众人多纠陷于现实的世间，拥有诗情诗意也应属十分不易了，于是我便不苛责自己非要再通格律了吧。

在"人间温情"一章里提到：小时，在家里买冰箱前，我们便幻想了一个月如何做冰棍，做什么样的冰棍。如今，我又在幻想一个院子，跟童年时幻想如何做冰棍，那份心思与热情，竟似毫无区别。想来自己虽成年已久，至这般年龄仍有此童稚之举、童稚之趣，忽感庆幸矣甚。

最近闻听一词叫"情绪价值"，又想来如此这般的幻想，虽无实用之处，倒是颇具"情绪价值"的呢。

我喜欢给自己造象牙塔是因为相信这个世界上有象牙塔吗？

不，正是因为觉得这个世界上没有象牙塔。

物质与精神

一

当下是一个物质极大丰富的世界,而精神却似乎未能得以相应的进步,甚至仿佛遭到扼杀:

物质丰富,精神贫瘠。
物质多姿多彩,精神荒芜。

仿佛成了这个时代的一个常见的归纳。

经常有这样一个情况:吃了好几碗干米饭,你就是感觉还没饱,这时,一碗水喝下去,马上就觉得饱了。这就很像当今社会,物质极大丰富,人却往往仍然觉得空虚,缺乏充实感,原因就是少了精神的滋养。物质就像干米饭,精神就像水,充实感便如同饱腹感。干米饭＋水才容易饱腹,所以:

物质的充裕加上精神的丰盈方能得以真正全然的充实。

而精神的滋养,包括了两个方面:
一是心灵的成长对自身的滋养;
二是人间的温情。

二

物质越繁多,越影响精神的成长。这是一个有所存在的情况。

但并不是全部。

也就是说,精神的成长不是因物质的繁多而阻碍的,虽然它有时候会为物质的繁多所阻碍。

物质越繁多,是否越影响精神的成长? 这是一个值得令我们思索与探讨的问题。

乱花渐欲迷人眼,诚然,花多容易迷人眼,但会不会被迷,还是由人自身而决定的。

我们常说"安贫乐道",但得道却未必要将自己置于物质贫瘠。

事实上,过于贫瘠时,大多数人为了活下去,是不择手段,不讲尊严与道德,甚至法律的。

所以我们不能将精神的贫瘠与荒芜怪罪于物质的丰富与多姿多彩。

人眼被迷,尚且可说是花的原因;而心被迷,则是自己的原因。

你可以选择不被迷,心只在一处,眼自然也只在一处,其余的花枝招展自可视而不见。

这里与"驾驭欲望,不被欲望驾驭",以及"酒肉穿肠过,佛祖心中留"亦有相似重叠之处。

有美食美衣,我们尽可享受其美好的一面,这是出于人性之天然乐趣,就如尽享"酒肉"一般。

但是否受其牵引迷乱,则是要看个人的心性修行了。是让"酒肉"滞于身心,让其乱了自己心性,还是在享受其美味之后让其"穿肠而过"，无滞无挂，这便是不同觉悟的人的区分所在，亦便是物质会否迷乱精神的关键所在。

关于物质与精神的相互关系，可挖掘出以下几个思考方向：

追求物质与追求精神哪个放第一位？

保证温饱自然是放第一位的，所以我们这里是在保证了温饱的情况下讨论。

我们在其他章说过，钱是可以带来安全感的，追求一定的金钱保障无可厚非。

但同时又阐述了：钱无法带来心灵的归宿感。

因此，这时相当于是一个安全感与归宿感之间的权衡。

钱可以带来安全感，做自己喜欢的事情、追求自己的理想、完成自我或走在完成自我的路上可以带来价值感和归宿感。

如果已经具备了基本的金钱保障，此时更应把归宿感的满足置于前。

但这二者并非不能同时皆取。

例如一些为着生存而努力的人，仍然心怀梦想，白天干着苦累之活，夜晚抽出时间绘画以让自己心灵有所寄托。

——这便是很好的典范。

物质繁多时如何不影响精神成长？

很多文字倡导"简单"，是的，物质上的简单有助于我们的心神拨云去雾，但内心的简单才是我们真正需要的简单。

借助于外物的简单以实现对心灵的简单的追求，有一定的作用，但并不可靠，也不长久。

如果一旦置身于一个丰富多彩的环境，岂不是又意乱神迷了？

所以我们说"未经世事的淳朴不是真的淳朴"。

把一些原本在物质贫瘠环境中内心简单的人，放置于一个五彩缤纷的环境之后，失去本心的人大有人在。

所以物质丰富不是精神贫瘠的原罪，对物质的过度追求才是导致精神荒芜的罪魁祸首、根本原因。

追求物质的丰富多彩无可厚非，甚至产生了推动社会发展的动力，这跟人要保持一定的欲望的作用与道理是一致的。

因此，完全撇开人性的欲望谈人的内心成长觉悟是不符合人性的。

最好的状态应是：

山珍海味犹可也
粗茶淡饭亦相宜

我们应把对物质的追求掌握在这样一个内心状态：就是既能得其丰彩之乐，又能感其清淡之趣。

这看起来是很微妙的，但其实又并不难，如何做到呢？

首先你要建立一个认识：
正如牡丹国色有其雍容之美，幽兰空谷有其清雅之灵。
又正如众乐有乐，独乐亦有乐。

对，山珍海味正如牡丹国色与众乐之乐，雍容又喧闹；粗茶淡饭正如空谷幽兰与独乐之乐，清雅又自在。

所以我们要拥有一颗在各种环境中均能捕捉与感受乐趣的心灵。

就像东坡先生无论身处何处、何境遇，都擅于其中挖掘乐趣与意趣。正是：盛有盛乐，清有清欢。

并且，要辩证的看待。

当你被山珍海味、牡丹国色簇拥时，你可以尽享人间欢愉，但内心不可滞溺于此，受其迷乱，而应仍不失初心与根本，视其为一飘而过之浮云，过来时尽享其美，却不深陷其中，被蒙眼蔽心。

当你只能粗茶淡饭、独赏幽兰时，你应尽力寻求与感受其中之乐，而想到：这是上天让我静笃省思与沉淀的机会。

正如在"孤独"一章所阐述的一般：如何享受孤独：首先，你可把孤独看作是自由，因此而得孤独之乐。而后，你可利用孤独，这确是一个让心灵强大，以及有意识地实现个人能力的进步成长、实现内心成长的机会。

道理几乎是一致的。即：
无论当下处于何种状态，
首先：挖掘与感受当下的状态之乐；
而后：利用这个状态自觉的实现转化。

关于自觉的转化，可见"自觉 自觉的转化"一章的阐述。

因此，物质与精神的关系，关键点只在于二：

（一）是否耽溺于物质。

（二）明白"盛有盛乐，清有清欢"。

隐居（一）

我和令致君第一天便讨论过隐居的问题。

我说：我们这个城市的一座山里，有不少人隐居，可是后来租金上涨，很多人便隐居不下去了。

他说：应该到农村隐居。

古人有主动隐居，有被动隐世，令致君是主动的淡泊，于境界上是高的，这也便是我不欲丢失此人的缘故。

我给他发过一幅图，是两名高士在旷远江边，长裾飘飘，须发飞扬，抚琴吹笛的情景，那是我所期盼的、梦想的一幅场景。

他也对着羽毛球馆后的青山慨叹："多好的地方！我就想在这样一个地方住着，山青景明，心境闲逸，种种菜，浇浇水，看看书。"

随后他教了我一个"抱瓮灌园"的成语，意为比喻安于拙陋的淳朴生活。

可以说，我们都是有隐居情结的。

因为我们的心中都有着淡泊的一面。

不过我在乡村住过一小段时间，觉得与我平日在这个现代化大城市里，心境亦并无二致。

古语云：大隐隐于市，小隐隐于野。

总觉只要自己内心摒蔽纷扰，对喧哗不沾不染即可，倒也无需刻意回避、或住到某处。若需以外景外物辅助而达成，说明心还不够"真隐"。

在这尘嚣世间自如去来，不挂一物，才是至隐。

于是我说："正如'结庐在人境，而无车马喧，问君何能尔，心远地自偏。'，只要'心远'，倒似也无需特意寻一此般住处。"

其实令致君早已不被名缰利锁而困，其追求早已超越外物，可以说心已是"隐"了。若要特意寻一山而居，倒似落了形式窠臼。

若要特意寻一处以获清净，此为"避世"而非"隐世"。

隐世，是隐于世中，在世中隐。

隐士，是隐世之士，而非避世之士。

世上众声喧舞，而心于此间清净澄明。
尘间花叶满天，而意行其中不沾不染。

真隐无需避世，是在世中行走而无挂无迹。

心有南山，何需南山？

"真正的平静，不是避开车马喧嚣，而是在心中修篱种菊"。

而到最高境界时，已无需修篱。

隐居（二）

我偶生兴致意趣，不由得想象了一幅我与令致君隐居的画面。

一种情形，为他隐居于山上，我住城内。想想，我大约会不时的提些城里的物事予他，亦从他处拐带回些走地鸡、自己种的青菜一类的东西，而后坐于他家园内，吟诗对联。

另一种情形，则是我俩找一有山有水之处，自然最好是靠山面水，湖也可，河也行，这山中最好还有清泉小溪，我俩各住一间木屋草舍，各有一园子，种些蔬菜、瓜果，养几只鸡鸭，鱼虾等在湖里河里钓便可。
若要杀鸡宰鸭，便请令致君帮忙，以我现下的胆量，恐怕尚做不到，但到时兴许，也只能硬着头皮挑战自我了。
清晨，我们采集些花草上的露水，以体会一下古时"露水煎茶"的妙致。
我们城市地处南方亚热带，不下雪，若能下雪，便搜集一些雪水，尽"烹松煮雪"之风雅。

而后读书，吟诗，对联，讨论，写作……或许再互相给对方找几道小学奥数题，以活跃活跃左脑。我们上学时数学都还不错，想来还可就此竞赛一番。

闲时，便于水边置一案几，放一古琴于上，一人抚琴，一人吹笛。
再弄一木舟泊于水边，可以在上面弹弹吉他，来一番弹唱。
令致君还喜听戏，也学了几句，在湖边水边吊吊嗓子，想来很好。

我那曲水流觞之愿，又将如何践行呢？

我想：如可从山中引一泉水到屋前，自是每日都可作此玩乐了。这个想法听起来有些异想天开，其实也不算，似乎努力努力，也是可以做到的。"爱情天梯"都可以做到，这比那个可容易多了。再说即使是异想天开，写下来也是一件乐事。诗意世界何必每事实现，又何必每事现实，只要想来心旷神怡，逗己一乐，便不妨一想，总比用来思想那人际间琐屑之事有益有趣多了。

　　阳朔便是极佳的隐居之处。风景秀美幽雅，如诗如画，清静安宁，空气清新，有山、有水、有竹……简直是文士的完美理想居地。
　　夏天，可以下河游泳、摸鱼虾、摸螺蛳河蚌。冬天，偶尔还会下雪。山中可攀岩，乡间可骑行，水边可抚琴，竹间可吹笛，草地可读书……再种上一些菜，几棵果树，养几只鸡鸭……夫复何求？

令致君的思想

令致君最重要的一个思想是：

人的最终追求终将归结到文化上。

本来我还想将他的其他一些思想与思考记录下，但为防喧宾夺主，我只写下这一点。

而我觉得这一点就足够了，对此我也是极为赞同的。

并且极为赞叹与赞赏。

我们都同样见过与分析过太多的镜花水月的人与事，都印证了这个思想的正确性、深刻性与远见性。

认识到这一点，很多人将会重新审视自己的人生方向。如我在"成功"一章里所说，从此明白自己真正该追求的是什么，而不是被浮华与纸醉金迷所迷惑与鼓惑，身心僵硬、两眼发直地成为名利的傀儡与奴隶，被这些身外之物耍得团团转。

很多人追名逐利，看起来很精明，其实毫无智慧；很多人过于注重眼前的实利，其实毫无远见卓识。

而令致君的这个思想具备了底层智慧的深度与高度，闪耀着真理性的光芒。

因此我觉得十分有必要专门用此一章来阐述，并且有意地只使用十分少的文字,大道至简,因此我不想用我本人过多的文字来遮掩了令致君此思想的光芒。

成功

一个跟风式的人或行为,所收获的将会是昙花一现的。
——要么你超前于时代,要么你坚守自我。

完成自我才是真正意义上的人生的成功

一

世人如今定义的成功,含义是很狭隘的,无非是有钱、有权、有名,这三样,仔细一看,这三样竟然都是身外之物,均是向外寻求的事物,没有一样是向内寻求的,岂不是舍本逐末,极其谬哉?

如此看来,我的目前为止的人生,离成功十万八千里,然而我每天却仍然怡然自乐,此人竟然如此"不求上进"!

我也不是不希望有所成就,但又并非以身外之物为导向。
我想我更多的是:希望充分地实现自己的人生价值,希望完成自我。

我现在所为之努力的,便是我此生最想做的事,尽管尚未能得到世俗眼中的"名权利"的收获,但却因遵循着自己的内心与本心而为,仍每日心中欢喜。
在我看来,每天一点点进步,也是一件非常值得高兴、满足和令人感觉充实的事情。
虽说不知能不能"成功"到达心中目标,但已因此而获得了每日内心的安宁、满足和喜悦,不是已经一定程度上达到了人生的目的了吗?

毕竟人生的目的和最好的、所期望的人生状态，不就是每日安宁与开心吗？

如此，又何必过于在意那终点，只管尽享这沿途的风景和美好吧！

我知道什么比我现在所做的能更快地赚钱，我常笑言，加盟一个鸭脖子店，在学校门口开个小卖部或奶茶店，都比我所做的事情赚钱。但我希望的是能够最大限度的实现自己的人生价值，而不是仅仅是以拥有更多的钱财为人生目标。

也许我将因此一辈子也不能拥有比较多的金钱，但我这一生是无悔的。

我看到过一句话：以自己想要的方式过一生，便是成功的人生。
深以为然。

我写下过这样一段话：
我将永不回头，过自己想要的生活；
我将无怨无悔，爱自己所爱的人；
我将永远仰望星辰，奔向未知的远方。

我拥有过一份稳定的工作，但因为这份工作既不能给我以成就感也就是人生价值实现感，自由又常多受限制，虽然稳定但如同鸡肋，嚼之无味，因此我选择了离去。

离去了便从未后悔过，因为虽然收入大大减少，但每天自由自在、随心所欲，其精神上的满足和喜悦大大盖过了金钱拮据的可能的"烦恼"。

再者，我虽自由自在，但并非无所事事，我有自己为之奋斗的目标，在此过程中，虽然面临着很多赚钱比较快的急功近利的诱惑，但我还是放弃了，因我必须忠于自己的内心而活。

所以我只能选择我最想做的事，而不管它是否在经济上能给我带来更多的收入。

这样我临死之前，想起来这一生也就便没有遗憾。

否则，我想象了一下，如果这辈子都没有做自己想做的事，临死之前该多遗憾啊。

我常笑言：我这是破釜沉舟，一意孤行。

二

成功有"向内"和"向外"之分。

"向外"的成功，是物质的，由"身外之物"所彰显的；"向内"的成功，则是精神的，是自己内心真切的感受。

"一个人的成功有两种，一种是事业的成就，一种是人生境界的提升。"

人生境界的提升，也就是"向内"的成功。

我们都知道，在事物发展变化过程中，内因是起决定性作用的，同样，"向内"的成功才是真正决定一个人生是否愉悦的，你的人生既然愉悦，自然是因为满足，而你对自己的人生感到满足，岂不就是"成功的人生"了？

在对待成功的价值观上，我和令致君还是一致的，所以尽管后来屡唤不回，我还是知道这样一个人，在当今的社会环境，有这样的价值观是非常难得的，所以是首先因为其价值观的纯净，其次才是由于他的思想深刻，我才不想"放弃"这样一个人。也就因此打破了我自己的"原则"。因为我从前一旦觉得对方不那么把我当朋友，便就再不会主动联系了。如同令致君一样，我也有许多奇怪的"底线"与"坚持"，但仅为他而打破了，不仅主动再次联系，还主动和好，以及发去问候。

因为我此时已突破了考虑"自己的面子"的问题，我知道什么才是最重要的，就是从其价值观与思想的价值的宝贵而出发，未再考虑自己的"是否尴尬"。

若无他的价值观的纯净在先，即使他的思想再深刻，我也是不会极力挽留的。

其实，这其中是存在着因果关系的，一个人如果思想真的足够深刻，他的价值观自然就会是纯净的，如果不纯净，那说明他的思想还不够深刻。

三

我在"令致君的思想"一章里阐述了他的思想，便是"人的最终追求终将归结到文化上"这一个观点，对此我是极为赞叹的。

即使也喜欢对人性与社会进行一些"学术性分析"，也喜欢"悟道"，但这个观点我也并未能观察与归纳出来，而且其确实是非常有道理的，以及极具智慧的。

令致君当时说：这就是他不去想着追逐名利的原因，只因他发现了这个人性的规律。

确实，我们看到很多大富大贵、有钱、有权、有名之人，他们因文化底蕴的缺失，尽管拥有诸多世俗之人艳羡的身外之物，仍然内心空虚，以致将生活虚掷于纸醉金迷、声色犬马，甚至一些极为颓废不堪的事情上。因其获得了功名利禄之后，到了一定程度，其"边际效用"便会递减，他便会想寻求"更大的刺激"，不然内心便快乐不起来，而因文化内涵与底蕴的匮乏，他们寻找的"刺激"便会偏离正道，以致在歧路上越走越远。

令致君笑言："既然如此，我不如直接从文化入手了，直取最终极的乐趣。"

确实，文化给人带来精神上的充实和满足，是更为长久与深远的。而且每天吸收到一点点精神食粮，自身就每天进步和成长一点点，其欢愉喜悦是内在的、纯粹的。

所以我们又从这里看出，一个人通过深刻的思考，得出来的理论和观点，会成为一个"指导思想"来指导人的行为。令致君因其深刻的思想，发现了这一人性成长和人性需求的规律，甚至可以说是比较"终极"的规律，因此体现在他身上就是淡泊名利，而从文化与精神中寻找自身的喜悦。

而就不会如同浊世中的大多数一样，眼迷心乱，浑浑噩噩，追逐一些并非根本的东西，以及一些世人眼里所谓的"成功"，并为了追逐"成功"干着一些自己不愿意干的事，或是因追逐"成功"而扭曲了本心与本性。

有的人是天性中喜虚荣而好功名利禄，有的人是从一开始的抗拒，到后来抵挡不住欲望的诱惑，而投入污流之中，到后来则同流合污，甚者甚至反过来扼杀清流。

为官者、有权可谋私利者，如果他们明白赚钱的本质也就是为了内心快乐，而"灰色收入"会让内心不安，其实反而因这个利益的获得变得不快乐了，反而违背了赚钱的本质用处，如果能想清楚这个本质的关系与道理，他们大概就不会绞尽脑汁去攫取灰色收入了。

但凡世人里多一点如令致君这般，能看到本质和根本的人，也就不致于迷失在欲望的污流里，令世风沦落，令自身扭曲。

所以人要想不在纷繁芜杂、喧嚣的世间迷失自我，便要多思考本质的东西，具备拂去尘埃泥垢，穿透浮华与表面，看到人生与事物的本质的能力。

要具备这样的能力，便得多学习与研读阐述底层智慧与思想的文化知识，有了厚重的知识储备的同时，还要进行主动的参悟与思考。

所以读书也不能抱着急功近利的心，只读一些"以求速成"的东西；并且，在读"技"与"术"这些具体的实用的东西之时，更要读一些"道"的看起来没那么"即时可用"、"即时见效"的东西，以让自己掌握了精湛的技与术的同时，不会让自己的思想和行为偏离正"道"，走入歧途。

我在"快与慢"一章阐述过，我于人生以及关于音乐的练习里，都能体会到"快即是慢，慢即是快"。

读关于"道"的东西，可能看起来比较"慢"，甚至看起来"没什么用"，须知"慢即是快"，"无用之用，方为大用"。

真正的成功是没有捷径的，走捷径的"成功"一定是短暂而脆弱的。

当下很多人以及行为，都喜"跟风"，以及一涌而上地追逐，也许也能获得一时的利益，但如此所得的收获，终将是短暂的、昙花一现的。

要么你超前于时代，要么你坚守自我，其收获才具有长久性与可持续性。事实上：

完成自我才是真正意义上的人生的"成功"。

而明白大道所在，方能抵挡住一路繁花乱影、纸醉金迷、灯红酒绿的诱惑，抵达真正的心之所向，抵达真正意义上的成功。

又：

令致君的这个思想观点"人的最终追求终将归结到文化上"是非常有指导意义的，于此章内正是适宜以之详细阐述之时，如果让更多的人意识到这一点，我们便可更知摒杂去芜，我们的社会便更可得以良性发展。

亚里士多德说：吾爱吾师，吾更爱真理。虽然令致君既对我不理会，又将我删除，但并不妨碍我珍爱与推崇他的优秀的思想，我仍觉得他的这个观点十分值得向世人详细阐述，让更多的人知晓明了，起到良好的、扬清抑浊的社会作用。

一个人的思想很重要，而有一个重视你的思想的人，其难度跟你的思想到达某个高度的难度相比，不会低于，甚至还会高于——我能意识到这一点，但令致君似乎没有意识到这一点。

两个同样高傲的人发生了摩擦，必然是谁也不愿让谁，但我愿为真理让步。

本质与表面

一

在"成功"一章里，我说到很多人只是追逐一些表面的东西，而不具备透过表面寻求本质的思考能动性以及思考能力。

而令致君在这个方面是出色的。

一日，我在寻找一样东西，怎么也找不到，停下来思索了一会儿，把身边的一件衣服掀开，发现它就在衣服之下。

这引起了我的思考：很多时候，真理与本质就在眼前，我们却往往被一些表面的东西所蒙蔽，有时也是被我们自己的心所蒙蔽，我们缺乏的只是沉静下来的思考，以及透过现象看本质的能力。

而透过现象看本质的能力，往往正是因为沉静下来的思考获得的。

只要你养成了沉静下来思考的习惯，慢慢的，透过现象看本质的能力就会提高，以至于应用自如。比如，下次，你再找东西，便会注意把表面的东西拿开了。找东西与我们看问题是一致的。

人越活，越会发现人生除了赚钱生存之外，更需要底层的思想所指引，而底层的思想与智慧，是匆匆赶路所不能得到的。

如何养成沉静下来思考的习惯呢？

首先，要去除浮躁之心。

当然，浮躁之心岂是说去除就能去除？首先，你要弄清，自己是性格的急躁、毛躁，还是心灵的浮躁。如果是前者，可以尝试让自己在行动、行事时慢下来，由行动带动内心。

如果是后者，则：

一、首先认识到"快即是慢，慢即是快"的道理，这个道理我在《快与慢》中有所详细阐述了。

二、时常反省自己，也就是"时常掸去自己心上的尘埃"。

特别是反省自己是否有被花花世相所蒙蔽以致偏离了本心的行为，及时矫正。如果不时常进行这样的反省，心上尘埃便会越蒙越厚，人也便会越来越偏离本心，以致轻者心灵劳顿疲惫，重者则入歧途。

沉静下来思考、透过现象看本质并不是一件艰辛的事情，相反，它会让你的心灵越来越轻松、轻盈，因为你时时掸扫，心上尘埃便不会积厚，心灵便不会沉重与蒙蔽。

而你如果疏于、懒于、不屑于去做，或是不知道应该不时地这样做，这种行动、行为上的懒惰将会导致你心灵的越来越沉重与疲惫，而感受不到心灵的宁静和愉悦。

很多人忙着赶路，忙着学习各种实际的、功利的技能，忙着与人交际，却从未舍得花时间沉静下来进行深刻的思考。这最后也将走入"快即是慢，慢即是快"的规律作用范围中。

当然，思考不是凭空起高楼，是需要文化积累作为地基的。这二者的关系是：

文化积累越有厚度，思考便越有深度和高度。

学而不思则罔，思而不学则殆，我们从小就学了，念起来就如顺口溜一般，可是又有几个人对这句话进行深入琢磨，并付诸实践的呢？

很少。

思而不学则殆：你要进行思考，首先你要学，无学何以思？学什么？我在几个章节都提到过了，因为它很重要，并且是我们谈论很多问题的基础，所以才会多章内不厌其琐地提及。

即：学一些系统的、底层的思想知识。

——这是很有必要的。

学而不思则罔：其实有一些人，知识的积累倒是不少，可是没有对本质的东西进行思考，知识也就只能仅止于"知识"的层面，而不能内化为"文化"和"思想"。他也许学历高，知识丰富，却仅止于一个精于"术"的人，谈不上具有"底蕴"，更谈不上有"道"。

"有道之士，贵以近知远，以今知古，以所见知所不见。"

这正是阐述"有道之士"尤其注重透过现象看本质的能力，注重抓住事物规律的本质和根本，进而举一反三，也就是"以近知远，以今知古，以所见知所不见"的能力，

所以，这样的人也往往能"以近知远，以今知古，以所见知所不见"。

比如，我非常赞赏并赞同的令致君的观点"人的最终追求终将归结到文化上"，

正是他思考与观察了古往今来的事例，所归纳总结出来的，是一个具有终极智慧光芒的观点。

二

现在比如，你有几个目标，一个获利颇丰，一个获利颇快，一个可能不仅获利不丰不快，而且还需要先投入诸多时间和精力、金钱，此时你便要坐下来好好想一想：你内心真正想要的是什么？

我在"理想主义的现实意义"一章阐述了自己主动放弃了一些获利颇具体的事情，而选择了自己内心真正想做的事情，也许是一辈子没有什么巨大利益的。

而当今社会很多人是会选择获利快的事情的。

获利快，而内心与自身价值得不到成长与实现的东西，是肤浅的、表面的，也是难以为继的。

所以我们要具备深远、长远的眼光与格局，而不是只盯着眼前，否则只能喧哗红火一时，而不能有长久的生命力。

我们的社会是在这上面走过了一些弯路的，比如在科学与技术的发展方面。

在企业与经济发展方面，以及个人发展与追求方面亦是，很多企业看见什么红火便一窝蜂地上去做什么，很多人看见什么流行便一窝蜂地上去追逐什么，最后风卷云散，落得一地鸡毛。

还有环境保护与经济发展的协调方面，亦是不乏相关的教训。

这便是缺乏深入思考的急功近利，只为了撷取唾手可得的、肉眼可见的利益，而失去了长远的可持续的生命力与发展可能。
也就是"涸泽而渔"。

其实他们根本就不知道自己真正想要的是什么，也从来没有思考过自己真正想要的是什么。
就跟一群没有大脑与灵魂的，看见黄金在闪闪发光就冲上去，被黄金的光芒的诱惑耍得团团转的金钱的奴隶一样。

为什么有的人会成为金钱的奴隶，整个人生失去了自我，有的人却能在外界一片纸醉金迷时把握好自己的人生和方向？

原因就在于前者疲于追逐，看起来忙得不可开交，却从未沉静下来好好清理心灵，以及思考真正的方向。

这一切都是由于文化积累的浅薄深厚决定的。

当然，有了文化积累，不一定就会进行深入思考，所以你还要有深入思考的主动意识。

深入思考又不是平时人们口中的"想太多"，也不是光想不做，而是在做之前认真思考清晰方向与最主要的目标。

关于方向与目标，从长远来看：

一个人的成长与发展，应该以实现自我的人生价值为目标，然后可以进化至为社会、他人乃至人类创造价值。

一个企业的成长与发展，起初也许是为了利润，但到了一定阶段，应该前进至以为社会创造价值为目标，然后可以寻求更高的价值实现。

这样，无论是个人还是企业，才能得到长远的发展与收获，以及最大限度的实现自身价值。

如果都只着眼于眼前的快速的利益，执着于跟风、一哄而上，那其发展与收获必将是短暂的、没有长远的可持续性的生命力的。

所以我们要仰望星空，不是说不切实际，而是要立意高远，让格局更开阔，从而让脚下的路越走越宽广。

古往今来的思想家，自然都是善于进行深入思考的人，所以他们的信念与方向往往笃定，留下的财富也更有价值以及长远。

也正是思想家，才能意识到精神财富比物质财富更宝贵，所以他们选择了挖掘精神宝藏和留下精神财富这一人生方向。也许他们因此而人生清贫，却收获了更长远更宝贵的价值。

有的人其实适合形而上的领域，但此领域往往不能有即得利益，因此他一时蒙蔽，便去跟风追逐其他领域，当然，也未必不能"成功"，也许其中一些人也取得了世俗意义上的成功，但其实并没有"最大限度的实现自我价值"。

我笑言：如我选择仕途，即使是官至高位，我也没有价值实现感，因为那不是我内心真正所喜。我所真正期待的，是能为人类文化、科学和文明发展作出一些贡献，这样才能让我有价值实现感。

如我做某方面的事业而身家丰厚，虽然也会高兴，甚至会很高兴，但内心的自我价值实现感却仍然会是缺失的。因为我真正想要的，是成为为人类文化或科学、文明进步发展作出贡献的一员。

不可否认，我也喜欢物质丰厚、金钱丰裕的生活，但如果只能选择一个，我必然选择遵从自己的内心，往"成为为人类文化与科学、文明发展作出贡献的一员"的方向前行。

而我现在也正是这样做的。

因为我知道自己真正想要的是什么，也知道什么才能让自己获得真正的自我价值实现感。

因为马斯洛的人类需求五个层次，生理需求—安全需求—社交需求—尊重需求—自我价值实现的需求，最高一层的需求，就是价值实现感。

所以很多人获得大量金钱之后，内心依然空虚，以至陷入迷茫、迷失，甚至走入歧途，那是因为金钱实质上并没有给他带来真正的价值实现感。

而我虽金钱并不丰裕，但内心极为充实，因为我在向着自己的内心真正想要的方向前进，即使也许尚未达到目标，在去往它的路上，也是风景美妙、内心愉悦的，同时亦是无愧此生。

说到涸泽而渔，在环境保护与人类生存发展的相互关系方面已经有很多教训了，但很少有人思考过在人的个体上的体现，也很少有人把这个词与人的个体发展联系起来。

事实上，很多人在对自己所进行的，也正是"涸泽而渔"，也正是因急功近利而破坏和阻碍了自身的长远发展。

我之见，诺贝尔奖应该设立一个诺贝尔思想奖。当然，真正的思想家不会在意有没有奖项来肯定自己，但这个奖的意义与目的不在于奖励，而在于挖掘、筛选与发现人类中优秀的、伟大的思想，让它们有更多的机会被众人所认识，从而思考、消化、吸收并实践，以让人类社会获得更好的、更健康的、更长远的进步与发展。

因为思想家们是一群纯粹的追求真理的人，他们阐释的都是底层的智慧，而如果大众越具备底层智慧，社会便会少了许多乱象，便可扬清抑浊，人人皆知自己的真正内心所指所向，而不是仅仅追逐表面的浮华，由此亦便少了许多因急功近利而出现的阻碍或妨害人类及人类社会健康、长远的发展的行为。

三

急功近利是一种，虚荣、浮华也是一种没有看到事物的本质的现象和心理。

事实上，一个人自身的价值只能由自身所体现，外在的事物都是一种表面的装饰而已。

越没有内心的自信的人，越要靠奢华的事物来证明自己。

"有两种价值观：一种是戴着非常昂贵的手表，好显示出自己身价百倍；另一种是一块不贵的手表，因为我戴过，所以身价百倍。"

显然，前一种是依赖外物来彰显自己，后一种是以自身的价值赋予事物以价值。

哪一种更为可靠、踏实、目光长远？

如果有一天，奢华的外物都消失的时候，你是否就此感觉空虚、迷茫？还是依然淡定自若，因为你身上最具价值的是你自己？

每一个人都应该问问自己上面这个问题，而不是像被蒙住了眼睛一样，只知到处忙乱地跟风与追逐。

一个人最重要的是沉淀下来，培养起自己的自身价值，而不是手忙脚乱地去追逐浮华，沉溺在虚荣里。

也许总有一天你会清醒明白过来，却已经浪费了许多时间，走了许多的弯路。

而有的人可能一辈子都处在毫无头绪和方向的追逐中，浪费了自己的人生，到暮年方知悔恨。

这一切的一切，只是因为你没有用一些时间，沉静下来，好好的去透过浮华的乱象看到生命的本质。

一个人的自身价值如何提高呢？自然就是不断的学习，让自己处在不断进步中的状态。

这不仅是提高自身价值的方法，也是提升自身的"价值感"的方法。

很多人心灵空虚，归根结底就是缺乏价值感，不断的学习与进步，就是让人处于一种"自身价值不断增长"的状态与感觉中，自然就不会"心虚"，而是越来越充实。

学习并非一件苦事，一开始如果你不适应每天学习，则先使用计划表"强行"培养起学习的习惯，一定要用文字写下来，慢慢的，你就习惯了每天进行一点学习行为，最后你会发现自己会变得"热爱学习"，无需再刻意"坚持"，而是每天不学一点东西就不舒服了。

个人看来，每个人都尽可能地学习和掌握一种不需要依赖他人合作便可进行与完成的技能或技艺，是最能让内心具有踏实感与安全感的。

有一个观点颇有意思：只有自身价值高时，内向才会被称为"高冷"；而自身价值低时，内向往往被称为"孤僻"。

虽可一笑了之，但这其实正是说明了一个人自身的内在价值才是最根本之所在。

正如常见的：很多成就颇高的人，常常衣着打扮随意普通，因他们已无需用外物来彰显自己了。只要他的人站在那里，便是最贵重、最具价值之物，何需再以他物"赘述"呢？

我常常背一个几十元的布包出门，因其方便，即使是聚会也是如此，因为我只需用自己来证明自己便可，不需用外物的奢侈。

如今奢侈品琳琅满目，可是真正奢侈的，是深刻的心灵。

四

易把人的双眼和心灵蒙蔽住的，有些什么呢？

以上我们说了急功近利与虚荣，其他的，还有：
自我设限、他人、利益以及情感……
还有一些，也许我尚未能一下找出来，个人可以自己思考与寻找。
特别是，针对自己的情况，我们应该分析：我容易被什么所蒙蔽？我最容易受什么所影响，而导致自己找不到事物的本质或影响自己提升找到事物本质的能力？是急功近利？是虚荣？是利益？是自我设限？还是他人？或是感情？

前两个我们前面已作了一些阐述。

有人说，受利益的蒙蔽，与受急功近利的蒙蔽有什么区别？为什么说了"急功近利"，还要专门说"利益"？
这个时候，便是测试自己透过现象看本质的能力的时候，你不妨先不要急着往下看——这也是试验你能否"静下心来思索"的时机。先自行将头脑清空一番，让其处于一个虚静的状态，然后集中在这两个词上。

也许你的见解与我一致，也许你有自己的不同见解，不管是否与我的见解相吻合，你都迈出了进行深刻思考以及进行透过现象看本质的思考的第一步。

这二者有何不同呢？
利益，是一个具体的事物，虽然它的表现形式可能不是具体的事物，而在相对于"急功近利"而言时，它便是属于"事物"的、"物质"的范畴。
急功近利，则是一种心态，它属于"精神"的、"意识"的范畴。
你是否首先做到了在这个层面上把它们二者理解区分清楚了呢？

如果理解了二者的性质区别,那我们就往下走:
被利益所蒙蔽与被急功近利的心态所蒙蔽,有什么区别?
又如何分别解除二者对心灵的蒙蔽?

有的人在二者性质的区分上便已经开始没有耐心了,这便说明了:你的浮躁的内心阻碍了你获得透过现象看本质的能力,也就阻碍了你自身的长远发展。
好好权衡一下利弊,相信你会作出真正有利于自己的选择。

急功近利,往往体现于或是做事急于求成,或是急于获取短期可见的利益,总之都是只顾眼前,不顾长期的与将来的发展,不一定是与利益相关,也可能是学习一样技能或事物时出现的心态。

利益,可能是金钱、权位、功名或其他吸引你的东西。

理清上面的内容,你的思考便又深入了一层,进入了第二层。
第一层是理清和区分二者的性质和属性;
第二层则是它们所包含的一些具体表现。

下面我们要达到目标——解除它们对心灵的蒙蔽——之前,还应该先再进入第三层:剖析出它们所揭示的内心的状况。

急功近利:显示了目光的短浅与心态的浮躁。

利益:对利益的过度追求则显示了内心的贪婪,以及对自身欲望的无法驾驭。

此时,二者在属性与内涵,以及所揭示的内心状况上的区别已经都有所理清并表述了,经过条理清晰分明的三层思考与剖析之后,那么我现在进入第四层,也就是实现我们的目标:如何解除这二者对心灵的蒙蔽?

很明显,我们前面的三层思考并非毫无必要的浪费时间,相反却是十分必要,这个时间的花费也是可用"磨刀不误砍柴工"来形容。

现在，我们已经找到了出现这两种情况的内心根源，达到"解除蒙蔽"这个目标的方法便自然而然地呈现出来了：

解除人被急功近利的心态所蒙蔽：

上面我们分析出来了，急功近利：显示了目光的短浅与心态的浮躁，所以我们应：

1. 了解人生与事物的规律，很多时候都是被"快即是慢，慢即是快"这个规律所牵引的。因为这个规律的十分重要性，我特意写了一章来专门阐述，可以在这里转到"快与慢"一章，那里深入地阐释了这个思想，看到这里，应该将那一章仔细研读，便明白为何了。
2. 分析自己的"最想要的"，一个标准就是：什么是你这辈子没做而临死前会感到遗憾的？
3. 明白扎根浅的事物不能长久的道理。你是要解燃眉之急的，便不在讨论之列。我们阐述的是人生方向的选择。

清晰了以上三点，一定程度上便能避免"急功近利"这一心态对自己的蒙蔽了。

解除利益对心灵的蒙蔽：

由上面分析的：对利益的过度追求则显示了内心的贪婪，以及对自身欲望的无法驾驭。
因此，我们应：
1. 驾驭住欲望，不要被欲望驾驭。
当然了，这句话说起来很简单，怎么做呢？
首先，有的人是连"驾驭住欲望"的意识都没有的，而是任由欲望泛滥，甚至他自己根本毫无觉察。正如有的人品低劣的人，自己根本认识不到自己的人品低劣，有可能还认为自己是个不错的人。这种情况出于个人认识的狭隘，可能是成长环境与经历造成的，因为他根本就不知道什么叫真正的好，在他的成长环境里，他没有对更高尚的东西有所接触与体会。也有一部分原因是自身对外界的钝感，也就是感受与分辨不出高尚与低劣。同样，觉察不到自己欲望泛滥的人，也有一部分是这样的原因。但这里所说的"欲望泛滥"却不是指那种穷奢极侈（这只是一个极端），而是比较中性的、很多人都出现过的没有控制好自己想要一个东西的欲望的状态。因为我们是希望解决普遍问题而不是极端问题的。我们讨论的是一些根本的、底层的客观存在，由底层的存在所引发、涉及的现象必然是普遍的，所以不是说：我不穷奢极侈，就不存在这个情况和状态。事实上，每个人都有欲望泛滥的时候，以及欲望泛滥而不自知的时候。

你可以把它看作一个中性词，而且这也是我们应有的正确的立场和态度，如果出于平时的使用习惯或情感原因把它看作一个贬义词，那你大抵会把自己排除在这个"令人讨厌的词"所囊括的人群里，从而轻视它，成为"欲望泛滥而不自知"的人群中的一员。

2. 给自己一些专门用来反省自我的时间。

不要顾着蒙头赶路。就像做数学题，你不停地刷题，虽然多少也有点用，但是效率是不高的，也就是性价比不高。你必须要在做了一些题之后，专门地安排一个用于归纳总结思路的时间，这才有事半功倍的效果。

给自己专门的反省自我的时间的作用也正在于此，或者说是类似。

另外，同样以做数学题为例，也适用于阐释本质与表面的关系。我们之所以做归纳总结，就是为了寻找到其本质的解题规律，将来才可以举一反三。否则，你不抓住本质的解题规律和思路的话，只是做一道是一道，将来以"旧瓶装新酒"，你却就认不出它是旧瓶了，又要花费一大段时间"从头再来"。

所以，透过现象看本质并抓住本质的能力，是在学习、生活中均处处适用的。

我们要做的其实很简单，就是给予自己一段类似"归纳总结"时间的"反省"时间而已。

听起来很简单，但很多人却想不到要这样去做。只因就跟我在本章开头所说的一样，真理往往就在眼前，只是你没有通过思考而意识到要掀开蒙住它的表面之物。

这里的自我反省反省一些什么内容呢？ 主要就是反省第一点所提到的内容：检查自己是否存在欲望泛滥的情况。每隔一段时间，都要反省一下，以及时发现与纠正过来。

如存在欲望泛滥的情况，你便要进行"清理欲望"：

首先第一步，要清理有害的欲望，什么是有害的欲望？一、昭示了不够健康的价值观和道德观的欲望。二、对身体健康和心灵健康有害的欲望。

第二步：把第一步做好以后，我们现在假设余下的都是"健康的、正常的欲望"了，在这个基础上，清理多个欲望里的冗余的、次要的欲望，然后给它们按在自己的内心的重要性排序，找出自己内心最向往、最需要达到的那一个，或一至两个，最好不超过两个，再多就稍显贪婪了。其实也就是前面所说的"你不做临死之前会遗憾"的那个，同时也便是"你做了此生便无悔"的那个。

第三步：在第二步的基础上，清理一个欲望里过多的部分。

清理掉了有害的欲望，又清理掉了冗余的、次要的欲望，并清理了欲望里过多的部分之后，你会发现自己身心变得轻松起来，不再像之前那样终日感觉沉重与茫然。现在，你只剩下了健康、正常的欲望，并且明确了自己真正想要的是什么。

坚持对自己的欲望进行反省与清理，你便具有了驾驭欲望的能力。

具备驾驭欲望的主动意识：
上面说的是通过对自己的欲望的反省与清理，让自己具备驾驭欲望的能力，其实这属于是"被动地获得驾驭欲望的能力"。

我们还可以更"先进"一点，让自己具备驾驭欲望的主动意识，有了这个主动意识，你便会主动地去寻求和摸索驾驭欲望的方法。
而上面的"被动地获得"，只是你使用了我所说的方法之后的产品。

这就跟授人以鱼与授人以渔的区别类似，上面的情况，你只是得了鱼，而下面的情况，你不但是得渔，而且是自己研究出"渔"，比得渔更高了一层。

用上面的方法其实只是让人获得了驾驭欲望的方法，并在实践这个方法的过程中不自觉的具备了一定的驾驭欲望的能力。

而该如何提高驾驭欲望的能力呢？或者说：如何主动地提高驾驭欲望的能力呢？

这就涉及到了更深层的问题：你只能从净化自己的心灵入手。

没有一颗澄明清澈的、沉静的心灵，是无法具备高的驾驭欲望的能力的。

也就是说，你坚持对自己的欲望进行反省和清理，所获得的驾驭欲望的能力，是低维的、不透彻的，可以说是肤表的。

而从改造心灵入手，从而获得的驾驭欲望的能力，才是透彻的、高维的、本质上的。

只有拥有一颗澄澈透明的内心，才能出入各种欲望中来去自如，不受羁绊，行入世事而不改出世心。

在欲望的浊流里，左右上下穿梭而仍自成清流，超然物外。

可先阅读"天真与成熟"、"率性"、"澄澈透明"等章节。

阅读完，相信到时无需我赘述，你便会清晰其中的关系，如果你能做到此中所阐述的心境，也就会获得高维的、本质上的驾驭欲望的能力了。

而且心境越澄明，这个能力便会越高。

所以，前一种让人具备驾驭欲望的能力的方法，既是被动的，又是肤表的、低阶的，归根结底，它是从"术"着手而获得的。

后一种具备或提高驾驭欲望的能力的方法，既是主动的，又是本质的、高屋建瓴的，归根结底，它是从"道"着手而获得的。

这就是二者的区别。

如此进行下来，便既不怕自己被利益所蒙蔽，也不怕他人用利益蒙蔽自己，以达到不可告人的目的了。

我们清晰区分"受急功近利所蒙蔽"与"受利益所蒙蔽"二者，是出于我们让自己的思考变得清晰和透彻的需要，不代表人们只各有其一，也不代表二者毫无联系，事实上很多人二者兼有，并且二者也有相交的时候。

实际上，很多人被利益所蒙蔽，本质上的原因是他被急功近利的心理所蒙蔽。

反过来，被急功近利的心理所蒙蔽的人，往往容易被利益所蒙蔽。

但有一种"急功近利"是体现在学习一样事物或做一件事上的"急于求成"，这跟"被利益蒙蔽"之间便又无甚显性的因果关系了。

他人的蒙蔽，也有几种类型：他人意见的蒙蔽，他人人格的蒙蔽……等等。前者是指容易受他人意见、看法、眼光的影响。后者是指看不清一个人，主要是指人品。

怎么透过现象看本质的来判断一个人值不值得交往？值不值得做朋友？值不值得深爱？

比如一个人对你说可以帮你炒股赚到钱，你怎么判断该不该相信他呢？

你可以观察他的言语风格和行为风格，以及跟他的接触过程中的一些表现来判断。

主要观察哪几个方面呢？主要从以下几个方面来观察这个人：

1. 靠不靠谱？判断一个人靠不靠谱主要从：说话做事是否常常出尔反尔，时常改变？

2. 行事是否有交代？

3. 是否容易冲动？容易冲动在股票交易里不是一件好事，如果他显示出不沉稳的言语和行为，那可以断定他在股票交易里也是容易因冲动而作出错误的判断的。

这三个方面只要有一个方面，便足以让你不要相信他了。

又如，判断一个人值不值得深爱。

我们说为爱情全力以赴，是指对爱情本身的投入，并不是对随便一个人就全力以赴，而是对对的人全力以赴。

如何判断一个人值不值得深爱？

1. 他是否更爱他自己？

2．他是否一个容易受诱惑的人？
3．言行是否沉稳？
你还可以自己寻找和列出一些判断标准。

　　抓住了这些本质，任凭对方以多少花言巧语、鲜花金钱的表面来蒙蔽，你也不会选择他了。
　　除非你是一个容易被利益蒙蔽的，或被急功近利的心态所蒙蔽，或是被外表所蒙蔽的人。

　　因为我们在这里不是为了详细阐述"怎么判断一个人是否值得深爱"的方法，而是主要阐述一个让人透过现象抓住本质，而让自己不被表面所蒙蔽的意识，所以一些具体的判断标准，你可以自己寻找，只要你具备了这个意识。

　　由上面分析可见：有的人被利益所蒙蔽，可能是被他人所蒙蔽。还有的人被利益所蒙蔽，是既被他人所蒙蔽，内因又是被急功近利的心理所蒙蔽。

被虚荣蒙蔽：

　　虚荣，归根结底还是"别人怎么看自己"。比如一个人，开着一辆名贵的跑车，他很开心。这里便要分清，他的开心是来自于哪里呢？是来自于获得和拥有一样好东西的，人的自然而生的高兴，还是来自于"别人会觉得我很有钱"、"这样让我觉得很有排场、很有面子"，如果是前者，便是天然的愉悦，来自于对美好的事物给予我们的美好的自然反应，这便不是虚荣，这种情感也无需刻意压抑，刻意压抑反而失"真"，这种自然而然的"以物喜"是无需刻意泯消的。有的人为追求"空、无"、"淡然"、"无为"，就连这种为美好事物的自然喜悦也有意淡化之了，这就是"刻意无为"了，其实也就变成了"有为"了。

　　如果是后者，便是虚荣。

　　有时会二者皆而有之。

此时便要好好理清自己，是哪一种情况，或是哪一种情况占比更高，以判断出自己是否存在着过于虚荣的情况。

适当的虚荣是可以成为一种动力的，虽然毫不虚荣的人也存在，但我们无需对正常占比的虚荣也大加鞭挞，或羞于提及，这样反而是未能正视正常的人性以及自己的内心的表现。

而如果经过自我理清与区分判断，发现自己存在着过于虚荣的心态的时候，我们又将如何去除虚荣对我们的蒙蔽呢？

虚荣，顾名思义，已经昭示了其"虚"而不实的属性。

其实里面也有两种情况：一种可归纳为"面子"，大多是"这样别人便觉得我很……"的心态。
另一种虚荣并非是从他人视角或在意他人的看法，而是自己内心需要外物的装饰、背书而方才感觉良好，这些外物包括奢侈品、他人的夸奖、表面的包装等等。

这里要区分清楚：自己内心需要他人的夸奖来背书与前一种"别人就会觉得我很……"是不一样的。看起来，似乎都是"别人觉得我某方面很好"，但两种情况是属于不同的视角：第一种说明了自己需要表面的荣耀，第二种"自己内心需要他人的夸奖来背书"说明了自己的自信来自于别人。

当然了，他人的夸奖是谁都会高兴的，关键在于你是否被夸奖所蒙蔽。判断是否被他人的夸奖所蒙蔽的一点是：你自己内心要清楚，你是否真的配得上这个夸奖？

如果你对自己没有一个清醒的认识，则就容易被别人的一顿马屁所蒙蔽，从而或止步不前，或迷失，而做出一些错误的事情。

解除虚荣的蒙蔽：

1. 一个人需要"虚"的荣，归根结底是源于内在的不自信，因为自身不具备"实"的荣，自然只能求诸于外物，靠虚的荣来装点自己。

有的人的内在不自信难以觉察，甚至表面上看起来是很自信的，而且这种表面上的自信并非假装的自信，而是真的自信，但此类自信往往来自于一些外表的东西，或者身外之物，比如，于外表来自于自身容颜的靓丽，身材的曼妙，于外物则是钱财、权势、地位、名气等。所以他们源于此的自信也是真的，但并非来自于对自身内在价值的自信，所以也归属于"内在不自信"，也就是"对自己的内在不自信"。

所以这样的人往往在意"形象"与"面子"，既在乎别人给不给自己面子，又在乎"丢不丢面子"。面子，无非就是一种虚荣。

所以于"内在不自信"的这里面，存在有两种人：

第一种：完全没有自信的人。他们本身或不具备外表的优势，或不具备关于钱财、名气、权势、地位的优势。所以他们往往需要营造出一些这方面的假象，来欺骗自己和欺骗他人。
这些人是完全没有自信的，如果看起来有，也是虚张声势，其实心虚。
其常见表现比如：照相美颜修图到了匪夷所思的地步，购置一些假货奢侈品，编造自己认识一些权势、地位较高的人等等，也就是常说的"往自己脸上贴金"。

第二种：自信并非来源于自身价值而只是来源于外表和所拥有的外物的人。
他们确实拥有真实存在的自信资本，也确实拥有真实存在的自信，也无需虚张声势来假装拥有什么。
但他们往往很在乎"形象"和"面子"。

形象和面子，皆为外在表面之物，因为他们对自己的内在或内在价值无自信，或是其内在不足以让其自信到可不在意外在表面之物，他们的自信只来源于外表或外物，因而他们特别在乎"形象"和"面子"。

因此，解除虚荣的蒙蔽，便是要提升自己的内在与内在价值，使自己真正拥有来源于对自己的内在和内在价值的自信。
当真正拥有对自己的内在的自信之后，你就会不需要他人或他物给你的"贴金"、背书，亦不会过于在乎"形象"和"面子"了。

2. 解除虚荣的蒙蔽还需有一颗清醒的头脑，用以：
第一、厘清虚与实。
第二、尤其是此"荣"是他人给的时候，更要分清对方是纯粹的赋予还是有其他目的的。
第三、对自己要有清醒的认识。

世间很多乱象，归根结底都是来源于虚荣。
虚荣与急功近利、易被利益所蒙蔽三者之间的联系千丝万缕。有的人急功近利，归其根底便是因为虚荣，进而易被利益所蒙蔽。而且三者之间的因果关系往往大抵如此。
也即：
被虚荣所蒙蔽——急功近利——被利益所蒙蔽

学习、做事情的急于求成又是另一种情况，有的急于求成可能也有虚荣的因素，有的则仅仅来自于"心急"。

所以我们现在发现，如果是由于虚荣导致的急功近利，进而易被利益所蒙蔽，那么这种"易被利益所蒙蔽"与"被急功近利的心态所蒙蔽"的根源竟然也就是"被虚荣蒙蔽"的根源，即没有内在的自信，或是对自己的内在或内在价值不自信。

所以培养透过现象看本质的能力，你可以更好的、更深入，也更准确的认识自己的内心，以及对人性更为了解，也就能更对症地解决自己的内心所存在的问题以及困惑。

前面说过：
找出了虚荣的内心根源：没有内在的自信，或是对自己的内在不自信。
那么被虚荣蒙蔽的解除方法自然就出来了：提升自我的内在价值。

怎么提升自我的内在价值，只有学习与爱上学习。

你知道自己该怎么做了。

所以，别再像个无头苍蝇一样乱碰乱撞了，也别再毫无意义地烦躁、焦虑，你首要的是静下心来进行透过现象看本质的思考。

我写下了这么一段：

今天一人提到面子，我这个人从来不在乎什么面子，心里从来就没有这个概念，第一，也许是因为我比较自信，所以潜意识里觉得自己就是最大的面子，所以从来不需要别人"给面子"。第二，我又毫无面子这个事物在心，本来就没什么面子，所以也不在乎丢面子。

第一第二点虽然看起来有点相矛盾，却又是一致的，它们合起来说明了：至味无味，大象无形。

其中第一点，便是阐述了自身内在价值的重要性。
第二点，便是阐述了由于内在价值而自己给自己的"面子"足够大了，大到了一定程度的时候，关于面子的存在就不重要了，它就似乎不存在了，不在乎了，便成"无"了。

这便又涉及了辩证的思想。

一个人具有辩证的思想，理解起深层问题来会更容易。

所以具备辩证的思想是一件很重要的事情，也是一项很重要的能力。

五

其实这也就是我要寻回令致君的一个原因，尽管于我看来他对我并无什么深厚情感，甚至可能"不把我当朋友"，但当今社会如他这般有透彻思想的，善于透过现象看本质的人少之又少，所以我出于"对真理的追求"觉得他是值得珍惜与寻回的。
因而我笑言：我甚至觉得，我只需要把他的大脑（带着原有的文化和思考）放进硬盘，给它灌输新的文化与知识，让它自行迭代，而我只需要跟这个大脑对话就行了。

当然了，他也有他的迷茫，他的迷茫竟然来自于他的过分透彻，这个情况我在其他章节有所详细分析，其主要的结果便是找不到热爱的事物。

在此便不赘述了。

我也是从他身上，才发现了过分透彻竟然也会导致"迷茫"，因为他是当今社会很多人的正好反面、另一端，所以他是一个很好的"学术研究对象"，我们的交往、交流、沟通与交谈也就成为了一个很好的阐述各种"对象"的引子。

但他虽然有"迷茫"，却绝不会走入歧途，因为急功近利、为利益所蒙蔽、欲望泛滥之类的情况不会存在于他身上，因此便不会被欲望所控制。而且他的迷茫是过分清醒导致的客观的迷茫，也就是说过分清醒必然会导致如此，并非是主观所导致。这种迷茫不会让人眼蒙心蔽而以至于产生走入歧途的后果，这并非大多数人的那种因不清醒而产生的迷茫，大多数人是因为混沌、浑噩导致的迷茫，而这种因混沌导致的迷茫，则是会让人迷失至迷乱，甚至走入歧途的。

大多数人的迷茫或迷失，都是来自于不够透彻、无法抓住根本与本质的，因此我们需要培养起透过现象抓住事物本质的能力。

物质与意识 暂归法

物质与意识的物质性与意识性

一种思想方法——暂归法

一

这一章与"物质与精神"一章不同。该章的"精神"指的是一些较为抽象的、形而上的,处于"意义"范畴的精神内容,即属于精神内涵的内容,而这一章则纯粹是讨论意识。

围绕着物质与意识诞生过许多理论,这里是我自己的一些思考。

我的关于物质与意识的思考是:

物质既是"物质的"又是"意识的",意识既是"意识的"又是"物质的"。

即物质与意识都具有两重性质:物质性与意识性。

并且,就如同相对运动一般,它们还具有相对物质性与相对意识性。

对于无意识的物质来说,物质与意识都是体现出其物质性的,或者说是:对客观来说,无论是客观还是主观都是客观的。

而对于有意识的物质来说，物质与意识都是体现出其意识性的，或者说是：对主观来说，无论是客观还是主观都是主观的。

如何理解呢？

（一）物质的物质性自然好理解，即它本身是一个客观存在。如何理解其意识性呢？那便是"物落于心则有，不落于心则无"及其衍生。

（二）意识的物质性，则是由于它是神经元电化学反应引发的，或是我们常说的是"以物质为基础"。

而意识的意识性，就更好理解了，物既然都是"落于心则有，不落于心则无"，那么，思想、情绪、感觉等一系列本就属于意识的东西，就更是"落于心则有，不落于心则无"了。这也就是意识的意识性。

但本身就是物质还是"以物质为基础"，还是有区别的。前者几乎否定了意识作为意识的独立存在，而后者是在由物质生发的基础上，另有一个凌驾超越于物质基础之上的东西。

因此，我们直接说"它是神经元电化学反应"，便相当于说：意识也是一种物质。

而说"它是神经元电化学反应引发的"，便相当于说：意识是以物质为基础的。

前者是将意识直接完全等同于物质，后者是说意识是由物质引发的但并非完全等同于物质。

如何理解物质与意识的"物质性"和"意识性"：

比如说：对一块石头来说，无论是它周边的花草还是一只活蹦乱跳的、会给自己以"三窟"的狡猾兔子，还是一个有深刻思想的人，它们都只是一个物质，也就是对于石头——这个无意识的物质来说，他们都体现的是物质性。我说的狡猾兔子和人，便是包括了他们的"狡猾"与"深刻"在内，也就是包括了他们的意识在内，因此，对于一块石头，一个物质连同着它们的意识一起，均是体现"物质性"的。

而对于一个人来说，即使是一个动物也一样，它们都是有意识的物体，那么一块石头、一道溪水，一只兔子、一个人……无论什么样的事物，在人或动物这个有意识的物质内，它们是体现出"意识性"的，也就是说：第一，如果这些有意识的生物没有注意到它们，它们便跟不存在一样，这也就是"心学"、禅宗等所阐述的一类感觉。第二，如果它们被注意到了，则有意识的生物会由此激发出各种各样的意识。

因此，为什么下雨会让一些人心情压抑，如果说是由于此时气压往往较低这一"物质性"的原因，那为什么有的人却又喜欢下雨，甚至在雨中漫步，跑来跑去者亦有之。根据上面的理论，便是由于雨在人这一有意识的物质眼里，是呈现出了意识性的，因此它明明是一客观事物，却引发了各种各样的甚至可能相反的意识。

比如一首诗，虽然它是作者意识的产物，但我们并不能直接感知作者的意识，因此它变成文字以后，可以认为是一个彻头彻尾的无意识的物质了，然而这个物质，却让人们读到的时候，产生各种各样的情感与联想，这便是其于人这种"有意识的物质"上，呈现其意识性了。

因此，我们可以说：物质是具有物质性与意识性的。

意识便更是如此，一个意识，比如，一个思想，在一个有意识的人的眼里，自然就更是体现出其"意识性"了。而一个思想对于一块石头来说，便无异于另一块石头而已。而其对于一个"不把它放在眼里"的人来说，无论是意识性还是物质性都是似乎"荡然无存"，都是空。

比如说病痛，身体上的痛客观存在，但也需要通过意识才痛，你把同样的神经生物电化学反应放在一块石头上，它也不会感觉痛，而痛引起的烦恼就更是意识了。因此，"痛"对于石头这种无意识的物质来说，便只呈现出了其物质性。而对于人这种有意识的物质，则呈现出意识性，因此同样程度的痛，这个可能觉得很痛，那个却觉得如蚊子咬，一是机体本身的耐受力不同，二则是由于痛在人身上体现出了其意识性。

这样定义有什么作用和实际意义与价值吗？

即给物质与意识归纳定义出"物质性"与"意识性"有些什么实际作用吗?

这只是一个人看世界的一个思路,也许就这么简单。

至于这个思路有什么用,此时便是其意识性呈现的时候了。

二

每次由不同事件引起的相似的烦恼情绪,其在神经元反应与传导层面上会是相同相近,还是不同?
而由相同事件引起的各次烦恼情绪,其在神经元反应与传导层面是相同还是相近,还是不同的?
这是我的两个问题,不知是否神经生物学领域已有答案?

而思考这个有什么意义呢? 如果每次不同,那么便说明有一种超越于具体的物质的物理化学反应的东西存在,如果是这样的话,意识便不能只以神经元的电化学反应来"一言以蔽之"了。

那么爱情,也便不能只生硬地解释为荷尔蒙的化学反应,它还有凌驾于这个纯粹的客观现象的事物存在。

比如,为什么你见到一个人,会分泌荷尔蒙,而对另一个人却不会,对一个人会分泌得特别多,另一个却少一些。你对同一个人,刚开始不分泌,可能过一段时间却又分泌了。
因此分泌荷尔蒙不是如现在一些人所认为的那样是"爱情的本质",只是一个"生理现象",恰恰相反,它只是一个结果,而起因并不确定,其起因的不确定性则来自于其呈现出来的"意识性"。也就是说,不同的人,分泌荷尔蒙的原因是千奇百怪的,"分泌"虽然是一种客观存在,而"是否分泌"才是更需我们进一步探寻的。

我们如何才能解释"是否分泌"这个比较"终极"的问题呢? 此时将物质与意识划分出"物质性"与"意识性"便派上用场了。

只因对方的样貌、身材等"物质"与学识、思想等"意识"，在你这个有意识的生物这里呈现出来的是意识性，那便是由你的意识来决定是否分泌了。因此，爱情不是一些人所认为的"不过是一个化学反应而已"，自认为就此看透看彻了"爱情的本质"，甚至由于抱此想法便对爱情失去了兴致，实质上再作深一层的"归根结底"，它仍是一个主观的感受。

又如榴莲的气味，为什么有的人觉得香有的人觉得臭，一个原因是它的气味在每个人的鼻腔内可能呈现出客观上的不同的味道，此外还有一个原因是这个气味在不同的人身上呈现出了不同的意识性。

因此，物质与意识的物质性与意识性的特点是：
物质性是唯一确定的，意识性是不唯一、不确定的。

现在，我们发现了一个颇有些"激动人心"的应用：

如果我们将一样物质给予我们的意识性确定在一个方面上，岂不是便可以更多的让其指向积极的一面，而更少的指向不积极的一面了？

比如我们看到雨，确定在"高兴"这一意识上，便不会因为下雨这一客观物质的意识性而导致指向"不佳的意识"即不好的情绪与联想上了。

那又如何保证如此作积极的确定与指向呢？

首先，你要知道"可指向"；

第二，便是"去指向"。

显然，看到这里的人自然已经知道"可指向"了，那余下便是"去指向"这个环节如何操作的问题。

这个环节我想在条件反射训练的方法中可以找到一些方法。

三

有人会说,所谓意识性,不就是"感觉"吗?同一个榴莲,在不同的人身上呈现出不同的意识性,不就是不同的"感觉"吗?下雨在人眼里呈现出的意识性,不也是如此?何必另外定义一个"意识性"呢?

当然,你可以这样想以便于理解。但:

第一、意识性一定不只是"感觉",它是包括了感觉而大于感觉的一个范畴。

第二、"感觉"是以人或有意识的物质为主体而言的,而"意识性"是作为物质与意识的性质而言的,它只是在人身上有时体现为"感觉",而我们这里说的是物质与意识本体所具有的性质。

第三、就措辞而言,作为一种性质,我们若定义为"感觉性",在科学性上明显欠妥。毕竟口语与书面语是有区别的,即使是同一样事物,也有口语与书面语之分。

"我们想要的不是想要的东西本身,而是想要那种想要的心情。"

我们吃零食,买买买,有的时候确实并不是冲着那个东西而来,有时确实只是因为我们吃了或买了某个东西便会愉悦开心。也就是说,我们一些时候,只是为了"吃个开心"、"买个开心",而未必是它多好吃或多好用。

此时,物质的意识性又一次体现出来了,这次甚至不是物质本身给人的感觉,而是吃和买这两个动作给予人的感受,以及让人产生的情绪。在这里,便是"感觉"一词无法囊括的了,你不能说是吃与买这两个动作本身给人的感觉,而是它们让人产生了某种情绪。跟雨给人的感觉不同,而雨本身既能给人感觉,又能催生出某种情绪。吃与买本身并不产生感觉,它们只催生出情绪。(此处的感觉指的是这个事物、行为在人的大脑里产生的感觉,不包括味觉这种客观感受)

因此，此时仅用"感觉"便捉襟见肘了，而使用从物质本身的性质出发而归纳定义的"意识性"便可将其囊括。只因吃与买这两个行为在人这里呈现出了意识性，因此便会催生出某种情绪。

四

我开过这样一个玩笑："像令致君这样的人，我只需要把他的大脑（带着他原有的文化和思考）放进硬盘，给它灌输新的文化与知识，让它自行迭代，我只需要和这个大脑对话就行了，他的人我可以不要。

这是因为他是一个过于透彻的人，人性的热情不足，用大脑比用心多。

用心交往的人要人，用大脑交流的人只要大脑就行了。"

当然，这是我的一个玩笑。但其中包含了一定的关于意识的物质性与意识性的体现：

把一个人的思想存入硬盘，让它自行迭代，其实便是将意识直接完全等同于物质了，它此刻只是大脑内的神经电化学信号，并不体现出其意识性。

而"用心交流"时的"意识"，则又不同，它在除了纯粹神经电化学信号之外，还有一层凌驾超越于这个物质之上的东西，也就是说，此时其意识性是得以体现的。

因此，令致君的意识里，更多的体现了物质性，而意识的意识性相对较不明显。

当一个人的意识的物质性大于其意识性的时候，这个人便是一个比较偏于"理性"的人；

当一个人的意识的意识性大于其物质性的时候，这个人是一个比较偏于"感性"的人；

而当一个人的意识的物质性与意识性大致相等时，这个人的"感性"

与"理性"则比较平均。

五

以上这些是我的一些思考，我认为：

关于思想的思考不存在着绝对真理，只存在着是否适用的真理。

也就是说：这些关于思想的思考、理论与学说，不像物理规律那样，丁是丁卯是卯，它的价值与意义不在于追求绝对正确，而在于启发更进一步、更深一层的思考，这其中，或许会有能取之以实际应用的内容，又也许并不能与我们的日常实际生活产生什么一眼便知、立竿见影的联系与作用，但人们可以取其对自身有用的或有启发的部分来使用，亦可以只是由此而激发自己进行下一步或更进一步、更深一层的思考，而在这一连串的思想的相互的、接力的激发过程中，有价值的东西便会一一诞生出来。

就比如说以上的关于思想的思考，并非是经过数学物理的严谨计算推理而出来，当然一定的逻辑推理是存在的，因此，我说出来并不是因为我认为它们绝对正确，而是一、我要记录与阐述自己的思考，二、它们也许能激发他人的思考，而诞生更接近"真理"的思想。

很多思想家的理论也是如此，人们引用它们，并不一定是因为认为它们绝对正确，而往往只是它们具有一定程度上的普遍性，或者是让人们产生了一定的共鸣，所以他们争相引用，要么是与自己的内心共鸣了，要么是觉得对自己的人生有用和有帮助，要么是认为能带给自己启发与思考，因此他们往往引用的都是对自己"有共鸣、有利"的理论。

因此我在此提出自己的一些思考，除了是自身想要表达阐述，也是基于这种"可能让一部分人觉得有共鸣或有用"的可能性，并不是因为我觉得自己的思考有多正确与完善。甚至其实从我动笔到写完，我能找到的最显著的内心动机，只是"我想表达"，而已。

我觉得这个"物质与意识同时具有物质性与意识性"的思想，更多的不是给它下一个定义，或在阐述一种"真理般的理论"，它更重要的意义在于（或者说是更谨慎地看待之）：

它提供了一种思想方法：
即我们可以先归纳出一些东西，它未必是绝对正确的，而是为了以便我们由此进入更深一层次的思考。

换句话说，我提出的"物质与意识同时具有物质性与意识性"的思想，并不一定代表我发现了什么"真理"，或绝对正确的理论，而是当我提出这个思考结果的时候，也许我可以藉由这个思考结果入手，以进入更深一层次的思考。

而这个思考结果本身，也许是比较正确且适用的，也许只是一个过渡的桥梁作用。

因此，我把这种思想方法称为**"暂归法"**。

出世与入世

人不可全入世，不可全出世。

出世入世的最佳状态：
一、以出世之心行入世之事。
二、出入自如，随心所欲。

出世入世之抉择，自古有之。古代许多著名诗人文士，在功业与归隐间踌躇，其徘徊之意于诗文中多可窥见。

一

世人常觉老子是出世观，孔子是入世观，其实我觉得并不如此。

《道德经》里，初看无为，再看又觉得是以无为达有为。又看，又觉得是当时动乱变迁，老子激于时世，以无为之用处劝当政者莫多行为，而多顺其自然。到最高一层，便觉得他是在阐述辩证转化的客观规律。因此，并不能以出世入世一方概括之，其只是在客观"叙世"。

孔子常被人认为是入世，其实他"知其不可而为之"，这分明抱的是一颗出世心，只是他主动地勇于入世而已。

因此，简单地以出世或入世归纳二人，都有失偏颇。

二

　　我在起初的一段时间，亦是追求出世的，总觉出世便超凡脱俗、仙气飘飘、不食人间烟火，与凡人迥异，那定是最高境界了。

　　然这几年发现，人们常常说"佛系"、"躺平"，社会的整体气氛似乎一下子变得失去了激情。

　　显然，"佛系"、"躺平"并非出于主动，而是迫于无奈，年轻人发现自己要围绕着一套房子奋斗终身，甚至看起来奋斗终身也未必能买得起他们所奋斗的地方的一套房子时，他们选择了"佛系"、"躺平"，社会总体一下子失去了那种激情万丈的斗志。

　　一面"卷"得浮躁、焦虑又急功近利，一面"躺平"得懈怠颓靡、有气无力，这样一个很奇怪的矛盾在当下出现了。

　　这是一幅奇怪的景象：大家拖着疲惫的、失去了精气神、豪情、激情与斗志的身体与灵魂，却在拼命地毫无方向地跑与赶路。除了在跑、在赶路，他们对别的都不感兴趣了，而且他们对跑本身也不感兴趣，只是看到别人都在跑，他们也跟着跑，也不管去哪儿，只是怕比别人跑得慢。

　　"百分之九十九点九的人就像开车在高速公路上，都生怕比别人慢，却竟然不知道要去哪儿。"

　　要么就是急功近利、浮躁肤浅、大干快上，要么就是萎靡不振、懈怠低迷、毫无激情与理想。似乎总在走极端，这是为什么呢？而且，居然同时在走着两个极端，这又是为什么呢？

　　现在的人们的心灵，普遍可谓：

　　急躁焦灼却又无激情，气弛血寂却又非淡泊。

　　而这些没有了理想的人，表面上看起来还跟出世有点相似：都一样"无欲无求"了。

实质上，这两个看起来是两个极端的现象，归根结底是由同一个社会群体心理机制生发出来的，那就是：极端的现实主义。

正因为极端的现实主义，所以才急功近利、急于求成，才会心态浮躁，容易焦灼。
又正因为极端的现实主义，没有理想在前上方牵引闪光，才容易被现实所困围，眼睛只盯着眼前的事物，心灵走不出现实的桎梏，而陷入现实的泥沼，导致懈怠颓靡、低迷不振、毫无激情与斗志。

这就是根源所在。

三

令致君则与社会的大多数人不一样，他是主动的出世。他并非现实主义，因而他绝不浮躁、急功近利；他却又并非理想主义，因此他又无激情斗志。

而现下所谓的"躺平"，则是一种出于无奈的"无欲无求"罢了。

因此令致君会冒出"主动选择以送外卖为业"的想法，与自身的文化水平及可实现的自我价值极不相配。别人选择此行业大多是迫于无奈，而他竟想主动选择，着实让我有些惊讶。

但他又并非全然不想有所追求。比如，在他听到我说找到了自己的人生使命的时候，他的反应是由衷的高兴的，他的眼睛是闪烁着明亮的向往的光芒的。以及他问我觉得他能干什么，其实也是在寻求目标。以及他写下感慨："怀宝迷邦，何日出山。"，便隐约表达了"有才能却未得舒展"之意。

因此，说明了其实他对名利虽淡泊，但对于实现自身的自我价值还是期待的。

想"主动选择送外卖"，不过是他不喜欢现在的工作，而又一时找不到奋斗方向与目标的权宜之选。

其他人是由于过于现实,而无理想。而他却是因过于淡泊,而找不到理想。

于是,都是呈现出一个"没有理想"的状态,也都是呈现出一个"佛系、躺平"的表面,而二者的内心机制,却是全然不一样的。

四

在认识令致君之前,我过着近于隐居的生活。
这种隐居指的是内心,其实我居住于"闹市"之中。我是一个不为外界喧嚣纷扰所动的人,因此即使是居住于闹市,也未感觉受这纷纷扰扰的世间多少影响。

碧波轻踏凌江去,
云来云过两闲心。
世人急往我不急,
花风酒雪一笑清。

——正是我平日的内心写照。

因此,他离开之后,我本是可以潇洒地想一想:不珍惜我的人我也没必要留恋。如此,便可天涯各自安好,亦不牵念。反正我本逍遥自在,他亦本未出现,出现也只是实际出现了两三天,现在大可当其从未出现过,我依然可如从前一般,逍遥自在。

如诗:

本是林中自在仙,未沾烟火对花眠。
一日水月始招摇,缘是有人长相唤。
不知凡世几多日,无邪稚拙得欢喜。
痴癫无度随性走,我来我去真烂漫。

"林中自在仙"便是指我自己，"有人长相唤"自然是令致君了，他第二次找我时距第一次打招呼两个多月，在这瞬息万变的当下，也算得是"长相唤"了。

我继续做我的林中自在仙，多好，何必牵挂于一个并不重视我的人呢？我是该如这当下大多数人一般，只建立肤浅淡薄的关系以便自己可随时转身撒手而去，以良好的保护自己，还是守望一份深远绵长的情感？

正巧在思考之时，看了一集《西游记》，写了些感想：

近日看《西游记》，玉帝说："看一下满天星宿、各路神灵，有没有思凡下界的。"我就想：做神仙这么好这么欢乐，为何还会思凡？凡间有吃有喝，仙界也有吃有喝，且凡间有苦仙界无苦，仙界到底是缺了些什么？让仙灵还会思凡。忽然我就觉得跟近日我的思想有些相似，隐约就明白了些：出世那么惬意，为何还会想入世？皆因入世虽有苦，但甜也是甜蜜的甜，出世则只有清淡之乐，所以仙会思凡、隐者也会有入世之想，皆因入世与有情感会让生命更有滋味与色彩。

因此，我希望我与令致君的友谊可以绵远流长。由于这个愿望，导致了我对这份情谊的牵挂，而他的离开，让这份牵挂变得显得"略为苦涩"了。而我为何仍要牵挂呢？我清晰的了解自己：我的内心完全具备将其视为一个过客的能力，那我为何不转身离去，如现在的不少人一样，对一份感情随手便可扔弃之呢？

那是我不愿意。

因为若如是，我岂不是与这些被社会改变了的，失去了深挚情感以及失去了对深挚情感的期待的大多数无异？

但我又并非为了与他们不一样而去牵挂的，纯粹是因为我本来就是一个情谊绵长之人，本身亦并不想失去这份知音之谊，所以我只是选择遵从了我的内心而行。

而不想像当下的大多数一样，视一份情感为随时可弃之物。

哪怕是让自己备感受伤，但我并不害怕受伤。

很多人因为害怕自己受伤，于是选择了主动先做"无情的一方"。

其实他们已经失去了投入一份情感的勇气，也就是入世的勇气。

这是可悲的，也是懦弱的。

也就是说：
诚然，我是具有放下的能力的，但如追随内心，我便选择"不放下"。

因此，我对令致君的"不放下"，也就是一种"自觉的"不放下。

所以这份执着与入世，实在是一个"自觉的"选择。

五

关于出世入世，其实最好的状态是"以出世之心行入世之事"。

一味出世，就没必要做人了。人就是人，不是天也不是地，人是有感情的。而且人总要干点什么来实现自我的人生价值，也就是奋斗。
纯粹的"无为"和一味的"出世"是一种逃避和放逐。

其实没那么复杂，一句话"但行好事，莫问前程"就是以出世之心行入世之事。

人们多觉得孔子是入世的，其实他的"知其不可而为之"就是"以出世之心行入世之事"了，这时候出世入世就达到了统一。
这其实便是以出世之心，看淡结果，所以不管结果怎样都会去做。
因而孔子的入世，是主动的、自觉的选择入世，而并非"耽于红尘"。

因此，当一个人已经能够做到自觉的选择入世时，其实其内核已经是出世之心了。

六

现在的社会氛围跟以前有些不一样了。在20世纪90年代以及以前，人们仍是较为具备理想主义激情的，亦有豪迈大气之基调，对爱情亦是不附加什么物质条件，只纯粹地去爱，奋不顾身的爱情并不罕见。而在我作此作品之时，21世纪20年代，社会气氛相较之是比较缺少豪情与激情，以及深情的。在这种社会氛围下，感觉入世比出世更难，"出世"只需要"躺平"就可以了，对一切都浅浅淡淡即可，无论是理想还是感情。在如此的环境下，入世反而需要勇气了。

一种敢于碰得头破血流的勇气，包括对理想和感情。

出世是一种能力，入世是一种勇气，以出世之心行入世之事，则同时具备了勇气与能力。

这里说的入世，乃是主动入世、自觉的入世，并非未得出世心的"混迹人世"，那是一种不自觉的浑噩的行为。只有主动入世，才能称之为一种勇气，否则只能叫"迷恋红尘"。

这里说的出世，亦是真正的超脱尘俗，而非无奈的"躺平"，以及"放逐"与"逃避"。

如既能具备"主动入世"的自如，自然也能随时抽身而去，我认为，这是一个人于出世入世之抉择的最好的状态。

一日我自我感慨：

在大众喧哗追逐之时追求出世，气氛一片低落萎靡之时却又想入世，我好像总是自觉或不自觉的与时代氛围背道而驰。

自觉的出世：经过内心的修为而至超凡脱俗、超脱尘世的境界。
被动的"出世"：是一种出于无奈的逃避与放逐。

自觉的入世：主动、有意识地行入世之事，往往知其不可而为之。
自发的入世：属于是"耽于尘俗"。

为何没有"自发的出世"呢，因其只有婴儿状态方能称得上，在这里讨论这种情况无太多意义，因而用以对比的是被动的"出世"，而又因此"出世"并非真正的出世，因而加上双引号。

一日我写：

如既能飞蛾扑火不顾一切地行入世之事，又能在付出热情之后意态超脱风轻云淡，那才是最厉害的，才是一个人生而为人的最佳状态。

既可真诚、挚诚地纵情投入，又能看淡结果，这便是"以出世之心行入世之事"以及"出入（世）自如"了。

七

其实，这一生本就终将失去，何必如此拼命保护自己？不刻意泯消人性，大胆地投入人生，是主动的入世，是勇气是能力；投入之后无怨无悔，便是一颗出世之心。如此，便是以出世之心入世，既收获出尘的智慧，又不枉这为人的一生。

执着与放下

我们追求的应不是全然放下,而是想执着时执着,想放下时放下。

一

一个人一生的向内心的努力,大都是为了放下各种执着。

令致的很多思考,亦是如此。他说:"思考和看过了太多关于人生的内容,现在的我,唯有病痛和死亡悬在心头未能释怀,别的事情均已看淡。对于当前的时间做什么,只要不涉及病痛,也都没有什么堕落的负罪感和充实的成就感。

关于克服病痛的恐惧,我会继续努力去找方法。

关于亲情、友情,不知是不是我的思想已然很强大,我至今并没有相关的难题未解决。"

其实他便是希望通过思考让自己达到一个能比较轻松地放下一切的境界。

如要终极而论,对人生目标亦无非是如此,其实也没什么非要干完的事,一旦拿起全是执着,一旦放下四大皆空。

但是什么都放下,那便是彻底"无为"了,这样似乎又少了一些人的情趣与热能,以及奋斗前行的激情。

所以关于执着与放下便是一个精细的课题。

二

令致君离开之后，是否放下成了我面临的最大一个抉择。我不是不能放下，而是不想放下。在我人生的过往中，放下的人和事物也不少了，有比令致君相处时间长的，有比他感情深的，有比他重要的，……，都可以烟消云散，所以我并非不具备放下他的能力。

有三句用于"自我安慰"的非常行之有效的话语：
第一句：这人离开我是他眼光有问题。
第二句：这种轻易就离开我的人早晚也会因别的一点儿小事离开我。
第三句：他跟我没缘分是他的损失。
基本上使用这三句之后，就可以把这人抛在九霄云外。
——这确实是我能够做到的并且经过经验验证的好方法。

我大可以像过往一样，使用上面的方法，轻易地把他忘掉。

我虽然恋旧，无论是人还是事物，扔之前或离开之前都是百般留恋，比谁都舍不得，但一旦扔了或离开了却很少留恋，还经常发现扔掉了或离开了的好处，暗暗庆幸：幸好谁谁离开我了。我往往能找到一个人离开我的好处，其一是因为我会自觉的采取些什么行动，让它转化为一件让自己从中发愤进步的事情。其二是体现在一个思考的角度上，我会想：这也许是让我打开另一扇门的启示。

"如果一个星球不欢迎你，那就去寻找宇宙。"
我写下过这么一句话。

举个例子：如果去求职，一个地方不要你，
你便可以这样想：这只是一个星球而已，而有个宇宙在等着你。

这是一种"自觉的转化"思想指引下的自我安慰与自我调整内心的方法，用以屏蔽与抛开可能产生的自我怀疑的情绪。因不少人由于一时的挫折与失败便会产生自我怀疑，导致一系列的情绪问题，不仅影响自己，甚至有时会影响到他人与社会，所以，这样的思维方法是值得让人认识到的。

三

现在很多的文章都是劝人放下的,那是因为放下很不易。其实执着也很不易。

所以也有人说:"不在乎很容易,在乎才是需要巨大的勇气的。"

为什么? 有的情况下,我本来可以一走了之,但我没有,我仍然付出我的热情来牵挂你,尽管我的付出可能毫无回报,甚至让自己感到"受伤"。

但我不惮付出,也不惮那可能的伤害,仍然这样做,岂不是需要巨大的勇气吗?

我对令致君也一样,我对他付出友情,不惮遭到冷遇,这也是需要勇气的。
但我并不怕"冷遇"的伤害。

你说我真的很需要他吗? 我甚至不需要他。以前没有他不也活得好好的吗? 以后没有他我也一样可以自得其乐。
虽然我珍惜他的思想,希望可以和他进行各方面的交流和思想上的思辩,但没有他我自己也可以自行学习和进步。
从感情方面说就更谈不上"需要"了:
第一、从时间上来说,毕竟我们也只在一起玩耍了两次。
第二、从程度上来说,他这样一个只爱自己的人,能指望他对你多好,对你多有感情吗?
所以无论是理智上还是情感上,我都完全可以放下他,可以不在乎。
那我为什么这样执着呢?

"我之所以在乎是因为我想在乎,不是因为我做不到不在乎。"

——我写下的一句话,这就是答案。

没有什么非做不可,我只是遵循我自己的内心。

四

    五月

五月
它在海浪的浪尖上向我涌来
尖叫着
企图唤醒一切沉睡的生灵
这是五月的使命

清晨开始唱歌
黑暗结束
百灵鸟在寻找它的行侣
它一定会在某个地方
就像五月一定会到来
我将盛开的鲜花献给未来
它一定会在某个地方
就像五月一定会到来

五月的幸福绽放
绚烂而不动声色
静默而惊动雨林
就像你在远山迷雾后挥舞的双手
朦胧而又动人
浅淡而又执着

  浅淡而又执着，这就是我对令致君的内心。

五

  我对令致君说：对别人，是感性让我执着，理性让我放下；而对你，是感性让我放下，理性让我执着。

怎么理解呢？因为大多数人都不会如他这般着意地在事情未发生之前就思考"看淡放下"，也就是说，大多数的如我们这般的并非建立在什么明确利益关系的交往中，理性的成分并不是那么显著，而感情是相互的，我能感受到别人的情感，也就对别人有几乎同等的情感。因而对一般人，若放不下，便多是出于情感上的放不下。这也是绝大多数人与人之间的最常见的情况。

而对令致君，这样的对感情看得比较淡或者说是着意看淡的人，从我的感受上来说，我并未感觉到他对我有什么人与人之间的"热"，所以如果只从感情方面考虑，我似乎也并没有那么"依恋"他。

但我的理性告诉我：这个人价值观纯净，思想深刻，是一个我应该挽留在身边的人。

因此称为"感性让我放下，理性让我执着"。

其次，对他的不放下我并未感觉到痛苦。

六

令致君他就没有执着的地方吗？看起来是没有的，他的文字和与他的交谈里已经很明确，无论是对人还是对事物，他几乎没有什么执着的地方。

对人，他目前尚未有热爱的人，以后不知道会不会有。
个人觉得，让他不顾一切地爱一个人，似乎比较难。

对事物，他没有热爱的事物。

但是，其实他有执着的人和事物：他执着的人就是他自己，他执着的事物就是"不执着"。

刻意追求"无为"，又变成了"有为"，如"过犹不及"，只有"顺其自然"才是一种"真无为"罢。

所以，他追求一切看淡放下，其实就是执着于"不执着"。

而他又极爱他自己，所以他只对他自己执着。

我想他应该是不会深爱一个人的，除了他自己，因为他是如此的爱自己，以至于不想让自己受一点点消耗，更遑论"受伤"。而去深爱一个他人，消耗是在所难免的，伤害亦是难免。

我们未见面前的第一次交流里，他那句跟上文逻辑关系并不那么契合的，有点"突如其来"的"自己的幸福最重要"，就是他自己的心声。

我个人觉得他有些刻意追求"不执着"了，这是由他喜欢进行深度的思考这一特性决定的，他在思考上喜欢追求终极的东西，这本身是好的，是对真理的热爱与追寻，所以他能看到很多事物和问题的本质，也就能归纳出"人的最终追求终将归结于文化上"这一很有社会价值观指导意义的观点。

而我之所以能看到他的问题，也不是因为我比他的思想更有深度、看得比他更透彻，我并不觉得我在这方面的能力强于他。
而是因为：我是旁观者。而且还算是个爱思考的旁观者。

七

我认为：一味求"淡然"反而成了刻意和"有为"，应顺应人的真性才是真正的"无为"，无嗔无喜不一定是出世得，嬉笑怒骂不一定便是入世深，如出于真我，乃是出世心也。

初看道德经，你会觉得自己好像一下子懂得了很多，又似乎什么也没获得，就只知晓了一个"无为"。有时候你甚至会疑惑：怎么好像跟现在所言的"躺平"也差不多？不过一个是被动的一个是主动的。

但我思索后认为：其实道德经里的无为不是真的无为，而是"顺其自然"，甚至在某些方面也不是完全的"顺其自然"，而是"不着痕迹"。

所以，你是一个人，人是有人性、有情感的，你顺其自然的话，就是该哭就哭、该笑就笑、该爱就爱啊，而不是刻意泯消自己人性的情感。

《道德经》里推崇"婴儿的状态",婴儿不就是想哭就哭,想笑就笑吗?

所以我在一章里说:把道德经里的观点归纳为"初"、"真"更具可操作性。因为作为人,要完全"空"、"无"是不太可能的,亦有些过于泯消了人性,你要尊重你是一个人的人性,所以追求"初"、"真"是比较容易实现的,也是比较具积极的态度和意义的,更是尊重作为一个人的"人性"的。

但其实又并不容易,很多人不是在成长过程中,就逐渐失去了"初心"与"天真"了吗?

所谓"比较容易",只是相对于"空"、"无"而言。

八

我对自己的梦想是相当执着的,从中感受到的更多的是拥有目标和追求给我带来的喜悦与激情。

所以我总结了一下:一个人什么时候该执着,什么时候该放下。

我看来:
如果执着让你快乐或甜蜜,就执着。如果执着让你痛苦,就放下。

还有一种情况,就是不得不执着。比如大多数学生对于学习,确是需努力与执着的,这时可以试图寻找与挖掘其中的快乐,找到了其中的快乐,此"执着"便不是苦,而是乐,甚至成为习惯,乃至本能了。一旦成为乐,也就无需刻意"坚持"与"执着"。一旦成为本能,也就是顺其自然、顺心所向而为之了。

若从人生各方面来看,则:

做事情尤其是追求理想,要执着;感情则要选择性执着。

做事情不执着,便无法成功。这个道理不必多说了。

感情上选择性执着，如何理解呢？

如：《倚天屠龙记》里，赵敏大闹张无忌和周芷若的婚礼，范遥劝她别勉强了，赵敏说："我偏要勉强！"这句话令很多人为之动容。其实她知道张无忌是喜欢她的，所以她勉强的其实不是爱情，而是事情，若是爱情，便没必要勉强了。

就如我希望挽回与令致君的友情，是因为我知道他本身并不讨厌我，只是一时二人性情磨合未致，所以我亦"偏要勉强"。

其实赵敏是极其聪明的女子，什么能勉强、什么不能勉强，她心里是十分明晰的。

综上所述，有两种情况是需要或可以"执着"的：
一是做事情，以及事业、学习等方面，必须得有"执着"的精神，肯定不能"顺其自然"，"顺其自然"岂不是大家都去偷懒玩耍了？
但如我前面所言，当你真正的热爱了这个事物，你便会发现其中之乐，进而变为本能，届时便是"顺其自然"地自行想去做了，也就无需"勉强"了。

二是在情感方面的，包括爱情、友情，在对方并不厌烦你的基础上，便可以"执着"，准确的说就是"尽力而为"。

九

此外，还有主动放下与被动放下，主动执着与被动执着之分。

令致君可谓"主动放下"的典范，他的日常思考，很多就包括了这方面的内容。

有很多人是"被动放下"的，比如一段感情中，对方对你绝情了，你才不得不放下；又或是经历了一些负面的事件，为了更好一点活下去，思前想后，一番挣扎，才只好放下。
以及现今所言的"躺平"，也是一种无奈被动的放下。

"主动放下"的人非常少，像令致君这样在事情还没发生就主动思考放下的人就更少。

这本身是一件好事，但走了极端就变成了"刻意"，体现出来这个人就好像少了一点"人性的温度"、"人情味"，所以我们也许是"顺其自然"、"真性情"更好。

当然，这只是我的观点，令致君此时是觉得自己的想法是最好的。

一个人的观点，你觉得对自己有用，对自己的人生有指导意义，可以让自己免于迷茫与困惑，或者让自己得到了快乐，你就拿去，我从来不非要别人接受自己的观点，我只是在表述自己的观点。

对令致君也一样，即使他现在我面前与我对话，我会坦诚地说出我的观点，但他接不接受，我不会去期待，更不会说服他接受我的观点。

如果他听了我的观点，解开了他的困惑，那便拿去用；如觉得对己无用，也许也能引发一些思考；如果是彻底一点用都没有，那就不用。

正如我在"火种"一章里所说的：我只管扔下火种，而不在乎它点不点燃。不管它点不点燃，我都要扔下火种。

再说主动执着与被动执着：（即自觉的执着与自发的执着）

被动执着：自己其实想放下，却控制不住地执着。

主动执着：如我这样，便是主动执着，即本可以放下的，却选择了执着。

十

圣者如王阳明，照一般人的印象，圣者应该是一个看淡一切的、几乎"四大皆空"的状态，而他其实却是从少年时起便立志成为一位圣者，立志要悟道，并一直为之而努力，你说这是不是很执着？

佛祖若不是"执着"于为众生脱离"苦"，亦不会终得大悟。

所以，我们需要"合理调动与放置"我们的执着：

人生要有所成就，实现理想，是必须执着以求的。
而在感情上，则需如前所言，"视情况而为"。

并且，于我看来：保持一点执着，就是保留一些人性。

十一

无欲无求、全然放下是会导致虚无的，因此我们追求的应不是全然放下，我们应该追求的是一种更高的能力：

是想执着时执着，想放下时放下，也就是自由把控执着与放下的能力。

淡泊与激情

一

令致君是一个非常淡泊的人，打羽毛球那日，他说：我这个人，就是淡泊名利。我是相信的，并且我也是这么认为的，因为不需要听他自己说出，根据他以往的微信朋友圈发表的文字内容，我也能判断出来。

虽然从来没有人在我面前直接说出自己淡泊名利的话，相信其他人也很少会遇到一个人直接用这几个字来描述自己，虽然这有点像一个人说自己很有钱，但从他嘴里说出来，却不会让人觉得是自吹自擂、抬高自己，你可以感受到，这与他一贯以来的思想气质是极为契合的。

有这么一个人，与令致君正好是相反的类型，
也是我比较深入了解和交流过的人之一。他的价值观可谓"十分庸俗"，他自己也清楚知道，我也多次"笑着批评"他这一点，他既为此自我鄙视，却又觉得自己庸俗得有一点道理，但是他能接受你的批评。

而令致君是一个思想深刻、价值观很纯净或者说很正的、非常淡泊的人，与上面所说的那个人可以说是正好相反。

但他们的共同点是非常爱自己，特别是令致君，他不仅非常爱自己，而且只爱他自己，可以说属于精神上的"精致利己"，这让他在思想深刻之余，格局上却囿于了自我，在我看来，就是格局略稍显狭隘。

并且他们还有一个共同点：就是都少了一点悲悯之心。

这也许就是他囿于自我的根本内心基础。
他也不是不悲悯，但他只悲悯他自己。
这自然不属于我们一般意义上的悲悯之心。

当然了，一切只为了自己开心舒服，也不是不能理解。但是相对于他的思想深度来说，高度和广度就相对有所不足了。

当然了，一个人没必要这么完美，这只是我对他的客观评析。要当面，我也会这么说："你只爱你自己。"
其实我是出于真诚的希望他能够更好，而不是因为他离我而去，便忿忿然说其不是。本来以他的思想之深刻，可以有更好的人生价值实现，如果因其今日的格局所限，掣肘了其思想的价值转化，岂不是可惜？

如以他所具备的思想深度，再加上格局的广度与高度，岂不是如虎添翼？

只可惜他未必愿听我言。

这亦是人的"人性弱点"之一：
人往往把自己身边的人的劝导置若罔闻，而当关系较远的人说出同样的话时他们又奉为圭臬。

以及，若要一个人的格局有所改变，也不是一个人指点一下就能做到的，即使是他听进去了，也需要他继续学习、思考，以及经历、觉悟，甚至有的时候是与原生家庭、成长环境有关，一时半会还真无法揠苗助长。

一个人于广度方向的内心成长往往会有如此的呈现：
一个人从独善其身到悲悯苍生，一种情况是经过思考达到的开悟，一种情况是：他大多需要经历这么一个阶段：他经历了一件或一些什么事，当然，是一件或一些"非常"的事，他发现独善其身无法救赎自己了，他便开始思索和寻求救赎的方法。在思考、挣扎、摸索、寻求之后，他会发现"被人需要"或是"给予和帮助他人"会给自己带来价值实现感和充实感，以及快乐和内心的愉悦，相当于在帮助或救赎他人的同时救赎了自己，于是他开始了这些方面的行为，随着这种性质的行为次数越来越多,他的内心就萌发了"悲悯"的种子,从而具备了"悲悯之心",慢慢的,他从"独善其身"、"自怜自艾"变成了悲悯苍生。

人开始会关注他人(注意,不是关心),会关注他人的看法以及是否理解自己,到了一定程度,觉悟的人就会走向独善其身,不关注和不在意他人对自己的看法,又到了一定程度,开悟的人就会走向悲悯。

其实也就是开始"喜欢"被人需要。

之所以走向悲悯,一般有两种情况:
有一部分人是通过思考获得的开悟,而后自然到达悲悯。
有一部分人是因为自己的经历使然,他需要悲悯来救赎自己,而后,他发现这已经成为了一个习惯,乃至使命。
这中间是怎样一个过渡过程呢?
第一:他会由救赎自己推己及人,想到救赎苍生。
第二:他通过救赎苍生来救赎自己,给自己以更高的生命意义和人生价值,才能超越自身或超越自身的苦难。
然后,在这个过程中:
第一、它就变成了一个自然的东西,成为了一个习惯。
第二、他越来越意识到自己存在的意义,就成为了使命。

所以,除了天性的悲悯,通向悲悯往往有两个路径:经历与思考。
而我想,由经历所获得的也许会更深刻。

现在令致君正处于自我感觉极好的"独善其身"阶段,哪里就听我几句话,就能变得"心怀天下"了呢?
这只能待他自己的际遇了。否则也无法"硬悟"。

毕竟人大多数时候都是只能自度的。

而一个人要真正的"开悟",一要有"悟性",还要有"善根",善根便是悲悯之心。

二

当下的时代与社会，人心过于急功近利与焦躁，从大环境与普遍情况上来说，即对大多数人而言，我们是希望让其变得"淡然"一些、"慢"一些的。

因此，对于当下的社会总体情况，应是往"淡泊宁静"一端倾斜一些为宜。

而在令致君的身上，却又是一个相反的典例，它让我看到淡泊一切也未必是一件好事，因为他在看透看彻之余却又很迷茫：他找不到自己的热爱的事物。

其实他并不明白：这与他过于淡泊有关。

过犹不及，过于淡泊了，一切便都是"可有可无"，人生哪还有动力和激情，当然也就没有了热爱，更不会为热爱不顾一切。但是如前面所言，他目前仍处于一个极度为自己的思想满意的阶段，我想是听不进我的建议的。

在"出世与入世"一章里，我们提到当下人们心灵的普遍情况为：

急躁焦灼却又无激情，气弛血寂却又非淡泊。

而这归根结底是由极端现实主义导致的。

由于极端的现实主义，又未明悟"快即是慢，慢即是快"、"有以为利，无以为用"之大道，因而出现了这一"奇特"又矛盾的，可以说是与大道相违的现象。

三

前面说了有两个人，一个人是价值观比较"庸俗"的，一个是令致。令致君对我来说是有"学术研究价值"的，而另一个人并无甚么这方面的价值，为什么呢？

第一：现今社会里，庸俗的人是很多的，即如另一个人这样的，而像令致君这样非常淡泊的人很少；

第二：令致君的一些思想本身是深刻的、有价值的；

第三：他让我看到了原来太淡泊了也并不完全是一件好事，它有一个副作用：就是无法热爱一样事物或一个人。这在我以前是并未意识到的，说一个人淡泊，总觉得就特别好。

因此，令致君是一个颇有人文上的"学术研究价值"的人。

四

上中学的时候，因为我们的城市小，便在市里有一点点小名气，那时竟不觉得有什么可为之高兴的，亦不觉得有什么压力。想来孩童本就心境明澈，我又是不太在乎这些的人。大学毕业以后，一个朋友说遇到一个我们市的人，聊起来说知道我，当时的感觉只是：

世界怎么这么小。

在我看来，一个人的思想与作品得以流传便好，作为一个创作者，最好的状态就是：作品流传，人不出名。作品为什么说的是"流传"而不是"出名"呢？因为有的出名是短暂的，或是因为足够庸俗或通俗，而"流传"则彰显的是"经典性"与"长久性"，自然比"出名"或"流行"要有意义得多。

当然，这是我自己心目中的理想状态。

因为我想：名这种东西更多的是带来不自由，而我是一个热爱自由的人，所以我认为的理想状态便是如此。

而这个"理想状态"是我成人以后的认识，但在小时候，其实也并未觉得那些"名气"影响了自己的自由，总之就是"坦然处之"，心中无此一物。所以我现在这样想"影响了自由"其实相当于倒退了，因为如此想说明了我并没有将其"视若无物"。所以说明人在越幼时，越接近菩提状态：

本来无一物，何处惹尘埃。

《神雕侠侣》里，黄药师说："老顽童啊老顽童，你当真了不起，我黄老邪对'名'淡薄，一灯大师视'名'为虚幻，只有你，却是心中空空荡荡，本来便不存'名'之一念，可又比我们高出一筹了。东邪、西狂、南僧、北侠、中顽童五绝之中，以你居首。"

而既然老顽童如此"淡泊"至了"空无"的状态，如此"高境界"，他有没有像令致君那样，找不到自己热爱的事物了呢？有没有没有了激情呢？ 没有。我们都知道他嗜武如命，是一个武痴，他对武学可是有着极度的、不顾一切的激情和热爱的。而这种对一项技艺的纯粹的高度追求的精神，从古到今，都是受人敬仰的。

同样都是"淡泊名利"一族，为什么老顽童就有热爱的事物，令致君却没有呢？老顽童跟令致君的区别在哪里？

其实，就是多了"天真"一样。

当然，其他区别也是有的，令致君有深刻的思想，而老顽童当然谈不上深刻的思想，甚至除了在武学上"有思想"，其他方面几乎"毫无思想"。

再者，老顽童是天生的不着颜色，而令致君是通过思考和沉淀过滤，来达到此淡泊名利的"境界"的，这方面当然也是大不相同。

但最不同的是，老顽童多了一份"天真"：小孩子嘛，当然对很多事物是感兴趣的、兴致勃勃的、热爱的、有热情和激情的，所以他便有热爱的事物。

而令致君既"淡泊"，又无"天真"，于是便少了"热爱"与激情。

五

一个人最好的状态，是既要有淡泊的心境，又要有奋斗的激情。

蜡烛只有在燃烧时才是蜡烛，否则只是一根蜡。

在我看来：

一个人就像一根蜡烛，一定要尽力、充分地燃烧，你才是一根蜡烛，一根有生命的蜡烛，否则只是一根蜡，一根毫无生机的蜡。

因此，一个人若无为理想奋斗的激情，未为理想而尽力奋斗过，我觉得有些浪费这唯一仅有的一生。

如何做到既淡泊又有激情呢，我觉得应该是：行动上追求，思想上看淡。

易经中言：
天行健，君子以自强不息；
地势坤，君子以厚德载物。

我认为是一个人应有的最佳状态。

实际上，乾揭示了君子之行，当"健"，当进取，当有激情；
坤揭示了君子之德，当"厚"，作为心境、境界时，则可理解为当宁静淡泊。

因此**以激情去行动，以淡泊为涵养**，是最好的、最符合天地之道的状态。

这也正与我上面所说的"行动上追求，思想上看淡"一致。

即：
持淡泊以摒蔽浮华，怀激情以赋己斗志。

六

此处不免谈到名利。

名利客观而言亦是自我价值实现的其中一个衡量标准，只是"其中的一个"而已，但现在被大多数人列为了唯一的衡量标准。

对待名利，只要是正当渠道获得的，则：

既来之，则坦然享受之，而不执着拘溺之。

既不要让它们成为你的包袱，也不要让它们成为阻止你进一步向前的"甜蜜障碍和陷阱"，更不要沉溺、迷失于其中。

如因自我价值实现，而收获了名利，得到以后要"置之脑后"，才不会形成名缰利锁。

如何置之脑后？就是以不以为然的态度对待之，不让它们对自己的心灵产生扭曲、失衡的影响，不让自己被它们所控制，成为了它们的奴隶。

如此，亦是"行动上追求，思想上看淡"的一个体现。

七

前面是从行动与思想方面阐述了淡泊与激情的把控，我们还可有从对象上的辨析与明晰，即：
我们该对什么淡泊，又对什么怀抱激情，才是既令内心得以安宁澄静，又可拥有奋发的斗志的呢？

那便是：

对实现自我价值怀抱激情，对名利外物持心宁淡。

这也是个人与社会得以良性发展和长远发展的抉择方向。

事实上：

只有当一个人以实现自我价值为人生愿望时,才能产生强大的内驱力与奋斗的激情。

八

我在与令致君打羽毛球的那天,对他说:你是一个全然淡泊的人,而我是两个极端,一端是淡泊宁静,一端是极为炽烈、充满激情,可谓一端"陶渊明",一端"梵高"。

我所描述的自己的状态:
于思想与行为的方面,其实便正是"行动上追求,思想上看淡"。
于对象的方面,我的炽烈与激情是给予对实现自我价值的追求的,对金钱外物,则是"山珍海味犹可也,粗茶淡饭亦相宜"的心态。

因此便可:

内心既有一片宁静的不受喧嚣所扰的田园,又具备逆流而上的奋斗激情、勇气与斗志。

我给自己总结的自我描述是:
灵魂炽烈,内心宁静。

如此,便是既拥有为理想而奋斗的激情,又拥有宁静淡泊的心境。

九

我认为:

一个人最大的成功,一是最大限度的实现自我价值,二是获得内心来自安宁的喜悦。

这二者正是:

一个需要进取的激情，一个需要淡泊的心境。

十

淡泊与激情同在，正是：

终南青烟依旧在，
一驰沙场请战死。

理性与感性

一

理性本身是一件好事。

而现在大多数人的问题，就在于太"理性"了。什么都要讲目的，什么都要讲"实用"，什么都要有收益，而且还要立等可见的收益。一旦发现一个人没有利用价值，他们便将其迅速扔下，抛于身后脑后，并美其名曰"理性"。

过于理性便会导致过于现实，也就会过于精明。
又或者说，是因为过于精明导致了过于现实，乃至过于理性。

二

人之所以为人，是因为有情感，而不是因为有逻辑。论逻辑，计算机的逻辑岂不比你更强得多？仅仅追求理性，只不过是追求成为一台机器，还是一台不可能超过随便一台计算机的机器，有何意义？

令致君的头像一直没变，是一个动漫人物形象，此人物的特色就是：头脑冷静，思想透彻。

我想这多少有点是他心目中的自己。

使用人物头像有几种情况：
一、仅仅是觉得好看的；
二、自己喜欢的或崇拜的；
三、自己向往的；
四、跟自己有相似之处的。

令致君当然不会因为第一种而选择，而后面的三种，无论是哪种，都说明了他追求高度理性。而我更倾向于是这三者的结合。

但他其实是有感性的一面的，否则他也不会出现一些感慨，但他只对自己感性。

对人与人之间的关系与交往，以及情感，他是极其理性的。

我笑言：令致是一个用大脑跟人交往的人，因此只取他大脑来交流便可。用心交往的人则要人。

当然，这只是笑言，要说只取他头脑，也不是完全没有感情，本来二者就没法完全割裂。比如伯牙对子期的情感，难道能说把他的知音的共鸣能力单独取之，而不要这个人？

他的智慧与他的人是一体的，大多数人也就可能因其头脑的魅力而喜欢上这个人了，女生便可能由此而对他产生男女之情、爱慕之情。而我却偏偏泾渭分明，头脑智慧归头脑智慧，心归心，喜爱他的智慧，而不喜爱他的人，这大概便是一种理性。

归根结底我可能是喜爱真理。而我自己清晰的意识到这一点。于是这样说起来弄得我又有点像个"科学怪人"一般。

这样似乎我是极其理性的。

但其实又不完全如此，他的离开，我确是有一些伤心的，总不能说是因为失去了共同研讨思想的机会而伤心的吧，因此仍是有人性的感情在。

三

其实现今大多数人都是"以大脑交往"的,以心交往的关系日见稀少了。"以大脑交往",便是以实际利益为权衡基础的交往,经过一通权衡计算:此人是否对我有用,有些什么用……等等,如此。

或者纯粹就是直接为一个目的而来,此目的关系消失了,"友情"也就随之消失了。

比如,如我没空与令致打球了,说不定这段"友谊"就马上消失了。这种"友谊"在现在的大城市很常见,就是一种基于某个明确目的的"临时友谊",当这个目的基础消失了之后,就形同陌路,再无往来,哪怕之前交流得多热火朝天,过后也似从无交情。

这样的交往,便都是以大脑交往的类型。

而以心的交往,则是以心与心的交流,灵魂与灵魂的共鸣为基础的,一种深长隽永的关系。

虽然我与令致交流得颇为深入,但我并不认为他在真正的以心与我交往。这是一个基于各方面原因与感觉的综合判断,也许这是一个错误的判断,而我自然是希望这是一个错误的判断的。但我想若是以心交往,他便不至于无视我如此多次的诚恳挽留了。其次,若非只是肤浅交往,便会在对方问及自己真名之后亦会问及对方真名,若未问及,基本上就是只视之为肤浅关系,或仅打算作为肤浅关系发展——这是我个人的一个判断标准。以及,当下社会尤其是在我们这个城市,有几个人还会如我这般心存对绵长情感的执守与期盼的呢?大多数都是深谙"用过即弃"、"潇洒转身"之道的了。

为何当下的人如此擅于"用过即弃"、"潇洒转身"呢?只因谁转得慢了,谁就受伤,大家都唯恐自己受伤,于是一个比一个争着先转,一个比一个转得快,如此恶性循环,就变成了我们今天看到的"冷漠"、"现实"、"淡薄",于是深沉的、绵长的情感,无论是友情还是爱情,都越来越稀少了。

四

有一种"理性"表面看起来十分强力,实际上来自于内心的孱弱,它没有足够的热量和能量,所以它只能"熄灭"情感。当一个人在人与人之间的关系(即一种本该主要靠感性维系的关系)中表现十分"理性",这反而说明了内心的不够强大,因为它没有足够的热量和能量可以付出和给予了。

纯粹的理性往往呈现于学术研究中,而现实中的"理性"许多是来自于无法与现实抗衡。比如大学毕业后分开两地的情侣,出于感性他们会千方百计想方设法地在一起,而出于所谓的"理性",他们会选择分手。又如你热爱一样事物,而最终出于"理性"你选择了一个赚钱更快更多的事物……类似的,这些"理性"和"聪明"本质上都是来源于"无法与现实抗衡"。

而当在人与人的关系中更多的使用"理性"之后,短时间看,保护了自己。然而时间尺度一旦拉长,便会导致整个社会都失去了热量与温情,于是让每个人都感觉到繁华之下有一种荒凉,而这种"荒凉",就是"人性"与"人情"的缺失。

而最终,这个后果仍是每个人都会感受到以及承担。

五

纪伯伦言:一个人的理性与感性(热情)就像一艘船的舵与帆。舵坏了,船只能泛荡、漂流。帆坏了,船只能在海中停住。

也就是说,一个人的人生,既需要理性来把控方向,也需要感性(热情)来给予勇气和动力。

季文子三思而后行,孔子闻之,说:"再,斯可矣。"
孔子的意思是说:季文子这个人过于精明世故,凡事权衡再三,其实想个两次就可以(去行动)了。

实际上孔子便是一个为实现理想一往无前的人。

若是其去各国希望践行自己的理想之前一顿理性分析，瞻前顾后，怕这怕那，一会儿怕被拒绝，一会儿担心实施起来的阻力，便不能成其为此孔子了。

因此"知其不可而为之"是他身体力行之的。

如十分理性，怎么可能做"知其不可仍为之"这样的"傻事"，自然，也就没有了一代圣贤的出现。

我们很少让人多点感性，而常常让人多些理性，其实过于理性，便是权衡太多，则耽于过于世故，耽于过多权衡。

实际上过于理性是做不成什么事的。如果将做事比喻为跳龙门，过于理性只会助跑半天，却不敢腾空一跃。因其担心跃起来之后的风险，比如怕被撞得头破血流，怕摔回来，甚至怕跳到半空被鸟啄去吃了……

如此再三权衡，再三分析，思来想去，结果最后又原路游回了。

所以一个人要保持一定的感性与冲动，纯粹理性便如行尸走肉，塑料纸张。

我笑言：这个世界应多一点不切实际的人，才会有活力与发展。

没有感性，没有冲动，新事物便难以诞生，新世界亦建立不起来。

事实上，人类历史往往是那些不顾一切的、知其不可而为之的、他人眼里的"疯子"和"傻子"创造与推动的。

本来，理性与感性应各具一半为最佳。但当今社会，明显是过于理性与现实者过多，喜权衡再三、思忖几度，世故精明者为多，而不顾一切奔赴心中梦想的、奋不顾身投入纯粹爱情的，以及"知其不可而为之"者甚少，导致个人与社会皆失去活力，似一片暮气沉沉，束手束脚，不敢作为。因此，基于当下的社会现实状况，我认为人们应于"感性与冲动"上多添上一分。

驾驭欲望

一

我在其他章提到过驾驭欲望,但因其重要性,我又特意拿出来作为一章来细致阐述。

其实人不止要驾驭欲望。

人一生的最终极的追求,就是驾驭自己的内心和大脑。

这一点在"澄澈透明"一章里亦有所阐述。

这一章只取"驾驭欲望"一点来阐述。

因为驾驭欲望是比驾驭内心与大脑更容易的事情,并且在当下具有高度的现实意义。

当然,虽然归根结底,从根本上说,驾驭欲望最终也将归结于驾驭内心与大脑,驾驭住内心与大脑,自然也就能驾驭欲望。

如果能从驾驭内心与大脑的终极高度来修炼自己,从而达到驾驭欲望的目的,那自然是最好的,这时驾驭欲望不过是驾驭了内心与大脑的一个小小结果。

但我们大多数人都难以做到完全自如的驾驭内心与大脑,我也在追寻方法的道路上，所以先从低浅的层次修炼起，也是一个路径。

人的一生，如果做不到完全自如驾驭内心与大脑，至少也要做到驾驭欲望。

我在其他章表达过：人是有人性的、有情感的，全然泯消欲望，便是泯消人性，不仅毫无必要，而且反而会让人陷入虚空、虚无，介时会产生另一种迷茫。全然泯消欲望与被欲望驾驭所产生的迷茫与迷失起因不同，性质也不同，但同样会产生迷茫与迷失。

所以我认为："酒肉穿肠过，佛祖心中留"，乃是一个人最好的应有状态，既保留了人性，又未被欲望所牵引。

在"出世与入世"一章中，我说关于出入世的抉择，最好的状态是"以出世之心行入世之事"，其实与"酒肉穿肠过，佛祖心中留"是异曲同工之道理。

二

驾驭欲望有三个维度的内容：
一是欲望的高低多少。
二是欲望的种类、类型的把握。
三是驾驭欲望与被欲望驾驭之间的关系。

第一个维度：欲望的高低多少。

人的欲望不可太高太多，也不可太低太少。

人的欲望太低，便失去了奋斗与人生行进的动力与激情，对个人与社会的发展均无益处。

当今社会当然是普遍情况为"欲望太高与太多"，因此大多数文字都是劝人降低与减少欲望的。

在认识令致君之前，我亦喜爱看这样的文字，因为读之让人心境宁静。

而在令致君这里，我看到了另一个极端：即如人的欲望太低，也会迷茫与迷失。

当然了，比起欲望太高太多的好处是，这种迷茫与迷失不会导致走入歧途。

只是会导致找不到人生与奋斗的目标和方向，以及人生行进与奋斗的动力与激情不足。

从某方面来说，结果与现下常说的"躺平"竟无二致了。只不过一个是主动"躺平"，一个是出于无奈。

我在"淡泊与激情"等章节亦有相关阐述。

其次，这会让人少了一点人性的热度与温度。

人既生而为人，还是应该有个"人样"，若淡漠至与花草树木一般，又何必为人？

因此欲望的高低多少，维持在一个较为平衡的水平，是最好的。

当然了，维持在一个平衡的水平需要：

（一）不时的自我反省与调整的行动。
（二）自我控制的能力。

起码你要做到第一点：一段时间内停下来省察一下自我，是否想得到的东西太多了，该清理的就清理掉一部分。具体的方法是：把你想要的东西按内心的直觉排名，不要按几经权衡后的结果排名，几经权衡之后的排名，一定是以现实利益大小为导向所得到的结果，而非你内心真正所想要的。你需要的是一个不经思考的结果，是一个纯粹的结果，这才能知道你内心最想要的是什么。只选择排名第一的，坚持下去，这样不管你最终能否到达想要的目标，至少你的人生是无悔的，也不会轻易被五花八门、琳琅满目的各种诱惑所干扰、动摇。

以上说的是在多少方面的去留。

而高低呢？你可以有高的目标，高的目标本身并不是错，但你妄想快速到达，一口吃成个胖子，这个心态便错了。正确的做法与心态是：

首先，我们应保持每天都有一点小进步，持之以恒，不可今天找这个理由懈怠，明天找那个理由放松要求，这是做法。

然后，我们应该对每天的一点小进步感到喜悦，而不是焦急地妄图几下便到达最终目标。这是应有的心态。

当下很多人行事为人都是怀抱着急功近利的想法与心态。

首先：这种想法是不符合自然规律的，自然规律就是循序渐进，量变产生质变。偶尔有一时行运者，没有经过这个自然规律就得到了自己想要的。那便要如此看待之：

第一，这属于一种侥幸，而如果你因他人的小概率"幸运"，便抱着自己也能如此的想法，那便是叫"侥幸心理"。侥幸心理说到底是一种妄想规避努力而轻松获得成果的想法，不通过相应的努力而获得相应的成果，众所周知是不符合自然与人生规律的，因此你在此侥幸心理下的作的选择，往往是错误的。

第二，你只看到了他人的幸运之时，但他们一时行运的后续有没有跟踪观察呢？事实上，这类一时行运所获得的成果，往往是短暂的，不可持久与持续的，大多是一时红火、风光一阵。因为多高的、多稳固的楼便需要多厚的地基。只有扎根深厚，才能获得长久的、稳固的、持续的成功。

因此，想清了第一点，又看清了第二点之后，你便不会去跟风、去轻率、去以侥幸的心理为指引作出错误的选择了。

其次，一旦抱有这种想法，便会生出寻找便捷之路，甚至歪门邪道的念头，到时不仅到达不了你本来想要到达的目标，反而会：轻者将走许多弯路，最后被打回原形，发现**所谓的捷径反而是崎岖的小路，那非捷径的，看起来漫远的，其实反而是最平坦最明确的康庄大道**。严重者将干出涉及罪恶之事，而悔恨终身。

其实人生及人生中的很多事物都并无真正的"捷径"，那看起来最慢、最远的，往往是最好走、也是真正的"快"的正途大道。

因此，我们要拥有享受每一天的小进步的心态，这也是一种享受人生的重要能力。

第二个维度：
欲望的种类、类型的把握与选择。

欲望有很多种类，我们不仅要对欲望的多少进行筛选、筛除，还要对其种类进行筛选、筛除。
如，有追求金钱、名利等外物的欲望，追求受人尊敬的欲望，追求实现自我价值的欲望……等等，此为种类。

第三个维度：
驾驭欲望与被欲望驾驭的关系：

驾驭欲望的内容之一：摒弃多余的欲望。

事实上，你只要按上面的方法选出了排名第一的那个，这本身就是一个驾驭欲望的举动。因为此时你已经摒弃了多余的欲望。摒弃多余的欲望，便是驾驭欲望的内容之一。

驾驭欲望的内容之二是控制欲望的方向：

被欲望驾驭者，欲望要么太多，要么太高，要么理不清哪个最重要，要么欲望的方向与类型出现了错误与偏差。

想赚钱，本身这个欲望没什么不对，特别是有的人只是想通过拥有足够的金钱来获得安全感，或者是自由，比起有的人是出于虚荣或出于穷奢极侈的物欲享受的目的，前面二者还是属于正常范围的欲望。有的人希望以财富赚取的多少，来证明自己的价值，的确有时候所赚取的财富能在一定程度上证明自己的能力，这样的欲望就本身而言亦无可厚非。

但在赚取的途径和方式上，你就要控制好方向了，如果是正当的途径与方式，则是正当的欲望方向，如果是不正当的途径和方式，则就变成了不正当的欲望方向。

因此，这就是需要控制好欲望的方向的重要性。

驾驭欲望的内容之三，是防止被欲望牵着走。

防止被欲望牵着走，同样需要我们不时地停下来进行阶段性的内省，沉静下来摒浊澄清，方能发现自己一段时间内是否有被欲望操控了的心态与行为。
你牵着欲望，你就是欲望的主人。
而被欲望牵着走，则是欲望变成了你的主人，你就变成了欲望的傀儡和奴隶，身心已被欲望所操控，如同一个被蒙上了眼睛、关闭了心灵之门而被欲望用绳子牵着的僵化的肉体，已失去了自我的灵魂。

在我看来：对名利、金钱、奢侈品的追求，能够产生一定的人生动力，不必一味地否定。问题只是在于：
是你驾驭了欲望还是欲望驾驭了你？只要没有成为它们的奴隶，没有因为追求它们失了本心和底线，那就是处于正道之中的合理人类欲望，没有必要刻意抑止和"看淡"，而应让它们发挥其应有的指引人去努力、去奋斗的作用。

而我们只需要取它们的"指引人去努力、去奋斗的作用"便可，不可耽溺于其中，做到：

纵使获之而不沉迷，得之而不沾染，处其间而不受其扰，在其中而不陷其内，这便是驾驭住欲望了。

驾驭欲望，不被欲望驾驭，这是获得平和安宁的人生心态所需要做到的。

有与无（一）

人生之道，归根结底是有无之道。

有物无物，有名无名，有用无用，有情无情，
有我无我，有心无心，有形无形，有相无相……

其实归根便是：心中有物无物，心中有名无名，心中有我无我……

不可太有，也不可太无。

太有则失之于沉重，太无则失之于虚掷。

欲望太有时，让它"无"一点；
欲望无时，让它"有"一点。

太有者，如世人之大多数，他们往往步履沉重，心情焦躁，不得从容；
太无者，如令致君，从容淡然，却少了奋斗的目标和动力。

由是，有还是无，有多少，无多少，便成了需要把握的课题。

在有我与无我的把握中，可以参考以下观点，即：

每一个人都应该把自己放入历史中，以感受自己的自身价值。

——藉此同时感受自己的重要性与渺小，并在内心偏向一边时用另一边将自己调整过来，以及在适用的时候偏向其中一边。

如何理解与应用上述观点？

即：
感觉到自己的渺小的时候，应该调整感受为：自己是历史中的一员，具有改变历史的可能性。

此处的"改变历史"并非只指宏大的事业与成就，而是以"火种"与"微光"的作用来看待自己，而星星之火与微光，均是可以通过传递来广大其作用的。（此处见《火种》一章）

过分看重自己的情绪以至于影响正常生活与身心感受时，应该调整感受为：自己的一切在历史中如此渺小而微不足道，大可置之不理，不必看得太重。

即以自身对历史的可参与性来消解对自身的渺小的无力感，又以历史的宏大来消解对自身的苦痛的忧虑与焦灼。

这也是一种有无之道的应用：

当自己太"有"时，溶于历史以近"无"；
当自己太"无"时，融入历史以见"有"。

在"淡泊与激情"一章，谈到淡泊与激情的把握时，提出了"行动上追求，思想上看淡"。

其实也就是"行动上有，思想上无"。

在"出世与入世"一章，谈到出世入世的最佳状态为：
一、以出世之心行入世之事。
二、出入自如，随心所欲。

这其实也是有无之道，出世为无，入世为有，

因此有无的最佳状态亦便是：

可有可无，时有时无，有无自若，随心所欲。

可有可无，不是说一件事物可有可无，而是说我们的心可自由驾驭有无。

时有时无：当有时有，当无时无。

以及该章开头的一句"人不可全入世，不可全出世"，也正对应本章前面所说的：不可太有，也不可太无。

又并非是中庸取之，而是调节自若，并无一定标准比例。

我们所追求的，也正是对有无的调节自若。

如：
对淡泊与激情的调节自若；
出世与入世的来去自如；
执着与放下的运筹得道；
快与慢的张驰有度

……

这便是"随心所欲"。

所以很多我们所讨论的矛盾对立统一体，均可归入"有无"，如：

淡泊为无，激情为有；
执着为有，放下为无；
出世为无，入世为有；
快为有，慢为无。

……

我对令致君的情感，就包含和反映了对：

有情与无情；
执着与放下；
出世与入世

……的把握

至于对有形无形，有相无相的把握，也很重要：
要想长久存在，便不可太有存在感。

即：以无致有，欲有还无。

例如，在个人人生中的具体呈现与把握，可以是：
让人感受到你的影响，却又不清晰你的具体形象。
这样便在实现自我的价值之余，又可拥有自由。

我们在一章里谈到了"空"的作用，空即无，利用空，实际上便是有无的自如转化。

空也是一个存在。

无也是一个"有"，只是其有为 0；
有也是一个"无"，只是其无为 0。

所以有与无都是一个存在。

无并非不是存在。

因此有无不是绝对对立的：
无要变有，只要把无变为 0，即把无变为无；
有要变无，只要把有变为 0。

无是有的空状态，有是无的空状态。
所以有为空之空，无之无。
无为空之有，有之无。

如此，听起来有点玄，实际生活中又有什么作用呢。

无为空之有,即"有空"。有空,当然便可盛入东西;有空,便可做事——此为空间尺度与时间尺度上的"有空"之用。

所以,无又变成了有。

有为空之无,即"没空"。没空,就不能盛入东西,也不能做事。所以,有又变成了无。

知晓了有无之辩,即了解了事物之转化,心与行事便可更为自如、自得。

因此,当你"空"时,并不是无聊,而是"等待充实的"。当你"没空"时,并不一定是充实,而是无法再进步。所以,人要有"空"的时间,才会有再进步的空间。

因此我们了解了这个理论,便明白了放空的意义、人生留白的意义,以及"无用之用",便可自觉地、主动地给自己一点"空"的时间,自如把握好人生的节奏。

因此,空不是懈怠,而是为了再充实、再进步。
有也不代表全是好的,而可能代表了没有了再充实与进步的空间。

所以我们空时,不要让无聊的空虚的情绪弥漫战胜自己,而应该看成是"待充实"。

同样,当我们的时间被占有得太多时,要适当有所放空,以腾出再充实、再进步的空间。

当我们所拥有的太多时,也要适当让它空出一点。

结合了对有无之辩与"自觉的转化"的意识的了解,我们便可以自觉的进行有无之间的转化,以获得更多的人生主动性与从容。

附:《无题》一章中的有无之论:

一个人对自己的所得,也要有既看成有,也看成无的态度。

这里说的所得,不仅包括世俗上所常认为的金钱、权力、名气、地位等,也包括自己已有的技能以及思想上所得的收获与感悟。

而现在在这里,我主要指的是思想上的感悟。

因为前面的几个身外之物,对于达到了一定思想层次的人,是大可以看成无的,也是相对后者而言比较容易看成"无"的。

一个人对身外之物的所得,采取尽量看成无的态度;
一个人对自己思想上的感悟与所得,要以既看成有,也看成无的态度:

看成有,是因为你需要有意识地去应用,以思想的所得指导你的行为。此刻,它是"有"的,也就是"有存在感"。

看成无,是因为你要不受现有经验的束缚,不满足于现有的所悟所得,不设桎梏,以获得更广阔的进步与成长空间,所以,从这个目的出发,又要当它"无",也就是"没有存在感"。

即"虚之空之以盛之",如一个空的器皿。

另外一种"有无"把握的状态是,把它作为目标来追求时视其为有,拥有后视其为无。

即前面的有无是从一个存在的、空间的角度出发的,

后面的有无是从一个发展的、时间的角度出发的。

人生在世要有奋斗目标,所以不能一开始就视一切为空无,因此追求之时视其为有。

而拥有后视其为无，乃是不让自己为其所累、所束缚，这里便与存在上的"视为无"作用基本一致。

有与无（二）

如何更好地理解有无的辩证转化？

一日做了一梦：

我于道路上遇见一辆车，我问司机：你是往东吗？他说不是。我说：你的行进方向不就是东吗？过了一会儿，来到了一条路上，车在路口掉头，往西开去了。

我以量子物理学里的现象为灵感开了个玩笑：
有没有一种可能是我观测了它，它非要跟我抬扛？

当我写下了这个玩笑式的阐释，便现出了这样一个"有无之辩"来：

其实此梦本可以有许多喻意，不明说时可以思绪连翩，感慨万千，而像上面如此只说了一种，反而因过于明白直指的强目的性而失却了其丰富性和多可能性。

由此可见：此时我"多"了一句，反而将其变为"少"了，也就是太"有"而"无"了。
而如我"无"此言，什么也不说，那其予人的（联想、感悟）便多了起来，也就是"无"中有"大有"。

又如《无题》中的举例：

一个小孩的举动颇有得道之意味：

她一日给自己写了一份计划表，上面列着做操、看书、睡懒觉等计划。忽然，她发现自己随时都可以舒展手脚来做操，就擦去了计划书内的"做操"。我问她：为什么擦了呢？

她说：既然随时可以做，就不用写入计划里了。

你看，小孩想：既然无处不"有"，就可以"无"了。于是她就删了，就真的从"无处不有"变成"无"了。

练习吉他的时候，你太在意手指，就会变得紧张僵硬。这时，因为手指太"有"了，也就是存在感太强了，结果弹得反而不好，这又是一个"有"变成"无"。

于"人生的意义"的寻求中，亦有这样一个观点：

人生好在无意义，才让我们得以赋予它意义，以及得以赋予它多种意义。

这便是一个"无"变为"有"，"无"中见"有"，"无"中生"有"的例子。

于绘画的"留白"中，可给人如下的启示：

事实上，往往留白越多，想象的空间就越大，于是我们可得到如此的领悟：

如何在有限中展现无限，那就是让它"空"。

有是有限的实有，空是无限的可能。

有时，你越想表现"多"，你可以就越"少"。

无为大有，有为大无，大有为无，大无为有。

通过这些例子，我们得以对"有无"的辩证转化有了更具象与深刻的认识，也就可更好地应用于人生与日常之中。

如：
风轻云淡无人影，
天高地远我不在。
一曲灵生空尽处，
寻悟尽在有无中。

无题

一

长久以来，道德经里的道主要以"无为"为其追求所归纳，如若理解偏差，则易导致虚无主义，在我看来，一般人以追求"初"、"真"为好。为什么更好呢？

第一、比较积极。

第二、更易做到。

需知让一个有血有肉的人跟无血无肉的天、地一样，实现"空无"之境地，是很难的，如果是"初"、"真"的状态，就更容易做到。

第三："初"对应初心、初始，是一个澄澈透明的状态。
"真"对应"无机"（无机心、技巧、矫饰的），是一个自然的状态。

因而这二者既得了"空""无"的内涵，而且还更积极。
当然，它们没有"空""无"那么终极、高远，也正因如此，人更容易做到。

再者，追求空无，就又变成执着于空无，便不空不无了，而初、真则是更能体现顺其自然之道、清澈澄明之境，也便是：不刻意无为，而是随心随性而为。

顺其自然之道，主要在于"真"字；
清澈澄明之境，主要在于"初"字。

心既清澈透明又随心真性，则在浊世之中可兀自清流源长。

此处清澈透明，不但指自身的纯洁纯净，还指"不为外物所玷"，即不但纯净，还有保持纯净的能力。

二

如果让我打一句关于禅的偈，我会打什么呢？
我想我会说：

世间有禅，世间无禅。

世间有：因禅宗说世间万物、处处皆可参禅。
世间无：因无所不在，却又变成"无"了，也就是没有"特意的"，否则就变成了"执"。

就像空气一样，无处不在，处处皆有，却又呈现为"无"。

一个小孩的举动颇有得道之意味：

她一日给自己写了一份计划表，上面列着做操、看书、睡懒觉等计划。忽然，她发现自己随时都可以舒展手脚来做操，就擦去了计划书内的"做操"。我问她：为什么擦了呢？
她说：既然随时可以做，就不用写入计划里了。
你看，小孩想：既然无处不"有"，就可以"无"了。于是她就删了，就真的从"无处不有"变成"无"了。

小孩子自然不会去有意悟道，却有此得道的念头与行为，这说明禅道无处不在，亦说明了：只有在纯粹的、自然的状态下，才能悟道或感应到道。

小孩子因心灵澄明，他们的状态就是天真、纯粹、简单、自然的，因而他们往往是离道更近的，也是离智慧最近的。

练习吉他的时候，你太在意手指，就会变得紧张僵硬，这时，因为手指太"有"了，也就是存在感太强了，结果弹得反而不好，这又是一个"有"变成"无"。

一个人对自己的所得，也要有既看成有，也看成无的态度。
这里说的所得，不仅包括世俗上所常认为的金钱、权力、名气、地位等，也包括自己已有的技能以及思想上所得的收获与感悟。

而现在在这里，我主要指的是思想上的感悟。

因为前面的几个身外之物，对于达到了一定思想层次的人，是大可以看成无的，也是相对后者而言比较容易看成"无"的。

一个人对身外之物的所得，采取尽量看成无的态度；
一个人对自己思想上的感悟与所得，要以既看成有，也看成无的态度：

看成有，是因为你需要有意识地去应用，以思想的所得指导你的行为，此刻，它是"有"的，也就是"有存在感"。

看成无，是因为你要不受现有经验的束缚，不满足于现有的所悟所得，不设窠臼，以获得更广阔的进步与成长空间，所以，从这个目的出发，又要当它"无"，也就是"没有存在感"。

即**"虚之空之以盛之"**，如一个空的器皿。

另外一种"有无"把握的状态是，把它作为目标来追求时视其为有，拥有后视其为无。

即前面的有无是从一个存在的、空间的角度出发的，

后面的有无是从一个发展的、时间的角度出发的。

人生在世要有奋斗目标，所以不能一开始就视一切为空无，因此追求之时视其为有。

而拥有后视其为无，乃是不让自己为其所累、所束缚，这里便与存在上的"视为无"作用基本一致。

正如苏格拉底所说：我知道的就是自己不知道。
其实便与禅宗之悟、有无之道乃异曲同工之妙。

又如：
令致君过于"无"，便会难以确立人生目标，二来也稍显少了一些人的热度，以及灵魂的热度。

而大多数人，则处于过于"有"的状态，无论是在时间尺度与从存在角度上。

因而有无之论、有无之辩证贯穿了思想与人生。

人生说到底，是有无之度的把握。
包括时间尺度上与存在角度上。

即：何时有，何时无；何处有，何处无。

这就给我们提出了一个问题，即如何有，如何无。
即达到与控制的问题。

（至此可见"有与无"一章）

三

心与物的关系，我归纳如下：

一物本无，落心为有
一物本有，不落心为无

心本无，落物为有
心本有，不落物为无

如何理解：

一物本无，落心为有：则如无中生有，自寻烦恼。
一物本有，不落心为无：一个事物本是客观存在，只要你不把它放于心上，则它对你来说便如同不存在一般。正如视而不见，听而不闻。

心本无，落物为有：人心出生之时本来空空荡荡，透明纯净，如若无心，自尘埃附上，事物、思绪着之，便成有心了。

心本有，不落物为无：心本是客观存在的物体，只要不落尘埃，不着一物，便心无挂碍，虽有若无。

心是"心"是物？
答：可"心"可物，既是"心"又是物。

此处的物，即客观存在的物体，"心"即意识。

由物导致的心的反应，比如一些事物引起的烦恼是可以通过心的调节避免的；
由物导致的物的反应则需要客观对待。

由心导致物的反应，也可以一开始就从心上避免，如我们可以通过调节心态让自己避免疾病，特别是一些由心态变化而生的疾病；
由心导致心的反应就更是由心而控，其所生烦恼就是全由心来避免和消除，如类似纯粹人事关系所导致的烦恼。

以上感悟的作用是什么？
答：
（一）无用；（二）不执于用为用。

无用：感悟就是感悟本身，不因有用无用而生，所以是无用，也就是不因用而存在。

不执于用为用：而它的用处便在于告诉人应处于一个自然的状态，不执着于功利性的应用的目的，这便是它对心灵指引的价值，也就是"不执于用为用"。

人的几个阶段的状态：

（一）未得我 执
（二）得我 喜破执
（三）破我执 破破执执
（四）无破我执 无破破执执

（一）未得我 执：处于一个并未清晰了解自我的，不知如何对待和看待自己的，迷茫、混沌、浑噩的阶段，并热衷于追逐各种身外之物，被各种表面的、肤浅的东西所吸引与迷惑，看问题看不到本质。

——大多数人处于此阶段。

（二）得我 喜破执：对自身有极其清晰的了解，不混沌蒙昧浑噩，在俗世中保持自我的独立，坚持自我，内心秩序坚笃，不为身外之物所牵引，心灵淡泊，执念少，不被表面的、肤浅的东西所吸引与迷惑，喜深入、深层次的思考，善于透过表面看到事物的本质，并希望悟道，以及通过悟道来超凡脱俗，追求放下执念，执着于"破执"。

——令致君处于此阶段。

（三）破我执，破破执执："我"可随形随相，无所限定，不为物所羁，只随心性移转，率性而为，天真透明，乖巧顽劣无所定形，无所谓破执，只随心意而动，无定相，无定形，无定性，流转自若。

（四）无破我执 无破破执执：
不存在破不破执，从来无执，因此无执可破，亦无破执之执可破，从来无我执，故无我执可破。

——人的初始状态。

破我执，破破执执，尚有相关"破"的意识与行为，亦有要破的对象。第四层则从来既无要破的对象，亦无相关的"破"的意识与行为。正因要破的对象从来不存在，也就没有相关的意识与行为。

我的阶段，大概是时而第二阶段，时而第三阶段，或者说是一部分处于第二阶段，一部分处于第三阶段。

自我分析：

我有没有"我执"呢？
答：有的

我是否要破我执？
答：可破可不破，否则又变成了"喜破执"，但不是真的不破，是先破再不破，或想破便破，不想破就不破，顺其自然。
此时有时也看起来像回到了"未得我"的状态，其实是螺旋式上升的高级阶段了，此时跟第一个阶段不同的是一个是蒙昧混沌的，一个是清澈澄明的。

四

关于佛教的"无常"，可以一诗诣之：

朝红暮艳非一朵，晨响晚鸣不同磬；

此身此时非彼时，彼时此身是彼身。

五

问：
一个人了解了物与心的关系，如果试图用这个方法来消除内心的烦恼等情绪，安慰自己，会不会这样就是执着于我了？

答：觉得自己舒服便用。

问：如果经过思考，结果还是用，而且大多数人本来就会选用，二者有什么区别？

答：没有区别，也有区别。
如果你不找，便无区别；你找，便有区别。
找出区别，你用便有用，不用便无用。

看起来结果一样，但经过了思考过程的，便会可能有所得。不经过思考过程的，则全无所得。
就像小孩自有的天真，与大人经过思考后抵达的天真，看起来可能一样，中间不知多少心得领悟，能一样吗？

问：一个人悟出了心得，如何做到"用"？

答：首先，不要凡事执于"用"，更不要执于"即时可用"。

第二：东西就在这里，用不用、怎么用、是否有用、是否觉得有用，便在人了。

第三：一些事物的存在是进入更高与更深层次的阶梯，而并非存在"立竿见影"的功用的。因而无需囿于一时与眼前之"用"。

如我记述的此些感悟，是无用，也是有用。
是否有用在于你是否觉得有用、用不用和怎么用。
我不是因为有用才写，也不因无用而不写，只是因为悟到了而写下，这便是真，随心随性。

问：追求真理是不是执？

答：也是也不是。它本身这个行为可能是一种执，你觉得你是自然而为之，从心所向，便不是执，这便属于心上无物，也就是：物本有，不落心为无。

这是我在追求真理的过程中的一些个人思考，我尚且无法将它们称为"心得"因未必是真"得"，只是一个客观呈现。

所以我只是一个自己的发现的阐述者，
追求真理的道路上的一介顽童。

现实的与"不切实际的"

一

其实人过于理性、现实，也未必快乐。

照理说，当今的物质水平比之从前真的是大大提高了，可是人们的快乐感有提高吗？ 没有，似乎还有所下降。

原因就在于：
第一、从前的人与人际关系非常纯粹，简单反而容易快乐。

第二、现在的人大多没有了理想，眼神大多是灰暗的，没有光。

第三、在追求金钱之时，牺牲了"生活"，等于是用现在去换取将来，于是他们的"当下"永远是焦灼的，也就很难获得心灵的安宁与快乐。

究极根源，便是由于过于现实导致的。

我们需要的"现实"，是"脚踏实地的实际行动、实干"这样的"现实"，而不是持着一颗"过于现实"的心。

钱是重要的，这自然是我们需要知道的以及重视的"现实"。
那么一个心灵过于现实的人，便会容易在追逐金钱的道路上过于执迷。

事实上现在很多人便是如此。

但似乎并没能用赚取到的金钱换取回来等量的快乐。

这是因为：

一、一个人过于现实，心灵便会不再纯粹，行事为人往往经过计算度量，不能直接"从心出发"，因而变得复杂，从而难以获得简单纯粹的快乐。

二、又因过于现实，便会只着眼于眼前事物与利益，心境无法高远，心灵便无法超脱。

三、以及，一颗过于现实而复杂的心很难关注、感受到细微的美好，因一些美好的事物往往是看起来"无用"的，"无用"之物往往是不在"过于现实的心"的观测注意范围之内的。

二

有梦想的人往往会被人称为"不切实际"。

"不切实际"看起来有点"傻"，而恰恰是这种"不切实际"的心态，让人脱离了现实的泥泞，而获得一种超脱。

所以，"不切实际"的人反而往往是快乐的。

以及，这样的人追求的往往是一些他们自身发自内心所喜爱的事物，虽然可能于金钱上收获甚微，但是，他们忠于了自己的内心，自然也就心境喜悦。

而一意追求金钱，违背了自己的内心真正所往的话，内心其实是挣扎的、不甘的，如此自然便灰沉疲惫。

因此现在的人大多很现实，拥有的金钱亦不少，物质水平较高，却不怎么快乐，这一点亦为原因之一。

三

此外，只有存在着"不切实际"的思想，人类才会有发展与进步。过于"现实"，只会关注眼前利益与短期可见的收获，人人都是如此的心灵、格局与眼界的话，只怕当初蒸汽机、飞机等众多人类发明成果也创造不出来了。

人类的科学、文化上的巨大的进步，往往是"不切实际"的人创造出来的。

四

因此，一个人为什么要有一点"不切实际"呢？

第一，由此可获得一种超脱于现实的心态。

第二，当你"切实际"时，你只能创造出"切实际"所能达到的东西；而当你"不切实际"时，你就可能创造出"不切实际"所能达到的东西，至少也能创造出大于"切实际"所能达到的东西。

而我个人至今为止的在当时看来"不切实际"的"幻想"，其实现比率竟然达到了三分之二以上，不是因为运气，而是因为一旦有此期望和希冀，你便会使劲朝着这个方向抉择和努力。

五

伟大的成就绝不是"现实"的思想的产物，而是基于"不现实"的思想的产物。

所以伟大的成就都是理想主义者创造的。

青年

一个人不能永远年轻，但可以永远是青年。

很多人喜欢说"再见，青春"，我从来没有这样的感慨，因为我的内心从未苍老，也从来没有因为岁月和外界改变初心。

我们常常提到少年感，什么是少年感呢？一段话描述相当准确：

"少年感这种东西真的是非常奇妙，它和你把衬衣漂得多白、胡子刮得多干净、控制碳水摄入维持近似青春期的瘦骨嶙峋没有任何关系，它来自灵魂深处、骨骼和不会变冷的血，固执天真，不被市井荼毒，这是伪装不出来的。"

现在常说的一个人"依然少年"，其实也就是"青年"的意思，意指其人依然内心纯粹。

许多人到了一定年龄，变得圆滑世故，已离"少年感"相去甚远。甚至有的年龄尚轻，亦已如此，脑子里只想着如何赚钱，如何利用人，早已极度现实，纵使年轻，亦实在无法对其称一声"青年"了。

而令致君这一种，却又非圆滑世故一类，而是极为淡然。

我觉得令致君的淡泊、超脱世俗固然是好事，但就如我在《淡泊与激情》里所说的，一个人最好的状态，应当是：

既进取有激情，又淡泊而宁静。

如只有淡泊，未免过于暮气。

又如"文质彬彬"，文质各半为最佳，激情与淡泊，理性与感性，也都应各半为最佳。

有人说：
现在已经没有青年了，只有年轻人。

因青年之"青"，令人联想到朝气、青春、热血、盎然，倘若一个人令人无此感受，是断然无法对其说出"青年"二字的。顶多只能因其年龄之"轻"，称上一句"年轻人"。

青年，指的是心灵与灵魂的"年轻"，
而年轻人，只指年龄年轻。

现下，"没有青年"的体现在二：

一、理想与理想主义精神

因为很多人已经失去了理想与理想主义精神。而青年，一个内心与灵魂年轻的人，自然应是一个有理想的人。

嘲笑那些理想主义者，就像你的暮年嘲笑你的青年

许多人喜欢怀念青春，而我从来不怀念青春，因为我觉得自己一直在青春中，便是因为我心中有理想主义和理想的存在，于是心中一直具备为实现理想而奋斗的理想主义激情，因而一直处于斗志昂扬的"青春"状态。

二、锐气

当下，很多人都觉得自己活成了自己讨厌的样子，那是怎么活成的呢？ 要知道与这个世界对抗是需要勇气的，而且你要承受跟这个世界对抗所可能产生的代价，如果不想承受，其实那是不敢承受。所以一个人变得世故圆滑了，不再青年，那是因为锐气与勇气的不再或不足。

有的人二十多岁，就已经没有以上二点了，这便只能称为年轻人，而不能称为青年。

如果具备了以上二点，那你的内心永远是年轻的，你永远都是一个"青年"。

所以，**我们不会永远年轻，但任何时候都有可能成为青年，任何时候都仍然可以是青年。**

一个人不可能永远年轻，但可以永远是青年。

所谓青年，大概就是纯粹的心灵，知其不可而为之的信念，以及逆流而上的勇气吧。

逆流而上的勇气

我在多章都提到了"逆流而上的勇气",
以及"沧海横流方显英雄本色",

觉得有必要专门用一章来总述、归纳一下:

在一片麻木时保持热血;

在世界寒冷时释放温情;

在世界灰暗时发出微光;

给这个坚硬的世界一点温柔;

在一片追逐浮华之时抓住根本;

在一片浑浊之时不改清澈;

在一片暮气沉沉之时保持激情;

在众声喧哗中兀自宁静;

在纷繁复杂中保持简单;

在千变万化中保持初心;

在现实主义横行之时不灭理想;

在众人只低头盯着六便士之时仰望星空

……

当世界寒冷、灰暗、坚硬、追逐浮华、浑浊、麻木、暮气沉沉……之时你也寒冷、灰暗、坚硬、追逐浮华、浑浊、麻木、暮气沉沉……那便是妥协,便是懦弱。

而当世界寒冷、灰暗、坚硬、追逐浮华、浑浊、麻木、暮气沉沉……之时你散发温暖、发出微光、留存温柔、抓住根本、不改清澈、保持初心、充满激情、不灭理想……

便是具备了逆流而上的勇气,便是沧海横流时兀自伫立的英雄。

尽知笃行，修虚行实，悟道不现

如果要让我总结生命状态的一句话，现在我想到的是：

尽知笃行，修虚行实，悟道不现

尽知：尽可能地多学习，保持每天学习一点新东西，如新知识、新技能等，每天一点进步，尤其是要学习与认识底层智慧的思想。

笃行：笃定地前行。

一信念坚定，二坚持不懈，三不顾一切地向着理想前行。
冲破一切障碍，抵挡住一切诱惑，无视一切干扰。

具备知其不可而为之的勇气、内心力量与精神。

修虚行实：修行于内，踏实于外。

悟道不现：明道而不用道。对道明悟，却不刻意使用。

要体悟大道，但不要挂于嘴边、现于手脚，
而是融于血液。
如羚羊挂角，无迹可寻。

眼前与长远

《理性与感性》这个章节里说到人类历史往往是由他人眼里的"疯子"、"傻子"创造与推动的,现在问题就来了,这岂不是说明原来大众才是真正的"傻子"? 而大众却往往认为自己是最聪明的,这是为什么呢? 因为大众往往着眼于眼前利益的计算,而创造和改变、影响人类历史的人往往着眼于远方,而对眼前利益有时有点"稀里糊涂"的。

所以在大众看来,他们就有点傻,甚至有时看起来有点迟钝和木讷。其实这是出于他们的不在意。

这既是眼前与长远之别,亦是聪明与智慧之别,亦是术与道之别。

一个人着眼于什么得到的就是什么。着眼于眼前与浮华,所得到的就只有眼前与浮光掠影;着眼于深远久长,所得也就深远久长。

而时间终会淘汰一切浮光掠影,留下那值得留下的、有深远价值的、可以超越时间的事物。

术与道

如要给道与术作一个大致的划分，大概是这样的：

道是真理、规律、智慧；

术是方法、手段、技巧。

关于道与术的辩证关系，下面的话都有着精准而智慧的表述：

庄子：以道驭术，术必成。离道之术，术必衰。

《孙子兵法》：道为术之灵，术为道之体；
以道统术，以术得道。

上人用道，中人用术，下人用力。

有道无术，术尚可求也。有术无道，止于术。

也可以有"相对的术与道"，如：

孔子的思想：主要在阐述自己对事物的观点与看法。
老子的思想：主要在阐述事物的客观规律。

所以，相对老子的思想而言，孔子是相对的"术"的一方，老子是相对的"道"的一方。

而孔子的所说，相对于具体的技术技能、手段技巧而言，又是"道"了。

一

当今社会出现很多乱象，跟人心浮躁有很大关系，归根结底，就是因为现今的人大多重术不重道、知术不知道、明术不悟道。

很多问题，必须从道上着手才能真正解决。

所以我们不仅要透彻理解"术与道"在学术上的意义，还要理解它们所具有的现实意义，以及理解"理解它们所具有的现实意义"。

术与道的区分又可大致有两种：
（一）具体技术与客观规律、真理、底层智慧。
（二）智巧之术与道。

如我们常说的"战术与战略"，战略便是战争之道，战术便是战争之智巧。

在"本质与表面"一章，我们讨论到提高驾驭欲望的能力，从根本上也是要从"道"上入手解决的：

如何提高驾驭欲望的能力呢？或者说：如何主动地提高驾驭欲望的能力呢？
这就涉及到了更深层的问题：你只能从净化自己的心灵入手。
没有一颗澄明清澈的、沉静的心灵，是无法具备高的驾驭欲望的能力的。
也就是说，你坚持对自己的欲望进行反省和清理，所获得的驾驭欲望的能力，是低维的、不透彻的，可以说是肤表的。

而从改造心灵入手，从而获得的驾驭欲望的能力，才是透彻的、高维的、本质上的。

只有拥有一颗澄澈透明的内心，才能出入各种欲望中来去自如、不受羁绊、行入世事而不改出世心。

在欲望的浊流里，左右上下穿梭而仍自成清流，超然物外。

可先阅读《天真与成熟》、《率性》、《澄澈透明》等章节。

阅读完，相信到时无需我赘述，你便会清晰其中的关系，如果你能做到此中所阐述的心境，也就会获得高维的、本质上的驾驭欲望的能力了。

而且心境越澄明，这个能力便会越高。

所以，前一种让人具备驾驭欲望的能力的方法，既是被动的，又是肤表的、低阶的，归根结底，它是从"术"着手而获得的。

后一种具备或提高驾驭欲望的能力的方法，既是主动的，又是本质的、高屋建瓴的，归根结底，它是从"道"着手而获得的。

这就是二者的区别。

还有什么方面体现出术与道之用呢？

比如，在商业上，靠花样而取巧，或以欺诈手段获利，都只能喧哗一时，或一时得利。

而以诚信，以及从提高产品质量入手才能长久。前者为术，后者便是道。

做人，就更是应以道为本，尽量少用术，因使术多，人会觉得你巧诈，要么亦以术相对，便成勾心斗角、尔虞我诈，各损一千；要么觉得你此人不厚道，不可信任，无法建立长远的关系。

看书亦有术道之别：

求术者，均看些肤浅、应时、花巧之读物，初看之下以为得，其实都是些短浅薄表之技。

求道者，喜从阐述底层思想的内容掌握。这样的内容，初读罢一时不知何用，但其实渗透入人之骨骼血液、心灵魂魄，指导了人生中的方方面面，以及人生行进之大道、方向的抉择。

世人皆喜纠缠于术，而不识大道，也就是纠缠于肤表，而不抵本质。皆因术易得，道难悟，且术便捷，道深远，需得有沉心静气，方可窥触一二，短期不得有成，起效缓慢。而世人往往是求快，急功近利，以求速成，故往往只耽溺于术。且术显巧智多端，道似拙朴无色，其吸引力只有心灵透彻深远者能感到识得，心灵肤浅者，均易被术之花巧外表所惑，而难以得道。因此心灵肤浅者，只能得术，亦即只能小成、短成；而心灵深远者，可以得道，即大成、长成。

而喜术者，得术之后，往往喜不自胜，以为获世俗之"成功"，一时便以为得意，忘乎所以，忘形非常。孰知术如浮云，挥之则去，吹之易散，恍忽间，昨日之金碧辉煌，前簇后拥，今日便成南柯一梦，其失落也甚，迷失也众，穷者入歧途而不归，陷者落渊谷而无返。

其实术与道的关系，便是如快与慢的关系一般，似快实慢，似慢实快，大缓若速，大速若缓。

术：着眼于向外的成功，作用短暂，于格局为小。
道：属向内的修炼，影响长远，于格局为大。

二

术与道的相互关系该当如何对待之呢：

一例：
例如，我们读史，知晓了为何刘邦杀了许多功臣，却未杀萧何，其中一个原因是：萧何后来伪装成一个十分贪敛之人，因此而失了民心，刘邦见其已不得民心，作为一个封建统治者，他便觉得此人失去了威胁。

但如果我们只从此例中思考一些人际交往之技巧，就只是停留于"术"上了。

若我们能更深一层、更进一步、更高一维，去思考出其中所蕴含的客观规律，这便是"寻道悟道"之举了。

既是客观规律，其就不是单体现于人际交往的应用上，而是可以应用于生活、人生中的方方面面，亦体现于自然客观事物的运行当中。
比之"术"，其深度、广度、维度，自是高出许多。

我们可从中体会、总结出什么客观规律呢？

那便是：以退为守，既得先损。

如归纳到这个层次，便是无论人际关系还是人生行为，以及客观事物运行皆有所体现的规律了，此时，便可视为"道"。

此处又并不是我们常见的"以退为进"、"欲取先予"，可以说，我们从这个例子，归纳思考出了一些比较崭新的"道"。

岂不妙哉？

我举此例子，重要的是阐述这种思考过程，而总结出来具体是什么样的道，倒是其次的，虽说总结出来之物亦有用处及启发，但此处最重要的希望阐述予人的，则是我们如何从具体的事物、事件中去寻求"道"的思想自觉性与意识，以及思路过程。

又如：欲取先予，本身是一个客观规律。除了兵家用于智巧之计即术，平日里应以道相看。
一个人应做到：虽明此道，但平日为人，又并不能抱着强烈的欲取先予的目的性，这时它就变为术了，又落了下乘，只是明白这个道理即客观规律便可。
明道，是让人打开格局的，但不要刻意使用，否则就变成了功利性与目的性强了，只有兵家才刻意使用，做人要发乎自然。

正如"尽知笃行，修虚行实，悟道不现"中所说：

悟道不现：明道而不用道。对道明悟，却不刻意使用。

要体悟大道，但不要挂于嘴边，现于手脚，
而是融于血液。
如羚羊挂角，无迹可寻。

如此，便是一个人对术与道的相互关系应具备的明了与知解，以及如何对待之。

三

这世上的人，无论是什么样的人，大多数对知道、明道、悟道还是很向往的，而易"得道"者有以下三种：
（一）心灵纯净的人。
（二）忠厚、厚道的人。
（三）有悲悯之心的人。

再加上善于思考，便往往得道悟道。

前两种人因其简单、无机，往往直达事物的本质，在未经思考之前，他往往是自发的、不自觉的"已在道中"了，而经过思考之后，他则是达到"自觉的悟道"。

心灵纯净的人，已自带天真、澄澈透明、简单的性质；忠厚、厚道的人，往往心无旁骛，会专注于一件事物，亦往往可以慢慢地扎实前行，不急功近利；有悲悯之心的人，往往会在帮助他人、支撑他人，给他人以"故土"之时找到自己的"故土"，点亮他人之时亦点亮自己，从而得以实现自我价值，找到人生的归宿感和使命。

因此，以上三种人是本就自然的"已在道中"的，如再加以自觉的思考，便较易达到"自觉的悟道"、"自觉的得道"。

四

物极必反,循环往复。当今为众术喧舞,障乱世人之时,也便是大道彰显,真理悟现之日。人们开始厌倦了这样的喧哗纷嚣,也逐渐意识到浮躁浅薄之害,开始寻求更具持续性的发展。我们应识得长远,方才能把握好人生的方向,得获心灵的澄净祥明,取得真正的人生之大成、长成。

自觉　自觉的转化（一）

一

我在其他章节里多次提到了"自觉"这个词，并常与"自发"一起出现而对比。比如：自觉的理想主义与自发的理想主义，自觉的超越与自发的超越，自觉的天真与自发的天真，自觉的澄澈透明与自发的澄澈透明，自觉的转化与自发的转化，自觉的入世与自发的入世，自觉的执着与自发的执着，自觉的透过现象看本质，甚至自觉的自觉转化……等等。

在各章里，关于自觉与自发只是阐释该章主体内容时的产物之一，可以说是一种"自发"，在这里，我们将自觉的讨论"自觉"。

首先在这里，我们将零散在各个方面的"自发"与"自觉"归纳一下：
（以下解释只是粗略归纳，并非精确定义）

自觉的理想主义：认识到理想主义的现实意义之后，以理想主义引领内心。
自发的理想主义：天生的、血液自带的理想主义。

自觉的超越：具备了主动转化的意识之后，主动采取一定的行动进行自我超越的行为。
自发的超越：经历了一些事件后，不得不寻求一种方式，以实现对痛苦等不良情绪的跨越。（这只是以其中一种类型"超越痛苦"来举例）

自觉的执着：本可以放下却依然选择执着。
自发的执着：由于放不下而执着，或是本能的执着。

自觉的入世：有意识地、主动地参与世事、投入人世。
自发的入世：不受自身意识控制的、无法将身心置身"世"外的。

自觉的天真：内心经过修炼成长而抵达的天真。
自发的天真：如孩童的自有的天真。

自觉的澄澈透明：有意识地保持心灵的纯净，不受外界的侵蚀。
自发的澄澈透明：初生婴儿的状态。

自觉的出世：有意的在心灵上远离尘世。
自发的出世：初生婴儿的状态。
被动的"出世"：是一种出于无奈的逃避与放逐。（这种情况并非真正意义的出世）

自觉的转化：明晓了好坏转化的辩证之理，主动地将负面的事件等首先在思想转化为（或看作）好的事情，或挖掘其价值，亦可能采取相应的转化的行为，将其价值践行出积极的结果。
自发的转化：经历了负面事件后，经过了一番挣扎，让自己走出并从中吸取经验教训获得进步。

自觉的转化较之于自发的转化，一个很大的不同在于自觉的转化是先有思想再有行动的，即"我先想到要把它往好的方面想，或是往好的方向转化，或是挖掘其中的价值"之后才有行动。或有时仅仅是把坏事在思想上看作是一件好事，或找到它的好的一面，而未必有行动。
而自发的转化，往往是为求扭转事情而进行了一些行动、行为之后，回过头来才意识到自己把坏事变成了好事的，甚至未必意识到，而只是进行了行动，也就是无意识的或下意识进行了转化。

二

自觉的转化里，还有各种具体的类型，即：什么转化为什么。
常见的有以下几种：

（一）坏转化为好：这当然是最常用的，也是最具积极意义的。

（二）先转为坏，先死后生：也就是置之死地而后生。
有的人说：这不也属于坏转化为好吗？
这个跟坏转化为好还不完全一样，置之死地而后生，是先转为"坏"，再把"坏"转为"好"，其中的自觉过程是"先转为坏"，跟第一个"坏转化为好"不一样的是，这里的"坏转为好"只是一个结果，而且只是一个可能的结果，是不确定的，不属于自觉转化的范畴里的，所以为示区别，我写为"坏转为好"，而不是"坏转化为好"，因为"转化为"的主观能动性意味比较浓，用在这里便不太准确了。
经典例子：背水一战。
楚汉相争时，韩信率一万两千人马与二十万赵军对峙。一万汉军驻扎河边，背水为阵，赵军杀向河边时，驻扎在这里的汉军退无可退，只能拼死奋战。

（三）先给予后获取：因为给予和获取无好坏之分，所以不能划分入"坏转化为好"之内。

（四）以退为进：这个跟先死后生看起来有点像，但是又有点区别，区别就在这个"进"的过程，是主动的、自觉的，而"先死后生"或"先转为坏"里，这个"生"不是自觉的，就如上面所说的一样，只是一个可能的结果。所以在这个意义上，称为"先转为坏"可能比"先死后生"更准确，因为在这个转化中，只有"先转为坏"这个过程是自觉的，而"后生"这个过程不是自觉的。
而在"以退为进"中，"退"与"进"都是自觉的。

同样，先给予后获取看起来跟"以退为进"也有点像，虽说"退"与"进"倒是可以看作"给予"和"获取"，但也因"给予"和"获取"无法界定孰为退孰为进，特别是"给予"，不好说是"退"还是"进"，所以也不归入"以退为进"中。

反过来，虽然"退"与"进"可以看作"给予"和"获取"，但获取的过程是可能是自觉的，也可能是一个可能的结果，而不像"以退为进"那样，"退"与"进"都是自觉的，所以也不把"以退为进"归入"先给予后获取"。

这几个转化的方法在军事上的运用很多。

我们主要要阐述的是在人生、生活当中的运用，这时候用得比较多的是"坏转化为好"

当然，"置之死地而后生"及其他的转化类型也可以在生活中自觉的运用。

大多数时候，我们人生中需要的、常用的主要是把坏事转化为好事的"自觉的转化"思想，即：一件本身看起来"不太好"的事情，你要么挖掘出它好的一面，要么动脑筋想办法让它转折为一件好事，也即向变成好事的方向去努力，总的来说就是主动、努力地去挖掘这件事情的价值。

三

我们还有一个"自觉的自觉转化"，怎么理解呢？

我们自觉把坏转化为好，这是自觉转化，而我们了解了自觉转化的思想，主动地进行自觉转化，则是自觉的自觉转化。

比如，我参加一个比赛，失败了，我想：我要把坏转化为好，失败了，也许是让我变得更好的一个启示与提醒，没准如果成功了，我便会止步不前，满足于现状了呢。这就是自觉转化，自觉的把坏转化为好。而如果我先想：我学习了一个自觉转化的思想，所以我要进行自觉转化，我要怎么自觉转化呢，具体的就是把坏转化为好。所以我要挖掘出它有什么好的一面来，即挖掘出它的价值，或从中激发自己的成长和进步，这个就是自觉的自觉转化。

可以说，自觉的自觉转化比自觉转化，不仅是自觉性更多了一层，而且还是在思想高度上更高了一层、更"高了一筹"，是站在一个更具战略意义的高度上的行为与作为。

我们又生活化一点，比如我怎么转化令致君离开这个事情，我想：我得把令致君离开这件事看成一个好事，那我就想：他不离开就没有这部作品了，这就是自觉转化。而当我想：我得把令致君离开这件事，进行自觉转化，怎么转化呢？具体的就是把这件遗憾的事看成好事"他不离开就没有这部作品了"，这个就是自觉的自觉转化。

在令致君这个例子里，也可以同时阐释自觉超越，以及自觉的自觉超越。

事实上，在实际的事件里，我是先有自觉转化的思想，然后决定创作一部作品——这是自觉超越的行为，所以在这件事里，我是用了自觉转化的思想，而后作出了自觉超越的行为。

所以，当你学习和领会了自觉转化的思想，而后去有意识地运用这个思想的时候，实际上已经走到了自觉的自觉转化了。

如果以战略与战术作比，那"把坏转化为好"相对而言可看为战术，这是相对于"自觉的转化"这一层思想而言，而相对于下面更具体的一层的具体方法而言，它便又是战略了。

这是一种相对划分。

如果粗略划分，或者说是绝对划分，可以把自觉的自觉转化和自觉转化归入战略层面，坏转化为好与具体的做法归入战术层面。

所以，其间的思维或思想高度关系是：
自觉的自觉转化——自觉转化——坏转化为好——针对每件事的具体想法与做法

其中每一层是它上一层的"战术"，是它下一层的"战略"。

掌握和理清、领会了这个思想高度的关系，则你就可以更"自觉"的进行"自觉转化"了。

更高一层，如果你告诉自己："我遇到不太好的事情时，要进行自觉转化。"那就又比遇到事情的时候才想"我要进行自觉转化"、"看来我要开始进行自觉转化了"更多了一层自觉了，那也就是"自觉的自觉的自觉转化"。

因为遇到事情的时候才想"看来我要进行自觉转化了"明显比"我遇到不太好的事情时，要进行自觉转化"少了一层自觉。

所以这样解释之后，"自觉的自觉的自觉转化"也就不难理解了。

这样一来，你的思想高度就又提高了一层。

同时，理解清晰其中的关系以及各层的含义之后，你的"透过层层现象看到本质"的能力也提升了。

四

所以，以这样的阐释方式，其各层的高度关系、各层的含义以及具体的运用就都非常清晰明了，也变得易懂了。

如果我们不这样阐释，只跟你说到"自觉的自觉转化"，就会有人开始感觉头晕，再说到再高的层，"自觉的自觉的自觉转化"，就会有人以为在玩"文字游戏"了。

这也给我们阐释自己思想的人一个提示：阐释时最好拿具体的事物举例，层次多的，则每一层次都有具体的、生活化一点的表述，就不会让看的人如坠云里雾里。

因为我们要把一个思想讲透，势必要进到高维，如果因担心被人批评为"不知所云"，而不把思想讲深讲透，又远离追求真理应有的态度。

作为一个思考思想者，我们应该引领大众，而不是迁就大众，如只是迁就，我们阐述这些思想和觉悟还有什么进步意义？

而我们要秉着尊重真理、爱真理的态度把思想阐释透彻的同时，怀抱着对真理的爱追求终极的思想的同时，如果不让大众明白，或至少是明白一点，那么我们阐述这些思想和觉悟，就变成了只对自己有意义，而其客观该具备的、该呈现的意义却没有具备和呈现。也就是，你只起到了表达自我的作用，没有起到引领的作用，那对于你自我的人生价值实现，是有意义的，而在社会意义的范围内，则是未产生意义，而不产生一定的社会意义，对于自我的人生价值的实现，也就没那么充分了。

想想，本来你的思想可以给人们以启示、启发，在人类历史、人类文化历史、文明历史和其发展历史上起到积极的作用，却因为"不知所云"而未能尽其用、尽其应有的价值，岂不是可惜。

所以我们就如既要淡泊，又要有激情一样，既不能失去自我，远离对真理的应有的正确态度，又不能只顾自我，沦为孤芳自赏与"不知所云"，让真理脱离实际而存在，如同让真理剥离其诞生的土壤，这同样也不是对真理应有的正确态度。

以上只是一家之言。

首先，并不是说我的思想与觉悟是真理本身，而是就态度而言。

第二、因为真理是包容的，如海纳百川方成其大，山容万物方成其高，不能接受质疑的真理也就不是真理。

我们常说：深刻的道理都是简单的。并不是它们真的是一眼看过去的简单，而是从复杂到简单，从深刻到简单，因为终极的东西是从复杂到简单的，而不是只有简单。

既然是从复杂开始的，也就会包含了很多互为矛盾的东西，很多思辩，看到这一点，自然也就明了其包容性了。

阐释底层思想的作品，确实有一部分存在这样的情况，导致大众无法领会。无法领会，其启迪智慧的作用如何呈现？所以我们阐释思想不能为深奥而深奥，就如艺术作品，不能为显得高雅而不知所云，一个阐释思想者，一个文学、艺术创作者应该有一种使命感，就是引领人们和社会的思想、文化水准，而不是发表出来获取"哗，这个人看起来很厉害的样子"的赞叹的。

当然，也有一种情况，就是阐释者、创作者只能这样表述和表现，或者说是他实在想不到其他更"科普"的表达方式了，他是出于对真理的尊重而选择了这样，或是不得不这样，那也是出于本心，也是"真"的，这种情况就不在上面所说的之列。

要有使命感，也是我的一家之言。只为自己开心，也是无可厚非的，也就是"独善其身"。

五

上面用参加比赛失败以及令致君的离开为例子，阐释了如何"自觉的转化"以及"自觉的自觉转化"。下面是在日常生活里发生的事情：

我在"阳朔第三日"一章里，提到过我们到了一个渡口想坐船漂流，却被告知只有二人船，而我们想一起坐船，便只能找另一个渡口。这时我们只能在门口找了一辆三轮车，转向另一个渡口。此时同行之人本有些泄气，原本兴高采烈的心情有些受影响，但后来一想：虽在此时受阻，但正因此方才转而寻得三轮车。若非在此处受阻，便不能得享乘三轮车之舒畅惬意。经这样一想，"在此处受阻"反而变成了一桩好事、幸事、美事了。

一次于摄影馆拍了艺术照，他们的修图技术未能令我满意，我未心烦气恼，而是将之视为一个自学修图的契机，从而学会了修图，并且出来的成果比摄影馆做出来的让自己满意许多，自己亦"趁机"掌握了一门技术。在这个事例中，我首先在思想上对其进行了"自觉的转化"，这个"自觉的转化"体现在"将其看作一个契机，也就是'一件好事'"。而后，我以行动对此"负面事件"进行了实质上的转化，使其真正的成为了一件切实发生的好事。

又：我本有一伙伴一起玩乐队，但后来他离开了，开始我因其离开而有些失落，后来一想，与他人一起玩总是需依赖他人，总不太可靠。与其又去找人，向外寻求，不如向内寻求，向己寻求，想个方法，让自己一个人就能营造出与一个乐队相近的音乐效果，这是最为可靠的，再也不用担心人员的去留的影响了。于是我便开始思考如何达到这个目标的方法，而取得了一定的效果。

后来，与前面的例子一样，我竟又变成了庆幸他的离开了。若非他的离开，我就不会去想办法如何做到自己一个人也可以"玩乐队"，也就不会从此便掌握一个人便可"玩乐队"的技能。由此，便又是"坏事变为了好事"。

当时，我可以说是处于一种"半自觉转化"的状态，尚未能主动采取"自觉的转化"，因当时尚未发掘出这个思想，而正是由于此事的启发，才逐步发掘出了"自觉的转化"的思想的。

这便是日常生活中的"自觉的转化"思想。

《庄子 人间世》里，所论的无用之用，其实便是阐述了转化的思想。"桂可食，故伐之；漆可用，故割之。人皆知有用之用，而莫知无用之用也。"

而与《道德经》里的又不同，《道德经》中，所提及的"空、无之用"，相当于有与无的辩证。而庄子此处，便重在说一种思想上的转化：虽然桂皮很有用，但因此而受伐，反而又不是什么好事了。而另一种树却因表面上看起来没什么用处，得以免了受伐之苦。这棵树此时便当庆幸。假如这棵树掌握了主动转化、"自觉的转化"的思想，它便可能让自己"显得没用"，以得性命长远。

人们在生活中、人生中会出现无意识的、不自觉的进行转化，但极少有意识的去主动进行"自觉的转化"的。我在此将其发掘，并专门特意作为一个思想方法归纳总结并阐述出来，是为了让人们了解了之后，可以从此作为一个具体的、具象的、明确的方法有意识地、自觉地运用，从而得以更好的面对生活、人生中的困难、困境与困惑。

综合而言，"自觉的转化"就是在生活、人生中遇到相对负面的事件时，主动地挖掘其价值，以对其进行（向好的一面）转化的思想方法。

而在其中，有时只体现为一个思想过程，有时亦包括有所行为。

自觉　自觉的转化（二）

事实上，在诞生"背水一战"这个典故的战役里，主动让士兵背对河水，毫无退路，就是"自觉"的"置之死地"的。

当然，那是将领的"自觉"，而不是士兵的"自觉"。如果士兵能有此高屋建瓴的格局，有此思辨的才能，有此过人的胆略，那应该早就跻身将领了。

这就是"战略"，而不仅仅是"战术"了。

背水而战，这个形式本身是一个"战术"，而背后蕴含的指导思想，是"自觉"的辩证转化，就属于"战略"的范畴了。

所以，战术是战略的具体体现，战略是战术的思想基础与纲领。

我们看这些战例，如果只看到它的形式，只学到它的形式，是无法在实践中灵活应用的，只有透过它的形式去思考、挖掘出它的本质，才能在掌握了本质之后将其灵活运用到具体的实践中去。

所以我多次说，一个人要具备或学会透过现象看到本质、抓住本质的能力，以及透过现象看本质、抓本质的主动意识，也就是"自觉"。

其实这句话也是一个"指导思想"，而且它是又高一级的"指导思想"，怎么理解呢？

也就是说，拿背水一战来举例，看到"背水"这一形式后，我们就通过这个形式，思考到将领采用了"自觉转化"的思想（但是在这一层，自觉采用还是不是自觉采用，又是另一层里了，总之在转化这个行为上，他是自觉的，但在采用"转化的思想"上，他是不是自觉，即是否"自觉的自觉转化"，就待史学家勘察了），然后我们从"发现或思考出将领采用了'自觉转化'的思想"这一思考过程，又总结出：我们看问题要有透过现象抓本质的主动意识和能力。

反过来应用：我们因为有透过现象抓本质的主动意识和能力，于是意识到了要"自觉转化"，怎么自觉转化呢，就要寻找一个具体的表现形式，就是"背水"，这就是有了战略或指导思想之后，再根据实际情况和条件，因地制宜、因时制宜或因人制宜地思考出具体的办法。

上面我们提到了除了"自觉转化"之外另有一层"自觉"，就是"自觉采取'自觉转化'"的自觉。

而且还存在着另一个"自觉"，就是"透过现象抓本质"的"自觉"，也就是"自觉主动的透过现象抓本质"。

就先不要说战争这种离我们大多数人比较远的事情。就是在生活中、在学习中，比如学习数学，我们每解一道题，都不能仅仅是解了就算了，而是要回过头来"透过现象抓本质"归纳它的思路特点，这样，在以后解题时，我们可以根据归纳出来的思路规律来尝试，这样的解题效率便比较高。如果我们解完一道题，不去寻求和抓住它背后的本质的规律，是不利于数学水平的提高的。

其他很多方面的学习，也是一样。

又正如我在多章里所说的：一个人的很多行为都是由他内心的一个主要指导思想所决定的，也就是说，他的很多行为，甚至是各方面的行为，最后都可以归纳到一个指导思想上。

意识到这一点有什么用吗？
首先，你可以由此比较准确地判断一个人的品性。
其在生活中的实用之处就是：你看人的眼光就不至于太差了。
在学术上亦有人文科学方面的学术研究的价值。
第二，你可以大概预测一个人的行为，以及其遇到一件事的反应。

但我们还可以将这个认识更升华一步。
不仅只用在人的分析上，还可以用在更广阔的方面。
比如：你要思考出一个方法，你可以先建立一个"指导思想"，或发掘出一个"指导思想"，再在这个指导思想的引领下，思考出具体的方法。

具体的应用举例：玩乐队需要有人和你一起玩，你感到这样很不自由。于是你想：能不能自己一边弹吉他一边打鼓呢？若如此，编曲又将怎么处理，才能听起来并没有因为是一个人同时弹吉他和打鼓而让听的人感觉欠缺了什么呢？

你学习过上面所说的思路，于是，你打算先建立或摸索出一个"指导思想"。经过一番思考，你建立了或摸索出"把所有的乐器看作一个乐器，每个乐器都是这个大乐器的一部分"这个指导思想，在这个指导思想的引领下，你在编曲时要兼顾"一个人同时弹吉他和打鼓的手脚协调和分配问题"以及"在听感上尽量饱满，不让听的人感到因为一个人同时弹吉他和打鼓而影响了音乐的充分表达"这两个方面，最后，你依据指导思想，以及需要兼顾的方面，安排好了每个乐器何时出现。而后，你便可以自己一个人一边弹吉他一边打鼓一边演唱，既可三者兼顾，又保证了音乐听感的饱满。

因此，在这里我们提出一个思维方法，可称为"自觉的先建立指导思想"法。

在"物质与意识"一章里，我们阐述了"暂归法"，在"自觉 自觉的转化"一章，我们阐述了"自觉的转化"与"自觉的先建立指导思想"，在"自觉的超越"一章，我们阐述了"自觉的超越"，这些都是思想方法，而且是于人生中、生活中以及思想认识上都有着十分重要的现实意义与作用的思想方法。

因此，本部作品阐述的思想方法有：

（一）自觉的超越；
（二）自觉的转化；
（三）自觉的先建立指导思想；
（四）暂归法。

前两个思想方法是本作品的重点所在。

自觉的超越（一）

这一章非常重要，是我最想阐述的几个主题之一，因其具有极为重要的现实意义。

一

超越，在字典里的解释有高远、超过、超出、跨过、跨越、逾越等含义。

其中"高远"多用于古汉语中，近代也有使用，如：

宋叶适《胡翟名说》："思致超越，学而不倦。"明谢榛《四溟诗话》卷二："熟读太白长篇，则胸次含宏，神思超越，下笔殊有气也。"老舍《四世同堂》（四十八）："他不是个哲人，他没有特别超越的胆识。"

而在现代、当下的用法里，常用于比如：超越自我，超越现实，超越时间、超越痛苦……这些时候，超越便显得比较抽象了，若要将其涵义准确地表达出来，就比较难，似乎现有的释义，都只能是接近，而无法完全精确。

这其中，我觉得"跨越"、"逾越"比"超过"更能准确、形象地表达出超越的意思以及内涵。"超出"也比"超过"接近一点。

尽管一说到"超越"，很多人的第一反应就是以"超过"来解释。

如是超越他人，则用"超过"是比较合适的，"超过他人"读出来很顺畅，意思也是明了到位的。但如超越自我、超越现实、超越痛苦，则用"超过"便明显不合适了,"超过自我""超过现实""超过时间""超过痛苦"不但读起来奇怪,该表达的意思就更没表达出来。

而以"跨越"套入的话,则是"跨越自我"、"跨越现实"、"跨越时间"、"跨越痛苦",就显得通顺而感觉到位很多。

但"跨越"仍未能十分的精准,尽管它可能已经是各个关于"超越"的释义、近义词里最接近的一个了。

根本原因在于什么呢?

当"超越"用于"高远"的含义时,是一个形容词,套入句内,几乎可以以"超凡卓越"来准确表达。

而跨越,多指一种具体的行为,比如以身体的动作来跨越,即使是"跨越时间"、"跨越岁月",你仍能感受到有一个动作感,尽管那是一种"无形的"动作。

但同样是接上"时间"、"岁月","超越时间"、"超越岁月"很显然你能感受到与"跨越时间""跨越岁月"含义的区别,什么区别?仔细琢磨,显然前者更多了一项精神上的意义。

如:当我们说某个经典文学、艺术作品超越了时间、超越了岁月,意思就是它们无惧时间与岁月的"淘汰与筛选",依然光芒如昨。
又或是:经过了一定的时间和岁月的跨度之后,它们依然魅力未减。

而如说跨越了时间,跨越了岁月,显然只描述了一个"动作"的方面、具体的方面,而其"意义"的方面、抽象的方面,则无法体现出来。

即使是在组句时,我们往往是如下这样的,由此可看出二者的区别,如:
即使跨越了岁月,这部作品仍然迸发出伟大耀眼的人性与思想的光芒。

而我们不会说:即使超越了岁月,这部作品仍然迸发出伟大耀眼的人性与思想的光芒。

而只会说：这部作品超越了岁月，至今仍然迸发出伟大耀眼的人性与思想的光芒。

显然，"超越"有一种把岁月"甩在了脑后"、"抛在了身后"、"无惧岁月的淘洗"、"比岁月更高远"的感觉。
而"跨越"只有一种"经历了一段岁月"的感觉。

又如，若说"跨越痛苦"，你会感觉似乎是一种"经过了一定的时间把痛苦跨过去了"的感觉，只能体会到一种被动的行为感。
又或是一种"无视痛苦，将其跨过"的感觉，这一种就比较主动一点，也能体现出一定的坚强与毅力，即一定的精神力量。

但若是"超越痛苦"，其意境顿时高远起来，就有一种"做了什么有意义、有价值的事情或行为，将痛苦远远抛在身后"或是"从痛苦中滋生、发掘出价值与意义"的意思，你能体会到一种主动的感觉，其精神力量则更为鲜明显著，更具强大的精神引导意义。如果某个人"超越了痛苦"，似乎他的行为便能给他人带来强大的精神激励作用——这样的感觉。

因此，我们可以看出，或者是感受到：现今的"超越"，已经更多的具有的是精神上的意义，或者说是精神层面、精神意义上的表现，即精神上的跨越，精神上的行为等等，这显然比身体动作上的更抽象、更难以描述与表达。

这也就是尚未能有一个近义词，可精准地表达"超越"的含义的原因。

二

大多数时候，我们面对"超越"这个词，对其含义都是意会的，也就是脑海中模模糊糊地感觉到它大概是那么个意思，你要具体描述，却又如描述"道"一般，只能一番"东拉西扯"、比兴修辞，却又总似蒙了一层面纱，只捕捉到朦朦胧胧的大意，而不得其清晰面容，更遑论抓住精髓。

因此，超越的含义尚且如此模糊，未能被世人清晰明确地感知，"自觉的超越"的思想，自然便几乎未见提及。

偶尔，会找到极少的文章，出现"自觉超越"的字眼，但都是用于描述与评价一个人时，比如说："某位作家具有自觉超越的意识。"如此类的描述中，一带而过，只是一个不易被人发觉与重视的"形容词"。

而我在这里所要阐述的，则是独立完整的关于"自觉的超越"的思想。

我认为具备这个思想对一个人的关系极为重大，它在激发自我精神、改变自我命运、实现自我价值等方面都有着重大意义。

我现在所说的超越，则是既包含了精神也包含了行动。它是一种以精神指导后的行动，即以一种"超越"的思想与精神引领，而后采取相应的"超越"的行为。

因此，一开始厘清超越的含义至关重要，否则只从此处开始阐述，人们脑中仍然会是不清不楚，如隔面纱。而花一点篇幅与时间，明晰了超越的含义，后面对于理解并实践"自觉的超越"的思想，则是"磨刀不误砍柴工"之用。

三

什么是自觉的超越？

据记载，司马迁在遭受酷刑之后，一度极为痛苦，但他想：

盖文王拘而演《周易》；仲尼厄而作《春秋》；屈原放逐，乃赋《离骚》；左丘失明，厥有《国语》；孙子膑脚，《兵法》修列；不韦迁蜀，世传《吕览》；韩非囚秦，《说难》《孤愤》；《诗》三百篇，大底圣贤发愤之所为作也。此人皆意有所郁结，不得通其道，故述往事、思来者。乃如左丘无目，孙子断足，终不可用，退而论书策，以舒其愤，思垂空文以自见。
——《报任安书》

当日周文王被关于羑里，写了一部《周易》；孔子周游列国的路上被困在陈蔡，后来编了一部《春秋》；屈原遭到放逐，写了《离骚》……还有《诗经》三百篇等等，大都是古人在心情忧愤的情况下写的。这些著名的著作，都是作者心中郁闷郁结，或是理想行不通的时候，才写出来的。我为什么不利用这个时候把这部史书写好呢？

因此，他以历史上以成就超越了自身痛苦的人物为精神激励，主动地去完成《史记》这一具有伟大的历史、文学意义与价值的著作，从而超越了自身的痛苦，将痛苦抛在了身后。

因此，他是"自觉的超越痛苦"。

而路遥，则是一个创作上自觉追求自我超越的作家。《平凡的世界》创作之前，刚过而立之年的路遥两获全国优秀中篇小说奖，小说《人生》及同名电影在全国引起的强烈轰动，让他名满天下。但路遥毫不满足，反而冷静地反思《人生》的创作局限。他立志从零开始，忘掉荣誉与鲜花，"决定写一部规模很大的书"，要在思想艺术上全面超越《人生》，并不断接受各种新的创作挑战。这部"规模很大的书"正是框架为三部、六卷与一百万字的《平凡的世界》。

因此，他是"自觉的超越自我"。

《月亮与六便士》里的主人公，原型为画家高更，描述了：原本平凡的伦敦证券经纪人斯特里克兰德，放弃了旁人看来优裕美满的生活，奔赴南太平洋的塔希提岛，用画笔谱写出自己光辉灿烂的生命，把生命的价值全部注入绚烂的画布的故事。

这便是"自觉的超越现实"或"自觉的超越平凡"。

从以上几个例子，我们大概可以形成一些关于"自觉的超越"的感性认识了。

首先，我们大概明确了"超越"的含义：

准确又具体、且通俗地说：

超越，就是你要做一件有意义、有价值的事情，把一些事物带给你的影响"甩得远远的"。比如时间的流逝、岁月的消磨、自我的停滞、现实的苟且、苦痛的折磨……也就是对应了"超越时间"、"超越岁月"、"超越自我"、"超越现实"、"超越痛苦"……超越那些很多时候体现为在人们的心目中比较"负面"的影响。

而"自觉的超越"，便是你主动地、有意识地去实行超越的行为。

因此，超越分为自觉的超越与自发的超越。

自觉的超越：具备了主动转化的意识后，主动采取一定的行动进行自我超越的行为。

自发的超越：经历了一些事件或一定时间后，不得不寻求一种方式，以实现对一些事物给自己带来的不良影响或对痛苦等不良情绪的泯消、抵消与跨越。或是无意中发现了一种方式，实现了这一效果。

因此，自觉的超越与自发的超越，即主动的超越与被动的超越。

自发的（被动的）超越的例子：

比如，一些人遇到了挫折，他挣扎了很久，也不知如何是好，直到有一天，他只是机缘巧合而非有意识的做了一件事，让他觉得泯消掉了挫折给他带来的痛苦。

这便是无意识的超越、被动的超越，也便是"自发的超越"。

又比如上面三个人的例子：

如果司马迁没有那一段以史上人物为激励之榜样的内心活动，而是在百般痛苦之余不知如何解脱，一天在撰写《史记》之时方才发觉自己可藉此泯消或缓解痛苦，于是便持续写了下去，最后的结果也是超越了痛苦，但这就并非是"自觉的超越"痛苦了。

而路遥若是在取得前面的成绩之后沾沾自喜，而后止步不前又找不到方向之后才幡然醒悟，从而写出《平凡的世界》，最后的结果也是超越了自我，但这就并非是自觉的超越自我了。

因此我们从中可见，伟大、优异的人物之所以伟大、优异，他们一定是具有特别超凡、超拔的精神意识和精神力量的。而"自觉的超越"，便是他们通常所共同具有的精神能力与精神力量之一。

因此，我们看过了这些人物的事迹，若只停留在"了解了一个故事"的层面，这便大为可惜。如果我们发挥"透过现象抓住本质"的能力和自觉主动性，通过深入思考，发掘出其中的价值而为己所用，人生便可少走许多弯路，少了许多毫无方向与头绪的摸索，便可走得更有目标、更有信念以及更笃定。

自觉的超越比之自发的被动的超越，一大好处便是：
一旦拥有"自觉的超越"的思想与主动意识，人们便可在遭遇苦痛之时主动寻求超越的方式以及主动进行超越的行为，而免去苦苦挣扎与寻求解脱的时间、精力、情绪以及内心的耗费，甚至有的人，在苦苦挣扎之后仍未得方向，从此将生命掷于虚无颓靡之中，或陷于深渊之内。

除了在面对苦痛的方面，还有：
在面对自我的停滞之时主动寻求超越自我的途径与方向；面对现实的苟且之时主动地去树立高远的理想而后为之奋斗，以达到超越现实的目标。
……
这些都是"自觉的超越"的思想方法于人生中的重要意义与作用。

因此这也是这部作品把"自觉的超越"的思想作为阐述之重点的原因，因其对于人们的心灵以及人生的行为方向具有十分重大的现实意义。

四

就以我写这部作品为例：

令致君将我删了之后，我是有一种如伯牙失去了子期般的痛苦的。当然，他还活着，但"生离"也并不好受。一段时间内，这种失去灵魂伴侣与知音的痛苦萦绕着我，连带着有不时升起的惆怅与遗憾等情感。

于是我开始思考如何摆脱以及从这些情感中解脱出来——这个思考便是"自觉的、主动的"，即：我在主动寻找一种方法。而后，我便想到了书写一部作品，以我与令致君的交往作为线索和引子，阐述一些人生感悟与思想。

而当我开始了写作之后，令致君这个人物逐渐变成了似乎只是一个引子了，更重要的东西——更深刻的思想内容在这个引子的索引下逐渐被发掘、引出、展开与呈现，让这部作品具有了超出与超越我们的现实交往的价值与意义。

最后，变成了我甚至觉得令致君是上天用以"度我"的一个使者，他的出现、我们的交流与交往，包括他的离开，都具有了重要的价值与意义。甚至可以说：需要有"他的离开"这一个环节，才可能有这部作品。

想到要完成一部这样的作品的兴奋，已经盖过了他的离开所给我带来的惆怅。因此，这部作品可以说是他带给我的财富。

因此我甚至变成了感谢他的离开，更准确地说是：感谢他的出现，感谢他与我的交流，更感谢他的离开。

很神奇，我竟然以他的离开为喜了，而且获得了这部深入挖掘内心与思想的作品，也就是说：通过写作并完成这部作品，我超越了失去令致君的痛苦。

并且，我是"自觉去超越"的，并且意识到了自己是"自觉的超越"。

而在此间十分重要的收获，便是挖掘与归纳出了"自觉的超越"的思想。

　　由于这个思想既是这部作品诞生的根源，又具有十分重要的现实意义，且于现有的思想中尚未见有过提及，可以说是十分具有原创意义的一个思想方法，因此我将其列为了本作品最重要的几个阐述主题之一。

　　如果更高一维，便是"自觉的自觉超越"了。

　　在我写这部作品的时候，我至多是具备了"自觉的超越"的思想，但当我意识到了自己在自觉的超越之后，并作为了一个思想总结了下来之后，我将来就会主动地进行自觉的超越的行为，也就是"自觉的自觉超越"了。

　　也就是说，我决定写这部作品之时，想的是"我要超越"，而将来，我想的将会是："我要自觉的超越。"即我掌握了这个思想，我便会遇到相关的时机之时主动地去运用这个思想，从而做出超越的行动。

　　而如是看了这部作品的人，此时应想的是"我学习过'自觉的超越'这个思想，因此我要自觉的超越"。

　　这便是自觉的自觉超越。

　　也就是说，自发的超越是被迫地或无意识地去行动，自觉的超越是自觉地去行动，而自觉的自觉超越则是以思想与方法论来指导行动。

　　因此，在我与令致君交往的这个例子里，可以同时阐释"自觉的超越"，以及"自觉的自觉超越"。

五

　　在很多情况下，是先有自觉转化的思想，再有自觉超越的思想，然后再作出自觉超越的行动和行为。

比如说一个人做一件事情失败了，他首先进行自觉转化：我得发掘出这个失败的好的一面。此时，便有两种情况：（一）看到了失败所收获的经验教训，并记住了、消化吸收了。如只有这一步，那便是只有自觉转化而无自觉超越了。

（二）他在自觉转化时，除了上面的一句，他同时又想：我得做点什么，来抵消掉失败的负面影响。那么，他可能是利用这个失败，将其视为一个自我进步的台阶，从而实现了对从前的自我的超越。

由此，他最终便实现了超越。

也可以以我与令致君交往的例子来假设说明：

如我具备转化的自觉，便会首先想：我得把这件事情（令致君离开）转化为一件好事。而后便会想：我将如何转化呢？我是不是应该采取些什么行动，做点什么？再进一步就会想：比如以此为灵感与素材创作一部文学或艺术作品？而后如作品的思想深度越深、越有意义，我的愉悦感与成就感就会越强，超越的力量也就越强大，其作用也就越显著。

但有一些情况，则直接便是自觉超越的思想，如一个人遇到了失败、挫折，他便想：我失败了，我得做一点让我觉得自己有价值的事，或找点有意义的事情来做。于是他就会从这些事情中得到满足感与价值实现感，失败带来的自我怀疑也就消失了。

殊知当下很多人的负面情绪，起源都来自于自我怀疑，甚至很多外人眼里的"成功人士"，也会出现这种情绪。

因此，具备"自觉的超越"的思想意识，对减轻与泯消人们的负面情绪、激励人生行为与人生行进等方面具有十分重大与显著的作用。

又如我们这个例子，我如没有"把令致君离开这件事转化为一件好事"这个思想过程，而是直接就想写点什么来泯消他离开而给我带来的负面情绪，便就是只有"自觉的超越"而无"自觉的转化"。

事实上，在我的实际思想过程里，"自觉的转化"这个环节并不十分明显，也可以说是"存在但较为隐蔽"，需要仔细回顾捕捉，呈现出来的几乎是直接"自觉的超越"的。

而有趣的是，我在进行"自觉的超越"的过程中，捕捉、发掘并归纳出了"自觉的转化"，现在我掌握了"自觉的转化"的思想，如果时光倒流重来，我便可内心明确地知道要进行或可进行"自觉的转化"，从而可以更快地去想"怎么把它变为一件好事"，这样就效率更高了。

还有更深、更高一层的：自觉的自觉转化 + 自觉的超越，或自觉的转化 + 自觉的自觉超越。

只讲前者，便可同时理解后者了。

其思路过程为：

一个人遇到了失败、挫折，他想：我学习过"自觉的转化"的思想方法，那我就使用这个方法。于是他便开始想：我得做点什么，来抵消掉失败、挫折的负面影响。到此便是自觉的自觉转化。
而后他经过思考，决定做一件让自己觉得有价值和意义的事并行动了，至此便实现了自觉的超越。

由此，"自觉的自觉转化 + 自觉的超越"的整个思想与行动步骤便完成了。

以及自觉的自觉转化 + 自觉的自觉超越

其思路过程为：

一个人遇到了失败、挫折，他想：我学习过"自觉的转化"的思想方法，那我就使用这个方法。于是他便开始想：我得做点什么，来抵消掉失败、挫折的负面影响。到此便是自觉的自觉转化。
而后，他又想起自己学习了"自觉的超越"的思想方法，而超越的具体办法主要是在于做一些自己觉得有意义及有价值实现感的事情。于是他想：我得做一件有意义、有价值实现感的事情。并展开了行动。这一部分便是"自觉的自觉超越"。

由此，"自觉的自觉转化 + 自觉的自觉超越"的整个思想与行动步骤便完成了。

之所以将这些过程阐述得层次分明，是为了让人们以这些例子为借鉴与参照，明了整个思想的思路步骤与过程，从而从思想的方法论上一步步到达与实现"超越"的目标。

六

自觉的转化可包括思想与行为，有时只体现为思想，自觉的超越则是既有思想又包括行为，所以一些时候我们是使用自觉转化的思想，作出了自觉超越的行为；一些时候我们是直接使用自觉超越的思想，作出了自觉超越的行为。

而自觉转化的行为方面，在"自觉 自觉的转化"一章有所阐述。

我们在"自觉 自觉的转化"一章里说：当你学习和领会了自觉转化的思想，而后去有意识地运用这个思想的时候，实际上已经走到了自觉的自觉转化了。

同样的，当你学习和领会了自觉超越的思想，而后去有意识地运用这个思想的时候，实际上已经走到了自觉的自觉超越了。

所以，"自觉的超越"的思想的重大现实意义在于：
让人们具备方法论，从而在遇到相关情况时，可积极主动地采取行动，而免去或减少了精神上的痛苦挣扎的过程，从而更为积极地在人生中前行。如：令遇到失败与挫败的人减少了气馁与自我怀疑等负面情绪与过程，令遇到感情上的痛苦的人的关注点移转向其他事物……等等，而更快地将负面的事件与情绪转向正面的事件与情绪，并转化为具有积极意义与价值的结果。

这也就是让人们走向"自觉的自觉超越"。

更深入地说来，甚至包括这个思想本身，亦是由"自觉的超越"的思想指引下悟出来的。

七

因此，自觉的超越，以及自觉的自觉超越的含义我们都已经明了了。

那么，超越的方法又如何选择？

其实从上面的几个例子，包括我自己的例子可以看出，如同前面所总结的那样，基本就是可归结为：

做一些让自己有价值实现感的、有"意义感"的事情。

自觉的超越（二）

我们在《理想主义的现实意义》一章提到过：

人为什么要有理想主义（也就是理想主义的现实意义）：

现实太泥泞，只有心怀理想、心怀远方，才能抵抗和消解眼前的苟且。

如果没有远方，那就给自己立一个远方；
如果没有理想，那就给自己挖掘出一个理想。

从某个角度来看，也就是说：
人生要"超越"，比如超越平凡、超越现实、超越自我、超越痛苦……，其中一个方法便是：有理想主义在前上方引导。不然就容易陷入现实的或痛苦的泥沼，而失去奋斗前行的信念和勇气。

于是"超越"与"理想主义"就联系起来了，你可以不超越自我，也可以不超越平凡，但你永远需要超越痛苦，因为你可以主动选择过平凡的人生，也可以不想有什么进步，像现在这样就好，也就是主动选择不超越自我，但你永远无法选择痛不痛苦，所以你需要主动超越痛苦，这个时候没有理想主义是需要挣扎很久的，所以这就是理想主义的作用，也就是说理想主义是有现实意义的，它不是我们从前所认为的空中楼阁。

学习了本章之后，对理想主义的现实作用的理解与体会则会更为明晰了：与"超越"联结起来，理想主义的作用便是可以用于超越现实与超越痛苦，当然，亦可以用于超越自我。

而这个理想越高远，其超越现实的作用也就越大，为什么呢？这在该章也有详细阐述。

但不是让你"好高骛远"，树立高远理想与"好高骛远"的区别，在于是否脚踏实地同时又信念坚定。

"往往'取乎其上，得乎其中；取乎其中，得乎其下'，所以我们不能取乎其下。而且太近了的话，心境仍在近处，不在高远之处，也起不到超越现实、拔出泥沼的作用。"

从司马迁与路遥的例子可以看出，理想与超越的联结的确是一种密切相关的关系。他们正是心怀理想主义，有高远的理想，司马迁才得以超越现实与超越痛苦，路遥才得以超越自我。这也可以说是"理想照进了现实，它的光芒将现实的阴影消灭了"。

我于这部作品的心得体会亦是一样。开始，我只是想写点东西。后来，自我打算把它作为引子，用以作思想与人生感悟的深入阐述的时候，它的意义与价值变得高远、深远了，也就是说：我找到了一个比起初开始动笔时更高远的"理想"，因此，从而失去令致君的痛苦抵消得更多了。也就是说，你的理想越高远，你就会觉得它越有意义和价值，而这种意义感与价值感给人带来的充实感、成就感与喜悦、快乐、激情，也就更能抵消你于现实中的苟且与痛苦。

还有一些具体的情况，如下：

精神挣扎、痛苦的时候，孤独的时候……是一笔财富，尤其对文学、艺术创作者而言，我们要有意识地利用这些时期，来进行主动的超越的行为，即做一些事情，来主动超越痛苦与挣扎，主动超越自我。

即使本身或从前不是文学艺术创作者，也一样可以选择以创作的方法自觉的超越痛苦。

不少人正是通过文学写作与艺术创作，一边进行写作与创作而一边治愈自己的心灵的。

以及人在感觉灵魂飘泊无依时，依然可以使用"自觉的超越"的思想，如在"心安之所"一章里所说，一位哲学教授回答提问时说：不要总是想着寻找"故土"，可以想想怎么成为别人的故土，用自己的善良意志去支撑其他人。

——即人要主动地寻求价值实现来达到对自我与现实的超越，从而让灵魂获得归宿感。

这便也是一种"自觉的超越"。

除了天性的悲悯之外，一个人到达悲悯的过程亦是自我超越的呈现过程：

人开始会关注他人（注意，不是关心），会关注他人的看法以及是否理解自己，到了一定程度，觉悟的人就会走向独善其身，不关注和不在意他人对自己的看法，又到了一定程度，开悟的人就会走向悲悯。

其实也就是开始"喜欢"被人需要。

之所以走向悲悯，一般有两种情况：
有一部分人是通过思考获得的开悟，而后自然到达悲悯。
有一部分人是因为自己的经历使然，他需要悲悯来救赎自己，而后，他发现这已经成为了一个习惯，乃至使命。
这中间是怎样一个过渡过程呢？
第一：他会由救赎自己推己及人，想到救赎苍生。
第二：他通过救赎苍生来救赎自己，给自己以更高的生命意义和人生价值，才能超越自身或超越自身的苦难。
然后，在这个过程中：
第一、它就变成了一个自然的东西，成为了一个习惯。
第二、他越来越意识到自己存在的意义，就成为了使命。

所以，除了天性的悲悯，通向悲悯往往有两个路径：经历与思考。
而我想，由经历所获得的也许会更深刻。

这一段所阐述的，其实也是一种"自我超越"的内心发展过程。其中便可能会出现"自觉的超越"。

我想：

每个人来到这个世界上都有自己的使命，当上天召唤你实现使命的时候，往往会设立一道门槛，这个时候，你只有进行"自觉的超越"，才不会被它绊倒，才能迈过这道门槛，而得以实践与完成使命。

因此，综上所述，**实现超越的方法主要有二：**

（一）做有价值实现感，有意义感的事情。
（二）树立理想。

无论是超越自我，超越时间，超越平凡，超越现实，超越痛苦……，这两个方法都是适用的。

了解了超越的方法，以及掌握了"自觉的超越"的思想，我们就可以进行"自觉的超越"了。

怎么看待失败

一个人是靠失败来成就自我的，成功只是阶段性的成果。

失败是一个机遇。

**失败不一定是成功之母，但一定是进步的催化剂
——就看你是否意识到这一点**

失败是一个把自己变得更好的机遇。
它是上天在告诉你：你还不够好，应该努力把自己变得更好。于是在它的鞭笞下，你将成为一个更好的自己。

所以我从来不为失败而感到灰心泄气，更不会因此失去前行的信念。

有时，我甚至觉得如果我太快或太早成功，会不会就因满足而止足不前，而导致成就仅限于当时？

成功其实只是一个阶段，在这个阶段里我们证明了自己，不表示下一阶段你依然成功，所以失败是终将会遇到的，只不过有的人遇到得早，有的人遇到得晚。遇到得早的，只要你不被打倒，这时失败反而成为了你变得更好的台阶。遇到得晚的，可能因为之前太顺利太容易成功，反而缺乏应对失败的勇气。

遇到得多的，与遇到得少的，道理也是一样。

遇到得多的，可能就看淡失败，视之为兵家常事，因此而得了风轻云淡的心态。

遇到得少的，可能就格外在意失败，而钻入"为什么失败"的情绪牛角尖。

所以我们要以辩证的态度看待挫败与失败：它只是在告诉你这个阶段还不够好，你可以并且应该变得更好。而且它们是上天送给你的变得强大的礼物，以让你的内心成长至配得上你的所得。

比较早遭遇失败的人，应该感谢，感谢有一个声音早点告诉你你还不够好，你便可以早点警醒与早作奋发，这一定比晚点告诉你好。
比较多遭遇失败的人，也应该感谢，感谢上天给你提供了更多的让你变得更好的台阶，是为了让你将来站得更高。

因此，失败遇到得早，遇到得多，未必是不好的事，它完全可以变为好事。它是只停留在"不好的事"的性质上，还是变成了好事，一切在于你看待它的态度与之后的行动。所以很多时候：**一件事情到底是好是坏，是成功是失败，并不在于事情本身，更在于你把它变成了什么。**

失败不一定是成功之母，但一定是进步的催化剂。
——就看你是否意识到这一点

一个人是靠"失败"来成就自我的，成功只是阶段性的成果。

这里的失败之所以加上双引号，是因为如前所述，它并非真正的损失与挫折，而是一个机遇与进步的台阶。

生活中还有一些给人的感受类似于失败与挫折所给人感受的事，如：

在"自觉 自觉的转化"一章提到：
一次于摄影馆拍了艺术照，他们的修图技术未能令我满意，我未心烦气恼，而是将之视为一个自学修图的契机，从而学会了修图，并且出来的成果比摄影馆做出来的让自己满意许多，自己亦"趁机"掌握了一门技术。

这便诠释了：
（一）应具备"视负面事件为一个机遇"的心态。
（二）如何通过自己的行动将"坏事"、"挫折"一类的事情转变为好事。
（三）同时亦诠释了"向内寻求"之道。

又如令致君离开，本身亦是一件让人产生的感受类似于"失败、挫折、挫败"所产生之感受的事情，其实亦属于一件"挫折"之事，也就是一个在我们通常的认识里认为是较为"负面"的事件。但因此"挫折"，我却收获了这部作品。即以一个作品，将一个看起来是"负面"的事件转化成为了具备意义与价值的"正向"的事件。

所以我经常会感谢"挫折"与"失败"或类似之事：
难以找到一起玩乐队的队友让我通过思考方法从而变得可以自己一个人"玩乐队"；令致君离开让我诞生了这部作品；摄影馆的修图未令我满意则让我成为了修图"高手"……

也就是如前所说的：失败与挫折是只停留在"不好的事"的性质上，还是变成了好事，一切在于你看待它的态度与之后的行动。这便是涉及到了"自觉的转化"与"自觉的超越"，这也正是这两个思想方法出场并产生其作用的时候。

在前面所举的我自身经历的三个例子中，便是经历了使用"自觉的转化"与"自觉的超越"思想方法的思想过程与行为过程。

因此，这两个思想与行为方法，在面对人生的"失败与挫折"以及相类似的情况，即表面看上去是较为"负面"的情况时，是具有十分重要的现实意义与作用的，可称为"扭转乾坤"的作用。

事实上，每一次挫折与失败，都是一个进行"自我超越"的台阶，也是一个进行"自觉的超越"的台阶，以及时机，这个时候都可使用"自觉的转化"与"自觉的超越"以将其转化与超越。

以及人们通常所认为的"麻烦"亦是如此，
事实上，大多数的"麻烦"都是一个学习与自我超越的契机，以及：

都可以"看作是"一个学习与自我超越的契机。

因此,很多所谓的"失败"、"挫败"、"麻烦"之事,如果我们以一种从中"学习、获取进步、自我超越"的心态,它便成了"机会、机遇、契机"。而如能去进行"自觉的超越",即藉此之机主动自觉地进行自我超越,如此便"更高一筹"。

有不少友人在我面前喟叹过觉得自己一直处于失败中,令致君的文字里也出现过几次类似的感伤,其实我的"失败"亦不计其数,但从未觉得值得一提,我的文字里亦从未出现过关于对失败的伤怀,正是因为我是如此的、辩证的看待失败,并且使用"自觉的转化"与"自觉的超越"的思想与行为方法来对待失败的。

大胆地去做一件事情,如果成功,就是你的幸运;如果失败,就让它成为你进步、超越与觉悟的阶梯。

注:关于"自己一个人玩乐队"可见"自觉 自觉的转化"相关章节中的阐述。

灵魂与肉体

肉体有肉体的居住所，灵魂有灵魂的栖息处

我们的灵魂需要一个落脚点。

一

什么是灵魂的落脚点？灵魂的落脚点如何实现？

在这个一切瞬息万变的时代，一切都显得那么"不可靠"，给灵魂寻求一个落脚点，其实是一个比以往更为迫切与亟待解决的需求。

我们过去常提到一个词"朝圣者的灵魂"，现在很少提了。
实际上，它就是赤诚的、执着的、纯净的灵魂，比如理想主义者的灵魂便是可称之为是。

所以现在"朝圣者的灵魂"和理想主义这个词一样同步地越来越少被提起了。

因为在当下社会保持赤诚、执着、纯净，实在是太难了。
能够保持赤诚、执着、纯净的人，也极为稀少。

二

灵魂的问题归纳起来基本上有以下几个：

（一）灵魂的落脚点、栖息之处、归宿；
（二）灵魂与肉体之间关系的问题；
（三）灵魂的自由；
（四）灵魂的独立。

三

灵魂常与肉体相对，关于灵魂与肉体之间关系的讨论由来已久。如：

一个人大脑没换，身体换了，他还是自己吗？

我想应该是的，你想一个人整容了，不也还是自己吗？即使是整容加上变性，他也还是自己啊。

但是我只是这么看别人的，而别人大多数也是这么看自己，不然就不会整容整到了"自己都不认识"。而当我看自己的时候，就连化了个妆，修了下眉毛，有时也会有"不是自己"的感觉。

但是当一个人全身都变成了另一个人，只有思维是自己的，他会觉得是他自己吗？
这就是一个很有意思的问题。相信每个人的答案也都不一样。
比如，有的人给他（她）换了一张更漂亮的脸、更健美的身体，即使跟原来大相径庭，他（她）也是觉得是自己的，只要好看就行了。
换成类似我这样的人，即使只是化了个妆，也觉得那似乎不是自己了，因此如像我的这一种人来回答，答案也许就是相反的。

灵魂自由与肉体自由的相互关系，也是值得探讨的。
它们的关系是什么样的呢？

即：
有肉体自由未必有灵魂自由；
没有肉体自由未必没有灵魂自由。

有灵魂自由未必有肉体自由；
没有灵魂自由未必没有肉体自由。

可以说"几乎没有什么关系"。

但是一些情况下，也是会相互作用的：肉体自由会促使灵魂自由，灵魂自由也会促使肉体自由。

怎么理解各种情况呢？

有肉体自由未必有灵魂自由：一些不用受上班约束的人，也许心灵上的掣肘颇多，容易受各种牵绊、生各种烦恼，容易受社会的左右与他人的影响，那他的灵魂依然是不自由的。

没有肉体自由未必没有灵魂自由：有的人在肉体受约束、受限制的环境里，让自己的心灵放飞在理想的、诗意的自由王国，身虽不动，却心骛八极，神游太虚，肉体的桎梏亦未能阻拦他的思想的广袤与深邃，未能阻拦他的思想的上天入地、恣肆汪洋。这是虽无肉体自由，却有灵魂自由。所以没有肉体自由未必没有灵魂自由。

有灵魂自由未必有肉体自由：就如上面的例子所说，亦便是有灵魂自由无肉体自由。

没有灵魂自由未必没有肉体自由：就如"有肉体自由未必有灵魂自由"中所说，一些灵魂受各种桎梏与掣肘的人，也许肉体是可以想去哪儿便去哪的。

四

肉体有肉体所在的地方，灵魂有灵魂居住和栖息的地方。

肉体有肉体的住处，灵魂有灵魂的居所。

现在大家都趋向于越来越现实了，肉体与物质的享受越来越丰富，灵魂与精神的滋养却越来越缺失。

人的一生往往在对月亮与六便士的取舍间纠结徘徊。

一日，我想到：其实"月亮"并非完全是空中楼阁，并非全无现实意义，因为灵魂也是要有栖息安放之处的。

我们之所以需要文学、音乐、绘画……乃至下棋、阅读、品茶……各种看起来并不那么"现实"的需要，**正是为了安放灵魂**。

如同"心安之所"里所述，其实心安之所就是为了安放灵魂，能够安放灵魂的地方就是心安之所。否则灵魂便会飘泊不安。

为什么人们会对一把琴着迷？对一个球着迷？对几粒棋子着迷？甚至为之付出终生的努力。这是一件很值得思索的事情。

有热爱音乐的人说："天地间有了音乐，灵魂便有了归宿。"

有喜爱篮球的人说："篮球不只是一项运动，而是一个信仰。"

显然，人的心灵需要一个落脚点。这个落脚点便是与心安之所、灵魂的安放栖息之处是重合的，也就是我们常说的：灵魂的归宿。

如没有，人就会觉得"漂泊无依"、"失魂落魄"。

那么，这个落脚点选在哪里？

当然只能选在自己最向往的、最想做的、最热爱的事情上
——才会有安心、归宿之感。

这也就是与"理想主义的现实意义"一章所阐述的一脉而合。

在那一章里，我们主要阐述了理想主义的现实作用，是"用以超越现实"。而在这里，则将阐述出它的另一个作用，就是给灵魂以栖息之所与落脚点。

关于理想主义，在"心安之所"一章里，它是"故土"，是"心安之所"，在这里，当我们阐述灵魂与肉体时，它是"灵魂的居所"、"灵魂的栖息处"。

它们是一致的，又似各有区别，但最终同归一处。

找不到时，人就会迷茫、失落、空虚、迷失，甚至颓靡、堕落。一旦拥有，便会喜悦、充实、宁静、笃定，充满动力与信念。

如将其选在钱财上，便需要是做自己心中最爱之事而获得的钱财，才最得"落脚"之感。不然，即使获得众多钱财，内心仍会空虚，仍觉得有事尚未完成，其实也就是一种你的"人间使命"尚未完成的感觉。

这些年，经过社会与经济发展的剧烈变化，人们可以看到，很多一时受人簇拥、趋之若鹜、红红火火的事物，转瞬间便日落西山，被弃之若敝屣。这给我们一个启示：人要抓住根本。——与其去跟风，不如踏踏实实静下心来做自己喜欢的事情，为自己内心真正所喜欢的事情而奋斗。

人最终是要拥有归宿感的。

我们都是宇宙虚空中飘泊的游子，我们的一生，其实就是在寻求归宿感的一生。

多少人孜孜以求，他们在寻找什么？其实他们自己根本不知道。

他们一直在寻找的就是归宿感。

钱财会给人带来一定的安全感，这是无可否认的，所以我们通过自身的正当努力的劳动，获得财富，是值得赞扬的。

但钱财却带不来归宿感。

同样，稳定的工作能给人带来安全感，但未必能带来归宿感。

人在什么时候才有归宿感？

只有在做着自己喜欢的事情、热爱的事情的时候。

归宿感不在肉身的安顿，而在于灵魂的安顿。

当然，肉身的安顿会带来一部分归宿感，但灵魂的安顿才能给我们带来最充实的、最终的归宿感。

当你违背自己的内心去做一些事情的时候，你会感觉痛苦与煎熬，再后来，有的人会变得麻木、无所谓了，甚至反过来"助纣为虐"。

这时候，人就已经失去了初心、失去了自我、失去了灵魂。

因为人的初心，都是天真、纯净、澄澈、透明的。

人的灵魂本该是从于自己的初心的，违背了自己的内心便是失去了对自己的灵魂的控制，也就是失去了灵魂。

人为何满足了温饱、有住所之后，还要寻求各种各样的爱好，寻求音乐、文学、绘画、球类等等文化、艺术、体育方面的满足？

甚至即使是吃喝，为何在吃饭吃菜吃肉、喝水之外，还要有喝酒、品茶、咖啡……等等，终其所求，便是寻找灵魂的抚慰、落脚与安放之处。

人在肚子不饿的时候，也常常想嘴里吃点什么、喝点什么，其实就是在寻求精神上的托寄与慰藉。

有的人在心情不好时，喜欢不停地吃东西，其实也是由于当时"失魂落魄"，需要"灵魂的落脚点与安放处"，此时最易得的，便是吃喝之物了。

所以我们常听人说，自从拥有了某一项爱好，便助其走出了生命的低谷，其实也正是因为此爱好给予了他灵魂的落脚点、安放之处。

人在感觉无聊的时候，其实便是灵魂"出走流浪"之时。偶有此感，也属正常，但如长期觉得无聊，便是灵魂漂泊无依，以至内心空虚了，此时便需给自己找到"灵魂的落脚点"。

靠吃喝获得的"落脚点"，是短暂的，只能小憩。靠虚拟世界里的游戏、视频等，获得的"落脚点"，是虚幻的，不可依恋。

人在什么时候才能找到真正的灵魂落脚点？

这便是人在此过程中内心获得宁静、充实，自我价值得到实现的时候，灵魂才会找到真正的落脚点。

为什么有的人在极尽肉体的欢愉以及物质的奢华之时，或是众人前呼后拥之时仍觉空虚，
正是因为他们未能找到灵魂的落脚点与安放处。

他们很多时候于潜意识里其实是想通过这些方式来获取。
但以这些方式要么获取不了，要么极为短暂、稍纵即逝，要么极不可靠、一吹即散。

所以他们极尽"享乐"之后仍然觉得空虚，
甚至越来越空虚。

因为这些东西给予不了他们心灵的安宁与充实，更无法产生自我价值实现感，只会带来更多的浮躁与不安，所以反而会出现"越来越空虚"的感觉。

还有一种是全心信奉他人，以他人为灵魂落脚点，这是不可靠的。最可靠的是人自身与内心的进步与成长，包括自身的知识、技能、本领

以及内心、心灵的进步与成长，以此为灵魂的落脚点，才是最可靠的。

我在搜集对篮球这项运动的理解时，发现人们对篮球的理解各有表述，却又似乎内在归一，总结如下：

（一）篮球是对自我的超越，是精神的洗礼；
（二）是一种生活方式，是一种生活态度；
（三）是文化，是信仰。

虽然表达不同，但可以发现：它们最终都归结到了"精神"上。

其实音乐、棋类、文学、绘画……等都是如此，除了相关从业者之外，它们看起来没有什么在物质上明显的作用与收益，却其实是作用于精神上了。

因此，音乐、绘画、棋类、文学……亦都可以称其：是对自我的超越，是对精神的洗礼，是一种生活方式，是一种生活态度，是文化，是信仰。

让精神得到激励、振奋、安顿、停靠，让灵魂得以抚慰、安放与栖息。
——这就是它们的"**无用之大用**"。

令致君言：我喜欢打篮球是因为：在这个处处受挫的世界，只有在篮球场这几平方米的场地上，我才能获得受人尊敬的感觉。
——何尝不就是从中获得了一种精神与灵魂的安慰与归宿感呢？

显然，人作为智慧生物，仅有物质上的满足是不够的，智慧本身隶属于精神，因而精神上的满足同等重要。所以人是需要一些"超越现实"的存在的，否则便不会诞生文学、艺术等一类事物，而仅靠器械、科技与物质的进步无法满足人类的精神与灵性的需求。

五

我们常有人提到：感觉自己就如"行尸走肉"一般。实际上就是在描述自己的灵魂不自由，或已经"失去了灵魂"。

有的人的灵魂是被自己亲手杀死的，实际上，大多数的灵魂的死亡都是被自己亲手所杀。

自甘麻木、自甘堕落、自甘放逐，自甘世故、自甘妥协……决定你的灵魂的沉睡与苏醒、死亡与鲜活、麻木与生动的，从来只能是你自己。

毋需过多责怪社会，外因只是催化，内因才是根源，在一片灵魂沉睡麻木的时候你鲜活与生动，不是螳臂当车，而是"沧海横流方显英雄本色"。

"沧海横流方显英雄本色"，我在多章里都提到了这句话，也就是兀自伫立的勇气，逆流而上的勇气，也就是一个人的灵魂是否鲜活的表现。

六

灵魂被控制的几种情况：

（一）因外界、社会、岁月磨砺而改变了自我，失去了初心。

（二）被欲望所控制，成为了欲望的奴隶。

（三）过于相信他人与听从他人。

还有一种是比较隐晦的，即：

（四）喜欢控制他人的人，其实灵魂已被他人控制了。

第一种的例子如：有的人被玩弄过感情，以后他就变得喜欢去玩弄别人的感情。不要以为这是什么"聪明"与"风流潇洒"，其实这就相当于你变成了那个你讨厌的人，你如同是他的灵魂"附体"了，已经是受了他的灵魂的控制，成了他的丑恶灵魂的奴隶与傀儡。

这其实就是被他人与岁月磨砺改变了自我，也失去了本我的灵魂。

七

灵魂自由便是天堂

灵魂如何获得和拥有自由：

（一）要有理想。理想的作用之一便是给灵魂以徜徉的花园与高空。

（二）保持自我，不被他人、外界与欲望所控制。

（三）营造"诗意的世界"，对，就是一个"不切实际"的世界，在那里便没有现实的桎梏，可自由遨游。

这个诗意的世界如何营造：
可从阅读中获得，也可从细微的美中阐发，也可进入音乐、文学、绘画……等构建的空间与世界，但不是"陷入不切实际的幻想不可自拔"，而是有意识的给自己一个灵魂放飞的空间。

八　灵魂的独立

异类

他说着足够清晰的话
却又那么令人费解
在这个不属于他的地方

他说着足够清晰的话
却又那么令人费解

他的一切都像是错误
在这个不属于他的地方
尽管他竭尽全力地挣扎
他的一切仍然都像是错误

他们像是听懂了
但并没有理会
也许他们根本听不懂
也许他们根本不想理会

他只能跟着那些"正常"
好让自己显得正确
"正常"的队伍越来越大
他的声音逐渐淹没

"就跟着一起走吧,
这样比较舒适"
他逐渐放弃了挣扎
混入了同一个方向的人群
一起走向人生的"胜利"
以及灵魂的死亡

九

肉体需要肉体的居住所,灵魂需要灵魂的栖息处

现今当下,很多人都觉得"灵魂疲惫"。殊知肉体上的累与疲惫并不能打倒一个人,而灵魂的疲惫则会让人颓萎。

因此,我们应当最大可能的给自己的灵魂以自由,以及栖息之所。

价值感

一个以实现自我价值为追求的人生才是圆满的,一个人们都以实现自我价值为人生追求的社会,才是健康发展的。

一个人最大的成功,就是最大限度的实现自我价值。

一

叔本华和维特根斯坦都是富家子弟,叔本华还很善于理财,一生钱财丰裕,但是他一直很"郁闷",性情孤僻,可以说是"有钱也并没有多开心",这其中一个原因便是因为他的思想一直得不到承认,直到他的思想成就得到了承认与重视之后,他脾气才和蔼起来。维特根斯坦则是把巨额财产都捐了,而去从事了各种各样的工作。

他们到底在追求什么?其实就是在追求价值感。

这说明四个问题:

第一、人是十分需要价值感的。

第二、轻易得到的东西是给不了人价值感的。

第三、金钱到了一定程度,就给不了人价值感了。

第四、越是重视思想与精神层面的人,越是追求价值感。

而一个人如果是通过辛勤劳动或从事自己喜欢的事情而获得的金钱，是能提供一定的价值感的。但如如此获得的金钱到了一定数量，则金钱的收获给予人的价值感的边际效用便会递减。**到了这个时候，更多的是价值实现本身给予自身的价值感。**

所以金钱给人提供的价值感是有限的，并非通过自己劳动或自我实现而获得的金钱，就更无法提供价值感。

人只有一直处于价值实现以及追求价值实现的过程中，才能获得贯穿整个人生的充实感与价值感。

如本章开头的话，如果人们只以追求金钱名利等外物为人生追求，得到以后，内心往往仍是空虚的，因其自身的价值往往得不到真正的体现。比如，为了金钱，他放弃了自己真正的爱好、真正想做的事、真正想成为的人。因此，即使获得了很多金钱，他仍会感觉内心有所缺失，即有一种缺失了什么的感觉，其实便是价值感的缺失，价值感未得到满足。而当自我价值得到充分实现时，内心方才是充实的、感觉圆满的。

即使未能充分实现，当处于追求自我价值实现的路上，亦是内心喜悦的，过程喜悦，亦是一种人生圆满。

而在纯粹以金钱名利等外物为人生追求的过程其中，又必然往往扭曲自我，若大多数人如此，便不利于社会健康发展。

因此我们说：

一个以实现自我价值为追求的人生才是圆满的，一个人们都以实现自我价值为人生追求的社会，才是健康发展的。

一个以追求自我价值实现为主流的社会才是良性发展的社会。

二

一个人于积极方向的内心进化成长，往往会从"需要他人"的阶段转向一个：更多的喜欢"被人需要"的阶段，其实正是因为在"被人需要"时，让他感受到了自身的价值。

又如，我即使知道眼下有什么方法、做什么行业可以比较快速地赚到钱，我却未去选择它们，也正是因为在其中我无法获得价值感。

但价值感虽然重要，实际上人们往往会因为或眼下的、或实际的、或快速的利益而放弃价值感，去选择前者。因此二者之间的权衡与抉择是极其考验一个人的勇气和魄力的，放弃前者选择后者是需要极大的勇气和魄力的，因此也极少人能通过这项考验。

但选择了前者的人，即使真的在此上获得了成功，最后他们往往会发现，他们还得回头寻求价值感。

而更多的人，往往是因为选择了眼下的、快速的利益，反而"快即是慢"，既并未获得如自己所想望的利益，又错失了实现自我价值的良好时机。

三

我们在"淡泊与激情"一章中提到：

我们该对什么淡泊，又对什么怀抱激情，才是既令内心得以安宁澄静，又拥有奋发的斗志的呢？

那便是：

对实现自我价值怀抱激情，对名利外物持心宁淡。

这也是个人与社会得以良性发展和长远发展的抉择方向。

事实上：

只有当一个人以实现自我价值为人生愿望时，才能产生强大的内驱力与奋斗的激情。

四

令致君是有明显的"受尊重的需求"的，喜欢并希望在篮球场上获得"受人尊敬的感觉"。同时，他亦有价值实现的需求，一次他写下一句感慨：怀宝迷邦，何日出山？其义显明。

其实他是非常需要价值感的。

五

价值与价值感的实现往往存在着一个内心"陷阱"，即它们的实现往往需要外界的反馈所给予，如金钱、名气的获得，他人的认可……等等，这往往也是造成众多不被当时或当世认可的优秀人物和天才人物郁郁其中的原因，其实我们应树立一个这样的认识：

我们只需要完成自我，便可内心满足。

至于外物之获取与他人的认可，可当作是额外的收获，**有则欢喜，无亦欣然**，在完成了自我之后，便可多多享受当下，关注与感受生活本身的细微美好。

这也就是向自己证明自己即可，不需要向外界证明自己。

只因许多伟大的事物，如伟大的文学艺术作品、伟大的思想等，往往超越与超前于当时或当世，不为当时当世之人的思想、眼界与目光所识，因此既然决定追随自我内心，不从众流，便应具备不在当时当世被众人所识得的内心准备。

就如我完成了这部作品，便就已觉得已经完成自我，实现了自我价值，已觉十分满足与快意，人生大可无悔，至于其他收获，便是意外之喜，锦上添花而已了。

自我价值

索取反映需求，给予体现价值。

这个世界有很多聪明的人，很多有才华的人，但他们都未必能很好的实现自我价值。若能具备格局与悲悯之心，他们才可能在以为人类社会创造价值的目标之中完满的实现自我价值。

很多人害怕或吝于给予和付出，其实一个人只有在给予和付出中才能更好的获得价值感，一味的索取和一味的利己都是无法获得价值感的。

一个人要在为社会、他人乃至人类创造价值中，才能更好的、最大限度的实现自我价值、实现自我。

一个人是在成就他人与社会中成就自我的，只囿于自我无法最好的成就自我。

我们有一章说"价值感"，为何又要专有一章谈"自我价值"呢？

诚然，它们一定是有联系的，但又有所区别。"价值感"一章，是重点阐述价值感本身。而"自我价值"这一章，则重点在于指出自我价值是当"不囿于自我"时方可最大限度的实现的。

因为都很重要，都是导致当今人们的困惑的来源与根本，因此为了阐述的明晰，以及彰显各自的特性，将其二者分开阐述。

一

一个人亟需实现自我价值。

当一个人真正的、完满的实现了自我价值，他的幸福感便会充盈于人生了。

令致君虽淡泊于名利外物，但对于自我价值的实现却是期待的，否则，他也不会发出"怀宝迷邦，何日出山"的感慨，也不会听我说找到了自己的人生使命时如此为我高兴，以及流露出艳羡。

这也说明了自我价值的实现是何等重要，一个可看淡外物诱惑、致力于看淡放下情感的人，亦不会不期待自我价值的实现。

价值实现感在马斯洛需求层次里排在最高层次，亦说明了其对人的终极重要性。纵使一个人可以逃过名利金钱的诱惑，也很难"逃过"价值实现感的"诱惑"。

一个人如赚取了许多金钱，却缺失了价值实现感的话，他依然是感觉空虚的、迷茫的，甚至是无助的。

因此，为何我知道一些路径是更容易赚取金钱的，却仍选择自己想走的路？除了我想追随自己的内心，还由于这条路让我更有价值实现感，也就是说：只有这样选择，我才感觉实现了自我价值。

古代的文人，即使是苏东坡、王维、李白这几位，或洒脱、或淡泊、或狂放，他们亦是极其希望实现自我价值的。初始之时他们多想选择以入仕为价值实现的途径，当然他们是出于非常纯粹的"有所作为"的理想，而非只为了功名的虚荣。

但其实现在看来，入仕即使有成就，也只能功用一时、显赫一时，而他们所展现出来的思想与文化才华，留下来的思想与文化财富，才是真正具有长远价值，真正值得以人的一生来追求的。

我们在《心安之所》以及《灵魂与肉体》里皆有提到"故土"。这里再次谈起"故土"：人在追寻的"故土"到底为何？

大致是三：

（一）心安之所。
（二）灵魂的栖息处。
（三）自我价值得以实现。

这三者是否一样呢？

可以说前两者有十分一致之处，但也有其细微的分别。分别在于心安强调的是心态，是否让你内心得以有安宁、安心之感，而灵魂的栖息则强调的是人的思想与智慧、意识的层面。

而自我价值得以实现，人便会有找到了心安之所与灵魂的栖息处之感。

反过来，找到了心安之所与灵魂的栖息处，也许是在生活本身所找到；也许是在正在奋斗以实现自我价值的路上，因而感觉找到了；也许是已经在自我价值的得以实现当中。

而我愈来愈意识到：

如一个人囿于自我，往往会影响其自我价值的实现。虽然一个人一开始可能出发点是：我要实现什么。但随着思想与认识的不断提升，他将会自觉或不自觉的将自己的理想升华到更有社会意义与社会价值的层次，也就是超越了个人意义与个人价值的层次，此时，他的自我价值便将会得到真正的体现与实现，也将得到更高层次、更广阔幅面以及更长远时间的体现与实现，也就是更好的、更具意义与价值的、更充分、更完满的体现与实现。

很多人害怕或吝于给予和付出，其实一个人只有在给予和付出中才能更好的获得价值感，一味的索取和一味的利己都是无法获得价值感的。

有的人拥有很多知识储备以及丰厚的文化积累，亦达到了足够的文化层次，却找不到价值感，这是因为他没有意识到：一个人的价值常常是在为社会和他人、乃至人类创造价值中实现的，不是于自我欣赏中、局限于自我中实现的。

包括有的人拥有很多金钱，却匮乏或找不到价值感，道理亦是如此。

很多名校出身的人，其人生成就远低于他们本可应有的成就，自然不是因为他们才能智商平庸，而往往是由于他们的精致利己，导致其人生价值不能得以最大限度的实现。

现在很多人都丧失了给予和付出的勇气与能力，无论在哪方面都是如此。事实上：

索取只反映了你的需求，给予才体现你的价值。

你赚了多少钱，接收到了多少关爱与情感，那只是满足了你的需求，而你的价值则体现在：你能给他人与社会带来什么。比如：你的情感给他人带来温暖，你的研究给社会带来进步，你的作品给他人带来启发与激励，和精神力量……。

这亦与"心安之所"的寻求一致了，"心安之所"的获得方式之一，便是在给他人以支持和支撑中获得自身的"心安之所"。

又有如《火种》一章中所说：点亮他人的时候，也照亮了自己。
亦是同理。

精致利己有两种，一种是物质利益上的，一种是精神利益上的。物质利益上的精致利己无需解释了，何谓精神利益上的精致利己呢？ 比如，像当下的时代，在感情上吝于与害怕付出的人很多，无论是爱情还是友情，这就属于精神上的精致利己。而在这之前的时代，对于感情大多是一种"不计后果的付出"。

索取只反映需求，给予才体现价值。精致利己则是一味的索取，看起来是一种精明，实际上说明你十分需要这个世界的救济，是精神上的索求者，而不具备给予的力量与能力。

一个人于积极方向的内心进化成长，往往会从"需要他人"的阶段转向更多的喜欢"被人需要"的阶段，其实正是因为在"被人需要"时，让他感受到了自身的价值。也就是在为他人创造价值的同时实现了自我价值。

又如一个企业，它的起始阶段自然有很多是出于"我要赚钱"的出发点，但到了一定阶段，它如只想着"我要赚钱"，只囿于这样狭隘的格局，便不可能做大、做长久了。到了一定阶段，它必然要自觉或不自觉的从"为社会创造价值"的角度出发，才可能取得广大的、长远和长久的发展。

所以，有的人虽然很聪明，智商很高，或是很有才华，但他没有具备"为人类文明留下或创造点什么"的意识、胸怀与格局，或是"心系苍生"的意识、胸怀与格局，他的心灵只限囿于利己或自我的圈子里，于是相应的，他只能获得与自身的意识、胸怀与格局圈子相应的成绩或成就。

因此，一个人要充分地实现自我价值，便不应囿于自我，囿于自我便无法实现最大限度的、高远与长久的自我价值。

价值

说了价值感,我们又来谈谈价值,以及与"价值"有关的一些现象。

当下社会往往是十分功利的去结识一个人,一个人如果轻易地离开你,往往是因为你对于他没有什么价值和"用处"。这时候就有两种情况:一种是你确实自身价值较低,另一种是你的价值可能或深藏,或深邃、深远、高远,而非目光短浅、急功近利的寻常之辈所能觉察。

我们在"本质与表面"一章里亦提到"价值"相关:

事实上,一个人自身的价值只能由自身所体现,外在的事物都是一种表面的装饰而已。

越没有内心的自信的人,越要靠奢华的事物来证明自己。

"有两种价值观:一种是戴着非常昂贵的手表,好显示出自己身价百倍;另一种是一块不贵的手表,因为我戴过,所以身价百倍。"

显然,前一种是依赖外物来彰显自己,后一种是以自身的价值赋予事物以价值。

哪一种更为可靠、踏实、目光长远?

如果有一天,奢华的外物都消失的时候,你是否就此感觉空虚、迷茫?还是依然淡定自若,因为你身上最具价值的是你自己?

每一个人都应该问问自己上面这个问题,而不是像被蒙住了眼睛一样,只知到处忙乱地跟风与追逐。

一个人最重要的是沉淀下来，培养起自己的自身价值，而不是手忙脚乱地去追逐浮华，沉溺在虚荣里。

也许总有一天你会清醒明白过来，却已经浪费了许多时间，走了许多的弯路。

而有的人可能一辈子都处在毫无头绪和方向的追逐中，浪费了自己的人生，到暮年方知悔恨。

这一切的一切，只是因为你没有用一些时间，沉静下来，好好的去透过浮华的乱象看到生命的本质。

一个人的自身价值如何提高呢？ 自然就是不断的学习，让自己处在不断进步中的状态。

这不仅是提高自身价值的方法，也是提升自身的"价值感"的方法。

很多人心灵空虚，归根结底就是缺乏价值感，不断的学习与进步，就是让人处于一种"自身价值不断增长"的状态与感觉中，自然就不会"心虚"，而是越来越充实。

学习并非一件苦事，一开始如果你不适应每天学习，则先使用计划表"强行"培养起学习的习惯，一定要用文字写下来，慢慢的，你就习惯了每天进行一点学习行为，最后你会发现自己会变得"热爱学习"，无需再刻意"坚持"，而是每天不学一点东西就不舒服了。

个人看来，每个人都尽可能地学习和掌握一种不需要依赖他人合作便可进行与完成的技能或技艺，是最能让内心具有踏实感与安全感的。

有一个观点颇有意思：只有自身价值高时，内向才会被称为"高冷"；而自身价值低时，内向往往被称为"孤僻"。

虽可一笑了之，但这其实正是说明了一个人自身的内在价值才是最根本之所在。

正如常见的：很多成就颇高的人，常常衣着打扮随意普通，因他们已无需用外物来彰显自己了。只要他的人站在那里，便是最贵重、最具价值之物，何需再以他物"赘述"呢？

我们特意将这一段话撷取出来，在本章再次呈现，因其对于自身的内在价值的重要性阐述得较为全面，而"自身的内在价值"于"价值"这一个专题中，是一个必不可少的内容。而对一个人来说，"自身的内在价值"是"价值"里最切身相关的内容。

安全感　价值感　归宿感

人的一生，归根结底就是在追求安全感、价值感和归宿感。

因此：
安全感、价值感、归宿感是人的三大根本需求。

这也是我们在前面多个章节所阐述的问题的根本所在。

钱可以带来安全感，做自己喜欢的事情、追求自己的理想、完成自我或走在完成自我的路上可以带来价值感和归宿感。

大多数人是为了安全感而牺牲价值感的，只有小部分人敢于为了价值感而牺牲安全感。

因此，如何权衡取舍对这三个方面的追求，
是人的一生的课题。

如若一生只为了安全感，而放弃了价值感，则这样的人生只能称为生存，哪怕拥有的物质再丰裕。

如只追求价值感，没有一定的物质金钱保障，人生又往往举步维艰，处处受限。

如"价值感"一章中所说，叔本华是富家子弟，而且他还很善于理财，一生钱财丰裕，但是他一直很"郁闷"，很孤僻，可以说是"有钱也并没有多开心"，这其中一个原因便是因为他的思想一直得不到承认，其实也就是因为价值感的缺失。

　　一些世俗眼里已经是"成功人士"的人，亦会在财富、名气、地位皆得之时，感受到价值感的缺失。

　　价值感和归宿感的关系，既有重叠之处，又不完全相同：
　　大部分人自我价值实现了，价值感实现了，便会有归宿感。一部分人自我价值实现了，价值感实现了，亦未必拥有归宿感，但这是很少的情况。

　　而有了归宿感、"心安之所"，未必表示拥有价值感。
　　因为归宿感还可能通过其他途径实现，比如爱情、亲情，因此有了归宿感未必就拥有价值感。

　　但通过自我价值的实现而拥有的归宿感是最为可靠的。

　　我们在前面章节所说的：心安之所、"故土"、灵魂的栖息处，归根结底就是价值感与归宿感的问题。

　　一定的安全感是要有的，但假若要有了十足的安全感才去追求价值感，那便可能失去良机。

　　首先，"十足的"安全感很难有一个上限。
　　其次，要得到"十足的"安全感，也许要花上一辈子的时间，到时也未必有足够的时间给你去实现价值感了。

　　因此，等待十分满足的安全感得到了，再去实现价值感，这往往是不利于价值感的实现的。

　　在"价值感"一章中提到：价值感虽然重要，实际上人们往往会因为或眼下的、或实际的、或快速的利益而放弃价值感，去选择前者。因此二者之间的权衡抉择是极其考验一个人的勇气和魄力的，放弃前者选择后者是需要极大的勇气和魄力的，因此也极少人能通过这项考验。

其实，这段话同样可用于安全感与价值感的抉择上，即：

人们往往会因为安全感而放弃价值感，去选择前者。因此二者之间的权衡抉择是极其考验一个人的勇气和魄力的，放弃前者选择后者是需要极大的勇气和魄力的，因此也极少人能通过这项考验。

为了价值感而牺牲安全感或牺牲一定的安全感的人是勇敢的，也就是拥有"孤注一掷"、"破釜沉舟"的勇气。

由此我们也就发现了：

理想主义者与现实主义者的一个关键区别在于：

理想主义者是以追求价值感为第一位的，而现实主义者是以追求安全感为第一位的。

安全感、价值感、归宿感三者都能拥有的人，人生可称得上圆满了。

完成自我

一

我多处提到"实现自我价值"与"完成自我",二者本身表达了几乎一致的含义。

而我现在越发觉得:
"完成自我"是比"实现自我价值"更好的一个词。

为什么呢?

"实现自我价值"有两个问题:
一、怎么才算实现?如何衡量?
二、"价值"又如何衡量?

这样的话,很容易又绕到金钱、名气、权力、地位的获取上去,毕竟有时候确实它们起到了一定的衡量作用。
因此有的人尽了毕生之力,未能获取相应的外物的获得或外界的认可,便会郁郁不欢。

而"完成自我"则是自己感觉完成了人生使命便可,此生该做的、想做的、能够做的做了便可,这就行了,这就可以无怨无悔了,完全不需要外物的衡量与外界的认可。

也就是如"价值感"一章中所言"我们只需要完成自我,便可内心满足。"

如此便解决了这个"需要外物与外界衡量"的症结以及相应的心灵的桎梏,让人得以获得了心灵的解脱。

二

我认为:

一个人的人生各种标准应当尽量撇去用外物的衡量,不然一不稳靠,二容易被获取外物的欲望驾驭,失去本心。

例如"心安之所"的获取,就要以理想、价值感、生活本身的细微美好这几种来置放,而这几种都是"内求"的。因此,"成功"也一样,也应不以外物为标准来衡量,而当"向内寻求"。

在此指导思想下,如果我们给成功一个定义和衡量标准,就是:

完成自我就是最大的成功。

心怀高远与"活在当下"

回顾前述,我们会发现,我们所总结出的两个用以抵抗与消解现实琐困,并获得内心安宁与满足的方法,看起来竟然像是相反的、矛盾的两个极端:

一是立志高远,二是"活在当下"。

又或可形象地表述为:

一是人间烟火;
二是"不接地气"。

也就是说,一个人既要善于感受与享受日常生活中当下的美好,又要心怀高远的理想。

此二者看起来矛盾,其精神内核其实是一致的:
只有当一个人拥有纯粹的心灵,他就能同时拥有此二者。也就是说,只有当一个人拥有纯粹的心灵,他就能既善于感受与享受日常生活中当下的美好,又心怀高远。

智慧与简单

一个人的最高能力，是获取与驾驭"空"的能力。

聪明让人复杂，智慧让人简单。

智慧是什么，如同道一样，无法被准确定义，而当"悟道"之时，便称"有智慧"了。

根据我的领悟：当一个人越能从简单的事物中感受到快乐，他就离智慧越近。

而大道，又往往是"至简"的。

由此我们可见，智慧、道、简单，这三者有着有机的关联。

简单，意味着"空"，我在一章里谈及：如人能做到驾驭自如，该思考时思考，该放空时放空至"一片空白"，那才是最高的能力所在。也就是说，实际上，一个人最高的能力，就是获取"空"的能力：

当他希望为"空"时，便能做到"空"。

如此自然便能从烦忧心情、繁杂世事中解脱出来，这不是最高的能力，还有什么称得上是最高的能力呢？

要具备这个能力自然很难，但是我们可以尽可能地趋向于"简单"，即通过把自己变得简单，从而让自己更接近于这种能力的获得。

人是千方百计追求人生的快乐与喜悦的，你只有让自己更趋向与接近于孩童的状态，才能获得更多的喜悦。如果你希望得到更多的快乐，那必然要从微小的事物中感受快乐，也就是如同孩童一般，可以为一根棒棒糖高兴半天，这是最好的。

可惜，长大以后人们往往失去了为一根棒棒糖就高兴半天的能力，也就是因为变复杂了。

而孩童的一个重要特点，也是与大人的一个主要区别，就是简单。

这里便又可与"现象与本质"联系起来，"现象"往往是复杂的，"本质"往往是简单的。

包括术与道之间，聪明与智慧之间的关系亦是如此，都是"复杂—简单"的关系，进而可升华归纳为"有—无"、"实—空"的关系。

从前，我们往往认为"道"是深奥的、埋藏很深的东西，而现在有所醒悟：道本来是十分简单、明白、一览无余的，只是由于我们的心灵被蒙蔽了，才看不清、发现不了。

因而人要获取智慧、悟道、抓住本质、获得快乐，便得从复杂走向简单，也便是：维护一定的"空"。

因而一个人的最高能力，是获取与驾驭"空"的能力。

关于情怀

在一章里,我提到"秉着为了让这个社会多一点温情的情怀",且"这个情怀指引着我,做了一些事,虽然可能微不足道。包括这部作品,也是这个情怀下的产物。这部作品准确地说是几个情怀共同指引下的产物,其中也包括了这个情怀。"

准确地说,这部作品包含了这几个情怀:

(一)让人类社会更美好的情怀。
(二)为追求真理而超越个人与自我的情怀。
(三)对人间的绵长情感赞美、向往与追求的情怀。
(四)理想主义的情怀。

在现今的社会环境背景下,人们常感慨人情与理想激情的渐薄,而我们如何在这"心灵的荒寒时代"树立与秉持普世情怀?

我认为,应从这样的角度与方向:

诚然,人——本身确有许多缺点,除了孩童之外的"人"的现状,就群体而言,也许是一个无法让人衷然心生喜爱的群体,此时生硬地说"要爱人类"也许难以让人衷心以赴,因为孩童之外的人类也许并不是那么"可爱"。

但是如果说:**让人类社会变得更美好**。
——这个角度,是可以激起"心系苍生"的情怀的。

让人类社会更美好,我亦希冀自己的作品能具备如此的价值。

小结

一

人生的思考主要可归结为：

（一）有无之道的把握。
（二）安全感、价值感和归宿感的追求。

二

人的一生，归根结底就是在追求安全感、价值感和归宿感。

安全感、价值感、归宿感是人的三大根本需求。

三

一个人最高的能力是获取和驾驭"空"的能力。

同时也是把握"有无"的能力。

四

本书的三个最重要的、最具原创意义的思想是：

（一）指出了理想主义的现实意义，即现实作用，是"超越现实"。
（二）"自觉的转化"的思想。
（三）"自觉的超越"的思想。

五

综合《理想主义的现实意义》、《心安之所》、《灵魂与肉体》、《自觉的超越》等章节，我们可得出：

理想主义的现实意义，即现实作用，主要有二：

（一）超越现实。

（二）让灵魂获得自由，给人以灵魂的栖息处和归宿感。

如更全面详细，则是：

（一）在一个更高的目标上激励和引领生命。

（二）让灵魂获得自由，给人以灵魂的栖息处和自由遨翔的空间，以及归宿感、心安之所。

（三）用以抵抗、抵御和消解现实，以及超越现实。

六

一个人最大的成功，一是最大限度的实现自我价值，二是获得内

心来自安宁的喜悦。

　　这二者囊括了安全感、价值感与归宿感的满足。

　　这二者只与人自身有关，而与外物无关。

　　因此，这是真正根本意义上的人生的成功。

　　最大限度的实现自我价值，也就是"完成自我"。

　　因此我们又可以说：

　　一个人最大的成功，一是完成自我，二是获得内心来自安宁的喜悦。

无垠

拥它入怀吧，
神圣的使命。

把火山给它，
冰川给它；
把千年的阳光给它，
万年的积雪给它。
给它以深刻的哲思，
以摧毁那腐朽的灵魂；
给它以广袤的胸怀，
包容那无尽的沧海。
给它以飞扬的泥土，
给它以银河的闪烁；
给它一场大醉，
给它沉静如水；
给它拼死挣扎，
给它云淡风轻；
给它燃烧的火焰，
给它静待莲花的内心。
给它梦，
给它幻想。
给它土地，
给它天空。
给它无边，
给它无垠。

后记（一）

　　天以其高成其远，地以其深成其大，故一个人应扎根深厚，立志高远，不拘纠和急于一时的小利小得，才能最大限度的实现自我价值，成就自己的人生。

　　天欲予其多，常予其缺；
　　欲予其高，常予其低；

　　欲予其远，常予其缓；
　　欲予其盛，常予其隐；

　　欲予其大，常予其晚；
　　欲予其久，常予其慢。

后记（二）

有一段时间我感觉，那种充满了极度激情、炽热与奔放的，追逐天火的不顾一切的理想主义的呐喊已经不合时宜了，在商业社会思潮的裹挟与驱逐下，人们要么极度追求利益，要么"躺平"，取而代之的是无脑资讯的快感，爆米花式的快乐和甜腻短暂的所谓"浪漫"，而激烈的撕心裂肺的呐喊，纯粹的奋不顾身的追求，深邃、深长的浪漫与情感，深沉的思考却已渐渐无处安身，无法安放。

而今我却认为，正是在这种理想主义极度匮乏的年代，我们才更需要这样的呐喊。任何时代，我们都需要一些逆流而上的人，做一些逆流而上的事，以大的勇气与信念，兀自伫立在沧海中，仰望远空，任凭水击浪飞，坚定、热烈而执着。

箭发始去从无顾，
驰马无功终不悔。

后记（三）

如让我自己归纳出此作品主要思想的表达，则可归纳为"四种情怀"、"三个思想"和"一个辩证"。

四种情怀：
（一）让人类社会更美好的情怀。
（二）为追求真理而超越个人与自我的情怀。
（三）对人间的绵长情感赞美、向往与追求的情怀。
（四）理想主义的情怀。

三个思想：

（一）理想主义的现实意义。
（二）"自觉的转化"的思想。
（三）"自觉的超越"的思想。

一个辩证：

关于各个辩证关系对象的阐述。

这四种情怀，三个思想和一个辩证，它们有机地联系在一起，成为了这部作品。

尾声

感谢令致君。
感谢他教我打篮球。
感谢他让我恣意而为地在他的微信里随心即兴地发表了一些"妄语"。
感谢他的离开让我诞生了这部作品。

然后,希望他能回来,让我们可以共同谱写新的篇章,
无论是友谊上的还是思想上的。

字数：317 千字

www.ingramcontent.com/pod-product-compliance
Lightning Source LLC
Chambersburg PA
CBHW052129070526
44585CB00017B/1750